五書五經讀本

懸吐完譯

周易傳義 元

責任飜譯 崔英辰
共同飜譯 金炳愛 崔廷準
懸吐 吳圭根

전통문화연구회

국역위원

책임번역　최영진
공동번역　김병애 최정준
현　　토　오규근
윤문교정　박승주
출　　판　강운숙 백준철

국역관리

관　　리　이화춘
보　　급　서원영

目 次

《周易傳義》亨

《周易傳義》利

《周易傳義》貞

刊行辭

經은 본래 책을 가리키는 말이다. 후대에 특별히 經을 높여 聖賢의 말씀을 담고 있는 책이라는 의미로 사용하였다. 儒學이 중국문화는 물론 동아시아 사상의 주류를 이루면서 經은 일반적으로 유학의 기본 典籍을 가리키는 용어가 되었다. 따라서 經을 읽지 않으면 유학을 이해할 수 없고, 유학을 이해하지 못하면 중국문화나 동아시아의 문화를 이해할 수 없다.

1960년대 民族文化振興과 民族中興이라는 기치를 내건 정부는 學·藝術界 指導者 50여 분을 모시고 가장 시급한 문화 사업으로 漢文古典飜譯事業에 착수하였다. 光復 후 20여 년이 지났지만 韓國學의 기본 資料이자 교과서인 四書五經의 우리말 註釋書 하나 없던 시절이었다. 그러나 한문고전번역사업에서 東洋古典(中國古典篇)은 우리 古典이 아니라 하여 번역대상에서 제외되었고, 2000년대에 들어와서야 정부에서 얼마간의 보조금을 주기 시작하였다.

본회에서는 1990년대에 이미 四書三經을 비롯한 유학의 기본 古典을 선별하여 번역하였다. 당시 逐字譯의 실력이 없이는 현대어로의 완전한 번역이 불가능하다는 생각을 바탕으로, 동양학 전공 여부를 막론하고 유학을 넘어 동양학의 기본서를 머리맡에 사전처럼 두고 볼 수 있는 번역서를 목표로 東洋古典國譯叢書를 기획·간행하였다. 우리나라 漢文讀法의 전통을 계승하고자 懸吐 방식으로 원문을 정리하고 주석까지 完譯하여, 학계에 기여함은 물론 교육과 일반교양의 필독서로도 널리 인정을 받았다.

당시 오역 없는 번역에 力點을 두었음에도 불구하고 시간이 지남에 따라 쌓인 국내외 연구 성과로 인하여 번역서의 수정도 불가피하게 되었다. 그리하여 2005년 改訂增補版 四書를 발간하기에 이르렀다. 그러나 개정증보판 사서를 발간하면서 과거 先賢들의 註釋書와 국내외의 연구 성과, 시대에 따라 변화하는 언어를 오롯이 담아내지 못한 점을 아쉬워하였다. 이후 사서 이외의 개정증보판 발간을 미루고 고민한 결과, 동양고전국역총서가 20세기 버전으로 그 생명력을 다하였으니 21세기 번역의 표준을 제시할 수 있는 고전번역서를 새롭게 만들어보자는 쪽으로 의견이 모아졌다.

본 '五書五經讀本'은 바로 그 고민을 해결하기 위해 기획하였으며, 傳統과 現代를 아우르면서 역대 국내외 연구 성과를 망라하고 연구자는 물론 동양학 열풍으로 수준이 높아진 일반 독자의 눈높이에 맞춰, 독자의 기호에 따라 연구의 기본자료 또는 교재, 입문서 등으로 다양하게 활용할 수 있는 21세기 標準飜譯書 제공을 목적으로 하였다. 따라서 국내외의 역대 註釋書를 비롯하여 동양고전국역총서 발간 이후 축적된 연구 성과를 종합하였다. 이를 위해 몇 분 안 되는 元老漢學者 또는 전공교수와 일정 수준의 소양을 갖춘 신진학자의 協同硏究飜譯을 지향하였다.

본회에서 처음 추진한 협동연구번역은 후속연구자 양성이라는 측면에서도 큰 의미를 갖는다. 번역을 통해 徒弟式 교육을 받은 신진학자는 앞으로 학계를 이끌어나갈 주역으로서 단단히 자리매김하여 우리나라 학계의 큰 자산이 될 것이다.

또 번역뿐만 아니라 古典籍 정리사업에 따라 각종 校勘·潤文·校訂 등에도 번역수준의 전공자로 구성하는 등 기획부터 출간 단계까지 심혈을 기울였다. 이는 誤謬를 최소화한 표준번역서를 목표로 어느 곳에 내놔도 그 가치를 인정받을 수 있는 名品을 만들기 위한 하나의 노력이었다.

또한 과거에는 상상할 수 없던 모바일 器機의 등장과 대중화는 출판환경과 독서형태를 변화시켰다. 이러한 변화에 발 빠르게 對應하고 시대를 先導하기 위해 '오서오경독본'을 스마트 정보화하였다. 연구자, 교수자, 초학자, 原典을 통해 고전을 읽기 원하는 독자 등 누구나 쉽고 부담 없이 접근하여 동양고전의 참맛을 느낄 수 있을 것이다.

'오서오경독본'은 오류를 최소화하고 스마트화로 접근성을 높인 최상의 표준번역서로서 동양고전 교육의 훌륭한 밑거름이 되어 학계의 수준을 一新하리라 굳게 확신한다. 또한 지식의 국경을 허물고 있는 인터넷 환경은 그 어느 때보다도 동양고전 情報化의 필요성을 切感(例 : 八佾舞)하게 한다. 따라서 시대의 흐름에 맞춰 '오서오경독본'을 정보화하여 그 활용 가치를 극대화할 계획이다. 이는 본회를 넘어 대한민국이 동북아시아뿐만 아니라 전 세계 동양고전 情報와 教育의 허브로서 중추적 역할을 담당할 것이다.

飜譯은 단순히 다른 言語를 옮기는 행위가 아닌, 한 언어를 사용하는 민족의 사상과 문화 전체를 옮기는 행위인 만큼 고전번역은 과거 聖賢의 사상은 물론 그 당시의 문화와 疏通하는 행위이며, 이는 현재 자신의 문화를 이해하는 尺度라 할 수 있다. '오서오경독본'은 21세기 번역의 표준으로서 우리 한국 고전번역의 수준을 가늠할 수 있는 척도가 되리라 스스로 자부해본다.

'오서오경독본' 시리즈의 첫 출간 시점이 우연히도 전통문화연구회 창립 30주년이 되는 해이다. 30년 동안 동양고전 번역에 무던히 매진하면서 고전의 중요성을 늘 강조하였다. 이제 다시금 내놓는 오서오경독본을 보면서 고전의 맛이 늘 새롭고 無窮함을 새삼 깨달았다. 고전과 씨름하며 지낸 30년 세월을 넘어 '오서오경독본'이 앞으로 30년, 50년을 이어갈 고전번역의 새로운 이정표가 되기를 기대하며, 정부에서도 21세기 東北亞 시대를 인식하여 東洋古典飜譯은 물론 東洋古典情報化에도 特段의 관심을 갖기를 고대한다.

나아가 2000여 년간 한자문화를 기반으로 찬란한 문화를 꽃피운 대한민국이 21세기 東北亞 漢字文化圈에서 다시 눈부신 문화의 융성을 목표로 본회와 관련단체에서 추진하는 先進文化韓國 VISION 2030-2050을 '五書五經讀本'과 '漢文讀解捷徑' 및 '東洋古典情報化'가 앞장서 이끌어 동북아 韓·中·日 三國鼎立과 世界平和에 기여하길 바란다.

2018年 10月　日

社團法人 傳統文化硏究會 會長 李啓晃

解 題

崔英辰*

1.《周易》이란 무엇인가

1) 모든 것은 변화한다

일상생활 속에 묻혀 지내다가 문득 우리들이 살아가고 있는 세계를 돌아보았을 때에, 존재하는 모든 것들은 잠시도 쉬지 않고 변화한다는 사실을 깨닫고 새삼 놀라게 된다. 앙상하던 나무 가지에서 피어나는 연두빛 이파리에서 계절이 바뀌어 가는 것을 보고, 오랜만에 만난 친구의 주름진 얼굴에서 세월의 무상함을 읽는다. 공자가 냇물을 건너다가 다리 위에서 "가는 것이 모두 이 물과 같구나. 밤낮을 가리지 않고 끊임없이 흘러간다." 라고 한탄한 것은 변화야말로 모든 사물들의 근본적 속성이라는 사실을 간파한 것이다.

'변화'에 대한 인식, 여기에서부터 철학적 사유가 시작된다. 기원전 6세기경 희랍의 한 서정시인은 세월의 흐름에 따르는 인생의 무상함을 다음과 같이 노래했다.

> 보게나, 세월이 내 관자놀이 위로
> 흰 서리를 뿌리더니, 어느새 내 머리를 흰 눈밭으로 만들었네.
> 이가 빠져버린 잇몸은 자꾸 넓어지고
> 젊음도 기쁨도 오래전에 스쳐가 버렸네.
> 저승의 관문이 눈앞에 보이니
> 짧은 인생, 그 달음박질도 곧 끝이 나네.
> (Anakreon)

---

* 성균관대학교 유학대학 한국철학과 명예교수

희랍인들의 다정하고 민감한 감성은 인생과 자연이란 끊임없이 변화하는 것이며, 그렇기 때문에 덧없는 것이라는 '무상함'을 절실히 느끼게 해주었다. 그리고 이 덧없음의 느낌은 한편으로 영원한 삶을 얻으려는 종교적인 희구를 낳았으며, 다른 한편으로는 자연에 있어서 무엇인가 변화하지 않는 근원적인 것을 찾으려는 노력으로 나타났다. 그리고 여기에서부터 자연에 대한 철학적 탐구가 시작된다.

2) 변화하는 것과 변화하지 않는 것

《주역》은 '周나라 시대의 易'이다. 이 문헌은 '易'이라는 낱말의 뜻 그대로 '變易'이라는 의식을 기저로 하여 이루어진 고전이다. '易'이란 글자의 어원에 대해서는 몇 가지의 설이 있지만 《주역》의 기본 개념과 연관성을 가지고 보면 日月의 합성자라는 설이 합리적이다. 해와 달이 뜨고 지면서 밤낮이 규칙적으로 바뀐다. 여기에서부터 '바뀌다' 즉 '변화'라는 의미가 도출되었다.

'역'을 키워드로 하여 성립된 《주역》이 인간과 자연을 포함한 전존재의 근본양상을 '변화'라는 관점에서 해석하는 것은 당연하다. 그러나 변화의 성격에 대한 이해가 희랍과 구별된다는 점을 간과해서는 안 된다. 앞에서 언급한 바와 같이 희랍에서는 변화하는 자연과 인생을 '덧없는' '부질없는' '무상한' 존재로 보았다. 그리고 이러한 인식의 심화에서 '덧없지 않은 존재', 삼라만상을 변화시키면서도 그 자신은 변화하지 않는 영원한 존재, 즉 그러한 변화를 있게 하는 이법(logos)으로서 작용하고 있는 것이 무엇인가를 찾으려고 하였다. 이것을 희랍인들은 '피시스(physis 근원적인 것, 본질적인 것)'라고 불렀다.

입장은 다르지만 변화하는 세계를 무상한 것으로 규정하는 사고는 佛教에서도 찾아볼 수 있다. 불교사상의 기저를 이루는 三法印 가운데 가장 근본적인 명제는 '諸行無常'이다. 여기에서 '제행'은 주관과 객관세계 전체를 포괄하는 개념이며, '무상'은 常住不變하는 실재성을 부정하는 말로서 긍정적으로 표현하면 '변화'가 된다. 즉 '제행무상'은 "모든 존재는 변화한다."라고 번역될 수 있다. 불교에서의 변화는, 한갓 외적인 모습이나 성질의 변화가 아니라, 자기동일성이라고 할 수 있는 그 어떤 연속체의 실체마저도 부정하는 철저한 변화이다. 그러므로 변화 속의 불변자는 인정될 수 없다. '무상함'은 모든 존재자가 걸머진 필연적 속성이 된다.

그러나 《주역》은 "낳고 또 낳는 것을 易이라고 한다.〔生生之謂易〕"라고 하여 변화를 생명의 창조과정으로 본다. 儒敎에 있어서 생명은 최고선이다. 그러므로 생명의 창조과정으로서의 변화는 절대가치성을 갖는다. 적어도 《주역》의 본문 자체만을 충실하게 분석해 본다면, 변화하는 현상계를 덧없는 것으로 부정하고 실체가 이 세계를 넘어서서 존재한다는 관념은 찾아보기 어렵다. 오히려 변화해 나가는 세계의 변하지 않는 운동질서 그 자체가 '도'로 규정된다.

다 같이 변화를 자연과 인생의 본질적 속성으로 보면서도 변화에 대한 이해가 이처럼 달라지는 이유는 무엇일까. 그 하나의 요인은 외적인 조건에서 찾아볼 수 있다. 기원전 6세기경 희랍의 주요 도시였던 밀레토스는 인접 국가들과의 교역을 통하여 가난에 허덕이거나 상업적인 이익에 혈안이 되지 않아도 좋을 만큼의 부를 누리게 되었다. 그렇다고 하여 유흥과 방탕한 생활을 할 만큼 풍요로운 재력을 지닌 것은 아니었다. 말하자면 알맞는 '여유'를 갖고 살 수 있게 되었던 것이다. 삭막한 삶의 현실에서부터 한 발짝 물러나 여유를 갖고 주위를 돌아보았을 때, 자연과 인생에서부터 끊임없이 변화하는 무상함을 느끼게 되고 마침내 서정시적 허무감으로부터 해방되기 위하여 불변하는 실체인 피지스(physis)에 대한 탐구를 시작한다. 이것이 이른바 서양철학의 시조인 밀레토스학파의 출범이다. 불교의 발상지인 印度의 자연환경도 인간의 생존을 위협할 만큼 열악하지는 않았다.

그러나 중국인들은 禹의 治水 설화에 나타나는 바와 같이, 매년 黃河의 범람이라는 자연의 거센 도전을 극복하지 않으면 기아에 허덕여야 했다. 《주역》 괘사와 효사의 원형이 성립되었던 시기로 추정되는 殷·周 교체기는 이른바 '혁명'이 수행되던 때였다. 또한 十翼의 성립기인 春秋戰國時代는 170여 개국이 10여 개국으로, 다시 7개국으로 축소될 만큼 극심한 전쟁을 겪는 시기였다. 이와 같이, 인간의 생존 자체를 위협하는 상황에서 성립된 《주역》은 형이상학적 초월의 세계나 종교적 명상에 관심을 기울일 여유가 없었다. 〈계사전〉에 "역은 中古 시대에 일어났을 것이다. 역을 지은 자는 憂患이 있었을 것이다."라고 기록되어 있듯이 《주역》은 현실 사회에 대한 강한 우환의식에서 태어났다. 그러므로 《주역》이 '끊임없이 도전해 오는 자연적, 인위적 도전에 어떻게 대응할 것인가'라는 문제에 초점을 맞추는 것은 너무나 당연하다. 그리고 이것이 "삶을 알지 못하는데 어찌 죽음을 알겠으며, 사람을 알지 못하는데 어찌 귀신을 알겠는가?"라고 공자가 말하였듯이 사후의 세계나 신의 영역에 대하여는 일단 판단을 보류하고, 현실을 진선진미한 세계로 변혁하려는 유가의 경전으로 《주역》이 채택된 이유이다.

3) 陰陽과 道, 그리고 對待的 論理

앞에서 언급한 바와 같이 《주역》은 변화를 최고선인 생명의 창조과정으로 보고 변화의 질서 그 자체를 '도'로 규정한다. 그 전형적인 명제가 "한번은 음적인 방향으로 운동해 나가고 한 번은 양적인 방향으로 운동해 나가는 것을 도라고 한다.〔一陰一陽之謂道〕"라는 〈계사전〉 상 5장의 한 구절이다. 어두운 밤이 지나가면 환한 낮이 오고 낮이 가면 다시 밤이 오듯이 순환적으로 발전해 나가는 것이 모든 사물들이 변화해 나가는 '길' 즉 세계의 보편적인 운동법칙이라는 것이다. 그리고 그 다음 구절에서 "이것을 이은 것이 선이다.〔繼之者善〕"라고 말한 바와 같이 이 도는 인간이 마땅히 실천해야 할 당위의 규범이 된다.

세계의 보편적인 운동법칙, 그리고 당위규범으로서의 도는 '한번은 음적인 방향으로 운동해 나가고 한 번은 양적인 방향으로 운동해 나가는〔一陰一陽〕' 음양의 원리라는 점을 《주역》은 분명히 말하고 있다. 뿐만 아니라 세계의 구조 또한 天地 四方이라는 음양적 범주로 이루어져 있다. 일찍이 莊子는 "역으로써 음양을 말했다.〔易以道陰陽〕"라고 하여 이 점을 간파한 바 있다. 그렇다면 음양은 무엇인가?

음양은 본래 음지와 양지를 가리키는 문자이다. 그러나 음양 개념의 성립과 변용 과정을 검토해 보면 뚜렷이 나타나는 바와 같이, 《주역》에 있어 음양은 구체적인 사물 또는 사물의 양상을 지칭하는 개념이라기보다, 對待 관계에 있는 전 개념 쌍을 포섭하는 범주적 개념이라고 볼 수 있다. '음양'이라는 단어가 성립되기 이전부터 '대대' 관념은 존재하였으며, 음양은 대대 관념을 나타내기에 가장 적합한 용어로서 선택된 것에 불과하다.

‘대대’란 직역하면 “서로 마주하며 기다린다.”라는 뜻이다. ‘相對’라는 단어와 의미가 흡사한데, 문집에서는 자주 발견되는 용어이다. 대대 관념을 표상한 최초의 매개체는 원초적인 역학사상을 반영하고 있는 ⚊과 ⚋이라고 하는 기호이다. 기호는 의미를 簡易化·直觀化·形象化하여 감성적 직관을 통하여 인식하게 하는 매개체이다. 기호의 의미는 신호등의 적신호·청신호와 같이 항상 다른 기호와의 연관 아래에서만 결정되며, 기호로서의 기능도 그 상호 작용 속에서 비로소 생겨난다. 그러므로 역학사상에 대한 최초의 표현 매개체가 기호였다는 사실 자체가 상호 연관성이라고 하는 ‘관계’를 그 중심 과제로 부각시키기에 충분하다. 즉 ⚊과 ⚋은 상반적인 타자와의 관계에 의해서만 의미를 갖고 기능할 수 있는 관계성을 표상한다. 이것이 서로 반대가 되어야 감응하여 조화되어 하나가 된다고 하는 ‘相反應合’의 논리로서, 《주역》에 있어 대대 관념의 원형이 된다.

유가문헌에서 대대 관념이 명확하게 음양이라는 용어로 표현되는 것은 《주역》의 〈계사전〉과 〈설괘전〉 등 十翼이다. 그러나 《주역》의 괘사와 효사는 물론, 《書經》과 《春秋左氏傳》 등에 이미 후대에 ‘음양’이라는 용어로 표현될 수 있는 관념이 사상의 中核을 이루고 있다. 앞에서 말하였듯이 무엇보다도 《주역》 구성의 최소 단위인 효가 대대 관계를 이루고 있으며, 은대 甲骨文 가운데에도 상/하, 좌/우, 정/반 등 구체적 사물의 대립 계열이 나타난다. 같은 시대 청동기 제기 등의 장식과 위치도 대립되는 힘들을 나타내 보이고 있다. 《論語》의 다음 구절을 검토해 보자.

> 공자는 온화하면서도 엄숙하시고, 위엄이 있으면서도 사납지 않으시고, 공손하면서도 편안하셨다.(《論語》〈述而〉)

이 글에서는 ‘온화함/엄격함’, ‘공손함/편안함’ 등 서로 배척적인 성향을 갖는 두 덕목이 통일되어 있다.

程伊川은 賁卦를 주석하면서 다음과 같이 말하였다.

> 이치에는 반드시 對待가 있으니 낳고 낳는 근본이다.(賁卦·彖傳의 傳)

정이천은 “도를 아는 자가 아니면 누가 이것을 알리오.”라고 술회하였다. 이 고백에서 ‘대대성 원리’야말로 유교의 최고 원리라는 사실을 확인할 수가 있다.

대대 관념의 역사적 전개 과정에 대한 검토의 결과를 가지고 그 특성을 정리해 본다면, 대대 관계는, 무엇보다도 상반적인 타자를 적대적으로 보는 것이 아니라 자신의 존재성을 확보하기 위한 필수 전제로서 요구한다는 점이 부각된다. 이것은 ⚊과 ⚋이라는 기호로써 역의 원초적인 의식이 표상되었다는 사실과, 음양의 문자학적 분석을 통하여 입증될 수 있다. 음양은 본래 ‘산기슭의 햇빛이 비추는 곳과 그늘진 곳’을 지칭하는 문자이다. 여기에서 우리가 주목해야 할 점은 빛과 그림자의 관계이다. 그림자가 있는 반대편에는 반드시 빛이 있고 빛이 있는 반대편에는 반드시 그림자가 있다는 사실은, 음의 개념에는 이미 양이 전제되어 있고 양에는 음이 전제되어 있다는 상호 의존적 관계성을 상징한다. 즉 음과 양이라고 하는 두 개념은 한갓 관계에 머무는 것이 아니라, 서로의 존재를 조건지우며 상호 관계에 의하여 존재성을 확보한다. 이와 같은 관계에 있는 개념은 모두가 대대 개념이라고 말할 수 있다. 그러므로 대대 관계에 있는 존재는 경우에 따라 상호 배척적이며 적대적 관계에 있는 것처럼 보일지라도, 상대방을 부정할 수가 없다. 상대방에 대한 부정은 곧 자신에 대한 부정이기 때문이다.

두 번째 특징은 相反的 또는 상호 모순적 관계를 상호 성취의 관계, 더 나아가 운동의 추동력의 근거로 본다는 점이다. 이것이 이른바 ‘서로 반대가 되어야 서로를 이루어 준다’라고 하는 ‘相反相成’의 논리이다. 즉 남녀 또는 전기의 + - 처럼, 같은 성 또는 같은 極 끼리는 서로 배척하며 다른 성·극은 상호 감응함으로써 조화되어 서로를 완성시켜 준다는 것이다.

이와 같은 논리는 서구의 전통적 문화와 사유의 근본이 되는 아리스토텔레스의 형식논리학과 분명히 구별되며, 오히려 현대과학의 새로운 패러다임을 제시해준 量子物理學의 相補性原理에 접근될 수 있다.

너는 나와 반대가 되기 때문에 도리어 나의 존재성을 확보해 주고 서로 감응하여 하나가 될 수 있으며 또한 발전의 원동력이 확보된다는 《주역》의 음양논리는, 지역과 계층 간의 갈등, 서구문명권과 비서구문명권의 대립, 종교 간의 분쟁, 자연과 인간의 분리, 무한 경쟁의 논리와 패권주의 등 비인간적 상황 속으로 함몰되어 가는 우리들을 참다운 사유의 공간으로 인도해 줄 것이다.

"否는 사람의 道가 아니다.〔否之匪人也〕"(否卦 卦辭)

4)《주역》의 두 얼굴 : 占과 哲學

《주역》은 두개의 얼굴을 갖고 있는 고전이다. 《주역》은 본래 占書로서 출발하였다. 그 원형인 괘사와 효사는 바로 占辭이다. 秦 始皇이 이른바 '焚書坑儒'라고 하여 불온한 사상서들을 불태웠을 때 《주역》이 화를 모면한 것은 그 시대의 사람들이 《주역》을 사상서가 아니라 실용적인 점서로서 인식했기 때문이다. 그렇다면 점이란 무엇인가? 점을 한마디로 말한다면 '미래에 발생할 사태를 예측하고 그에 가장 적합한 행동양식을 제시하는 일'이라고 정의할 수 있다. 인간의 지혜가 아직 발달하지 못했던 고대 중국에서는 기후의 변화와 지진·일식 등의 자연변화, 그리고 질병·전쟁·왕조의 교체 등의 인간사를 초자연적 절대자인 '上帝'가 지배하는 것으로 생각했다. 그러므로 사냥을 한다거나, 제사를 지낸다거나 전쟁을 일으킬 경우 상제의 뜻을 미리 알아보지 않으면 안 되었는데, 그 방법이 바로 점이었던 것이다.

그러나 인간의 지혜가 점점 발달해 감에 따라 자연의 변화에는 일정한 질서가 있음을 깨닫게 되었다. 그 대표적인 것이 바로 봄 여름 가을 겨울 사계절의 변화이다. 자연계가 일정한 질서에 의거하여 변화한다는 자각은, 자연의 변화와 밀접한 관계에 있는 농경사회에 있어서 획기적인 사건이 아닐 수 없다. 이제 자연계의 변화를 예측하는 일은 점에 의해서가 아니라, 그 변화의 질서를 추출해 냄으로써 가능하게 된 것이다. 고대 중국인들이 자연에서 추출해낸 질서를 數로 表象한 것이 바로 달력(Calendar)이다. 이 달력에 표시된 우수·경칩 등 24절기는 자연의 변화과정을 예측해 놓은 것이며, 동시에 파종·수확 등 그 절기에 해야 할 농경의 메뉴얼이기도 하다. '미래에 발생할 사태를 예측하고 그에 가장 적합한 행동양식을 제시하는 일'이 이제는 자연의 질서를 파악함에 의하여 가능하게 되었다. 이에 따라 '미래의 예측'을 주 임무로 하는 《주역》은 자연의 질서를 추출해 내는 방향으로 전개된다. 그리고 전국시대에 천문역법가(음양가)와 도가학파의 영향을 받아 괘사와 효사들이 새롭게 해석되는 과정에서 자연의 변화를 음양원리에 의하여 설명하는 이론체계가 확립된 것이다. 즉 괘와 효 및 괘사와 효사에 내재된 음양적 관념이, 이 시대에 이르러 '음양론'으로 정립되고 이 음양론에 의하여 자연이 설명되며, 이에 근거하여 인간의 당위 규범이 정립되는 이론체계가 갖추어지게 된 것이다. 그리고 자연에 대한 합리적 인식에 발맞추어 점사인 괘사와 효사에 대한 해석도 보다 합리적이며 윤리적 각도에서 이루어짐으로써 《주역》은 단순한 점서가 아니라 철학서이며 도덕적인 수양서로 발전하게 된다.

우리가 읽어야 할 《주역》은 바로 이와 같은 《주역》이다. 《주역》의 음양론은 우리에게 새로운 사고의 패러다임을 제공할 수 있으며, 음양론에 기초한 유기체적 자연관은 우리에게 의식의 혁명적 전환을 가져올 수 있다. 그리고 점은 우리를 정신의 새로운 영역으로 안내할 것이다.

2. 《주역》 읽기의 기초

1) 언어의 한계와 《주역》의 상징성

우리가 읽는 대부분의 책들은 문자로 구성되어 있다. 물론 그림이 들어가 있는 경우도 없지 않으나 이것은 보조적인 수단에 불과하다. 문자란 언어를 표기한 것이며, 언어란 말하는 인간의 느낌과 생각을 표현한 것이다. 다시 말한다면 인간은 자신의 생각을 언어로 표현하는데, 언어는 시간과 공간의 제약을 받기 때문에 문자를 사용하게 된 것이다. 뿐만 아니라 심리학자들의 견해에 의하면 언어체계가 거꾸로 사람의 사고방식을 지배한다고 한다. 이와 같이 언어는 인간에게 매우 중요한 도구이며, 인간이 다른 동물과 구별되는 특징을 '언어의 사용'이라고 말하기도 한다.

그러나 《주역》을 펼칠 때 우리가 맨 처음 대하는 것은 문자가 아니다. 그것은 "䷀ 乾元亨利貞"이라는 구절에 나타나 있는 바와 같이 여섯 개의 획으로 조합된, 이른바 '卦'

라고 하는 상징체이다. 그리고 '건원형이정'이라는 문자는 괘라는 상징체, 즉 卦象을 풀이하는 보조수단에 불과하다. 어째서 《주역》의 저자는 자신의 생각을 표현하는 주요 수단으로 문자보다 괘상을 선택하였을까. 그 이유를 〈계사전〉 상 12장에서 다음과 같이 설명한다.

> "글로써는 말이 표현하는 내용을 모두 나타낼 수 없고 말로써는 〈말하는 사람이 마음 속에 가지고 있는〉 뜻을 다 표현할 수 없다. 그렇다면 성인의 뜻을 볼 수 없는 것일까? 성인이 상징체를 만들어 〈자신이 마음 속에 가지고 있는〉 뜻을 완전하게 표현하셨으며, 괘를 만들어 참과 거짓을 모두 밝혔으며, 말을 매어 그 말의 뜻을 모두 나타내셨다."

말과 글은 생각과 느낌의 일부분밖에 표현하지 못하는 대개체이며, 그중에도 글은 말에 비하여 더욱 불완전한 표현 수단이라는 것이다. 언어·문자의 한계에 대한 인식은 《주역》만이 아니라 중국철학의 일반적인 현상이다. 《老子》의 유명한 첫구절인 "道라고 말할 수 있는 도는 참된 도가 아니고, 〈도라고〉 이름 붙일 수 있는 이름은 〈도의〉 참된 이름이 될 수 없다."라는 구절도 '도'라고 하는 실재와 그것은 표현하는 언어·문자 사이의 간격이 얼마나 큰 것인가를 알려주고 있다. 이 구절은 진리를 설명하기 위해서는 언어·문자에 의존할 수밖에 없지만, 언어는 지극히 불완전한 매개체에 불과하기 때문에 언어로 표현된 것을 진리 자체로 인식할 경우 도리어 진리를 왜곡시키고 잘못 이해할 위험이 있음을 경고한 것이다. 그러므로 莊子는 "통발은 고기를 잡기 위해 있다. 고기를 잡았으면 통발은 생각할 필요가 없다. 올가미는 토끼를 잡기 위해 존재한다. 토끼를 잡았으면 올가미는 잊어버려야만 한다. 말은 뜻을 파악하기 위해 있고, 뜻을 알았으면 더 이상 말을 생각할 필요가 없다. 어떻게 하면 말을 잊은 사람과 만나, 그와 함께 이야기할 수 있을까"라고 하여 언어를 버릴 것을 주장했다.

이와 같은 언어의 한계성·불완전성을 극복할 수 있는 매개체로 《주역》이 채택한 것이 '괘'이다. 〈계사전〉에서 "괘는 만물을 표상하는 것이며, 표상한다는 것은 본받는 것이다."라고 규정한 바와 같이, 괘는 자연과 인간과 사회의 근본적인 존재양상과 변화체계를 표상하는 상징체이다. 언어·문자에 비하여 괘상이 참다운 뜻을 표현하는 데 보다 적합한 매개체가 될 수 있는 이유는 무엇인가. 언어가 사물을 개념화시킴으로써 그 의미를 한정하고 形體化하는 데에 비하여 상징체는 보다 깊은 의미를 함축하고 있으며 다양한 각도에서 해석이 가능하기 때문이다. 《韓非子》에서는 코끼리 象이 상상·상징의 의미로 쓰이게 된 유래를 다음과 같이 설명하고 있다.

> "사람들이 살아 있는 코끼리를 보고 싶어 했다. 〈그러나 그 당시 중국에서 코끼리가 살고 있지 않았으므로〉 죽은 코끼리의 뼈를 얻어 그 그림을 그려 살아있는 모습을 상상했다. 그러므로 사람들이 마음으로 상상하는 근거가 되는 것을 모두 象이라고 한 것이다."(《韓非子》〈解老〉)

죽은 코끼리의 뼈를 보고 여러 가지 모습의 산 코끼리를 상상할 수 있듯이, 우리는 하나의 괘상에 대하여, 마치 상징시를 대할 때처럼 다양한 의미를 읽어낼 수 있다. 그리고 《주역》에서 사용되고 있는 괘는 독립된 의미를 갖는 괘가 두 개씩 모여 이루어진 것이므로 각각의 괘가 상징하는 내용들이 결합될 때 나타나는 의미는 더욱 깊고 다양하다. 뿐만 아니라 괘상과 각 효를 설명하는 괘사와 효사 역시 고도의 상징성을 내포하고 있다. 《주역》은 전체가 하나의 상징체계를 이루고 있으며, 그 해석 역시 매우 다양한 각도에서 이루어져 온 것이다. 조선조 후기, 四書五經에 대하여 朱子의 해석에 위배될 경우 斯文亂賊으로 몰릴 때에도 《주역》만은 서로 다른 해석이 허용되었는데, 그 이유는 바로 《주역》이 갖고 있는 상징성에 있는 것이다.

2) 陰爻와 陽爻

《주역》의 괘는 효라고 불리우는 6개의 획으로 구성된다. 6개의 효로 구성된 괘를 重卦 또는 大成卦라고 부른다. 이것은 3효로 이루어진 괘(이것을 單卦 또는 小成卦라고 한다)들이 두 개씩 겹쳐져서 이루어진 괘라는 뜻이다. 《주역》에는 64개의 중괘와 8개의 단괘가 있다. 단괘를 구성하는 최소단위는 효이다. 효의 종류와 조합방식에 따라 단괘의 성격이 결정되고, 단괘의 결합 방식에 의하여 중괘의 성격이 결정된다. 그러므로 《주역》을 이루는 최소 단위는 효이며, 효에는 음효(--)와 양효(—) 두 종류가 있다.

일상생활에서 가장 기본적인 의사 표현 방식은 좋음과 나쁨, 긍정과 부정 등 二項對應的 구조를 기반으로 한다. 이와 같은 사고의 한 형태를 史悟岡의 《西靑散記》라는 책에서 볼 수 있다.

> "내가 어려서 아직 엄마 품에 안겼을 때, 밝았던 날이 이내 어두워지고 어두운 날이 갑자기 밝아지고 하는 것을 무서워했다. 그랬더니 어머니는 나에게 이것은 밤과 낮이 오고 가는 것이라고 일러 주셨다. 또 살아 있던 사람들이 사라지고 없던 사람들이 생겨나고 하는 것을 이상히 여겼더니 어머니께서 이것이 태어남과 죽음이라고 말씀하셨다. 그 후 어머니께서는 밤이면 하늘에 신비롭게 반짝이는 별들을 가리켜 어느 것이 산과 물이고, 어느 것이 풀, 나무, 꽃, 새인가를 일러 주셨다. 나는 자라면서 무분별한 혼돈 속에서 앎의 욕구를 우주만상에로 돌려 오고 가고 죽고 나고 어둡고 밝은 이치를 깨닫고 세상의 하염없는 무상함을 슬퍼하게 되었다.

이 글은 인간이 태어나서 맨 처음 갖게 되는 의식이 밝음과 어두움, 있음과 없음 등 서로 반대되는 양상들에 대한 대응적 분별의식이라는 사실을 알려준다. 이것을 인류 지성의 발달사에 적용시킨다면, 인간이 미개의 혼돈상태에서부터 지성의 문턱으로 들어섰을 때 맨 처음 갖게 된 의식은 밝음과 어두움, 위와 아래, 좋음과 나쁨 등의 분별의식이었을 것이다. 이와 같은 원초적 분별의식을 표상한 부호가 바로 후대에 陽爻라고 불리우게 되는 이어진 획(—)과 陰爻라고 불리우는 끊어진 획(--)이다. '爻'라는 글자는 전통적으로 效, 즉 '본받는다'는 뜻으로 해석한다. 이것은 자연과 인간의 모든 현상을 관찰하여 그 본질적인 존재양상과 원리를 본받아 표상한 부호라는 의미로 이해할 수 있다. 이 두 개의 기호는 《주역》에서 '對待關係'에 있는 모든 개념 쌍을 포괄적으로 표상하는 기호가 된다. '대대'는 앞장에서 설명한 바와 같이 '서로 대립하면서도 서로 의존하는 관계', '서로 반대가 되는 상태가 존재함에 의하여 비로소 자신이 존재할 수 있는 관계', '서로가 서로를 머금고 있는 관계' 등을 의미하는 역학의 용어이다.

효의 기원에 대해서는 다양한 견해가 있으나 《주역》에는 이에 대한 기록이 없기 때문에 정론이 없다. 인간의 사유가 미분화의 혼돈 상태에서부터 分別知로 발전되어 간다면 그 최초의 지식은 이항대응적 구조였을 것이다. 이것이 ⚊과 ⚋이라는 기호로 형상화되었을 것이라는 추측이 가능하다. 그리고 사유가 점차 복잡해지면서 四象·八卦·六十四卦로 전개된 것이다.

3) 八卦

卦는 인간과 자연의 존재 양상과 변화의 원리를 상징하는 기호이다. 이 글자는 '卜'과 '圭'의 합성어이다. '圭'는 음을 나타내고 '卜'은 의미를 나타낸다. '卜'은 본래 거북 껍질을 불에 태워 점을 칠 때 나타나는 龜裂相을 그린 문자이다. 그리고 《說文解字》에서 "괘는 占筮하는 것이다."라고 규정한 바와 같이 본래 점법과 깊은 관계가 있는 상징체라고 할 수 있다.

팔괘의 성립과정에 대하여 〈계사전〉 상 11장에서 다음과 같이 설명하고 있다.

> "역에는 太極이 있으니 이것이 兩儀를 낳고 양의는 四象을 낳고 사상은 팔괘를 낳는다. 팔괘는 길과 흉을 결정하고, 길과 흉은 〈길은 취하고 흉은 극복함으로써〉 大業을 낳는다."

태극은 궁극적 실체를 지칭하는 개념이며, 양의는 두개의 짝, 즉 양효와 음효이다. 이것은 자연과 인간 그리고 사회를 구성하는 모든 사물들과 운동의 두 가지 범주를 표상하는 기호이다. 사계절 가운데 봄·여름은 양, 가을·겨울은 음으로 분류할 수 있으나, 같은 양에 속하는 봄·여름 가운데에도 양적인 성질의 강약이 다르고 가을·겨울도 음적인 성질의 강약이 다르듯이, 두 개의 범주를 보다 세분하면 네 개의 범주로 나눌 수 있다. 이것이 사상이다. 기호로 나타내면 ⚌은 양성이 강한 존재, ⚏은 음성이 강한 존재, ⚍은 외면적으로 음성이지만 내면적으로는 양성인 존재, ⚎은 외면적으로는 양성이지만 내면적으로는 음성인 존재를 상징한다. 이것을 각각 太陽·太陰, 少陽·少陰이라고 부른다.

사상을 다시 세분하면 팔괘가 된다. 태극으로부터 팔괘가 되는 과정을 도표화하면 다음과 같다.

太極

⚋ | ⚊ 兩儀

⚏ ⚎ | ⚍ ⚌ 四象

☷ ☶ ☵ ☴ ☳ ☲ ☱ ☰ 八卦
坤 艮 坎 巽 震 離 兌 乾

	八	七	六	五	四	三	二	一
八卦	坤	艮	坎	巽	震	離	兌	乾
四象	陰		陽		陰		陽	
兩儀	陰				陽			

팔괘를 설명하면 다음과 같다.

☰ 乾 : 세 개의 이어진 선, 곧 양효만으로 구성된다. '乾'은 본래 태양이 떠오르는 모습을 나타내는 글자로서 하늘(天)을 상징하며 가족에 비유하면 아버지(父)가 되고, 성질은 '健'자로 규정하는데 이는 '강건함' '쉬지 않고 꾸준함' 등을 의미한다.

☱ 兌 : 음효 아래에 두 개의 양효가 있어서 위가 끊어진 모습이다. '兌'는 '기뻐하다'라는 뜻을 가진 글자로 연못을 상징하며, 가족에 비유하면 막내딸이 되고 성질은 '기쁨'이다.

☲ 離 : 위와 아래는 양효이고 가운데 효가 음효로서 가운데가 비어있는 모습이다. '離'는 본래 '떠나다', '분리되다'라는 의미를 갖는 글자이지만 여기에서는 이와 반대로 '붙어 있다'는 뜻으로 사용된다. 불(火)을 상징하며, 가족에 비유하면 차녀가 되고 성질은 '麗'자로 규정하는데 이것은 '걸리다', '붙어있다'는 뜻으로 두 개의 양효 사이에 음효

하나가 걸려있기 때문에 생긴 성질이다.

☳ 震 : 두 개의 음효 아래에 한 개의 양효가 있어서 위의 두 효는 끊어져 있으며 아래 한 효만 이어져 있다. '震'은 천둥·벼락을 의미하는 글자로서 우뢰를 상징하며, 가족에 비유하면 장남이 되고 성질은 '움직임〔動〕'이다.

☴ 巽 : 두 개의 양효 아래에 하나의 음효가 있어서 아래가 끊어진 형상이다. '巽'은 '부드럽다', '성품이 유순하다'는 뜻으로 바람〔風〕을 상징하며, 가족에 비유하면 장녀가 되고, 성질은 '들어가다〔入〕', '겸손하다' 등이 된다.

☵ 坎 : 두 개의 음효 사이에 하나의 양효가 있어서 가운데가 이어진 모습이다. '坎'은 '구덩이' '험하다' 등의 뜻으로 물을 상징하며, 가족에 비유하면 차남이 된다. 음효 사이에 양효 하나가 빠져있다고 하여 '빠짐〔陷〕'의 성질을 가지며, 물은 만물을 윤택하게 하므로 '윤택하다'는 성질도 갖는다.

☶ 艮 : 하나의 양효 아래에 두 개의 음효가 있어서 위가 이어진 모습이다. '艮'은 '머무르다', '한정하다' 등의 뜻으로 산을 상징하며, 가족에 비유하면 막내아들이 되고, 산이 막히면 갈 수 없으므로 '그침〔止〕'의 성질을 갖는다.

☷ 坤 : 세 개의 음효만으로 이루어진 순음괘이다. '坤'은 땅에서 초목이 솟아나는 모습을 의미하는 글자로서 땅〔土〕을 상징하며, 가족에 비유하면 어머니〔母〕가 된다. '순응〔順〕'의 성질을 갖는다.

〈설괘전〉에 의하면 팔괘는 이외에도 다양한 의미를 내포하고 있다. 이것을 도표화하면 다음과 같다.

팔괘	一 乾 ☰	二 兌 ☱	三 離 ☲	四 震 ☳	五 巽 ☴	六 坎 ☵	七 艮 ☶	八 坤 ☷
자연	天	澤	火	雷	風	水	山	地
속성	健	說	麗	動	入	陷	止	順
가정	父	少 女	中 女	長 男	長 女	中 男	少 男	母
신체	首	口	目	足	股	耳	手	腹
방위	西 北	西	南	東	東 南	北	東 北	西 南

4) 六十四卦와 해석방법

《주역》의 64괘는 單卦(小成卦)가 두 개씩 겹쳐져서 이루어진 重卦(大成卦)이다. 팔괘를 두 개씩 겹쳐놓았을 때 나타날 수 있는 괘의 수는 64개이기 때문이다.

단괘는 '사물'을 상징하는데 비하여 64개의 중괘는 '사건'을 상징한다. 중괘는 두 개의 단괘들이 각각 가지고 있는 의미와 결합하는 방식 그리고 각 효들 간의 상호관계에 의하여 발생하는 의미와 사건에 따라, 전체적인 괘의 내용 즉 '괘사'가 결정되고, 각 효의 위상과 상호관계에 의하여 각 효의 의미 즉 '효사'가 규정된다.

괘사와 효사는 점사이다. 점사는 좋고 나쁨, 즉 길·흉을 판단해주는 기능을 한다. 위에서 단괘들의 결합방식, 그리고 각 효들 간의 관계성에 의하여 괘사와 효사의 내용이 결정된다고 말한 것은, 곧 좋고 나쁨이 결정된다는 것이다. 예를 들어, 땅을 상징하는 곤괘가 위에 있고 하늘을 상징하는 건괘가 아래에 있는 泰卦는 무거운 땅의 기운은 아래로 내려오고 가벼운 하늘의 기운은 위로 올라가 두 기운이 만나 교감하기 때문에 길하고 형통한 괘로 규정된다. 반면 그 반대가 되는 否卦는 하늘 기운은 위로 올라가고 땅 기운은 아래로 내려와 두 기운이 만날 수 없기 때문에 막히고 이롭지 못한 괘로 규정된다. 이와 같이 괘사와 효사의 좋고 나쁨이 결정되는 데에는 일정한 법칙이 있다. 그러므로 이 법칙에 의거하여 괘와 효를 해석할 수 있는 것이다. 다만《주역》에는 변수들이 많기 때문에 괘에 따라 융통성있게 법칙을 적용해야 한다. 이 법칙을 중심으로 괘를 해석하는데 필요한 기초지식을 설명하면 다음과 같다.

① 음효 · 양효와 효의 위치〔位〕

양효와 음효를《주역》의 효사에서는 九와 六이라는 숫자로 표기한다. 그리고 6효는 각각의 위치에 따라 이름이 정해져 있다.

乾

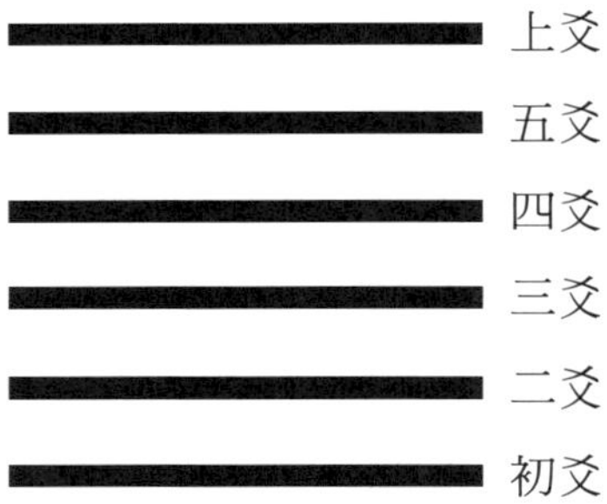

위의 그림에 나와 있는 바와 같이, 효는 아래에서부터 위로 전개된다. 이것은 하나의 사건이 이루어지는 단계, 또는 사물이 변화해가는 과정을 상징한다.

효의 위치는 홀수인 경우(초효·3효·5효)에는 陽位가 되고, 짝수인 경우(2효·4효·상효)에는 陰位가 된다.

6효를 天·地·人 三才에 배당하기도 하는데, 이 경우 초효·2효는 地, 3효·4효는 人, 5효·상효는 天이 된다.

또 사회계층에 대입할 경우, 초효는 서민, 2효는 초급관리, 3효는 중급관리, 4효는 고급관리, 5효는 천자, 6효는 은퇴한 군주가 된다.

이것을 도표화하면 다음과 같다.

《주역》에서 효를 표시할 때에는 양효임을 나타내는 九, 음효임을 나타내는 六, 그리고 효의 위치를 나타내는 初·二·三·四·五·上을 같이 사용하여 初九·六二·上六 등으로 표기한다. 家人卦를 예로 들면 다음과 같다.

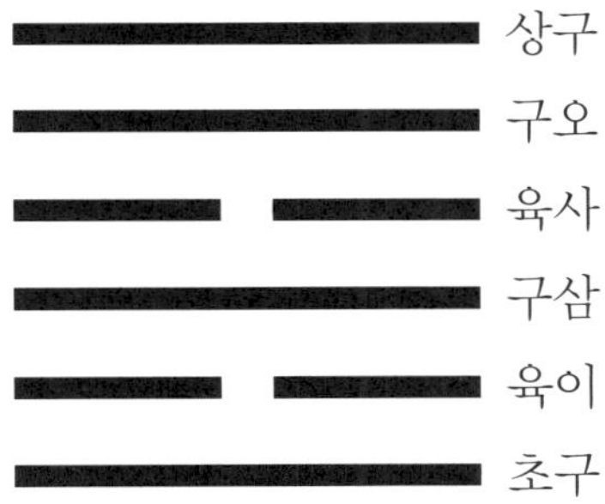

② 中과 正

《주역》의 사상체계에서 가장 중시되는 덕목이 中과 正이며, 그 중에도 中이 보다 존중된다. 그래서 6효 중에 아래에 있는 괘(이것은 內卦라고 부른다)의 가운데 효인 2효와 위에 있는 괘(이것을 外卦라고 부른다)의 가운데 효인 5효를 좋은 효로 보아, 길한 경우가 많다.

正은 양효가 양위(초·3·5)에 있고, 음효가 음위(2·4·상)에 있는 경우이다. 이 경우에도 좋은 것으로 본다. 경우에 따라 음효와 음위, 양효와 양위가 겹쳐 음 또는 양이 지나치게 강화됨으로써 좋지 않게 평가되기도 한다. 64괘 가운데 6효 전부가 正을 얻은 괘는 旣濟卦이며 모두가 不正을 얻은 괘는 未濟卦이다.

2효와 5효, 즉 중효가 正을 얻을 경우(六二와 九五) 매우 좋은 것으로 본다. 건괘와 곤괘를 예로 든다면, 乾卦의 九五에는 "나는 용이 하늘에 있으니 대인을 만나봄이 이롭다."라고 하여 극찬하고 있으며, 坤卦의 六二에는 "곧고 방정하고 위대하다. 익히지 않아도 이롭지 않음이 없다."라고 하여 매우 이로운 효로 규정한다.

③ 應 · 比 · 承 · 乘

이것은 괘에 있어 6효의 관계를 나타내는 용어이다.

應은 내괘와 외괘의 각 효들 사이의 대응관계를 말한다. 즉 초효와 4효, 2효와 5효, 3효와 6효가 각각 대응되는데, 이 경우 대응되는 두 개의 효가 음·양 또는 양·음과 같이 반대가 될 경우 '正應'이 되어 좋은 것으로 본다. 그 가운데에서도 중효(2효와 5효)의 정응이 가장 좋다. 반대로 같은 양·양, 음·음일 경우는 서로 반발하는 '敵應'이 되어 나쁜 것으로 본다. 이것은 '서로 반대되는 성질끼리 만나야 서로 감응되고 조화된다'고 하는 《주역》의 '陰陽 對待論理'에 근거한 것이다.

比는 가까이 옆에 있는 두 효의 관계를 말하는데 비는 친밀하다는 뜻이다. 옆에 있는 두 개의 효가 음·양일 때 이것을 比爻라고 하며 좋은 것으로 평가한다. 반면에 같은 음 또는 양일 경우는 비효가 성립되지 않는다. '비'보다는 '응'이 보다 강한 감응력을 갖는 것으로 보아 중시된다.

비효에는 承과 乘 두 경우가 있다. 承은 음효가 양효의 아래에 있는 경우를 말한다. 承은 받든다는 의미이다. 乘은 承과 반대로 음효가 양효의 위에 있는 경우이다. 承은 음이 양을 따르는 것이므로 바람직한 경우로 보는 데에 반하여 乘은 음양관계가 전도된 것이므로 부정적으로 평가된다.

蒙卦에 이 법칙을 대입시켜 설명해보자.

몽괘 삼효는 다음과 같다.

> “六三은 여자를 아내로 맞이하지 말 것이니, 돈 많은 사내를 보고 몸을 지키지 못하니 이로울 것이 없다.”

몽괘 육삼효는 中도 아니고, 음효로서 양위에 있으므로 正도 아니며, 양효 위에 올라타고 있다. 또한 몽매함의 가운데에 처하여 그 정도가 매우 심한 단계이다. 상효와는 정응관계로서 올바른 짝이 되는데 멀리 떨어져 있고, 상효가 이미 노쇠하여 실권을 상실한 상태다. 또한 4효와 5효는 같은 음효로서 방해하고 있는 반면에 2효는 양효로서 3효와 比의 관계에 있으며, 강한 힘과 황금을 갖고 있다. 3효는 2효에게 마음이 끌려 서로 감응하여 자기 배필인 상효를 버리고 2효와 부정한 관계를 맺게 된다. 그러므로 이런 여자는 아내로 맞이하지 말라는 것이다.

이상 설명한 바와 같이, 괘와 효에 대한 해석은 음양 대대원리를 기본으로 하여 이루어지는 것으로 역학의 논리구조가 생생하게 드러나는 현장인 것이다.

3. 《주역》의 구성

다른 동양의 고전들과 마찬가지로 《주역》에도 여러 판본이 있고 주석에 따라 그 체제도 각각 다르다. 그 대표적인 것이 당나라 시대 《十三經注疏》 본으로 편찬된 《周易正義》

와 명나라 시대《四書五經大全》본으로 편찬된《周易傳義大全》을 들 수 있다.

《주역정의》는 孔穎達이 왕명을 받들어 편찬했다. 육십사괘에 대한 注는 魏의 王弼, 〈계사전〉〈설괘전〉 등에 대한 注는 晉의 韓康伯의 저작인데, 여기에 공영달이 疏를 붙여 풀이했다.《주역전의대전》 역시 왕명에 의해 胡廣 등이 교과서로 편찬한 것으로 程伊川의《易傳》과 朱熹의《本義》를 기본으로 성리학자들의 주석을 수집한 것이다.

1) 經 : 卦 · 卦辭 · 爻辭

經은 여섯 개의 爻로 이루어진 卦, 그리고 그 괘의 명칭과 본질을 정의하며 吉凶禍福을 판단한 卦辭, 여섯 개의 각 爻를 설명하고 각각의 길흉화복을 판단한 爻辭로 구성된다.

괘사는 한 괘의 전모를 단정적으로 규정하였다고 하여 彖辭라고도 하는데, '彖'은 '斷'과 같은 뜻으로 '결단'을 말한다. 우리가《주역》을 펼칠 때 맨 처음 만나는 괘인 乾卦를 예로 든다면 ䷀이 괘이고 "乾은 元亨利貞하다."라고 한 부분이 괘사이다. 괘사의 처음에는 괘의 이름이 나오며 그 다음 구절은 괘의 기본적인 성격·내용 등을 간결하게 규정하고 그 길흉화복을 판단하고 있다. 그 다음에 나오는 "初九는 잠겨있는 용이니 쓰지 말라.", "九二는 나타난 용이 밭에 있으니 대인을 봄이 이롭다." 등은 효사이다. 괘사와 효사가 이루어진 시기는 대략 기원전 700년 이전으로《주역》의 원형을 이루고 있다. 이것을 經이라고 부르는 것은 伏羲·文王·周公 등 聖人의 창작물로 보는 전통적 견해에 따른 것이다.《주역》에는 64개의 괘가 있고, 각 괘는 여섯 개의 효로 구성되기 때문에 384개의 효사가 있다. 일반적으로 첫 번째 괘인 乾卦부터 30번째 괘인 離卦까지를 上經, 31번째인 咸卦로부터 64번째인 未濟卦까지를 下經으로 나눈다.

2) 傳 : 十翼

괘사와 효사를 읽어본 사람은 누구나 느끼는 바와 같이, 그 문장이 지나치게 간결하고 잠언적이며 단편적이어서 그 내용을 파악하기가 매우 어렵다. 이것은 괘사와 효사가 본래 占辭로서 상징적인 성격이 강한 데에서 기인한다. 이 난해한 괘사와 효사를 우리들이 이해하기 쉽도록 풀이해 놓고 그 이론적인 토대를 구축해 놓은 부분이 彖·象·文言 등으로 호칭되는 '傳'이다.

이 '전'은 전통적으로 공자가 문왕·주공 등 옛 성인의 뜻을 올바르게 풀이하여 후세에 전해주기 위해 지은 것이라고 하지만, 오늘날의 연구결과 대략 전국시대 중기부터 漢初에 걸쳐 성립된 것으로 추정된다. 이 '전'을 보통 十翼이라고 부르는데, 이것은 《주역》의 원형인 괘사와 효사를 이해시키기 위한 열 개의 보조적인 문헌이라는 뜻으로, 〈彖〉 상·하, 〈象〉 상·하, 〈文言〉, 〈繫辭〉 상·하, 〈說卦〉, 〈序卦〉, 〈雜卦〉 등 7종 10편이다.

〈십익〉은 크게 괘사와 효사를 직접 풀이한 〈彖〉·〈象〉·〈文言〉과 《주역》의 전반적인 문제에 대해 체계적으로 설명한 〈繫辭〉·〈說卦〉·〈序卦〉·〈雜卦〉로 나눌 수 있다. 《주역》의 원본에는 경과 십익이 따로 분리되어 있었는데, 왕필이 〈彖〉·〈象〉·〈文言〉을 각각 해당되는 괘사와 효사에 배치한 이후 독해의 편의성 때문에 이 방식이 통용되고 있다. 그러나 주자의 《본의》 그리고 淸代에 康熙帝에 의해 편찬된 《周易折中》은 《주역》의 본래 의도를 되살리기 위해 경과 십익이 분리된 원형을 고수하고 있다.

〈彖傳〉

《주역》에서 '彖曰'로 시작되는 부분이 〈단전〉이다. 건괘를 예로 든다면 "단에 말하기를, 위대하도다. 건의 원이여! 만물이 의뢰하여 시작하니, 이에 하늘을 통섭하도다."라고 한 구절로부터, "만물 중에서 으뜸으로 나오니 만국이 모두 편안하다."라는 구절까지이다.

이것은 彖辭, 즉 卦辭를 풀이한 전이다. 괘의 형태와 괘의 이름, 그리고 괘사의 전반적 내용을 조직적으로 해석하여 그 이론적 근거를 제시하고 있으며 철학성이 풍부하다.

〈象傳〉

〈상전〉은 괘의 형상을 기본으로 하여 괘와 효를 풀이한 문헌이다. 괘를 전체적으로 풀이한 〈大象〉과 여섯 효를 각각 풀이한 〈小象〉으로 나뉜다. 건괘의 경우를 예로 든다면 "상에 말하기를, 하늘의 운행이 강건하니, 군자가 이것을 본받아서 스스로 힘쓰고 쉬지 않는다."라고 한 구절에서부터 "用九는, 天德은 앞섬(머리)이 되어서는 안된다는 것이다."라고 한 구절까지가 〈大象〉이다.

〈大象〉은 괘의 형상을 직관적으로 포착하여 괘명의 뜻을 풀이한 전반부와, 이에 근거해 인간의 행동규범을 제시한 후반부로 나눌 수 있다. 땅을 상징하는 곤괘가 위에 있고 산을 상징하는 艮卦가 아래에 있는 謙卦를 예로 들면 "땅 속에 산이 있는 것이 謙이니"라고 한 부분이 전반부이고, "군자가 이것을 본받아 많은 곳에서 덜어내 적은 곳에 더해주어, 물건을 저울질하여 베풂을 고르게 한다."라고 한 부분이 후반부이다. 이와 같이 〈大象〉은 인간이 마땅히 해야 할 행동양식을 제시한다는 윤리적 성격이 강하다.

〈小象〉은 각 효의 효사를 풀이한 것이다. 〈소상〉의 효사 해석은 효의 형상과 각 효의 위치에 따른 상관관계를 기본으로 하고 있다.

〈文言傳〉

〈문언전〉은 건괘와 곤괘에만 있다. '文言'의 '문'은 '수식한다, 꾸민다'는 뜻이며 '언'은 괘사와 효사를 의미한다. 즉 건괘와 곤괘의 괘사와 효사를 수식하여 해석한다는 뜻이다.

"乾과 坤은 《易》의 문일 것이다."라고 한 〈계사전〉의 말과 같이 건괘와 곤괘는 육십사괘 가운데 가장 중심이 되는 괘로서, 나머지 괘는 건괘와 곤괘로부터 도출된 것이다. 《주역》의 기본사상과 괘를 해석하는 기본 방식도 건괘와 곤괘(그 중에서도 건괘)에서 대체적으로 찾아 볼 수 있다. 〈문언전〉이 건괘와 곤괘의 괘사와 효사를 집중적으로 부연설명한 것은 바로 이 같은 이유 때문인데, 괘의 형상보다는 괘사와 효사의 의미를 가치론적이며 규범적 각도에서 자세히 해석하여, 이른바 '義理易學'의 단서를 열어 놓았다고 할 수 있다.

〈繫辭傳〉

'繫辭'란 '괘와 효에 매어단 말'이라는 뜻으로서, 곧 괘사와 효사의 총칭이다. 〈계사전〉은 각각의 괘사와 효사를 개별적으로 해석하고 있는 〈단전〉·〈상전〉·〈문언전〉과는 달리 64괘, 384효가 근거하고 있는 공통적인 이론을 종합적이고 조직적으로 설명하고 있다. 《주역》의 심오한 사상과 이론은 〈계사전〉에 의해 비로소 형성되고 체계화되었다고 말할 수 있다. 뿐만 아니라 〈계사전〉은 《주역》의 성립 근거에서부터 제작연대, 그리고 괘와 효의 해석 방법 등도 설명하고 있다. 〈계사전〉에서는 괘와 효의 변화원리를 기반으로 하여 자연의 변화와 여기에 대처하는 인간의 실천철학이 음양원리에 의해 통일적으로 설명되고 있으며, '象數論'에 근거한 占筮法 등이 주요 내용으로 되어있다.

太極, 道, 性 등 중국철학의 중요한 개념들이 바로 〈계사전〉에 나오는데 이것이 송대 이론 유학인 朱子學이 〈계사전〉을 바탕으로 하여 성립된 이유이기도 하다. 한나라 초기 이후 〈계사전〉은 〈易大全〉으로 불리면서 존중되어 왔다.

주자는 《본의》에서 〈계사전〉의 일부분이 錯簡된 것으로 보고 편차를 수정했는데, 그 이후 《본의》의 편차가 통용되고 있다.

〈說卦傳〉

《주역》 원문에 나오는 괘는 여섯 효로 이루어져 있는데, 6효괘는 3효로 이루어진 卦(八卦)가 두 개씩 겹쳐져서 이루어진 것이다. 〈설괘전〉은 3효괘인 팔괘의 형상과 그 상징적 의미를 주로 해석한 문헌이다. 먼저 팔괘 성립의 근거가 되는 數理와 陰陽·剛柔의 기본적 성격을 논하고 《주역》의 목적을 서술했다. 그 다음에 팔괘의 상관관계와 각각의 괘가 내포하고 있는 의미와 팔괘가 상징하는 사물을 제시하고 있다. 象數易學에서 주요한 문제가 되는 文王八卦圖와 伏羲八卦圖는 〈설괘전〉 5장에 근거한 것이다.

〈序卦傳〉

〈서괘전〉은 64괘가 배열된 근거를 인과적으로 밝힘으로써 괘의 순서에 하나의 사상체계를 부여한 것이다. 〈서괘전〉에 의하면 64괘의 배열 순서 자체가 자연과 인간사회의 변화 과정을 상징한 것이 된다. 건괘와 곤괘가 상징하는 天地에서부터 시작해 30번째인 離卦로 끝나는 上經은 주로 자연의 전개 과정을 기술했고, 부부의 도를 말하고 있는 咸卦에서 시작되어 未濟卦로 끝나는 下經은 주로 인사를 상징적으로 기술한 것이다. 마지막 괘가 완성을 뜻하는 旣濟卦가 아니고 미완성을 뜻하는 미제괘로 끝난 것은 '순환적 발전'이라고 하는 《주역》의 변화론을 상징적으로 표현한 것이다.

64괘는 괘형에 의해 배열되어 있는데 乾·坤, 坎·離와 같이 서로 상반되는 것(이것을 錯卦, 또는 對卦라고 한다)이 짝을 이루어 병렬된 경우와 屯(䷂)·蒙(䷃)과 같이 괘 전체를 뒤집어 놓으면 같아지는 괘가 짝을 이루어 배열된 경우(이것을 反卦, 또는 綜卦라고 한다)가 있다.

상경에는 반괘가 24개, 대괘가 6개, 하경에는 반괘가 32개, 대괘가 2개이다. 반괘는 1괘를 다만 괘 전체를 뒤집어 놓으면 같아지는 괘이므로 2개를 1개로 볼 수 있다. 이처럼 따지면 상경의 반괘는 절반인 12개, 하경의 반괘는 절반인 16개가 되므로 결국 상경과 하경이 다 같이 18개의 괘가 되어 상경과 하경이 균형을 이루도록 되어 있다.

〈雜卦傳〉

〈잡괘전〉은 《주역》에 배열된 64괘의 순서와는 다른 입장에서 "乾은 강하고 坤은 유순하며, 比는 즐겁고 師는 근심스럽다." 등과 같이 서로 반대가 되는 괘를 두 개씩 짝지어 놓은 것이다. 〈잡괘전〉에 나타난 괘의 배열 순서를 보면 건·곤에서 시작해 夬로 끝난다. "쾌괘(䷪)는 터놓는 것이다."라는 구절에 의거해 맨 위의 음효를 제거하면 건괘(䷀)가 되어 처음으로 복귀된다. 〈잡괘전〉의 구성을 《주역》 상·하경과 비교해볼 때 상경은 乾卦에서, 하경은 咸卦에서 시작하고, 상경은 30괘, 하경은 34괘가 있는 것과 동일한 구조이다. 〈잡괘전〉도 건괘에서 시작하여 30괘를 마치고 다시 咸卦에서 시작하여 34괘를 마친다.

〈잡괘전〉에서 두개의 괘를 하나의 쌍으로 짝지은 근거는, 끝부분의 大過卦 이하 8개의 괘를 제외한 56괘의 경우 〈서괘전〉 같이 '대괘' 또는 '반괘'의 원리이다. 대과괘 이하 8개의 괘는 協韻에 의거한 것으로 보인다.

4. 《周易傳義》에 대하여

1) 주역전의의 체제

《周易傳義大全》은 명나라 시대 《四書五經大全》본으로 왕명에 의해 胡廣 등이 편찬하였다. 程伊川의 《程傳》과 朱熹의 《本義》를 기본으로 후대 성리학자들의 주석을 수집한 것이다.

《주역》의 체제에 대해 《周易傳義大全》의 범례에서는 經과 十翼의 분합형태에 따라 예전의 역인 古易과 지금의 역인 今易으로 대별하였다. 《周易傳義大全》의 범례에 따르면 다음과 같이 기록되어 있다.

> "본래는 《주역》 상경·하경 2편과 공자의 십익 10편은 각각의 책으로 나뉘어 떨어져 있었다. 〔《한서》에서는 '십이편'이라 표현하고 顔師古는 상하경과 십익이기 때문에 십이편이라고 하여 애초에는 傳이란 글자가 없었다.〕 그러다가 한나라의 費直이 처음으로 彖과 象으로 經을 해석하여 경문 뒤에 붙였다. 〔그러면서 傳이란 글자를 괘의 뒤에 붙였으니, 이것이 費直의 舊本이다.〕 그후 鄭玄과 王弼이 존중하여 다시 각 괘사와 효사의 아래에 나누어 붙였다. 여기에 乾卦와 坤卦의 文言을 더해 삽입하면서 비로소 '彖曰'과 '象曰'과 '文言曰'로 표시하여 經과 구별하였다. 〔지금 건괘의 문언왈 이후 곤괘 이하의 모든 괘는 정현과 왕필이 정한 본에 따른 것이다.〕 그리고 계사 이후는 구본과 같으니 시대를 거치면서 사용하였다. 이것이 지금의 역이고 程子가 지었다는 傳이 이것이다."

이에 따르면 《程傳》은 바로 今易으로 분류된다.

예전의 역인 古易에 대해서는 다음과 같이 기록되어 있다.

> "嵩山 晁說之가 처음으로 古經을 考訂하여 8권으로 만들었다.〔괘효가 하나이고 彖이 둘이고 象이 셋이고 文言이 넷이고 繫辭가 다섯이고 說卦가 여섯이고 序卦가 일곱이고 雜卦가 여덟이다. 주자가 말한 '완전히 古文과 합하지는 못하였다.'[1]는 것이 그것이다.〕 東萊 呂祖謙이 考定하여 經 2권과 傳 10권으로 만들었으니 이것이 예전의 역인 古易이고 주자의 《本義》가 이를 따랐다."

이에 따르면 《本義》는 古易의 체제를 따른 것이다.

그런데 당시에 이미 《程傳》과 《本義》가 병행하고 있었고 게다가 諸家의 定本이 각기 차이가 있었다.

---

1 《本義》의 가장 앞부분에 나오는 '未能盡合古文'을 말한다.

이렇게 《주역》의 체제가 일정하지 않았기 때문에 교과서적으로 이를 통일할 필요가 있었다.

그래서 결국 원칙을 정하여 《程傳》을 元本으로 삼고 《本義》를 《程傳》에 준하여 구성하였다. 〈繫辭〉 이하는 《程傳》에 이미 빠져있기 때문에 일괄적으로 《本義》의 차례를 따라서 장을 정하였다. 참고로 《程傳》은 왕필본에 근거하였기 때문에 64괘만 있고 〈계사〉 이후는 傳이 없다. 왕필은 64괘에만 주를 내고 〈계사〉·〈설괘〉·〈서괘〉·〈잡괘〉는 한강백이 주를 단 것이다. 그래서 《周易傳義大全》에서는 〈계사〉에 대해 董楷의 예를 본받아 呂祖謙이 모은 설로 보충하였다.

2) 《周易傳義大全》의 내용적 특징과 영향

《周易傳義大全》은 《程傳》과 《本義》를 기본으로 구성하였다. 《程傳》은 기본적으로 義理的 관점에서 역을 주해한 책인 반면 《本義》는 卜筮的 관점에서 역을 주해한 것이다. 둘의 근본적인 시각은 다르다.

《程傳》의 기본적 관점은 〈易傳序〉에 잘 드러나 있다.

〈易傳序〉에서 정자의 문제의식을 읽을 수 있다.

> "易은 變易함이니 때에 따라 變易하여 道를 따르는 것이다. 《周易》은 광대하여 모두 갖추어져 있어 장차 性命의 이치를 따르고 幽明의 원인을 통달하고 사물의 실정을 다하여, 물건을 열어주고 일을 이루는 道를 보여주었으니, 聖人이 후세를 근심하심이 지극하다고 이를 만하다.
>
> 지나간 옛날은 비록 멀지만 전해 내려오는 경전이 아직 보존되어 있다. 그러나 先儒들은 뜻은 잃고 말만 전하고 後學들은 말만 암송하여 의미를 잃었으니, 秦나라 이래로는 전함이 없었다."

지금까지 진정한 역의 전함이 없었다는 정자의 고민과 선언은 교만이 아니라 성인이 설한 역의 진리가 제 취지대로 전해지지 못한 현실에 대한 통탄이자 전해야 한다는 사명감으로 다가온다.

그리고는 핵심적인 역의 도는 辭임을 강조한다. 역의 도는 辭·變·象·占의 넷이지만 종국적으로는 吉凶과 消長의 이치와 進退와 存亡의 도는 辭에 모두 갖추어져 있다는 관점을 드러낸다. 이에 따르면 辭의 올바른 추리를 통해 괘에 대해 고찰하면 넷 중 나머지인 變과 象과 占은 그 가운데 들어있다. 그러므로 辭를 터득하고도 그 의미를 통달하지 못하는 이는 있을 수 있지만 辭를 터득하지 못하고서 그 의미를 통달할 수 있는 이는 있을 수 없다. 결론적으로 《정전》에서의 傳이란 '辭' 한 글자를 전하는 것이니, 辭를 통해 그 의미를 터득함은 연구하는 사람에게 달려있을 뿐이라고 하였다.

이에 반해 《本義》의 기본적 관점은 한마디로 卜筮이다.

주자는 역의 핵심 논리를 交易과 變易으로 규정하는데, 이는 곧 對待와 流行이다. 聖人이 易을 지은 근본 목적은 사람들에게 복서를 통해 사물을 개통하고 사업을 완성하는 것이라고 하였다. 《주역》이 점서라는 생각은 그대로 괘사와 효사를 해석하는데 드러난다.

건괘 初九의 '潛龍勿用'에 대해서 "그 象은 못에 잠겨있는 龍이 되고, 그 점괘는 쓰지 말라 하였다. 무릇 점을 쳐서 乾卦를 만나고 이 爻가 변한 사람은 마땅히 이 象을 보고 그 점괘를 玩味해야 한다. 나머지 爻도 이와 같다."고 하였다. 즉 64괘의 384효는 모두 점을 쳤을 경우를 전제하고 보아야 하는 글이라는 뜻이다.

《정전》과 《본의》의 시각은 그 출발점이 다르기 때문에 많은 괘효사에 대한 해석이 달라질 수밖에 없다. 한 효에 대해 같은 의견도 있지만 완전히 다른 의견도 존재한다. 水天需卦 六四爻에 대한 두 해석을 보자.

> 六四는 需于血이니 出自穴이로다
>
> 《정전》 六四는 피에서 기다림이니 구덩이에서 나온다.
>
> "六四는 유약한 陰의 자질로서 험한 데 거처하고, 아래로 세 양이 올라오는 것을 맞으니, 험난한 데에서 상해를 입은 자이다. 그러므로 '피에서 기다린다.'고 하였다. 이미 험난한 데에서 상해를 입었다면 편안히 처할 수 없어서 반드시 그 거처를 잃을 것이다. 그러므로 '구덩이에서 나온다.'고 하였으니 구덩이는 사물이 편안히 여기는 곳이다. 순하게 때를 좇아서 험한 데서 다투지 않음은 흉한 데에 이르지 않는 방법이다. 柔로서 음의 자리에 있으니 잘 다툴 수 있는 자가 아니다. 만약 陽이 이 자리에 있다면 반드시 흉할 것이니, 中正의 덕이 없으면서 단지 강한 것으로써 험한 데서 다툰다면 다만 흉함을 초래할 뿐이다."

《본의》 피에서 기다림이나 구덩이에서 나올 것이다.

"피는 살상하는 자리이고, 구덩이는 험하여 빠지는 곳이다. 六四는 坎의 卦體와 사귀어 험한 데로 들어왔기 때문에 '피에서 기다리는' 상이 된다. 그러나 柔가 바른 자리를 얻어 기다리며 나아가지 않기 때문에 '구덩이에서 나오는' 象이 된다. 점치는 자가 이와 같이 하면 비록 상해를 입는 자리에 있더라도 마침내 벗어날 수 있을 것이다."

수괘 육사효사의 '穴'에 대한 정의가 극명하게 갈린다. 《정전》에서는 '穴'을 安處라 하여 편안한 거처로 보아, 피에서 기다리면서 험난한 곳에서 상처를 입었기 때문에 편안히 거처할 수 없어 편안한 거처로부터 벗어난 상황이라는 뜻으로 보았다. 반면 《본의》에서는 '穴'을 險陷之所라 하여 험하고 빠지는 곳으로 보아, 피에서 기다리지만 유순하고 바름을 얻었기에 험하고 빠지는 곳에서 탈출한다는 뜻으로 보았다.

이렇듯 관점이 다르고 풀이가 다른 곳이 많기 때문에 이를 둘러싸고 이후 학자들이 저마다의 의견을 밝히면서 다양하고 풍부한 견해들이 등장하게 되었다. 특히 조선에 배포된 이후 학자들의 변론은 매우 정밀하고 다양하게 펼쳐지게 되었다.

이에 대하여 蔡鍾植(朝鮮)은 《周易傳義同歸解》에서 《정전》의 뜻은 "육사는 음의 유순함으로 험한 곳에 있어 어려움으로 상처를 받기 때문에 그 구멍에서 편안히 있을 수 없어 벗어나 도망가는 것이다."라고 하였고, 《본의》의 뜻은 "사효가 험한 몸체와 사귀어 상처는 있지만 유순함이 바름을 얻어 기다리며 나가지 않기 때문에 또한 그 험하여 빠지는 구멍을 벗어난다는 것이다."라고 하며, "편안하게 여기는 구멍을 벗어나 도망하여 피한다면 또한 험한 구멍에 빠지지 않을 수 있으니, 두 설명을 갖추면 뜻이 더욱 분명해진다."고 하였다. 《周易傳義同歸解》의 경우는 양자 간의 차이를 통일적으로 해소하고자 하는 시도라고 할 수 있다. 이 외에도 《정전》과 《본의》를 비교하는 수준을 넘어 전혀 다른 관점을 가지고 해석방법을 제시한 학자들이 등장하였다.

噬嗑卦 육오효사의 黃金에 대한 김상악의 견해를 보자.

六五는 噬乾肉하여 得黃金이니 貞厲면 无咎리라

六五는 마른 고기를 씹어 黃金을 얻었으니, 바르고 위태롭게 여기면 허물이 없을 것이다.

황금에 대해 金相岳은《山天易說》에서 "離卦는 坤卦의 가운데 爻를 얻었고, 納甲이 己土로 金을 生하기 때문에 황금을 얻는다고 하였다." 하여 納甲法과 五行의 相生原理를 활용하여 爻辭를 해석하였다. 納甲法은 漢나라 京房이 卦에 干支를 붙여서《주역》을 해설한 체계이다. 이 방법에 따르면 離卦☲에는 天干 己土가 배합되므로 오행상생원리에 따라 土生金으로 표현한 것이다.

조선후기로 접어들면서 학자들의 창의와 주관이 뚜렷해지는데 이런 흐름 또한 기본적으로《周易傳義大全》에 관한 연구성과를 토대로 삼아 발전된 것이다.

凡 例

1. 본서는 五書五經讀本의 한 책이다.
2. 본서의 底本은 庚辰新刊 內閣藏板《周易大全》(純祖 20년, 규장각 소장본 奎中18, 大田 : 學民文化社 影印本)으로 하였으며, 국립중앙도서관 소장본《周易傳義大全》(刊年未詳, 한古朝03-5-1)을 참조하였다.
3. 全4冊의 순서는 古典籍의 書誌에서 사용되어 온 분책 방식인 '元·亨·利·貞'을 차용하였다. '元·亨·利·貞'은《周易》乾卦에 나오는 개념으로, 하늘이 갖춘 네 가지 德이자 사물의 존재양식을 설명하는 용어이다.
4. 原文에는 우리나라 전통 방식으로 懸吐하였다. 經文의 현토는 宣祖 年刊의 內閣版覆刻初刊本《周易諺解》를 따랐으며, 程頤(北宋)의《程傳》과 朱熹(南宋)의《本義》는 研靑 吳虎泳 先生의 연구를 참조하여 譯註者가 현토하였다.
5. 譯註는 저본의 原註 및《韓國經學資料集成 : 易經》(대동문화연구원, 성균관대학교출판부, 1995~1997)을 중심으로 작성하였으며, 일정 부분을《한국주역대전》(한국주역대전편찬실 저, 學古房, 2017)에서 선별하여 수록하였다. 64괘의 도입부에서는 각 괘의 간략한 의미와 관련하여 리하르트 빌헬름(Richard Wilhelm)의 영문판 주역인《The I Ching》(Princeton University Press, 1977)을 활용하였다. 이밖에 校勘, 인용문의 出典, 故事, 역사사건, 전문용어, 難解語, 制度 등에 관한 사항을 밝혔다.
6. 異音, 僻字의 경우는 원문의 해당 글자 뒤에 한글로 音을 달아주었으며, 難解字는 각 단락의 아래에 字義를 실었다.
7. 飜譯은 原義에 충실하게 하되, 이해가 어려운 부분은 意譯 또는 補充譯을 하였다.

8. 飜譯文은 한글과 漢字를 混用하였으며, 맞춤법과 띄어쓰기는 한글 맞춤법과 표준어 규정을 따르는 것을 원칙으로 하였다.
9. 校勘은 원문의 誤字, 脫字, 衍字, 倒文 등을 대상으로 하였다.
10. 본서에 사용한 주요 符號는 다음과 같다.
   “ ” : 對話, 각종 引用
   ‘ ’ : “ ” 안에서 再引用, 强調
   「 」 : ‘ ’ 안에서 再引用, 强調
   ( ) : 원문에서는 讀音이 다른 글자나 僻字의 音
   번역문에서는 간단한 譯註
   〔 〕 : 번역문의 이해를 돕기 위한 原文의 漢字나 句節
   譯註에서 인용한 原文
   《 》 : 書名
   〈 〉 : 篇章名, 作品名, 補充譯
   ○ : 저본에 사용된 단락 구분 표시 遵用
   字義 : 字義 표시
11. 본서의 校勘에 사용된 부호는 다음과 같다.
   ( )〔 〕 : (저본의 誤字)[교감한 正字]
   〔 〕 : 저본의 脫字 보충
   ( ) : 저본의 衍字 삭제

周易傳義

元

周易大全凡例[1]

一. 周易은 上下經二篇과 孔子十翼十篇이 各自爲卷이러니 漢費直이 初以彖象釋經하여 附於其後하니 鄭玄, 王弼이 宗之하고 又分附卦爻之下하고 增入乾坤文言하여 始加彖曰, 象曰, 文言曰하여 以別於經而繫辭以後는 仍如其舊라 歷代因之하니 是爲今易이니 程子所爲作傳者 是也라 自嵩山晁說(열)之 始考訂古經하여 釐爲八卷이러니 東萊呂祖謙이 乃定爲經二卷, 傳十卷하니 是爲古易이니 朱子本義從之라 然程傳, 本義 旣已竝行이요 而諸家定本이 又各不同이라 故로 今定從程傳元本하고 而本義를 仍以類從호되 凡經文은 皆平行書之하고 傳義則低一字書以別之하며 其繫辭以下는 程傳旣闕[2]일새 則壹從本義所定章次하여 總釐爲二十四卷云이라

1. 《周易》은 上經·下經 2편과 孔子의 十翼 10편이 각각 따로 책을 이루었는데, 前漢의 費直이 처음으로 〈彖傳〉과 〈象傳〉으로 經文을 해석하여 경문의 뒤에 붙였다. 鄭玄과 王弼이 이를 받들고 또 卦辭와 爻辭의 아래에 나누어 붙였으며, 乾·坤의 〈文言傳〉을 本卦의 뒤에 더 넣고서, 비로소 '彖曰'·'象曰'·'文言曰'을 덧붙여 經文과 구별하였으며, 〈繫辭傳〉 이후는 옛날 그대로 두었다. 역대로 이것을 따르니, 이것이 今易이니 程子가 《程傳》을 지은 것이 이것이다. 嵩山의 晁說之가 비로소 옛 經을 考訂하여 정리해서 8권으로 만들었는데, 東萊의 呂祖謙이 마침내 經 2권과 傳 10권으로 정하여 만들었으니, 이것이 古易으로 朱子의 《本義》는 이것을 따랐다. 그러나 《程傳》과 《本義》가 이미 아울러 행해지고, 諸家의 定本이 또 각기 다르므로 이제 《程傳》을 원본으로 정하여 따르고, 《本義》를 類에 따라 따르게 하였는데, 經文은 모두 평행으로 쓰고, 《程傳》과

---

1 이 〈凡例〉는 《周易傳義大全》에 대한 내용을 담은 것으로, 大全本 小注의 원문 및 번역을 싣지 않은 本書와 일치하지 않는 부분이 있다. 그러나 《周易》과 《周易傳義》의 성립에 관한 요약적인 내용을 살펴볼 수 있어 독자에게 참고가 되므로, 번역하여 함께 실었다.

2 其繫辭以下 程傳旣闕 : 《程傳》은 今易을 따랐으므로, 〈계사전〉 이하에 대한 풀이가 없다. 단 〈계사전〉과 〈설괘전〉의 경우 '程子曰'이라고 하여 풀이한 것은 《二程文集》 등을 참고하여 정리한 것이다.

《本義》는 한 글자를 낮추어 써서 경문과 구별하였으며, 〈繫辭傳〉 이하는 《程傳》에 빠졌으므로 한결같이 《本義》에 정한 章의 차례를 따라 총 24권으로 정리하였다.

一. 程傳은 據王弼本하여 只有六十四卦하고 繫辭以後는 無傳일새 今法天台董氏例하여 以東萊呂氏所集經說補之하되 仍只稱程子曰하고 分註書之하여 別於傳也하노라

1. 《程傳》은 王弼의 本에 의거하여 64괘만 있고, 〈繫辭傳〉 이후는 傳(註釋)이 없으므로 이제 天台董氏(董楷)의 例를 본받아, 東萊呂氏(呂祖謙)가 모아 엮은 經說(程子의 《周易》에 대한 해설)로 보충하되, 그대로 다만 '程子曰'이라고만 칭하고 分註하여 써서 《程傳》과 구별하였다.

一. 程傳本義刊本에 間有脫誤字句일새 今合諸本하여 讐校歸正하며 其傳有兩存同異者면 則係東萊呂氏舊例云이라

1. 《程傳》과 《本義》의 刊本 중에 간혹 빠졌거나 잘못된 글자와 글귀가 있으므로 이제 여러 책을 합해서 교정하여 바로잡고, 그 전함에 서로 다름이 있으면 東萊呂氏의 舊例에 따랐다.

一. 二程文集遺書外書와 與朱子文集語類에 有及於易者면 今合天台董氏, 鄱陽董氏附錄二本[3]하여 參互考訂하되 取其與傳義相合而有發明者하여 各分註其次하고 仍以程子朱子曰로 別之하며 其程子二序上下篇義와 朱子圖說, 五贊, 筮儀와 幷二家說經綱領은 則參取二董附錄及啓蒙諸書하여 別爲義例하여 列於篇端하여 自爲一卷云이라

1. 二程 문집의 《遺書》·《外書》 및 朱子 문집의 《語類》에 易을 언급한 것이 있으면,

3 天台董氏 陽董氏附錄二本 : 二本은 董楷가 지은 《程朱易解》와 董眞卿이 지은 《周易會通》을 가리킨다.

이제 天台董氏의 附錄과 鄱陽董氏(董眞卿)의 부록 두 本을 취하여 서로 참고해서 考訂하되 《程傳》과 《本義》와 뜻이 서로 합하여 발명함이 있는 것을 취해서, 각기 《程傳》과 《本義》의 다음에 分註하고 '程子曰'·'朱子曰'로 구별하였으며, 程子의 두 序文과 上下篇義, 朱子의 圖說·五贊·筮儀와 아울러 程子·朱子 二家의 經文을 설명한 綱領은, 두 董氏의 附錄과 《啓蒙》 등의 여러 책을 참고하여 별도로 義例를 만들어 책의 첫머리에 나열해서 따로 한 권으로 만들었다.

一. 諸家之說은 壹宗程傳本義折衷하되 竝取其辭論之精醇과 理象之明當者하여 分註二氏之後하여 以羽翼之하고 而其同異得失은 先儒雙湖胡氏, 雲峯胡氏嘗論訂者를 亦詳擇而附著(착)焉하노라

1. 諸家의 說은 한결같이 《程傳》과 《本義》를 종주로 삼아 절충하되, 그 글과 의론이 精醇한 것과 이치와 象이 분명하고 마땅한 것을 아울러 취해서 《程傳》과 《本義》의 뒤에 分註하여 《정전》과 《본의》를 羽翼하게 하였고, 그 同異와 得失은 先儒인 雙湖胡氏(胡一桂)와 雲峯胡氏(胡炳文)가 論訂한 것을 또한 상세히 가려서 붙였다.

一. 經中文字에 有當音者하면 今從天台董氏例하여 參考呂氏音訓하여 直附其下하고 間有傳義音讀異者면 則明識(지)別之하노라

1. 經文의 문자 중에 음을 달아야 할 것이 있으면 이제 天台董氏의 例를 따라 呂氏(呂祖謙)의 音訓을 참고해서 곧바로 그 아래에 붙였고, 간혹 《程傳》과 《本義》에 음을 다르게 읽는 것이 있으면 분명하게 표지하여 구별하였다.

一. 經文圈點句絶은 傳義에 間有不同處러니 今壹以本義爲正하노라

1. 經文의 글귀를 나누는 점이 《程傳》과 《本義》에 간혹 같지 않은 곳이 있었는데, 이제 한결같이 《本義》를 바른 것으로 삼았다.

易本義圖

河圖之圖

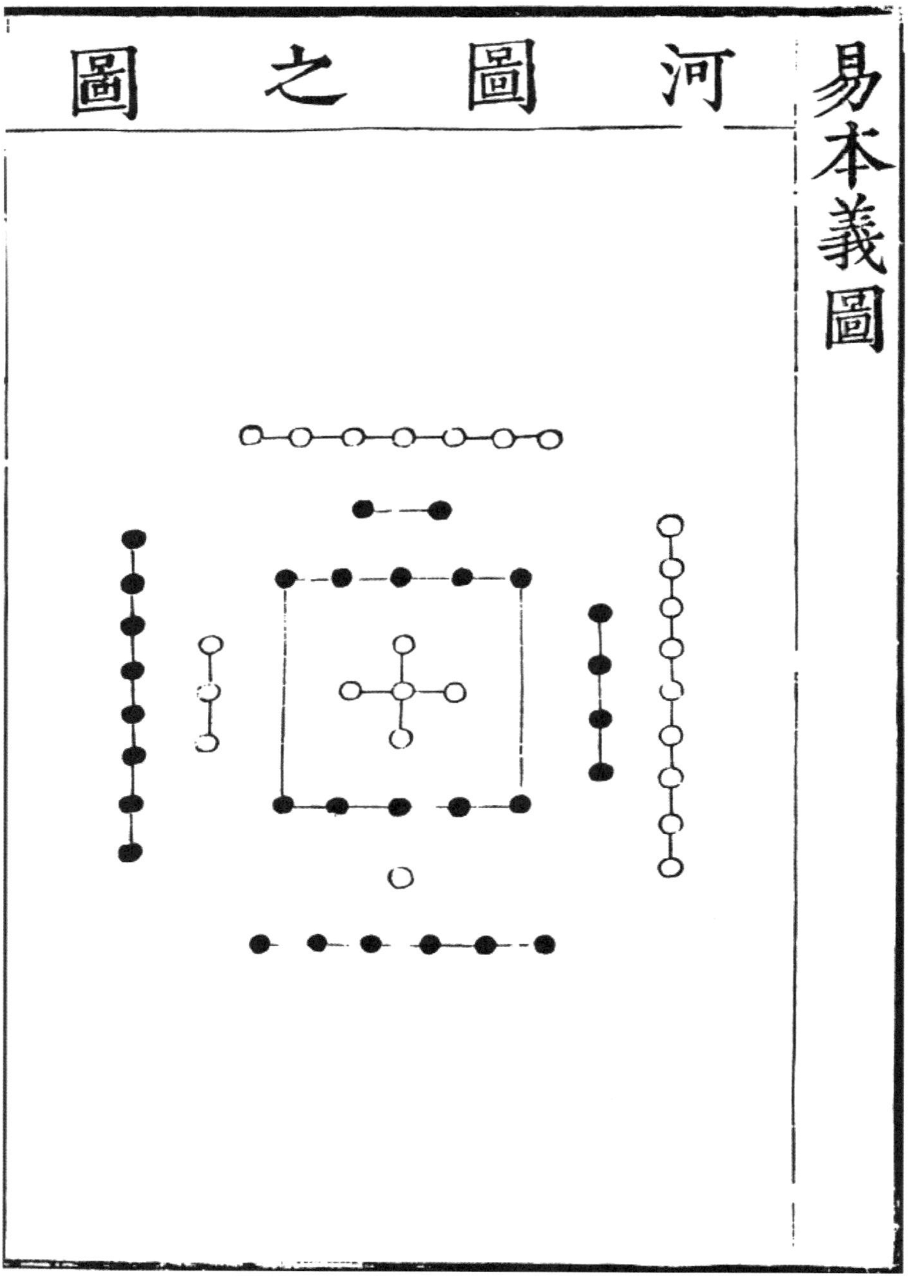

洛書之圖

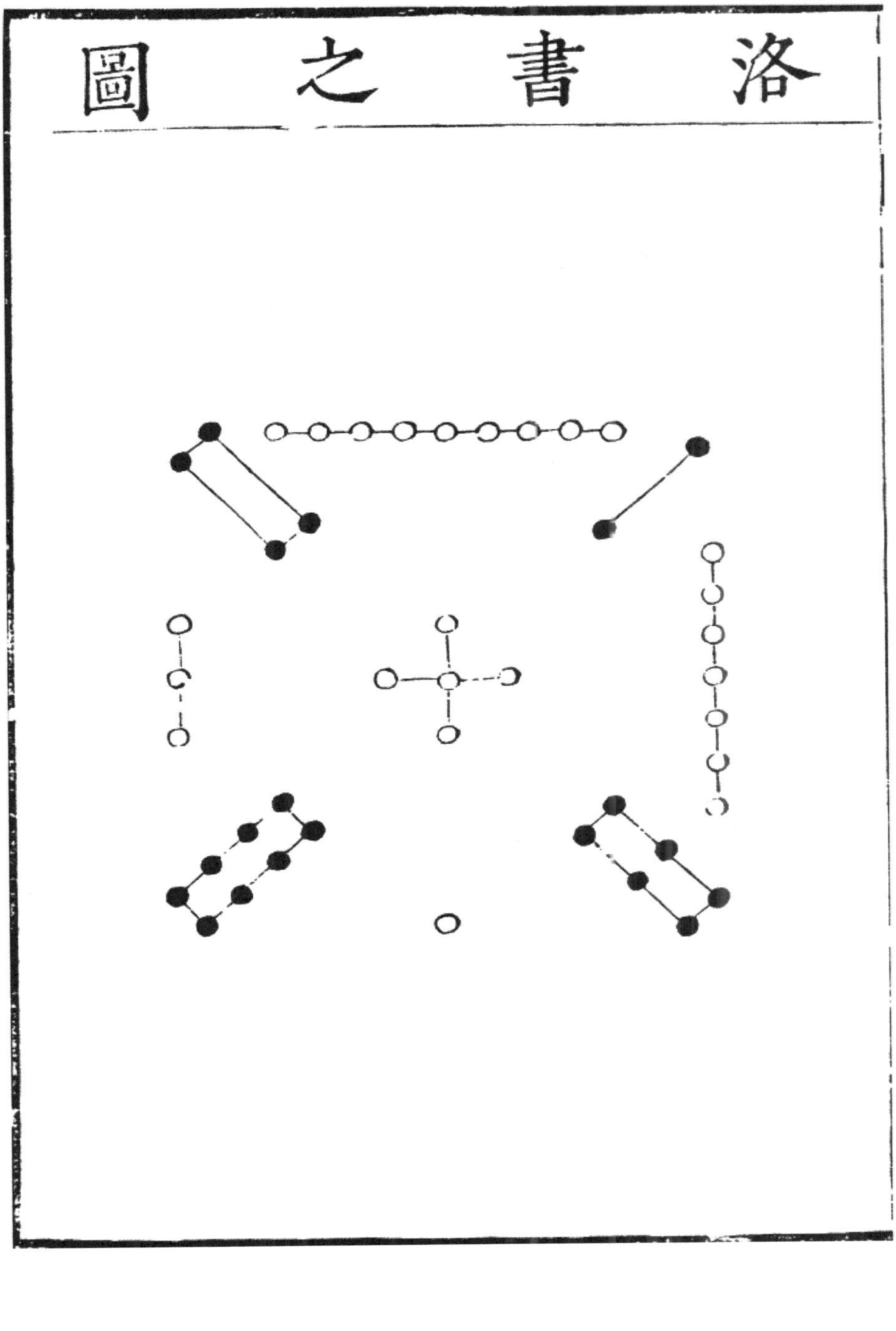

右는 繫辭傳曰 河出圖洛出書어늘 聖人則(칙)之라하고 又曰 天一地二天三地四天五地六天七地八天九地十이니 天數五요 地數五니 五位相得而各有合하니 天數는 二十有五요 地數는 三十이라 凡天地之數五十有五니 此所以成變化而行鬼神也라하니 此河圖之數也라 洛書는 蓋取龜象이라 故로 其數 戴九履一左三右七二四爲肩六八爲足이니라

위의 그림은 〈繫辭傳〉에 이르기를 "河水가 圖를 내며 洛水가 書를 내거늘 성인이 본받았다." 하였고, 또 이르기를 "天이 1이고 地가 2이며, 天이 3이고 地가 4이며, 天이 5이고 地가 6이며, 天이 7이고 地가 8이며, 天이 9이고 地가 10이니, 天의 數가 다섯이고 地의 數가 다섯이니, 다섯의 자리가 서로 얻으며 각기 합함이 있으니, 天의 數가 25이고 地의 數가 30이다. 天地의 수가 55이니, 이것이 변화를 이루며 귀신을 행하는 것이다." 하였으니, 이는 河圖의 數이다. 洛書는 거북의 象을 취하였다. 그러므로 그 數가 9를 이고 1을 밟고, 左는 3이고 右는 7이며, 2와 4는 어깨가 되고, 6과 8은 발이 되었다.

【附錄】[1] 孔氏曰 河圖者는 伏羲氏王天下에 龍馬出河어늘 遂則(칙)其文하야 以畫(획)八卦하고 洛書者는 禹治水時에 神龜負文而列於背호되 有數至九어늘 禹遂因而第之하여 以成九類하니라

孔安國(漢代)이 말하였다. "河圖는 伏羲氏가 天下의 왕이 됨에 龍馬가 河水에서 나오자 마침내 그 무늬를 본받아 八卦를 그었고, 洛書는 禹王이 홍수를 다스릴 적에 神龜가 무늬를 지고 나왔는데 등에 나열되어 있는 數가 9까지 있으므로 禹王이 마침내 이것을 따라 차례를 정하여 九類를 이루었다."

字義 戴 : 일 대 履 : 밟을 리 肩 : 어깨 견

○劉氏曰 伏羲氏繼天而王하여 受河圖而畫之하시니 八卦是也요 禹治洪水에 賜洛書어늘 法而陳之하시니 九疇是也라 河圖洛書 相爲經緯하고 八卦九章이 相爲表裏니라

劉歆(漢代)이 말하였다. "伏羲氏가 하늘을 이어 왕이 되어 河圖를 받아 획을 그었으니 八卦가 이것이며, 禹王이 홍수를 다스릴 적에 하늘이 洛書를 내려주므로 이것을 본받아 진열하니 九疇가 이것이다. 河圖와 洛書는 서로 經緯가 되고, 八卦와 九章은 서로 表裏가 된다."

1 附錄 : 董楷(宋)와 董眞卿(元)의 《程朱易解》와 《周易會通》을 참고하여 傳義와 서로 부합하는 내용으로 밝혀놓은 것을 취하여 註를 달았다.

字義 疇 : 범주 주 經 : 날 경 緯 : 씨 위

○關氏曰 河圖之文은 七前六後, 八左九右요 洛書之文은 九前一後, 三左七右, 四前左二前右, 八後左六後右니라

關朗(六朝)이 말하였다. "河圖의 무늬는 7이 앞에 있고 6이 뒤에 있으며, 8이 左에 있고 9가 右에 있으며, 洛書의 무늬는 9가 앞에 있고 1이 뒤에 있으며, 3이 左에 있고 7이 右에 있으며, 4가 앞의 左에 있고 2가 앞의 右에 있으며, 8이 뒤의 左에 있고 6이 뒤의 右에 있다."

○邵子曰 圓者는 星也니 曆紀之數 其肇於此乎인저 方者는 土也니 畫州井地之法이 其放於此乎인저 蓋圓者는 河圖之數요 方者는 洛書之文이라 故로 羲文因之而造易하시고 禹箕敍之而作範也하시니라

邵雍(宋代)이 말하였다. "둥근 것은 별이니, 曆紀(曆法)의 數가 여기에서 시작되었을 것이다. 네모난 것은 땅이니, 州를 구획하여 井地를 만드는 법이 이것을 따랐을 것이다. 둥근 것은 河圖의 數이고 네모진 것은 洛書의 무늬이다. 그러므로 伏羲와 文王이 이것을 따라 易을 만들고 禹王과 箕子가 이것을 차례대로 펴서 洪範을 지으셨다."

字義 肇 : 시작할 조 放 : 따를 방 箕 : 키 기 敍 : 펼 서

○朱子曰 天地之間에 一氣而已니 分而爲二하면 則爲陰陽하여 而五行造化萬物始終이 无不管於是焉이라 故로 河圖之位는 一與六共宗而居乎北하고 二與七爲朋而居乎南하고 三與八同道而居乎東하고 四與九爲友而居乎西하고 五與十相守而居乎中하니 蓋其所以爲數者 不過一陰一陽 一奇一偶하여 以兩其五行而已라 所謂天者는 陽之輕淸而位乎上者也요 所謂地者는 陰之重濁而位乎下者也라 陽數奇라 故로 一三五七九 皆屬乎天하니 所謂天數五也요 陰數偶라 故로 二四六八十이 皆屬乎地하니 所謂地數五也라 天數地數 各以類而相求하니 所謂五位之相得者然也라 天以一生水而地以六成之하고 地以二生火而天以七成之하고 天以三生木而地以八成之하고 地以四生金而天以九成之하고 天以五生土而地以十成之하니 此又其所謂各有合焉者也라 積五奇而爲二十五하고 積五偶而爲三十하며 合是二者而爲五十有五하니 此河圖之全數니 皆夫子之意而諸儒之說也라 至於洛書하여는 雖夫子之所未言이나 然其象其說이 已具於前하니 有以通之하면 則劉歆所謂經緯表裏者를 可見矣리라

朱子가 말하였다. “天地의 사이에는 一氣가 있을 뿐이니, 나뉘어 둘이 되면 陰陽이 되어서 五行의 造化와 萬物의 始終이 여기에 管攝되지 않음이 없다. 그러므로 河圖의 위치는 1과 6이 宗을 함께 하여 북쪽에 있고, 2와 7이 벗이 되어 남쪽에 있고, 3과 8이 道를 함께 하여 동쪽에 있고, 4와 9가 벗이 되어 서쪽에 있고, 5와 10이 서로 지켜서 중앙에 있으니, 그 數가 된 것은 한 번 陰이 되고 한 번 陽이 되며, 한 번 奇가 되고 한 번 偶가 되어 五行을 두 번 함에 불과할 뿐이다. 이른바 하늘이라는 것은 陽이 가볍고 맑아서 위에 위치한 것이고, 이른바 땅이라는 것은 陰이 무겁고 탁하여 아래에 위치한 것이다. 陽數는 奇數이기 때문에 1·3·5·7·9가 모두 天에 속하니 이른바 ‘天의 數가 다섯’이라는 것이며, 陰數는 偶數이기 때문에 2·4·6·8·10이 모두 地에 속하니 이른바 ‘地의 數가 다섯’이라는 것이다. 天의 數와 地의 數가 각각 類로써 서로 구하니, 이른바 ‘다섯 자리가 서로 맞는다’는 것이 이러한 것이다. 天이 1로써 水를 낳으면 地가 6으로써 이를 완성하고, 地가 2로써 火를 낳으면 天이 7로써 이를 완성하고, 天이 3으로써 木을 낳으면 地가 8로써 이를 완성하고, 地가 4로써 金을 낳으면 天이 9로써 이를 완성하고, 天이 5로써 土를 낳으면 地가 10으로써 이를 완성하니, 이는 또 이른바 ‘각각 합함이 있다.’는 것이다. 다섯 奇數를 모으면 25가 되고 다섯 偶數를 모으면 30이 되며 이 두 가지를 합치면 55가 되니, 이는 河圖의 완전한 數이니, 모두 孔子의 뜻이며 모든 학자들의 말씀이다.

洛書에 이르러서는 비록 孔子께서 말씀하지 않았으나 그 象과 그 말이 이미 앞의 河圖를 설명한 데에 갖추어져 있으니, 이것을 통함이 있으면 劉歆의 이른바 ‘經緯가 되고 表裏가 된다’는 것을 알 수 있을 것이다.”

字義 歆 : 흠향할 흠

或曰 河圖洛書之位與數 所以不同은 何也오 曰 河圖는 以五生數로 統五成數하여 而同處其方하니 蓋揭其全以示人하여 而道其常數之體也요 洛書는 以五奇數로 統四偶數하여 而各居其所하니 蓋主於陽以統陰하여 而肇其變數之用也니라

어떤 이가 묻기를 “河圖와 洛書의 위치와 數가 같지 않음은 어째서인가?” 하자, 다음과 같이 대답하였다.

“河圖는 다섯 개의 生數로 다섯 개의 成數를 통솔하여 함께 같은 방위에 있으니, 전체를 들어 사람들에게 보여주어 常數의 體를 말한 것이고, 洛書는 다섯 개의 奇數로 네 개의 偶數를 통솔하여 각각 그 방소에 있으니, 陽으로 陰을 통솔함을 주장하여 變數의 用을 시작한 것이다.”

字義 揭 : 들 게

曰 其皆以五居中者는 何也오 曰 凡數之始는 一陰一陽而已矣라 陽之象은 圓하니 圓者는 徑一而圍三이요 陰之象은 方하니 方者는 徑一而圍四라 圍三者는 以一爲一이라 故로 參其一陽而爲三하고 圍四者는 以二爲一이라 故로 兩其一陰而爲二하니 是所謂參天兩地者也라 三二之合이면 則爲五矣니 此河圖洛書之數 所以皆以五爲中也니라 然이나 河圖는 以生數爲主라 故其中之所以爲五者 亦具五生數之象焉하니 其下一點은 天一之象也요 其上一點은 地二之象也요 其左一點은 天三之象也요 其右一點은 地四之象也요 其中一點은 天五之象也라 洛書는 以奇數爲主라 故其中之所以爲五者 亦具五奇數之象焉하니 其下一點은 亦天一之象也요 其左一點은 亦天三之象也요 其中一點은 亦天五之象也요 其右一點은 則天七之象也요 其上一點은 則天九之象也라 其數與位 皆三同而二異하니 蓋陽不可易而陰可易이니 成數雖陽이나 固亦生之陰也일새라

"河圖와 洛書가 모두 5를 중앙에 놓은 것은 어째서인가?"

"무릇 數의 시초는 한 陰과 한 陽일 뿐이다. 陽의 象은 둥그니 둥근 것은 지름이 1에 둘레가 3이며, 陰의 象은 네모나니 네모난 것은 지름이 1에 둘레가 4이다. 둘레가 3인 것은 1을 1로 삼기 때문에 한 陽을 세 번 하여 3이 되고, 둘레가 4인 것은 2를 1로 삼기 때문에 한 陰을 두 번 하여 2가 되니, 이는 이른바 '하늘에서 3을 취하고 땅에서 2를 취한다.'는 것이다. 3과 2가 합하면 5가 되니, 이는 河圖와 洛書의 數가 모두 5를 중앙으로 삼은 이유이다.

그러나 河圖는 生數를 위주로 하였기 때문에 중앙의 5가 또한 다섯 生數의 象을 갖추고 있으니, 아래에 있는 한 점은 天一의 象이고 위에 있는 한 점은 地二의 象이며, 왼쪽에 있는 한 점은 天三의 象이고 오른쪽에 있는 한 점은 地四의 象이며, 중앙에 있는 한 점은 天五의 象이다.

洛書는 奇數를 위주로 하였기 때문에 중앙의 5가 또한 다섯 奇數의 象을 갖추고 있으니, 아래에 있는 한 점은 또한 天一의 象이고 왼쪽에 있는 한 점은 天三의 象이며, 중앙에 있는 한 점은 또한 天五의 象이고 오른쪽에 있는 한 점은 天七의 象이며, 위에 있는 한 점은 天九의 象이다. 그 數와 위치가 모두 셋〔1,3,5〕은 같으나 둘〔2,4〕은 다르니, 陽은 바뀔 수가 없으나 陰은 바뀔 수가 있는 것이며, 成數〔7,9〕는 비록 陽이나 진실로 또한 生數〔2,4〕에 대해 陰이기 때문이다."

字義 徑 : 직경 경 圍 : 둘레 위

曰 中央之五는 固爲五數之象矣어니와 然則其爲數也 奈何오 曰 以數言之하면 則通乎一圖하니 由內及外에 固各有積實可紀之數矣라 然이나 河圖之一二三四는 各居其五

象本方之外하고 而六七八九十者 又各因五而得數하여 以附于其生數之外하며 洛書之一三七九도 亦各居其五象本方[2]之外하고 而二四六八者 又各因其類하여 以附于奇數之側하니 蓋中者爲主而外者爲客이요 正者爲君而側者爲臣이니 亦各有條而不紊也니라

"중앙의 5는 진실로 다섯 數의 象이 된다. 그렇다면 그 數는 어떠한 것인가?"

"數로써 말하면 한 圖에 통하니, 안으로부터 밖에 이르기까지 진실로 각기 積實(쌓고 모음)하여 기록할 만한 數가 있다. 그러나 河圖의 1·2·3·4는 각각 五象 本方의 밖에 거하고 6·7·8·9·10은 또 각각 5로 인하여 數를 얻어서 生數의 밖에 붙어 있으며, 洛書의 1·3·7·9 또한 각각 五象 本方의 밖에 거하고 2·4·6·8 또한 각각 그 類를 따라 奇數의 곁에 붙어 있으니, 중앙은 主가 되고 밖에 있는 것은 客이 되며, 바른 자리에 있는 것은 君이 되고 곁에 있는 것은 臣이 되니, 또한 각각 조리가 있어 문란하지 않다."

字義 紀 : 기록할 기 紊 : 어지러울 문

曰 其多寡之不同은 何也오 曰 河圖는 主全이라 故極於十하여 而奇偶之位均하니 論其積實然後에 見其偶贏而奇乏也요 洛書는 主變이라 故로 極於九하여 而其位與實이 皆奇贏而偶乏也하니 必皆虛其中也然後에 陰陽之數 均於二十而无偏爾니라

"많고 적음이 같지 않음은 어째서인가?"

"河圖는 완전함을 주장하기 때문에 10에 지극하여 奇數와 偶數의 위치가 고르니, 積實을 논한 뒤에야 偶數는 남고 奇數는 부족함을 볼 수 있으며, 洛書는 변함을 주장하기 때문에 9에 지극하여 위치와 積實이 모두 奇數는 남고 偶數는 부족하니, 반드시 모두 중앙의 5를 비운 뒤에야 陰陽의 수가 똑같이 20이 되어서 치우침이 없게 된다."

字義 贏 : 남을 영 乏 : 모자랄 핍 偏 : 치우칠 편

曰 其序之不同은 何也오 曰 河圖는 以生出之次言之하면 則始下, 次上, 次左, 次右하여 以復于中而又始于下也요 以運行之次言之하면 則始東, 次南, 次中, 次西, 次北하여 左旋一周而又始于東也라 其生數之在內者는 則陽居下左而陰居上右也요 其成數之在外者는 則陰居下左而陽居上右也라 洛書之次는 其陽數則首北, 次東, 次中, 次西, 次南이요 其陰數則首西南, 次東南, 次西北, 次東北也니 合而言之하면 則首北, 次西南,

2 五象本方 : 河圖와 洛書의 가운데 있는 를 뜻한다.

次東, 次東南, 次中, 次西北, 次西, 次東北而究于南也하고 其運行則水克火, 火克金, 金克木, 木克土하여 右旋一周而土復克水也하니 是亦各有說矣니라

"차례가 같지 않음은 어째서인가?"

"河圖는 出生한 차례로 말하면 아래에서 시작하여, 다음은 위, 다음은 왼쪽, 다음은 오른쪽으로 해서 중앙으로 돌아갔다가 다시 아래에서 시작하며, 運行하는 순서로 말하면 동쪽에서 시작하여, 다음은 남쪽, 다음은 중앙, 다음은 서쪽, 다음은 북쪽으로 해서 왼쪽으로 한 바퀴를 돌아 다시 동쪽에서 시작한다. 안에 있는 生數는 陽이 아래와 왼쪽에 거하고 陰이 위와 오른쪽에 거하며, 밖에 있는 成數는 陰이 아래와 왼쪽에 거하고 陽이 위와 오른쪽에 거한다.

洛書의 차례는 陽數는 북쪽을 첫 번째로 하여, 다음은 동쪽, 다음은 중앙, 다음은 서쪽, 다음은 남쪽이며, 陰數는 서남쪽을 첫 번째로 하여, 다음은 동남쪽, 다음은 서북쪽, 다음은 동북쪽이니, 합하여 말하면 북쪽을 첫 번째로 하여, 다음은 서남쪽, 다음은 동쪽, 다음은 동남쪽, 다음은 중앙, 다음은 서북쪽, 다음은 서쪽, 다음은 동북쪽으로 해서 남쪽에 이르며, 운행은 水는 火를 이기고 火는 金을 이기고 金은 木을 이기고 木은 土를 이겨서 오른쪽으로 한 바퀴를 돌아 土가 다시 水를 이기니, 이 또한 각기 이론이 있는 것이다."

字義 旋 : 돌 선

曰 其七八九六之數不同은 何也오 曰 河圖는 六七八九 旣附於生數之外矣니 此는 陰陽老少進退饒乏之正也라 其九者는 生數一三五之積也라 故自北而東, 自東而西하여 以成于四之外하고 其六者는 生數二四之積也라 故自南而西, 自西而北하여 以成于一之外하며 七則九之自西而南者也요 八則六之自北而東者也니 此又陰陽老少互藏其宅之變[3]也라 洛書之縱橫十五而七八九六이 迭爲消長하고 虛五分十而一含九, 二含八, 三含七, 四含六하니 則參伍錯綜하여 无適而不遇其合焉하니 此는 變化无窮之所以爲妙也니라

"7·8·9·6의 數가 같지 않음은 어째서인가?"

"河圖는 6·7·8·9가 이미 生數의 밖에 붙어 있으니, 이는 陰陽의 老少가 나아가고 물러남

3 陰陽老少互藏其宅之變 : 《易學啓蒙》에 나온 구절로 '음양의 노소가 상호 그 집에 감추어져 있다.'라고 해석한다. 河圖의 노양노음과 소양소음의 數(6,7,8,9)와 位(1,2,3,4)가 서로 노소의 음양으로 교차하면서 엮여있는 형국을 표현한 것이다. 북방의 1,6의 경우 1은 노양의 위 6은 노음의 수이고, 서방의 4,9의 경우 4는 노음의 위 9는 노양의 수이다. 등방의 3,8의 경우 3은 소양의 위 8은 소음의 수이고, 남방의 2,8의 경우 2는 소음의 위 7은 소양의 수이다.

과 남고 부족함의 바름이다. 9는 生數의 1·3·5가 모인 것이므로 북쪽〔1〕으로부터 동쪽〔3〕으로 가고 동쪽으로부터 서쪽〔4〕으로 가서 4의 밖에 이루어지고, 6은 生數의 2와 4가 모인 것이므로 남쪽〔2〕으로부터 서쪽〔4〕으로 가고 서쪽으로부터 북쪽〔1〕으로 가서 1의 밖에 이루어지며, 7은 9가 서쪽으로부터 남쪽으로 간 것이고, 8은 6이 북쪽으로부터 동쪽으로 간 것이니, 이는 또 陰陽의 老少가 서로 그 집에 감추는 변화이다.

洛書는 가로와 세로가 15인데 7·8·9·6이 번갈아 消長이 되며 중앙의 5를 비우고 10을 나누어 1이 9를 머금고 2가 8을 머금고 3이 7을 머금고 4가 6을 머금으니, 參伍하고 錯綜하여 가는 곳마다 그 合(10)을 만나지 않음이 없으니, 이것이 변화가 무궁하여 묘함이 되는 이유이다."

字義 饒 : 남을 요 藏 : 감출 장 縱 : 세로 종 橫 : 가로 횡 迭 : 번갈아 질 伍 : 다섯 오
錯 : 섞을 착 綜 : 모을 종 適 : 갈 적

然則聖人之則之也는 奈何오 曰 則河圖者는 虛其中이요 則洛書者는 總其實也라 河圖之虛五與十者는 太極也요 奇數二十偶數二十者는 兩儀也요 以一二三四로 爲六七八九者는 四象也요 析四方之合하여 以爲乾坤離坎하고 補四隅之空하여 以爲兌震巽艮者는 八卦也라 洛書之實은 其一은 爲五行이요 其二는 爲五事요 其三은 爲八政이요 其四는 爲五紀요 其五는 爲皇極이요 其六은 爲三德이요 其七은 爲稽疑요 其八은 爲庶徵이요 其九는 爲福極이니 其位與數尤曉然矣니라

"그렇다면 聖人이 본받았다는 것은 어떤 것인가?"

"河圖는 중앙을 비웠고 洛書는 實數를 총괄하였다. 河圖에 5와 10을 비운 것은 太極이고, 奇數 20과 偶數 20은 兩儀이며, 1·2·3·4로 6·7·8·9를 만든 것은 四象이고, 四方의 合을 나누어 乾·坤·離·坎을 만들고 四隅의 빈 곳을 메워서 兌·震·巽·艮을 만든 것은 八卦이다.

洛書의 실제는 첫 번째는 五行이고 두 번째는 五事이고 세 번째는 八政이고 네 번째는 五紀이고 다섯 번째는 皇極이고 여섯 번째는 三德이고 일곱 번째는 稽疑이고 여덟 번째는 庶徵이고 아홉 번째는 福極이니, 위치와 數가 더욱 분명하다."

字義 析 : 쪼갤 석 補 : 보충할 보 隅 : 모퉁이 우 稽 : 상고할 계 徵 : 징조 징

曰 洛書而虛其中五하면 則亦太極也요 奇偶各居二十하면 則亦兩儀也요 一二三四而含九八七六하여 縱橫十五而互爲七八九六하면 則亦四象也요 四方之正으로 以爲乾坤離坎하고 四隅之偏으로 以爲兌震巽艮하면 則亦八卦也라 河圖之一六爲水二七爲

火三八爲木四九爲金五十爲土는 則固洪範之五行이요 而五十五者는 又九疇之子目也니 是則洛書 固可以爲易이요 而河圖亦可以爲範矣니 又安知圖之不爲書書之不爲圖也耶아

"洛書에서 중앙의 5를 비우면 또한 太極이고, 奇數와 偶數가 각각 20을 차지하면 또한 兩儀이며, 1·2·3·4가 9·8·7·6을 머금어서 종횡으로 15가 되어 서로 7·8·9·6이 되면 또한 四象이고, 四方의 正位로 乾·坤·離·坎을 삼고 四隅의 偏位로 兌·震·巽·艮을 삼으면 또한 八卦이다.

河圖의 1·6이 水가 되고 2·7이 火가 되고 3·8이 木이 되고 4·9가 金이 되고 5·10이 土가 됨은 진실로 洪範의 五行이며, 55는 또 九疇의 子目(細目)이다. 이는 洛書가 진실로 易이 될 수 있고 河圖 또한 洪範이 될 수 있는 것이니, 또 어찌 河圖가 洛書가 되지 않고 洛書가 河圖가 되지 않음을 알겠는가."

字義 安 : 어찌 안

曰 是其時雖有先後하고 數雖有多寡나 然其爲理則一而已라 但易은 乃伏羲之先得乎圖而初无所待於書요 範則大禹之所獨得乎書而未必追考於圖爾라 且以河圖而虛十이면 則洛書四十有五之數也요 虛五면 則大衍五十之數也요 積五與十이면 則洛書縱橫十五之數也요 以五乘十하고 以十乘五하면 則又皆大衍之數也요 洛書之五 又自含五면 則得十而通爲大衍之數矣요 積五與十이면 則得十五而通爲河圖之數矣니 苟明乎此하면 則橫斜曲直이 无所不通이니 而河圖洛書 又豈有先後彼此之間哉아

"때는 先後가 있고 數는 多寡가 있으나 이치가 됨은 하나일 뿐이다. 다만 易은 伏羲가 먼저 河圖에서 얻어서 애당초 洛書를 필요로 함이 없었고, 洪範은 大禹가 홀로 洛書에서 얻어서 굳이 河圖에서 追考하지 않았을 뿐이다.

또 河圖에서 10을 비우면 洛書의 45의 數이고, 5를 비우면 大衍의 數 50이다. 그리고 5와 10을 모으면 洛書의 縱橫 15의 數이며, 5를 10으로 곱하고 10을 5로 곱하면 또 모두 大衍의 數이다.

洛書의 5가 또 스스로 5를 머금고 있으면 10이 되어 大衍의 數와 통하며, 5와 10을 모으면 15가 되어 河圖의 數와 통하니, 진실로 이것을 잘 안다면 橫斜와 曲直이 통하지 않는 바가 없을 것이니, 河圖와 洛書가 또 어찌 先後와 彼此의 간격이 있겠는가."

字義 追 : 쫓을 추 衍 : 넓힐 연 斜 : 비스듬할 사

○西山蔡氏曰 古今傳記에 自孔安國劉向父子班固는 皆以爲河圖授羲하고 洛書錫禹라하고 關子明, 邵康節은 皆以爲十爲河圖하고 九爲洛書라하니 蓋大傳에 旣陳天地五十有五之數하고 洪範에 又明言天乃錫禹洪範九疇하니 而九宮之數는 戴九履一하고 左三右七하고 二四爲肩하고 六八爲足하니 正龜背之象也라 唯劉牧意見은 以九爲河圖하고 十爲洛書하여 託言出於希夷라하니 旣與先儒舊說不合이요 又引大傳하여 以爲二者 皆出於伏羲之世라하니 其易置圖書 竝无明驗이라 但謂伏羲兼取圖書는 則易範之數 誠相表裏하니 爲可疑耳나 其實은 天地之理 一而已矣니 雖時有古今先後之不同이나 而其理則不容有二也라 故로 伏羲但據河圖以作易하니 則不必預見洛書로되 而已逆與之合矣요 大禹但據洛書以作範하니 則亦不必追考河圖로되 而已暗與之符矣라 其所以然者는 何哉오 誠以此理之外에 无復它理故也니라

蔡元定이 말하였다.

"古今의 전해오는 기록에 孔安國, 劉向과 劉歆 父子, 班固는 모두 '河圖는 伏羲에게 주었고 洛書는 禹王에게 주었다.' 하였고, 關朗과 邵康節은 모두 '10을 河圖라 하고 9를 洛書라 한다.' 하였다.

〈繫辭傳〉에 이미 천지 55의 수를 나열하였고 〈洪範〉에 또 '하늘이 마침내 禹王에게 洪範九疇를 주었다.'고 분명히 말하였으니, 九宮의 수는 9를 위에 이고 1을 아래에 밟으며 左가 3이고 右가 7이며 2와 4가 어깨가 되고 6과 8이 발이 되니, 이는 바로 거북 등의 象이다.

오직 劉牧의 의견은 9를 河圖라 하고 10을 洛書라 하면서 希夷(陳摶)에게서 나왔다고 칭탁하여 말하는데 이미 선배학자들의 오래된 설명과 합하지 않으며, 또 〈繫辭傳〉을 인용하여 '河圖와 洛書 두 가지가 모두 복희의 세대에 나왔다.' 하니, 河圖와 洛書를 바꿔 둔 것은 모두 분명한 증거가 없다. 다만 '伏羲가 河圖와 洛書를 겸하여 취했다'고 말한 것은 易과 洪範의 수가 진실로 서로 표리가 되니 의심스러울 만하나, 그 실제는 천지의 이치가 하나일 뿐이니, 비록 때는 古今과 先後의 다름이 있으나 이치는 두 가지가 있을 수 없는 것이다. 그러므로 伏羲는 다만 河圖만을 근거하여 易을 지었으니, 또한 굳이 洛書를 미리 보지 않았으나 이미 미리 서로 부합된 것이고, 大禹는 다만 洛書만을 근거하여 〈洪範〉을 지었으니, 그렇다면 또한 굳이 河圖를 돌이켜 생각하지 않았으나 이미 은연중에 서로 부합된 것이다. 그러한 까닭은 어째서인가? 진실로 이 이치의 밖에 다시 다른 이치가 없기 때문이다.

字義 錫 : 줄 석 符 : 부합할 부 它 : 다를 타

然不特此耳라 律呂有五聲十二律而其相乘之數 究於六十하고 日名有十幹十二支而 其相乘之數 亦究於六十하니 二者皆出於易之後요 其起數又各不同이나 然與易之陰陽策數老少 自相配合하여 皆爲六十者로 无不若合符契也라 下至運氣參同太一之屬[4] 雖不足道나 然亦无不相通하니 蓋自然之理也라 假令今世에 復有圖書者出이라도 其數亦必相符하리니 可謂伏羲有取於今日而作易乎아 大傳所謂河出圖, 洛出書, 聖人則之者 亦汎言聖人作易作範이 其原皆出於天之意니 如言以卜筮者尙其占과 與莫大乎蓍龜之類니 易之書豈有龜與卜之法乎아 亦言其理無二而已爾니라

그러나 이 뿐만이 아니다. 律呂에는 五聲과 十二律이 있는데 서로 곱한 수가 60에 이르고, 날짜의 이름은 十干과 十二支가 있는데 서로 결합한 수가 또한 60에 이르니, 두 가지는 모두 易의 뒤에 나왔고 수를 일으키는 방법이 또 각각 같지 않으나 易의 陰陽의 策數와 老少가 서로 배합되어 모두 60이 되는 것과 符節을 합한 것처럼 같지 않음이 없다. 아래로 運氣와 參同, 太一 등에 이르러서는 비록 말할 것이 못되나 또한 서로 통하지 않음이 없으니, 이는 자연의 이치이다.

가령 지금 세상에 다시 하도와 낙서가 나온다 하더라도 그 수가 또한 반드시 서로 부합될 것이니, 복희가 오늘날에 취하여 易을 지었다고 이를 수 있겠는가. 〈繫辭傳〉에 이른바 '河水에서 圖가 나오고 洛水에서 書가 나오자 聖人이 본받았다.'는 것은 또한 聖人이 易을 짓고 洪範을 지은 것이 그 근원이 모두 하늘에서 나왔다는 뜻을 범연히 말한 것이다. 예컨대 '이로써 卜筮하는 자는 그 占을 숭상한다.'는 것과 '시초와 거북점보다 더 큰 것이 없다.'고 말한 것과 같은 따위이니, 《周易》에 어찌 거북점과 거북점을 치는 법이 있겠는가. 또한 그 이치가 두 가지가 없음을 말한 것일 뿐이다."

字義 乘 : 곱할 승 究 : 이를 구 契 : 합할 계 道 : 말할 도 汎 : 넓을 범 蓍 : 시초 시

○朱子曰 世傳一至九數者는 爲河圖요 一至十數者는 爲洛書라하여 正是反而置之하니 予於啓蒙에 辨之詳矣라 近讀大戴禮明堂篇하니 言其制度에 有曰 二九四七五三六一八이어늘 鄭氏註云 法龜文也라하니 得此一證하면 則漢人固以此九數者로 爲洛書矣니라

朱子가 말하였다.

"세상에 전하기를 1부터 9의 수에 이르는 것을 하도라 하고 1부터 10의 수에 이르는 것을

4 運氣參同太一之屬 : 運氣는 《黃帝內經》의 運氣이론을, 參同은 《參同契》의 내용을, 太一은 太一九宮의 이론을 말한다.

낙서라 하여 정반대로 놓았으니, 내가 《易學啓蒙》에서 상세히 변론하였다. 근간에 《大戴禮》의 〈明堂篇〉을 읽어보니, 그 제도를 말한 내용에 2·9·4·7·5·3·6·1·8이라고 한 것이 있는데 鄭玄의 주석에 '이는 거북의 무늬를 본받은 것이다.' 하였으니, 이 한 가지 증거를 보면 漢나라 사람들도 진실로 이 9수를 낙서라고 한 것이다."

字義 辨 : 변론할 변

又曰 夫以河圖洛書로 爲不足信은 自歐陽公以來로 已有此說이나 然終无奈顧命繫辭論語에 皆有是言而諸儒所傳二圖之數가 雖有交互而无乖戾하고 順數逆推에 縱橫曲直이 皆有明法하니 不可得而破除也라 至如河圖하여는 與易之天一至地十者合이요 而載天地五十有五之數하니 則固易之所自出也며 洛書는 與洪範之初一至次九者合이요 而具九疇之數하니 則固洪範之所自出也라 繫辭雖不言伏羲受河圖以作易이나 然所謂仰觀俯察, 近取遠取가 安知河圖非其中之一事耶아 大抵聖人制作所由는 初非一端이나 然其法象之規模는 必有最親切處하니 如鴻荒之世, 天地之間에 陰陽之氣 雖各有象이나 然初未嘗有數也러니 至於河圖之出然後에 五十有五之數 奇偶生成을 粲然可見하니 此其所以深發聖人之獨智니 又非汎然氣象之所可得而擬也라 是以로 仰觀俯察하고 遠求近取하여 至此而後에 兩儀四象八卦之陰陽奇偶를 可得而言하니 雖繫辭所論聖人作易之由者非一이나 而不害其得此而後決也니라

또 다음과 같이 말하였다.

"하도와 낙서를 믿을 것이 못 된다는 것은 歐陽脩 이래로 이미 이러한 말이 있었다. 그러나 마침내 《書經》의 〈顧命〉과 《周易》의 〈繫辭傳〉과 《論語》에 모두 이에 대한 말이 있으며, 많은 학자들이 전한 두 도상의 數가 비록 서로 바뀜은 있으나 어긋남이 없고, 順으로 세어보거나 逆으로 미루어봄에 종횡과 곡직이 모두 분명한 법이 있으니, 이것을 없애 버릴 수가 없다.

하도로 말하면 《周易》 〈繫辭傳〉의 天一로부터 地十에까지 이른다는 것과 합하며, 天地 55의 수가 실려 있으니, 진실로 易은 이로부터 나온 것이다. 그리고 낙서는 《書經》 〈洪範〉의 初一로부터 次九에까지 이른다는 것과 합하며, 九疇의 數가 갖추어져 있으니, 진실로 〈洪範〉은 이로부터 나온 것이다.

〈繫辭傳〉에 비록 '복희가 하도를 받아 易을 지었다.'고 말하지는 않았으나 이른바 '우러러 보고 굽어살피며 가까이 취하고 멀리 취한다.'는 것이, 하도가 그 중의 한 가지 일이 아닌 줄을 어찌 알겠는가.

대저 聖人이 만들 때에 말미암은 것이 애당초 한 가지만은 아니었으나 그 法과 象의 규모

는 반드시 가장 친절한 부분이 있었을 것이다. 태고 적에는 천지의 사이에 음양의 기운이 비록 각각 象은 있었으나 당초에는 일찍이 數는 없었는데, 하도가 나온 뒤에야 55의 수의 奇偶와 生成을 분명히 볼 수 있는 것과 같으니, 이는 聖人만의 뛰어난 지혜를 깊이 발휘한 것이다. 또 범연한 기상으로 본떠서 견줄 수 있는 것이 아니다.

이 때문에 위로 하늘을 우러러보고 아래로 땅을 굽어 살피며 멀리서 구하고 가까이에서 취하여 이(하도)에 이른 뒤에야 兩儀·四象·八卦의 陰陽과 奇偶를 말할 수 있었으니, 비록 〈繫辭傳〉에 논한 바 聖人이 易을 지을 적에 말미암은 것이 한 가지가 아니나 이것(하도)을 얻은 뒤에 결정했다고 말해도 무방할 것이다."

字義 乖 : 어그러질 괴 戾 : 어그러질 려 破 : 깨뜨릴 파 除 제거할 제 規 : 모범 규
模 : 모범 모 鴻 : 클 홍 荒 : 거칠 황 擬 : 비길 의

又曰 以大傳之文詳之하면 河圖洛書는 蓋皆聖人所取以爲八卦者요 而九疇亦幷出焉이라 今以其象觀之하면 則虛其中者는 所以爲易也요 實其中者는 所以爲洪範也니 其所以爲易者 已具於前段矣요 所以爲洪範은 則河圖九疇之象과 洛書五行之數 有不可誣者하니 恐不得以其出於緯書而略之也니라

또 다음과 같이 말하였다.

"〈繫辭傳〉의 글을 가지고 살펴보면 하도와 낙서는 모두 聖人이 취하여 八卦를 만든 것이며, 九疇 또한 함께 나온 것이다. 이제 그 象을 가지고 관찰해 보면 중앙을 비운 것은 易을 만든 것이고, 중앙을 채운 것은 〈洪範〉을 만든 것이니, 易을 만든 것은 이미 앞부분에 갖추어 놓았고, 〈洪範〉을 만든 것은 河圖·九疇의 象과 洛書·五行의 數가 속일 수가 없으니, 緯書에서 나왔다고 하여 소략히 할 수 없을 듯하다."

字義 誣 : 속일 무 緯 : 위서 위

○古人做易에 其巧를 不可言이라 太陽數九요 少陰數八이요 少陽數七이요 太陰數六이니 初亦不知其數如何恁地요 元來只是十數라 太陽居一하니 除了本身하면 便是九箇요 少陰居二하니 除了本身하면 便是八箇요 少陽居三하니 除了本身하면 便是七箇요 太陰居四하니 除了本身하면 便是六箇라 這處를 都不曾有人見得이니라

옛사람이 易을 지음에 그 교묘함을 이루 말할 수가 없다. 太陽의 수는 9이고 少陰의 수는 8이며 少陽의 수는 7이고 太陰의 수는 6이니, 처음에는 또한 그 수가 어찌하여 이렇게 되었는지는 알지 못하였고 원래 다만 10이었다. 그런데 太陽은 1에 있으니 자체를 제하면 곧 9가

되고, 少陰은 2에 있으니 자체를 제하면 곧 8이 되며, 少陽은 3에 있으니 자체를 제하면 곧 7이 되고, 太陰은 4에 있으니 자체를 제하면 곧 6이 된다. 그런데 이러한 부분을 모두 일찍이 아는 사람이 없었다.

字義 做 : 지을 주 恁 : 이럴 임 這 : 이 저

問老陽, 少陰, 少陽, 老陰이 除了本身一二三四하면 便是九八七六之數니 今觀啓蒙컨대 陽進陰退之說도 也是如此니이다 曰 他進退도 亦是如此하니 不是人去强教他進退라 但是以十言之하면 則如前說大故分曉요 若以十五言之하면 則九便對六하고 七便對八하니 曉得時에 這物事 也好則劇이니라

"노양·소음·소양·노음이 자체의 1·2·3·4를 제하면 곧 9·8·7·6의 수이니, 지금 《易學啓蒙》을 보건대 양은 나아가고 음은 물러간다는 말도 이와 같습니다." 하고 묻자, 다음과 같이 대답하였다. "《易學啓蒙》의 나아가고 물러감도 또한 이와 같으니, 이는 사람이 억지로 나아가게 하고 물러가게 한 것이 아니다. 다만 10을 가지고 말하면 앞에 말한 것처럼 매우 분명하며, 만약 15를 가지고 말하면 9는 곧 6과 상대가 되고 7은 곧 8과 상대가 되니, 이것을 깨달았을 때에는 이 일이 또한 遊戲〔則劇〕처럼 좋다."

字義 也 : 또 야 曉 : 깨달을 효

○問看河圖上此數 控定了한대 曰 天地只是不會說일새 倩他聖人出來說이라 若天地自會說話인댄 想更說得好在리라 如河圖洛書는 便是天地畫出底니라

하도의 위에 이 數를 배정한 것을 보는 방법을 묻자, 다음과 같이 대답하였다.
"천지가 다만 말을 할 수 없으므로 聖人을 빌어 말씀한 것이다. 만약 천지가 스스로 말할 수 있었다면 생각건대 더 좋게 말씀하였을 것이다. 하도와 낙서 같은 것은 곧 천지가 그려낸 것이다."

字義 控 : 배정할 공 倩 : 빌릴 청

○謂甘叔懷曰 曾看河圖洛書數否아 无事時好看이요 且得自家心流轉得動이니라

甘叔懷에게 다음과 같이 말씀하였다.
"일찍이 하도와 낙서의 數를 본 적이 있는가? 일이 없을 때에 보는 것이 좋으며, 또 자신의 마음이 流轉하여 생동함을 알 수 있을 것이다."

伏羲八卦次序之圖

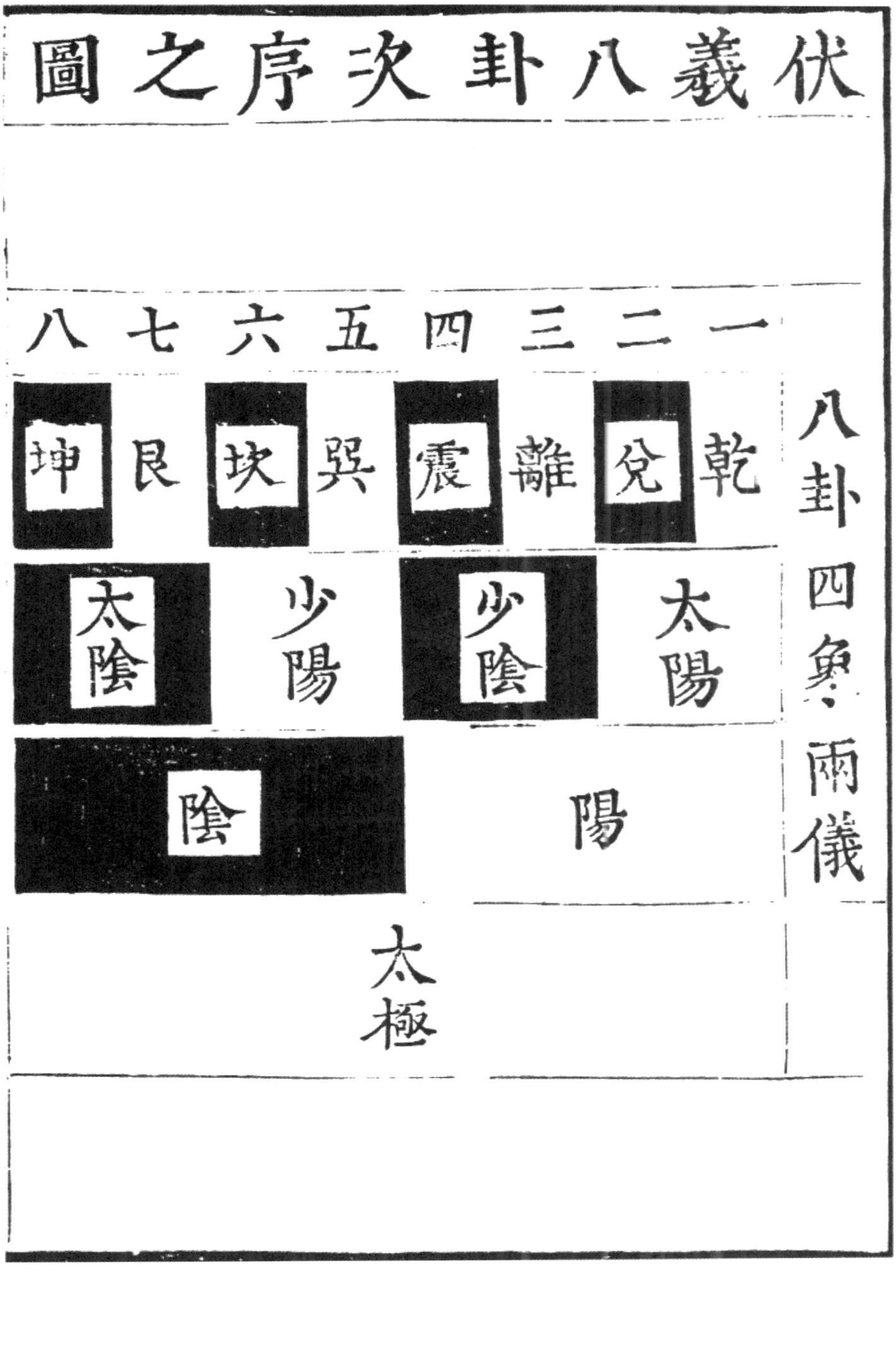

右는 繫辭傳曰 易有太極하니 是生兩儀하고 兩儀生四象하고 四象生八卦라하니 邵子曰 一分爲二하고 二分爲四하고 四分爲八也라하니라 說卦傳曰 易은 逆數也라하니 邵子曰 乾一兌二離三 震四巽五坎六艮七坤八이니 自乾至坤은 皆得未生之卦하니 若逆推四時之比也라 後六十四卦次序倣此라하니라

위의 그림은 〈繫辭傳〉에 이르기를 "易에 太極이 있으니, 이것이 兩儀를 낳고 兩儀가 四象을 낳고 四象이 八卦를 낳았다." 하였는데, 邵子는 말하기를 "하나가 나누어져 둘이 되고 둘이 나누어져 넷이 되고 넷이 나누어져 여덟이 되었다."라고 하였다. 〈說卦傳〉에 이르기를 "易은 거슬러 세는 것이다." 하였는데, 邵子가 말하기를 "乾이 1이고 兌가 2이고 離가 3이고 震이 4이고 巽이 5이고 坎이 6이고 艮이 7이고 坤이 8이니, 乾으로부터 坤까지는 모두 아직 생기지 않은 卦를 얻은 것이니, 四時를 거슬러서 미루어가는 비유와 같다. 뒤의 64卦의 次序도 이와 같다." 하였다.

【附錄】朱子曰 太極者는 象數未形而其理已具之稱이요 形器已具而其理无朕之目이니 在河圖洛書에 皆虛中之象也라 太極之判하여 始生一奇一偶而爲一畫者二면 是爲兩儀니 其數則陽一而陰二니 在河圖洛書하면 則奇偶是也라 兩儀之上에 各生一奇一偶而爲二畫者四면 是謂四象이니 其位則太陽一少陰二少陽三太陰四요 其數則太陽九少陰八少陽七太陰六이니 以河圖言之하면 則六者는 一而得於五者也요 七者는 二而得於五者也요 八者는 三而得於五者也요 九者는 四而得於五者也며 以洛書言之하면 則九者는 十分一之餘也요 八者는 十分二之餘也요 七者는 十分三之餘也요 六者는 十分四之餘也라 四象之上에 各生一奇一偶而爲三畫者八이면 於是에 三才略具而有八卦之名矣니 其位則乾一兌二離三震四巽五坎六艮七坤八이라 在河圖하면 則乾坤離坎이 分居四實하고 兌震巽艮이 分居四虛하며 在洛書하면 則乾坤離坎이 分居四方하고 兌震巽艮이 分居四隅也니라

朱子가 말하였다.

"太極은 象과 數는 아직 나타나지 않았으나 그 이치는 이미 갖추어져 있는 것을 이르는 명칭이고, 形器는 이미 갖추어져 있으나 그 이치는 조짐이 없는 것을 이르는 조목이니, 河圖와 洛書에 있어서는 모두 중앙을 비운 象이다.

太極이 나뉘어 처음으로 한 奇와 한 偶를 낳아서 1획이 된 것이 둘이면 이것이 兩儀이니, 그 數는 陽은 1이고 陰은 2이다. 河圖와 洛書에 있어서는 奇와 偶가 이것이다.

兩儀의 위에 각각 한 奇와 한 偶를 낳아서 2획이 된 것이 넷이면 이것을 四象이라 하니, 그

위치는 太陽이 1이고 少陰이 2이고 少陽이 3이고 太陰이 4이며, 그 數는 太陽이 9이고 少陰이 8이고 少陽이 7이고 太陰이 6이니, 河圖를 가지고 말하면 6은 1이 5를 얻은 것이고 7은 2가 5를 얻은 것이고 8은 3이 5를 얻은 것이고 9는 4가 5를 얻은 것이며, 洛書를 가지고 말하면 9는 10에서 1을 뺀 나머지이고 8은 10에서 2를 뺀 나머지이고 7은 10에서 3을 뺀 나머지이고 6은 10에서 4를 뺀 나머지이다.

四象의 위에 각각 한 奇와 한 偶를 낳아서 3획이 된 것이 여덟이면 이에 三才가 대략 갖추어져 八卦의 명칭이 있게 되니, 그 위치는 乾이 1이고 兌가 2이고 離가 3이고 震이 4이고 巽이 5이고 坎이 6이고 艮이 7이고 坤이 8이다. 河圖에 있어서는 乾·坤·離·坎이 나뉘어 네 실한 자리에 거하고 兌·震·巽·艮이 나뉘어 네 빈 자리에 거하며, 洛書에 있어서는 乾·坤·離·坎이 나뉘어 四方에 거하고 兌·震·巽·艮이 나뉘어 四隅에 거한다."

字義 朕 : 조짐 짐 判 : 나눌 판 隅 : 모퉁이 우

○問易有太極是生兩儀兩儀生四象四象生八卦한대 曰 此太極은 却是爲畫卦說이라 當未畫卦前엔 太極이 只是一箇混淪底道理라 裏面에 包含陰陽剛柔奇偶하여 无所不有러니 及畫一奇一偶하여 是生兩儀하고 再於一奇畫上加一奇하면 此是陽中之陽이요 又於一奇畫上加一偶하면 此是陽中之陰이요 又於一偶上加一奇하면 此是陰中之陽이요 又於一偶上加一偶하면 此是陰中之陰이니 是謂四象이라 所謂八卦者는 一象上에 有兩卦하여 每象에 各添一奇一偶하면 便是八卦니라 或說一爲儀요 二爲象이요 三爲卦라 四象은 如春夏秋冬金木水火東西南北하여 无不可推矣니라

易에 太極이 있으니, 이것이 兩儀를 낳고 兩儀가 四象을 낳고 四象이 八卦를 낳는 이치를 묻자, 다음과 같이 대답하였다.

"이 부분의 太極은 바로 卦를 긋기 위해 말한 것이다. 卦를 긋기 전에는 太極은 다만 하나의 混淪한 도리이다. 그 이면에 陰陽과 剛柔와 奇偶를 포함하여 갖추고 있지 않은 것이 없는데 한 奇와 한 偶를 그으면 이것이 兩儀를 낳는다. 다시 한 奇의 획 위에 한 奇를 가하면 이것은 陽 가운데의 陽이며, 또 한 奇의 획 위에 한 偶를 가하면 이것은 陽 가운데의 陰이고, 또 한 偶의 획 위에 한 奇를 가하면 이것은 陰 가운데의 陽이며, 또 한 偶의 획 위에 한 偶를 가하면 이것은 陰 가운데의 陰이니, 이것을 四象이라 이른다. 이른바 八卦란 것은 한 象의 위에 두 卦가 있어서 象마다 각각 한 奇와 한 偶를 더하면 곧 八卦가 되는 것이다. 혹자는 말하기를 '1은 兩儀가 되고 2는 四象이 되고 3은 八卦가 된다. 四象은 春·夏·秋·冬과 金·木·水·火와 東·西·南·北 등과 같은 것이다.'라고 하니, 미루어 추측하지 못할 것이 없다"

字義 混 : 섞일 혼 淪 : 스며들 륜 添 : 더할 첨

伏羲八卦方位之圖

伏羲八卦方位之圖

右는 說卦傳曰 天地定位하며 山澤通氣하며 雷風相薄하며 水火不相射(석)하여 八卦相錯하니 數往者는 順하고 知來者는 逆이라하니 邵子曰 乾南, 坤北, 離東, 坎西, 震東北, 兌東南, 巽西南, 艮西北하니 自震至乾은 爲順이요 自巽至坤은 爲逆이라 後六十四卦方位倣此라하니라

위의 그림은 〈說卦傳〉에 이르기를 "하늘과 땅이 자리를 정하며, 산과 못이 기운을 통하며, 우레와 바람이 서로 부딪히며, 물과 불이 서로 쏘아 맞추지 않아서 팔괘가 서로 섞이니, 지나간 것을 셈은 順이고 올 것을 앎은 逆이다."라고 하였는데, 邵子가 말하기를 "乾은 남이고 坤은 북이며 離는 동이고 坎은 서이며 震은 동북이고 兌는 동남이며 巽은 서남이고 艮은 서북이니, 震으로부터 乾에 이르기까지는 順이 되고, 巽으로부터 坤에 이르기까지는 逆이 된다. 뒤의 64괘의 방위도 이와 같다." 하였다.

字義 薄 : 부딪칠 박 射 : 쏘아맞힐 석 錯 : 섞일 착 數 : 셀 수

【附錄】 邵子曰 乾坤縱而六子橫은 易之本也라 又曰 震은 始交陰而陽生하고 巽은 始消陽而陰生하며 兌는 陽長也요 艮은 陰長也니 震兌는 在天之陰也요 巽艮은 在地之陽也라 故로 震兌는 上陰而下陽하고 巽艮은 上陽而下陰이라 天은 以始生言之라 故陰上而陽下하니 交泰之義也요 地는 以旣成言之라 故陽上而陰下하니 尊卑之位也라 乾坤은 定上下之位하고 坎離는 列左右之門하니 天地之所闔闢이요 日月之所出入이니 春夏秋冬晦朔弦望晝夜長短行度盈縮이 莫不由乎此矣니라

邵子가 말하기를 "乾坤이 縱으로 있고 六子가 橫으로 있는 것이 易의 근본이다."라고 하고, 또 다음과 같이 말하였다.

"震은 처음으로 陰과 사귀어 陽이 생긴 것이고 巽은 처음으로 陽을 사라지게 하여 陰이 생긴 것이며, 兌는 陽이 자라는 것이고 艮은 陰이 자라는 것이니, 震과 兌는 하늘에 있는 陰이고 巽과 艮은 땅에 있는 陽이다. 그러므로 震과 兌는 위가 陰이고 아래가 陽이며, 巽과 艮은 위가 陽이고 아래가 陰이다. 天은 처음 낳는 것을 가지고 말하였기 때문에 陰이 위에 있고 陽이 아래에 있으니 交泰의 뜻이며, 地는 이미 완성된 것을 가지고 말하였기 때문에 陽이 위에 있고 陰이 아래에 있으니 尊卑의 위치이다.

乾·坤은 上下의 자리를 정하고 坎·離는 左右의 문을 나열하였으니, 天地가 닫히고 열리는 것이며 日月이 나가고 들어오는 것이니, 春·夏·秋·冬과 晦·朔·弦·望과 낮과 밤의 길고 짧음과 운행도수의 차고 기욺이 여기에 말미암지 않음이 없다."

字義 晦 : 그믐 회 朔 : 초하루 삭 弦 : 상현 현, 하현 현 望 : 보름 망 盈 : 찰 영 縮 : 기울 축

又曰 此一節은 明伏羲八卦也라 八卦相錯者는 明交相錯而成六十四也라 數往者順은 若順天而行이면 是左旋也니 皆已生之卦也라 故云數往也요 知來者逆은 若逆天而行이면 是右行也니 皆未生之卦也라 故云知來也라하니 夫易之數는 由逆而成矣라 此一節은 直解圖意하니 若逆知四時之謂也니라

또 다음과 같이 말하였다.

"이 한 문단은 복희의 八卦를 밝힌 것이다. '八卦가 서로 섞인다'는 것은 서로 섞여 64卦를 이룸을 밝힌 것이다. '지나간 것을 셈은 順이다.'라는 것은 만약 하늘을 순히 하여 운행하면 이는 왼쪽으로 도는 것이니, 이는 모두 이미 생긴 卦이므로 '지나간 것을 센다.'고 하였고, '올 것을 앎은 逆이다.'라는 것은 만약 하늘을 거슬러 운행하면 이는 오른쪽으로 가는 것이니, 이는 모두 아직 생기지 않은 卦이므로 '올 것을 안다.'고 하였으니, 易의 數는 거스름으로 말미암아 이루어졌다. 이 한 문단은 곧바로 圖의 뜻을 해석한 것이니, 四時를 거슬러 안다고 이르는 것과 같다."

○朱子答董銖曰 所問先天圖曲折은 細詳圖意컨대 若自乾一로 橫排至坤八하면 此則全是自然이라 故說卦云 易은 逆數也라하니라 若如圓圖면 則須如此라야 方見陰陽消長次第니 雖自稍涉安排나 然亦莫非自然之理라 自冬至夏至는 爲順이니 蓋與前逆數者相反이요 自夏至冬至는 爲逆이니 蓋與前逆數者同이라 其左右는 與今天文說左右不同하니 蓋從中而分하면 其初가 若有左右之勢爾니라 又曰 易逆數也는 以康節說이라야 方可通[5]이라 但方圖則一向皆逆이요 若以圓圖看하면 又只是一半逆이니 不知如何로라

朱子가 董銖(南宋)에게 다음과 같이 대답하였다.

"물은 내용에 先天圖의 곡절은 圖의 뜻을 자세히 살펴보건대 만약 乾一로부터 횡으로 배열하여 坤八에 이르면 이는 완전히 자연스러운 것이다. 그러므로 〈說卦傳〉에 이르기를 '易은 거슬러 세는 것이다.'라고 하였다. 그리고 만약 圓圖와 같이 하면 모름지기 이와 같이 하여야 비로소 陰陽이 消長하는 차례를 볼 수 있으니, 비록 다소 안배를 하였으나 또한 자연의 이치 아님이 없다.

---

5 易逆數也……方可通 : '易逆數也'는 〈說卦傳〉의 경문인데 이 문장의 풀이는 邵康節의 해석을 따라야만 그 의미가 통한다는 뜻이다.

冬至로부터 夏至까지는 順이 되니 앞의 '거슬러 세는 것'과 상반되고, 夏至로부터 冬至까지는 逆이 되니 앞의 '거슬러 세는 것'과 같다. 그 좌우는 지금 天文에서 말하는 좌우와 같지 않으니, 가운데로부터 그 처음을 나누면 左右의 형세가 있는 듯하다."

또 말하였다.

"'易은 거슬러 세는 것이다.'라는 것을 邵康節의 말로 보아야 비로소 통할 수 있다. 다만 方圖로만 보면 한결같이 모두 거스름이 되고 만약 圓圖로만 보면 도 다만 半만 거스름이 되니, 어찌 된 것인지 알 수 없다."

字義 董 : 성 동　銖 : 저울눈 수　折 : 꺾을 절　排 : 배열할 배　稍 : 조금 초

○西山蔡氏曰 其法은 自子中至午中은 爲陽이니 初四爻는 皆陽이요 中前二爻는 皆陰이요 後二爻는 皆陽이요 上一爻는 爲陰이요 二爻는 爲陽이요 三爻는 爲陰이요 四爻는 爲陽이라 自午中至子中은 爲陰이니 初四爻는 皆陰이요 中前二爻는 爲陽이요 後二爻는 爲陰이요 上一爻는 爲陽이요 二爻는 爲陰이요 三爻는 爲陽이요 四爻는 爲陰이라 在陽中엔 上二爻則先陰而後陽하니 陽生於陰也요 在陰中엔 上二爻則先陽而後陰하니 陰生於陽也라 其序始震終坤者는 以陰陽消息爲數也일새니라

蔡元定(宋)이 말하였다.

"그 방법은 子의 가운데부터 午의 가운데까지는 陽이 되니, 아래의 네 爻는 모두 陽이며, 가운데의 앞 두 爻는 모두 陰이고 뒤의 두 爻는 모두 陽이며, 위의 첫 번째 爻는 陰이고 두 번째 爻는 陽이며, 세 번째 爻는 陰이고 네 번째 爻는 陽이다. 午의 가운데부터 子의 가운데까지는 陰이 되니, 아래의 네 爻는 모두 陰이며, 가운데의 앞 두 爻는 陽이고 뒤의 두 爻는 陰이며, 위의 첫 번째 爻는 陽이고 두 번째 爻는 陰이며, 세 번째 爻는 陽이고 네 번째 爻는 陰이다.

陽 가운데에 있을 때에는 위의 두 爻가 먼저는 陰이고 뒤에는 陽이니 陽이 陰에서 생긴 것이며, 陰 가운데에 있을 때에는 위의 두 爻가 먼저는 陽이고 뒤에는 陰이니 陰이 陽에서 생긴 것이다. 그 차례가 震에서 시작하여 坤에서 끝난 것은 陰陽의 消息을 가지고 數를 삼았기 때문이다."

伏羲六十四卦次序之圖

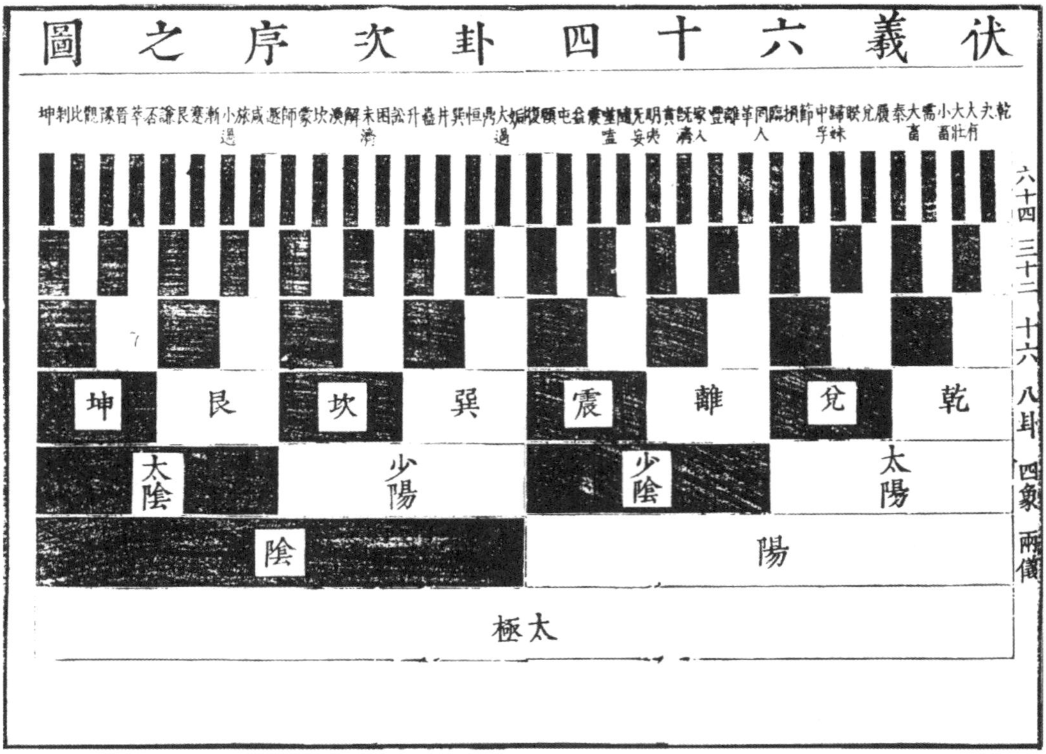

右前八卦次序圖는 卽繫辭傳所謂八卦成列者요 此圖는 卽其所謂因而重之者也라 故로 下三畫은 卽前圖之八卦요 上三畫은 則各以其序重之하고 而下卦因亦各衍而爲八也라 若逐爻漸生하면 則邵子所謂八分爲十六, 十六分爲三十二, 三十二分爲六十四者니 尤見法象自然之妙也니라

앞의 八卦次序圖는 곧 〈繫辭傳〉의 이른바 '八卦가 줄을 지었다'는 것이며, 이 圖는 곧 이른바 '의거하여 거듭하였다'는 것이다. 그러므로 아래의 3획은 곧 앞 圖의 八卦이며, 위의 3획은 각각 순서대로 거듭한 것이고, 아래의 卦는 또한 각각 부연하여 8을 만든 것이다. 만약 爻마다 점점 생겨나면 邵子의 이른바 '8이 나뉘어 16이 되고 16이 나뉘어 32가

되고 32가 나뉘어 64가 되었다'는 것이니, 더욱 法과 象의 자연스러운 妙理를 볼 수 있다.

字義 重 : 거듭할 중 逐 : 쫓을 축 漸 : 점점 점

【附錄】 朱子曰 易有太極, 是生兩儀, 兩儀生四象, 四象生八卦此一節은 乃孔子發明伏羲畫卦自然之形體次第니 最爲切要라 古今說者에 惟康節明道二先生이 爲能知之라 故로 康節之言曰 一分爲二하고 二分爲四하고 四分爲八하고 八分爲十六하고 十六分爲三十二하고 三十二分爲六十四하니 猶根之有幹, 幹之有枝하여 愈大則愈少하고 愈細則愈繁이라하고 而明道先生以爲加一倍法이라하시니 其發明孔子之言이 又可謂最切要矣로다

朱子가 말하였다.

"'易에 太極이 있으니, 이것이 兩儀를 낳고 兩儀가 四象을 낳고 四象이 八卦를 낳는다.'는 이 한 문장은 바로 孔子께서 伏羲가 卦를 그은 자연스러운 형체와 차례를 발명하신 것이니, 가장 간절하고 긴요하다. 古今에 설명한 이들 중에 오직 邵康節과 程明道 두 선생이 이것을 알았다. 그러므로 康節의 말씀에 이르기를 '1이 나뉘어 2가 되고 2가 나뉘어 4가 되고 4가 나뉘어 8이 되고 8이 나뉘어 16이 되고 16이 나뉘어 32가 되고 32가 나뉘어 64가 되었으니, 뿌리에 줄기가 있고 줄기에 가지가 있는 것과 같아서 더욱 커질수록 더욱 적어지고 더욱 세세해질수록 더욱 많아진다.' 하였으며, 明道 선생은 이것을 '一倍를 더하는 法이다.' 하였으니, 孔子의 말씀을 발명함이 또 가장 간절하고 긴요하다 할 것이다.

蓋以河圖洛書論之하면 太極者는 虛中之象也요 兩儀者는 陰陽奇偶之象也며 四象者는 河圖之一合六, 二合七, 三合八, 四合九요 洛書之一含九, 二含八, 三含七, 四含六也며 八卦者는 河圖四實四虛之數요 洛書四正四隅之位也라 以卦畫言之하면 太極者는 象數未形之全體也요 兩儀者는 ⚊爲陽而⚋爲陰하니 陽數一而陰數二也요 四象者는 陽之上에 生一陽하면 則爲⚌而謂之太陽하고 生一陰하면 則爲⚍而謂之少陰하고 陰之上에 生一陽하면 則爲⚎而謂之少陽하고 生一陰하면 則爲⚏而謂之太陰也라 四象旣立하면 則太陽居一而含九하고 少陰居二而含八하고 少陽居三而含七하고 太陰居四而含六하니 此는 六七八九之數所由定也라 八卦者는 太陽之上에 生一陽하면 則爲☰而名乾하고 生一陰하면 則爲☱而名兌하며 少陰之上에 生一陽하면 則爲☲而名離하고 生一陰하면 則爲☳而名震하며 少陽之上에 生一陽하면 則爲☴而名巽하고 生一陰하면 則爲☵而名坎하며

太陰之上에 生一陽하면 則爲☶而名艮하고 生一陰하면 則爲☷而名坤하니 康節先天之說에 所謂乾一兌二離三震四巽五坎六艮七坤八者 蓋謂此也라 至於八卦之上에 又各生一陰一陽하면 則爲四畫者十有六이니 經雖无文이나 而康節所謂八分爲十六者此也요 四畫之上에 又各生一陰一陽하면 則爲五畫者三十有二니 經雖无文이나 而康節所謂十六分爲三十二者此也요 五畫之上에 又各生一陰一陽하면 則爲六畫之卦 六十有四而八卦相重하여 又各得乾一兌二離三震四巽五坎六艮七坤八之次하니 其在圖可見矣니라

河圖와 洛書를 가지고 논하면 太極은 중앙을 비운 象이고 兩儀는 陰陽의 奇偶의 象이며 四象은 河圖에 1이 6을, 2가 7을, 3이 8을, 4가 9를 합한 것이고 洛書에 1이 9를, 2가 8을, 3이 7을, 4가 6을 포함한 것이며, 八卦는 河圖의 四實·四虛의 數이고 洛書의 四正·四隅의 위치이다.

卦를 그은 것을 가지고 말하면 太極은 象數가 아직 나타나기 이전의 전체이며, 兩儀는 ⚊이 陽이 되고 ⚋가 陰이 되니, 陽의 수는 1이고 陰의 수는 2이며, 四象은 陽의 위에 한 陽을 낳으면 ⚌가 되어 太陽이라 이르고 한 陰을 낳으면 ⚍이 되어 少陰이라 이르며, 陰의 위에 한 陽을 낳으면 ⚎이 되어 少陽이라 이르고 한 陰을 낳으면 ⚏가 되어 太陰이라 이른다. 四象이 이미 확립되면 太陽이 1에 거하여 9를 포함하고 少陰이 2에 거하여 8을 포함하고 少陽이 3에 거하여 7을 포함하고 太陰이 4에 거하여 6을 포함하니, 이는 6·7·8·9의 수가 말미암아 정해진 것이다.

八卦는 太陽의 위에 한 陽을 낳으면 ☰이 되어 乾이라 이름하고 한 陰을 낳으면 ☱이 되어 兌라 이름하며, 少陰의 위에 한 陽을 낳으면 ☲가 되어 離라 이름하고 한 陰을 낳으면 ☳가 되어 震이라 이름하며, 少陽의 위에 한 陽을 낳으면 ☴가 되어 巽이라 이름하고 한 陰을 낳으면 ☵가 되어 坎이라 이름하며, 太陰의 위에 한 陽을 낳으면 ☶가 되어 艮이라 이름하고 한 陰을 낳으면 ☷이 되어 坤이라 이름하니, 康節의 先天에 관한 說에 이른바 '乾이 1이고 兌가 2이고 離가 3이고 震이 4이고 巽이 5이고 坎이 6이고 艮이 7이고 坤이 8이다.'란 것은 이를 말한 것이다.

八卦의 위에 또 각각 한 陰과 한 陽을 낳게 되면 4획이 된 것이 16개이니, 經에는 비록 글이 없으나 康節의 이른바 '8이 나뉘어 16이 되었다.'는 것이 이것이다. 4획의 위에 또 각각 한 陰과 한 陽을 낳으면 5획이 된 것이 32개이니, 經에는 비록 글이 없으나 康節의 이른바 '16이 나뉘어 32가 되었다.'는 것이 이것이다. 5획의 위에 또 각각 한 陰과 한 陽을 낳으면 6획의 卦가 64개가 되어, 八卦가 서로 거듭하여 또 각각 乾이 1이고 兌가 2이고 離가 3이고 震이 4이고 巽이 5이고 坎이 6이고 艮이 7이고 坤이 8인 차례를 얻게 되니, 圖에서 이것을 볼 수 있다."

字義 榦 : 줄기 간 枝 : 가지 지 愈 : 더욱 유 形 : 드러날 형

○天地之間이 莫非太極陰陽之妙라 聖人이 仰觀俯察하고 遠求近取하시니 固有超然而默契於心矣라 故로 自兩儀未分하여 渾然太極으로 而兩儀四象六十四卦之理 已粲然於其中이요 太極分而兩儀면 則太極은 固太極이요 兩儀는 固兩儀也며 兩儀分而四象이면 則兩儀又爲太極이요 而四象又爲兩儀矣라 自是而推하면 四而八하고 八而十六하고 十六而三十二하고 三十二而六十四하여 以至於有百千萬億之无窮하니 雖見(현)於摸畫은 若有先後而出於人爲나 然其已定之形과 已成之勢가 固已具於渾然之中하여 而不容毫髮思慮作爲於其間也니라

天地의 사이에 太極과 陰陽의 묘한 이치가 아닌 것이 없다. 聖人이 우러러 보고 굽어 살피며 멀리서 구하고 가까이에서 취함에 진실로 초연히 마음에 묵묵히 계합함이 있었다. 그러므로 兩儀가 나뉘지 않아 渾然한 太極일 때로부터 兩儀와 四象과 54卦의 이치가 이미 그 가운데에 찬란하게 갖추어져 있었고, 太極이 나뉘어 兩儀가 되면 太極은 진실로 太極이고 兩儀는 진실로 兩儀이며, 兩儀가 나뉘어 四象이 되면 兩儀는 또 太極이 되고 四象은 또 兩儀가 된다. 이로부터 미루어 나가면 4에서 8이 되고 8에서 16이 되고 16에서 32가 되고 32에서 64가 되어 백천만억의 무궁함에 이르게 되니, 비록 본뜬 획에 나타난 것은 先後가 있어 인위에서 나온 듯하지만 이미 정해진 형체와 이미 이루어진 형세가 진실로 渾然한 가운데에 이미 갖추어져 있어서 털끝만큼의 사려나 작위도 그 사이에 용납하지 않는다.

字義 超 : 뛰어넘을 초 契 : 합할 계 渾 : 온전할 혼 摸 : 본뜰 모 毫 : 터럭 호 髮 : 터럭 발

○答袁樞曰 要見得聖人作易根原을 直截分明인댄 不如且看卷首橫圖라 自始初止有兩畫時로 漸次看起하여 以至生滿六畫之後면 其先後多寡旣有次第而位置分明하여 不費辭說이라 於此看得하면 方見六十四卦 全是天理自然挨排出來니라 聖人이 只是見得分明하여 便只依本畫出이요 元不曾用一毫智力添助시니라

袁樞(南宋)에게 다음과 같이 대답하였다.

"聖人이 易을 지은 근원을 직절하고 분명하게 알려면 우선 책 머리의 橫圖를 보는 것이 낫다. 처음에 다만 두 획이 있을 때로부터 점차 보아서 6획을 낳아 가득한 뒤에 이르면 先後와 多寡가 이미 차례가 있고 위치가 분명하여 굳이 말할 필요가 없다. 여기에서 관찰하면 바야흐로 64卦가 완전히 天理에서 자연히 배열되어 나온 것임을 알 것이다. 聖人이 다만 이것을 봄이 분명하여 근본에 따라 그려낸 것일 뿐이고, 원래부터 일찍이 털끝만치라도 지혜와 힘을 써서 더하거나 돕지 않았다."

字義 袁 : 성 원 截 : 자를 절 費 : 쓸 비 挨 : 순서따를 애

○問四爻五爻者는 何所主名이니잇고 曰 一畫爲儀요 二畫爲象이요 三畫爲卦니 則八卦備矣라 此上에 若旋次各加陰陽一畫하여 則積至三重하여 再成八卦者八이면 方有六十四卦之名이라 若徑以八卦로 徧加乎一卦之上이면 則亦如其位而得名焉이로되 方其四畫之時엔 未成外卦라 故로 不得而名之耳니라 又曰 第四畫者는 以八卦爲太極而復生之兩儀也요 第五畫者는 八卦之四象也요 第六畫者는 八卦之八卦也니라

"四爻와 五爻는 무엇을 가지고 주장하여 이름합니까?" 라고 물으니, 다음과 같이 대답하였다. "한 획은 모습〔儀〕이 되고 두 획은 형상〔象〕이 되고 세 획은 卦가 되니, 이렇게 되면 八卦가 갖추어진다. 이 위에 만약 다시 차례로 각각 陰·陽을 한 획씩 더하여 쌓여서 세 번 거듭함에 이르러 다시 八卦를 이룬 것이 8개가 되면 비로소 64卦의 명칭이 있게 된다. 만약 곧바로 八卦를 한 卦의 위에 두루 더하면 또한 그 위치와 같이 되어 명칭을 얻으나, 막 네 번째 획을 그었을 때에는 아직 外卦를 이루지 않았으므로 이름할 수가 없을 뿐이다."

또 다음과 같이 답하였다.

"제4획은 八卦를 太極으로 삼아 다시 낳은 兩儀이고, 제5획은 八卦의 四象이며, 제6획은 八卦의 八卦인 것이다."

字義 徑 : 곧바로 경 徧 : 두루미칠 편

○又詩曰 諸儒談易謾紛紛하니 只見繁枝不見根이라 觀象徒勞推互體요 玩辭亦是逞空言이라 須知一本能雙榦이라야 始信千兒與萬孫이라 喫緊包犧爲人意를 悠悠千古向誰論고

또 시에 다음과 같이 말하였다.

"많은 학자들이 易을 말하기를 분분히 하니,
다만 번다한 가지만 볼 뿐 뿌리는 보지 못하였네.
象을 봄에 한갓 수고롭게 互體를 미룰 뿐이요,
말을 살핌에 또한 빈 말을 늘어놓을 뿐이다.
모름지기 한 뿌리가 두 줄기가 됨을 알아야
비로소 천 아들과 만 손자가 됨을 믿을 것이다.
包犧(伏羲)의 사람을 위한 긴요한 뜻을
먼 옛날에 누구를 향하여 의논했을까."

字義 謾 : 부질없을 만 紛 : 어지러울 분 繁 : 번다할 번 逞 : 마음대로 할 령 喫 : 긴요할 끽
緊 : 긴요할 긴 悠 : 아득할 유

伏羲六十四卦方位之圖

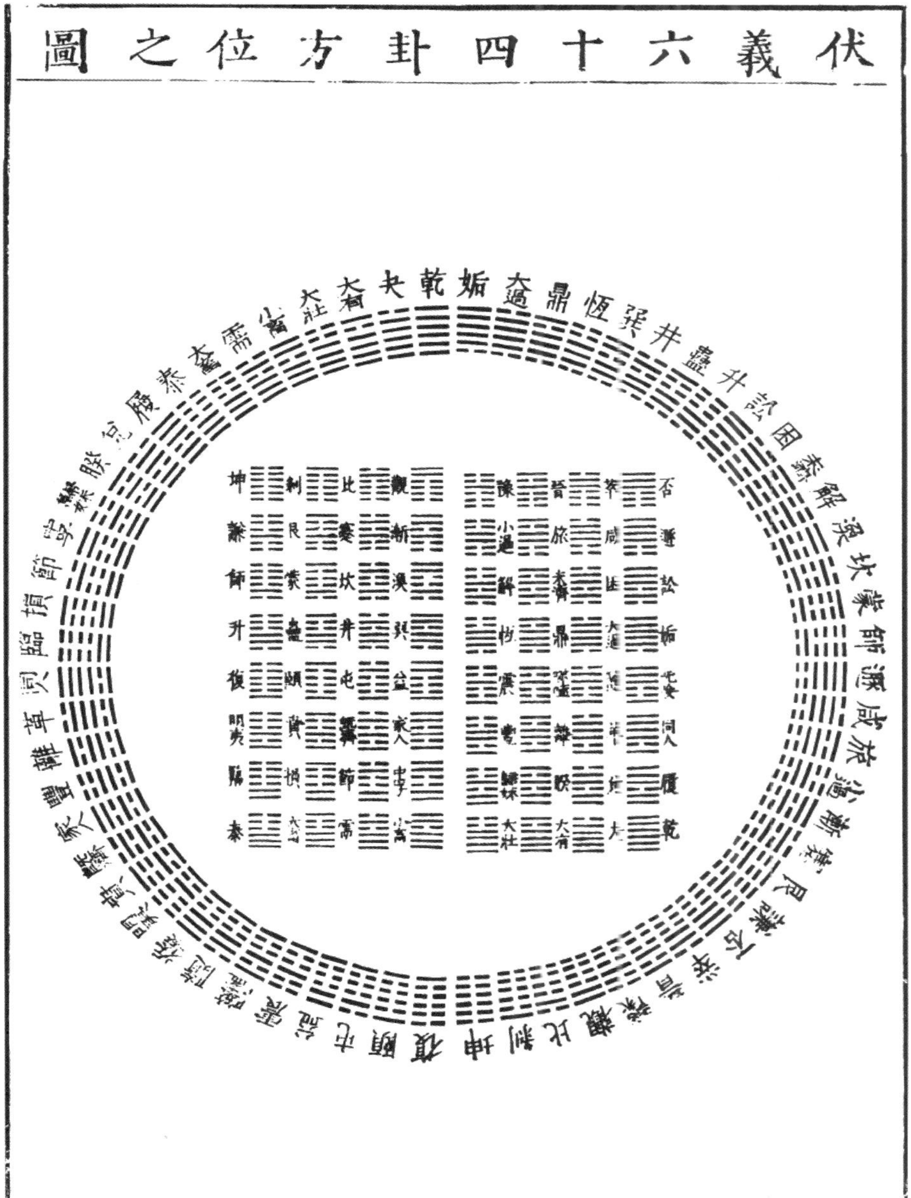

右伏羲四圖는 其說이 皆出於邵氏하니 蓋邵氏는 得之李之才挺之하고 挺之는 得之穆脩伯長하고 伯長은 得之華山希夷先生陳摶圖南者하니 所謂先天之學也라 此圖圓布者는 乾盡午中하고 坤盡子中하며 離盡卯中하고 坎盡酉中하니 陽生於子中하여 極於午中하고 陰生於午中하여 極於子中하니 其陽在南하고 其陰在北하며 方布者는 乾始於西北하고 坤盡於東南하며 其陽在北하고 其陰在南하니 此二者는 陰陽對待之數라 圓於外者는 爲陽이요 方於中者는 爲陰이니 圓者는 動而爲天이요 方者는 靜而爲地者也니라

이상 伏羲의 네 가지 圖는 그 학설이 모두 邵雍에게서 나왔으니, 邵雍은 李之才 挺之에게서 얻었고 挺之는 穆脩 伯長에게서 얻었고 伯長은 華山 希夷先生 陳摶 圖南에게서 얻었으니, 이른바 先天學이라는 것이다. 이 도식에 둥글게 분포된 것은 乾이 午의 가운데에서 다하고 坤이 子의 가운데에서 다하며, 離가 卯의 가운데에서 다하고 坎이 酉의 가운데에서 다하니, 陽은 子의 가운데에서 생겨 午의 가운데에서 지극하고 陰은 午의 가운데에서 생겨 子의 가운데에서 지극하니, 陽은 남쪽에 있고 陰은 북쪽에 있다. 네모지게 분포된 것은 乾이 서북에서 시작되고 坤이 동남에서 다하며, 陽이 북쪽에 있고 陰이 남쪽에 있으니, 이 두 가지는 陰陽이 對待한 數이다. 밖에 둥근 것은 陽이 되고 가운데에 네모난 것은 陰이 되니, 둥근 것은 움직여 하늘이 되고 네모난 것은 고요하여 땅이 된다.

字義 挺 : 빼어날 정 脩 : 길 수 摶 : 뭉칠 단

【附錄】邵子曰 太極旣分이면 兩儀立矣요 陽上交於陰하고 陰下交於陽하면 而四象生矣요 陽交於陰하고 陰交於陽하면 而生天之四象하고 剛交於柔하고 柔交於剛하면 而生地之四象하여 八卦相錯而後에 萬物生焉이라 是故로 一分爲二하고 二分爲四하고 四分爲八하고 八分爲十六하고 十六分爲三十二하고 三十二分爲六十四하니 猶根之有榦하고 榦之有枝하여 愈大則愈少하고 愈細則愈繁이라 是故로 乾以分之하고 坤以翕之하고 震以長之하고 巽以消之하니 長則分하고 分則消하고 消則翕也라 乾坤은 定位也요 震巽은 一交也요 兌離坎艮은 再交也라 故로 震은 陽少而陰尙多也요 巽은 陰少而陽尙多也요 兌離는 陽浸多也요 坎艮은 陰浸多也니라

邵子가 말하였다.

"太極이 이미 나뉘면 兩儀가 서고, 陽이 위로 陰과 사귀고 陰이 아래로 陽과 사귀면 四象

이 생기며, 陽이 陰과 사귀고 陰이 陽과 사귀면 하늘의 四象을 낳고, 剛이 柔와 사귀고 柔가 剛과 사귀면 땅의 四象을 낳아 八卦가 서로 섞인 뒤에 만물이 나온다. 이 때문에 1이 나뉘어 2가 되고 2가 나뉘어 4가 되고 4가 나뉘어 8이 되고 8이 나뉘어 16이 되고 16이 나뉘어 32가 되고 32가 나뉘어 64가 되니, 뿌리에 줄기가 있고 줄기에 가지가 있는 것과 같아서 더욱 커질수록 더욱 적어지고 더욱 세세해질수록 더욱 많아진다.

이 때문에 乾으로 나누고 坤으로 모으며 震으로 자라게 하고 巽으로 사라지게 하니, 자라면 나뉘고 나뉘면 사라지며 사라지면 합한다. 乾·坤은 天·地의 자리를 정한 것이고 震·巽은 한 번 사귄 것이고 兌·離·坎·艮은 두 번 사귄 것이다. 그러므로 震은 陽이 적어서 陰이 아직 많고 巽은 陰이 적어서 陽이 아직 많으며, 兌·離는 陽이 점점 많아지는 것이고 坎·艮은 陰이 점점 많아지는 것이다."

字義 翕 : 합할 흡 浸 : 점점 침

又曰 無極之前엔 陰含陽也요 有象之後엔 陽分陰也라 陰爲陽之母하고 陽爲陰之父라 故로 母孕長男而爲復하고 父生長女而爲姤라 是以로 陽起於復而陰起於姤也니라 又曰 陽在陰中이면 陽逆行하고 陰在陽中이면 陰逆行하며 陽在陽中하고 陰在陰中이면 則皆順行하니 此는 眞至之理니 按圖可見矣니라 又曰 復至乾은 凡百一十有二陽이요 姤至坤은 凡八十陽이며 姤至坤은 凡百一十有二陰이요 復至乾은 凡八十陰이니라 又曰 坎離者는 陰陽之限也라 故로 離當寅坎當申而數常踰之者는 陰陽之溢也라 然用數는 不過乎中也니라

또 말하였다.

"無極 이전에는 陰이 陽을 포함하였고 象이 있은 뒤에는 陽이 陰을 나누었다. 陰은 陽의 어머니가 되고 陽은 陰의 아버지가 된다. 그러므로 어머니가 장남을 잉태하여 復卦䷗가 되고 아버지가 장녀를 낳아 姤卦䷫가 되었다. 이 때문에 陽은 復卦에서 일어나고 陰은 姤卦에서 일어나는 것이다."

또 말하였다.

"陽이 陰 가운데에 있으면 陽이 역행하고, 陰이 陽 가운데에 있으면 陰이 역행하며, 陽이 陽 가운데에 있고 陰이 陰 가운데에 있으면 모두 순행하니, 이는 진실하고 지극한 이치이니, 圖를 살펴보면 알 수 있다."

또 말하였다.

"復卦로부터 乾卦까지는 모두 112陽이고 姤卦로부터 坤卦까지는 모두 80陽이며, 姤卦로부

터 坤卦까지는 모두 112陰이고 復卦로부터 乾卦까지는 모두 80陰이다."

또 말하였다.

"坎·離는 陰陽의 경계이다. 그러므로 離는 寅에 해당하고 坎은 申에 해당하는데, 數가 항상 넘는 것은 陰陽이 넘치기 때문이다. 그러나 數를 쓰는 것은 中을 지나지 않는다."

字義 孕 : 아이밸 잉 姤 : 만날 구 踰 : 넘을 유 溢 : 넘칠 일

又大易吟曰 天地定位에 否(비)泰反類요 山澤通氣에 損咸見(현)義라 風雷相薄에 恒益起意요 水火相射(석)하면 旣濟未濟라 四象相交하여 成十六事하고 八卦相盪하여 爲六十四하나니라

또 大易吟에 말하였다.

"하늘과 땅이 자리를 정함에
否䷋와 泰䷊가 종류를 반대로 하였고,
산과 못이 기운을 통함에
損䷨과 咸䷞이 뜻을 나타내었다.
바람과 우레가 서로 부딪침에
恒䷟과 益䷩이 뜻을 일으키고
물과 불이 서로 쏘아 맞히면
旣濟䷾와 未濟䷿가 된다.
四象이 서로 사귀어
16가지 일이 이루어지고,
八卦가 서로 섞여
64卦가 되었다."

字義 否 : 막힐 비 盪 : 섞일 탕

又詩曰 耳目聰明男子身이니 洪鈞賦予不爲貧이라 須探月窟方知物이요 未躡天根豈識人가 乾遇巽時觀月窟이요 地逢雷處見天根이라 天根月窟[6]閒來往하니 三十六宮[7]

6 天根月窟 : 《周易》에서 冬至에 하나의 陽이 아래에서 처음 생긴 것이 復卦䷗인데 이를 天根이라 하고, 夏至에 하나의 陰이 아래에서 처음 생긴 것이 姤卦䷫인데 이를 月窟이라 한다.

7 三十六宮 : 任聖周는 《鹿門集》에서 "역의 64괘중 56괘는 反對함으로써 서로 따른다. 예컨대 屯·蒙

都是春이라

또 詩에 말하였다.
"귀와 눈이 총명한 남자의 몸이니
조물주가 주어 가난하지 않네.
모름지기 月窟을 더듬어야 물건을 알 수 있고,
天根을 밟지 않고 어찌 사람을 알까.
乾☰이 巽☴을 만날 때에 月窟䷫을 볼 수 있고
땅☷이 우레☳를 만나는 곳에 天根䷗을 볼 수 있다.
天根과 月窟이 한가로이 오가니,
36宮이 모두 봄이구나."

字義 洪 : 넓을 홍 鈞 : 고를 균 賦 : 줄 부 予 : 줄 여 探 : 찾을 탐 窟 : 굴 굴 躡 : 밟을 섭 閒 : 한가로울 한 都 : 모두 도

○朱子曰 圓圖는 乾在南坤在北하고 方圖는 坤在南乾在北이라 乾位는 陽畫之聚爲多하고 坤位는 陰畫之聚爲多하니 此는 陰陽之各以類而聚也요 亦莫不有自然之法象焉이니라 又曰 圓圖는 象天하여 一順一逆하여 流行中有對待하니 如震八卦는 對巽八卦之類요 方圖는 象地하여 有逆无順하여 定位中有對待하여 四角相對하니 如乾八卦는 對坤八卦之類니 此則方圓圖之辨也라 圓圖象天者는 天圓而動하여 包乎地外하고 方圖象地者는 地方而靜하여 囿乎天中이라 圓圖者는 天道之陰陽이요 方圖者는 地道之柔剛이니 震離兌乾은 爲天之陽地之剛이요 巽坎艮坤은 爲天之陰地之柔라 地道는 承天而行하니 以地之柔剛이니 應天之陰陽은 同一理也라 特在天者는 一逆一順하니 卦氣所以運이요 在地者는 惟主乎逆하니 卦畫所以成耳니라

○朱子가 말하였다.
"圓圖는 乾卦가 남쪽에 있고 坤卦가 북쪽에 있으며, 方圖는 坤卦가 남쪽에 있고 乾卦가 북쪽에 있다. 乾卦의 자리는 陽畫의 모임이 많고 坤卦의 자리는 陰畫의 모임이 많으니, 이는

의 경우 바로 보면〔正看〕 屯卦가 되지만 거꾸로 보면〔倒看〕 蒙卦가 되고, 師·比의 경우 바로 보면〔正看〕 師卦가 되지만 거꾸로 보면〔倒看〕 比卦가 되는 경우가 그렇다. 그 나머지의 乾·坤·坎·離·頤·大過·中孚·小過의 8괘는 錯對함으로써 서로 따른다. 〈雜卦傳〉에 이른바 乾은 剛하고 坤은 부드러우며 比는 즐겁고 師는 근심스럽다.'라고 한 것과 소강절 선생의 이른바 '36궁'이 다 이것이다." 하였다.

陰陽이 각기 類로써 모인 것이고 또한 저절로 그러한 法과 象이 있지 않음이 없다."

또 다음과 같이 말하였다.

"圓圖는 하늘을 형상하여 한 번 順하고 한 번 逆하여 流行하는 가운데에 對待가 있으니, 예컨대 震의 여덟 卦가 巽의 여덟 卦와 상대가 된 종류이다. 方圖는 땅을 형상하여 逆만 있고 順은 없어서 정한 자리 가운데에 對待가 있어 四角이 상대가 되니, 예컨대 乾의 여덟 卦가 坤의 여덟 卦와 상대가 된 종류이다. 이것이 方圖와 圓圖의 구분이다. 圓圖가 하늘을 형상한 것은 하늘은 둥글고 動하여 땅 밖을 싸고 있는 것이며, 方圖가 땅을 형상한 것은 땅은 네모나고 정靜하여 하늘 가운데에 갇혀 있는 것이다.

圓圖는 天道의 陰陽이고 方圖는 地道의 柔剛이니, 震·離·兌·乾은 하늘의 陽과 땅의 剛이 되며, 巽·坎·艮·坤은 하늘의 陰과 땅의 柔가 된다. 地道는 하늘을 받들어 행하니, 땅의 柔와 剛으로 하늘의 陰과 陽에 응함은 똑같은 이치이다. 다만 하늘에 있는 것은 한 번 逆하고 한 번 順하니 卦의 기운이 운행되는 이유이며, 땅에 있는 것은 오직 逆을 주장하니 卦의 畫이 이루어진 이유이다."

字義 聚 : 모을 취 包 : 쌀 포 囿 : 얽매일 유

○問邵子云 先天之學은 心法也니 圖皆從中起라 萬化萬事生于心이라하니 何也오 曰 其中白處는 便是太極이요 三十二陰三十二陽은 便是兩儀요 十六陰十六陽底는 便是四象이요 八陰八陽底는 便是八卦니라 又曰 萬物萬化 皆從這裏流出하니 是心法이 皆從中起也니라 問 圖雖無文이나 吾終日言之에 不離乎是는 何也오 曰 先天圖今所寫者是라 以一歲之運言之하면 若大而古今十二萬九千六百年[8]도 亦只是這圈子요 小而一日十二時도 亦只是這圈子니 都從復上推起去니라 又曰 以月言之하면 自坤而震은 月之始生初三日也요 至兌則月之上弦初八日也요 至乾則月之望十五日也요 至巽則月之始虧十八日也요 至艮則月之下弦二十三日也요 至坤則月之晦三十日也니라 又曰 一日은 有一日之運하고 一歲는 有一歲之運하여 大而天地之終始와 小而人物之生死와 遠而古今之世變이 皆不外乎此하니 只是一箇盈虛消息之理라 如納甲法[9]에 乾納甲壬坤納乙癸離納己坎納戊巽納辛震納庚兌納丁艮納丙도 亦是此니라

---

8 十二萬九千六百年 : 邵康節의 우주적 시간주기이론인 元會運世에서 元에 해당하는 시간으로 年으로 통일하면 1世는 30년, 1運은 360년, 1會는 10800년, 1元은 129600년에 해당한다.

9 納甲法 : 漢代 역학자 京房이 卦에 干支를 결합하여 오행론에 입각한 주역연구의 새로운 관점을 제시한 이론으로 十干을 八卦에 분배하였기 때문에 納甲法이라 한다.

"邵子가 이르기를 '先天學은 心法이니, 도식이 모두 이 가운데로부터 시작되었다. 萬化와 萬事가 마음에서 생겼다.' 하였으니, 무슨 말입니까?" 하고 묻자, 다음과 같이 대답하였다.

"가운데의 흰 부분은 곧 太極이며, 32陰과 32陽은 곧 兩儀이며, 16陰과 16陽은 곧 四象이며, 8陰과 8陽은 곧 八卦이다."

또 말하였다.

"모든 사물과 모든 변화가 모두 이 속으로부터 나오니, 이는 心法이 모두 이 가운데로부터 시작된 것이다."

"도식에 비록 글이 없으나 내 종일토록 말해도 여기에서 벗어나지 않는다고 말한 것은 무엇입니까?" 하고 묻자, 다음과 같이 대답하였다.

"先天圖에 지금 쓰여 있는 것이 이것이다. 한 해의 운행으로 말하면 크게는 고금의 12만 9천 6백 년도 다만 이 범위이며 작게는 하루 12시도 다만 이 범위이니, 모두 復卦로부터 미루어 간 것이다."

또 말하였다.

"달을 가지고 말하면 坤卦로부터 震卦까지는 달이 처음 생겨나는 초사흘이고 兌卦에 이르면 달이 上弦인 초8일이며, 乾卦에 이르면 달이 보름인 15일이고 巽卦에 이르면 달이 처음 기우는 18일이며, 艮卦에 이르면 달이 下弦인 23일이고 坤卦에 이르면 달이 그믐인 30일이다."

또 말하였다.

"하루에는 하루의 운행이 있고 한 해에는 한 해의 운행이 있어서 크게는 천지의 始終과 작게는 인물의 生死와 멀리는 고금의 世變이 모두 여기에서 벗어나지 않으니, 다만 하나의 盈虛와 消息의 이치일 뿐이다. 예를 들면 納甲法에 乾은 甲壬을 받아들이고 坤은 乙癸를 받아들이고 離는 己를 받아들이고 坎은 戊를 받아들이고 巽은 辛을 받아들이고 震은 庚을 받아들이고 兌는 丁을 받아들이고 艮은 丙을 받아들이는 것도 이것이다."

字義 寫 : 베낄 사　圈 : 동그라미 권　弦 : 반달 현　虧 : 이지러질 휴　納 : 들일 납

○ 易訓變易하고 又訓交易은 是博易之義니 觀先天圖하면 便可見이라 東邊一畫陰은 便對西邊一畫陽하니 蓋東一邊은 本皆是陽이요 西一邊은 本皆是陰이며 東邊陰畫은 本皆是自西邊來요 西邊陽畫은 都是自東邊來라 姤在西는 是東邊五畫陽過來요 復在東은 是西邊五畫陰過來하여 互相博易而成이니 易之變이 雖多般이나 然此是第一變이니라 又曰 陽中有陰하고 陰中有陽하여 兩邊交易하여 各各相對하니 其實은 非此往彼來요 只是其象如此라 然聖人當初에 亦不恁地思量이요 只是畫一箇陰畫一箇陽에 每箇便生兩

箇라 就一箇陽上에 又生一箇陽一箇陰하고 就一箇陰上에 又生一箇陰一箇陽하여 只管恁地去하면 自一爲二二爲四四爲八八爲十六十六爲三十二三十二爲六十四하여 旣成에 便如此齊整하니 皆是天地本然之妙 元如此라 但略假聖人手하여 畫出來니라

易은 變易이라 풀이하고 또 交易이라 풀이한 것은 '博易'의 뜻이니, 先天圖를 보면 곧 이것을 알 수 있다. 동쪽의 한 획의 陰은 곧 서쪽의 한 획의 陽과 상대하였으니, 동쪽의 一邊은 본래 모두 陽이고 서쪽의 一邊은 본래 모두 陰이며, 동쪽 변의 陰畫은 본래 모두 서쪽 변으부터 왔고 서쪽 변의 陽畫은 모두 동쪽 변으로부터 왔다. 姤卦䷫가 서쪽에 있는 것은 동쪽 변의 5획의 陽에서 왔고, 復卦䷗가 동쪽에 있는 것은 서쪽 변의 5획의 陰에서 와서 서로 '博易'하여 이루어졌으니, 易의 변화가 비록 여러 가지이나 이것이 첫 번째 변화이다.

또 말하였다.

"陽 가운데에 陰이 있고 陰 가운데에 陽이 있어서 양쪽이 교역하여 각각 상대하였으니, 그 실제는 이것이 가고 저것이 온 것이 아니요, 다만 그 象이 이와 같을 뿐이다. 그러나 聖人이 당초에는 이렇게 생각하지 않고 다만 한 개의 陰을 긋고 한 개의 陽을 그음에 한 개마다 두 개를 낳았다. 한 개의 陽 위에 나아가 또 한 개의 陽과 한 개의 陰을 낳고, 한 개의 陰 위에 나아가 또 한 개의 陰과 한 개의 陽을 낳아서, 다만 이렇게 가다 보니 저절로 1이 2가 되고 2가 4가 되고 4가 8이 되고 8이 16이 되고 16이 32가 되고 32가 64가 되었다. 그리하여 이미 이루어짐에 곧 이와 같이 가지런히 정돈된 것이니, 이는 모두 天地의 본래 그러한 妙理가 원래 이와 같은 것이다. 다만 대략 聖人의 손을 빌어서 그려냈을 뿐이다."

字義 般 : 가지 반 齊 : 가지런할 제 整 : 정돈할 정

○問先天圖 有自然之象數하니 伏羲當初亦知其然否아 曰 也不見得如何라 但橫圖는 據見(현)在底畫하여 較自然이요 圓圖는 便是就這中間拗做兩截하여 恁地轉來底是奇요 恁地轉去底是偶니 有些造作하여 不甚依他元初畫底라 伏羲當初에 也只見太極下面에 有箇陰陽하여 便知得一生二, 二又生四, 四又生八하여 恁地推去에 做成這物事요 不覺成來却如此齊整하시니라

"先天圖에 저절로 그러한 象과 數가 있으니, 伏羲가 당초에 또한 이와 같다는 것을 알았습니까?" 하고 묻자, 다음과 같이 대답하였다. "어떠한지 알 수 없다. 다만 橫圖는 현재의 획에 의거하여 비교적 자연스럽고, 圓圖는 곧 이 중간을 꺾어 둘로 만들어서 이렇게 굴러 온 것은 奇이고 저렇게 굴려 간 것은 偶이니, 약간의 조작이 있어 元初에 그은 것을 따르지는 않았다.

伏羲가 당초에 또한 太極의 아랫면에 이러한 陰陽이 있는 것을 보고서 곧 1이 2를 낳고 2가 또 4를 낳고 4가 또 8을 낳아서, 이렇게 미루어 감에 이러한 사물이 이루어질 줄은 알았고, 이루어짐에 곧 이처럼 가지런히 정돈될 줄은 깨닫지 못하셨다."

字義 較 : 비교할 교 拗 : 꺾을 요 些 : 조금 사

○答葉(섭)永卿曰 先天之說은 此須先將六十四卦하여 作一橫圖하면 則震, 巽, 復, 姤正在中間하니 先自震復却行하여 以至於乾하고 乃自巽姤而順行하여 以至於坤하면 便成圓圖而春夏秋冬 晦朔弦望晝夜昏旦이 皆有次第하니 此作圖之大指也라 又左方百九十二爻는 本皆陽이요 右方百九十二爻는 本皆陰이니 乃以對望하여 交相博易而成이라 此圖를 若不從中起以向兩端하고 而但從頭至尾하면 則此等類皆不可通矣니 試用此意推之하면 當自見得也리라

葉永卿에게 다음과 같이 대답하였다.

"先天의 설은 모름지기 먼저 64卦를 가지고 한 橫圖를 만들면 震·巽·復·姤가 바로 중간에 있으니, 먼저 震·復으로부터 역행하여 乾에 이르고 마침내 巽·姤로부터 순행하여 坤에 이르면 곧 圓圖를 이루어 春夏秋冬과 晦朔弦望과 晝夜昏旦이 모두 차례가 있게 되니, 이것이 도식을 만든 큰 뜻이다. 또 왼쪽에 있는 192爻는 본래 모두 陽이었고 오른쪽에 있는 192爻는 본래 모두 陰이었으니, 마침내 마주 대하고 바라보아 서로 博易하여 이루어진 것이다. 이 도식을 만약 중앙으로부터 시작하여 양끝으로 향하지 않고, 다만 머리부터 꼬리까지만 이른다면 이러한 것들이 모두 통할 수 없으니, 한번 이러한 뜻을 가지고 미루어보면 마땅히 스스로 알게 될 것이다."

字義 葉 : 성 섭 却 : 물러날 각 指 : 뜻 지

○先天은 乃伏羲本圖요 非康節所自作이라 雖无言語나 而所該甚廣하니 凡今易中一字一義 无不自其中流出者니라

先天은 바로 伏羲의 本圖이고 康節이 스스로 만든 것이 아니다. 비록 그림에 언어는 없으나 포괄한 바가 매우 넓으니, 이제 무릇 易 가운데의 한 글자와 한 가지 뜻이 이 가운데로부터 나오지 않은 것이 없다.

字義 該 : 포괄할 해

○問先天圖與太極圖不同은 如何오 曰 中間虛者는 便是太極이니 他圖는 說從中起하니 今不合方圖在中間塞(색)일새 却待取出放外니라 他兩邊生者는 卽是陰根陽陽根陰이니 這箇는 有對나 從中出者는 无對니라

"先天圖가 太極圖와 같지 않은 것은 어째서입니까?" 하고 묻자, 다음과 같이 대답하였다. "중간이 빈 것이 곧 太極이니, 저 圖는 설명이 중앙으로부터 시작되었으니, 이제 方圖가 중간에 있어 가로막은 것과 부합하지 않으므로 취하여 밖으로 낸 것이다. 저〔先天圖〕 양쪽 가에서 생겨 나온 것은 太極圖의 陰이 陽에 뿌리를 두고 陽이 陰에 뿌리를 둔 것이니, 이것은 對가 있지만 중앙으로부터 나온 것은 對가 없다."

字義 塞 : 막을 색

○問先天圖에 如何移出方圖在下오 曰 是某挑出이니라

"先天圖에 어찌하여 方圖를 옮겨 내다가 아래에 두었습니까?" 하고 묻자, 다음과 같이 대답하였다. "이것은 내가 도출해낸 것이다."

字義 挑 : 끌어낼 도

文王八卦次序之圖

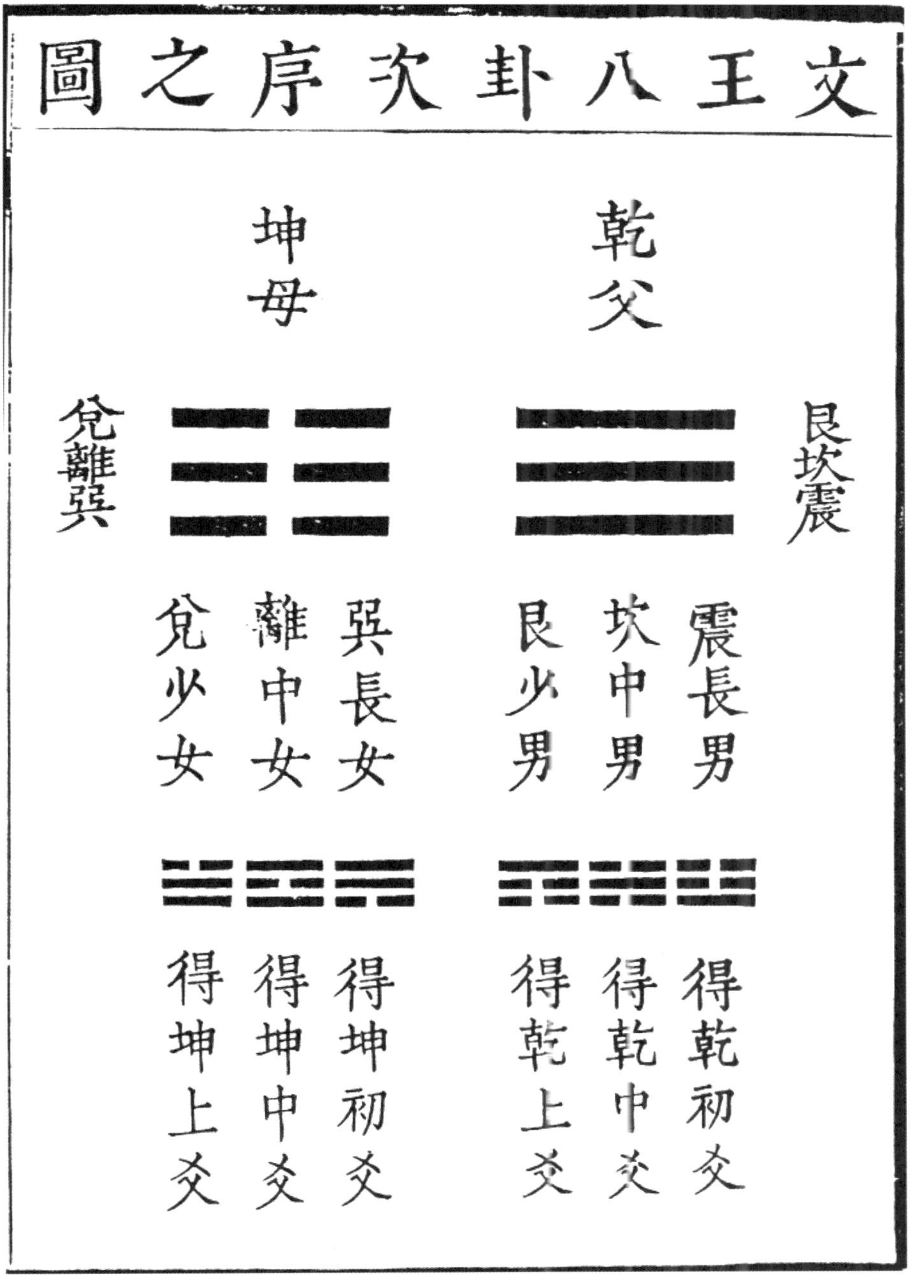
文王八卦次序之圖
乾父
坤母
艮坎震
兌離巽
震長男
坎中男
艮少男
巽長女
離中女
兌少女
得乾初爻
得乾中爻
得乾上爻
得坤初爻
得坤中爻
得坤上爻

右는 見(현)說卦라

이상은 〈說卦傳〉에 보인다.

【附錄】朱子曰 坤求於乾하여 得其初九而爲震이라 故曰一索而得男이요 乾求於坤하여 得其初六而爲巽이라 故曰一索而得女며 坤再求而得乾之九二하여 以爲坎이라 故曰再索而得男이요 乾再求而得坤之六二하여 以爲離라 故曰再索而得女며 坤三求而得乾之九三하여 以爲艮이라 故曰三索而得男이요 乾三求而得坤之六三하여 以爲兌라 故曰三索而得女니라 又曰 乾索於坤而得女하고 坤索於乾而得男하니 初間畫卦時엔 不是恁地요 只是畫卦後에 便見有此象耳니라

朱子가 말하였다.

"坤☷이 乾☰에게 구하여 乾의 初九를 얻어 震☳이 되었으므로 '첫 번째 구하여 남자를 얻었다.'고 말하였으며, 乾이 坤에게 구하여 坤의 初六을 얻어 巽☴이 되었으므로 '첫 번째 구하여 여자를 얻었다.'고 말하였다. 坤이 두 번째 구하여 乾의 九二를 얻어 坎☵이 되었으므로 '두 번째 구하여 남자를 얻었다.'고 말하였으며, 乾이 두 번째 구하여 坤의 六二를 얻어 離☲가 되었으므로 '두 번째 구하여 여자를 얻었다.'고 말하였다. 坤이 세 번째 구하여 乾의 九三을 얻어 艮☶이 되었으므로 '세 번째 구하여 남자를 얻었다.'고 말하였으며, 乾이 세 번째 구하여 坤의 六三을 얻어 兌☱가 되었으므로 '세 번째 구하여 여자를 얻었다.'고 말하였다."

또 말하였다.

"乾이 坤에게 구하여 여자를 얻고 坤이 乾에게 구하여 남자를 얻었으니, 처음 卦를 그을 때에 이러한 것이 아니고 다만 卦를 그은 뒤에 곧 이러한 象이 있음을 본 것이다."

字義 索 : 구할 색

文王八卦方位之圖

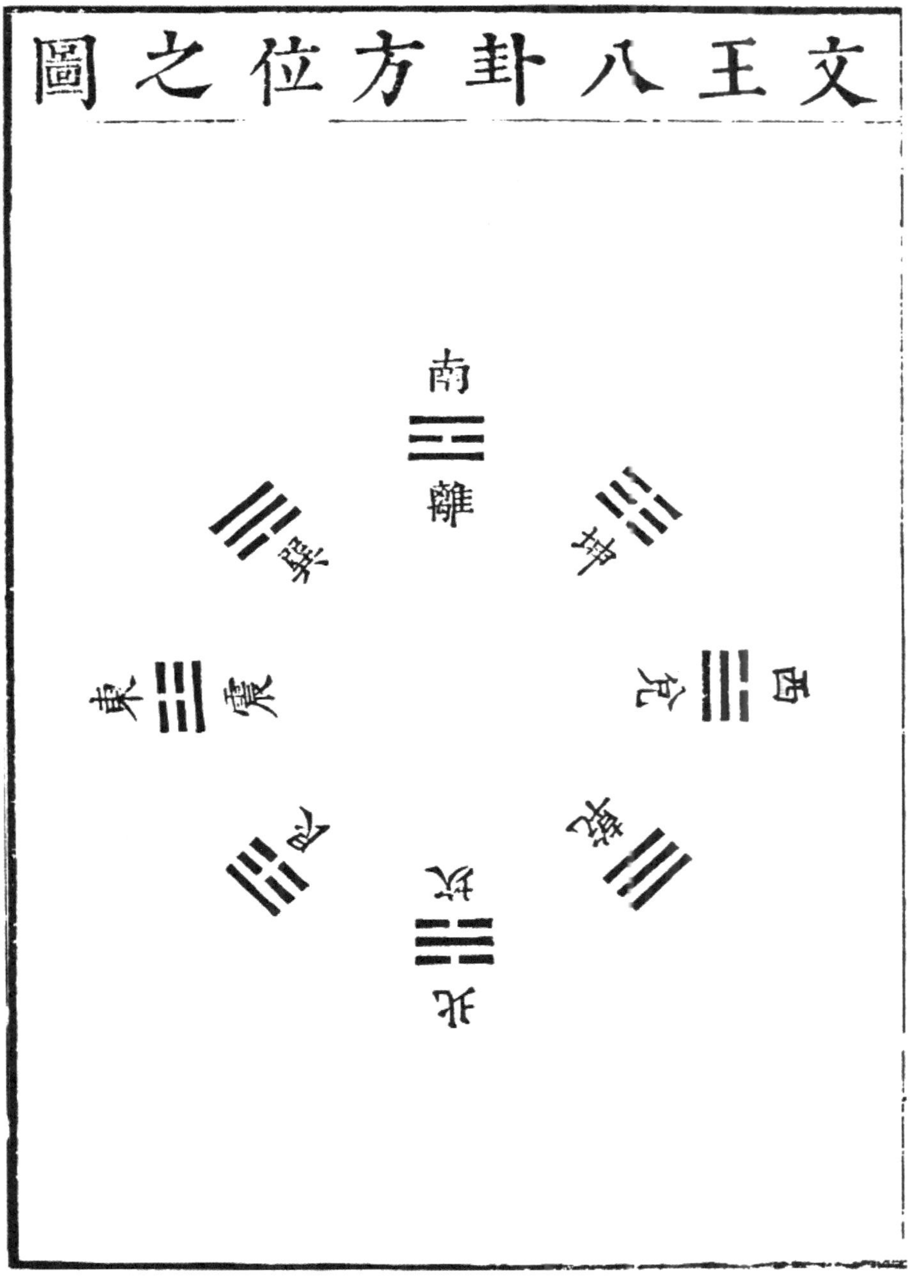

右는 見說卦라 邵子曰 此는 文王八卦니 乃入用之位니 後天之學也라

이상은 〈說卦傳〉에 보인다. 邵子가 말하기를 "이는 文王의 八卦이니, 바로 실용에 들어가는 자리이니, 後天學이다." 하였다.

【附錄】邵子曰 至哉라 文王之作易也여 其得天地之用乎인저 故로 乾坤交而爲泰하고 坎離交而爲旣濟也라 乾生於子하고 坤生於午하고 坎終於寅하고 離終於申하여 以應天之時也하며 置乾於西北하고 退坤於西南하여 長子用事而長女代母하고 坎離得位而兌艮爲偶하여 以應地之方也하니 王者之法이 其盡於是矣니라

邵子가 말하였다.

"지극하다. 文王이 易을 지으심이여. 天地의 用을 얻었다 할 것이다. 그러므로 乾☰과 坤☷이 사귀어 泰䷊가 되고, 坎☵과 離☲가 사귀어 旣濟䷾가 되었다.

乾은 子에서 생하고 坤은 午에서 생하며 坎은 寅에서 마치고 離는 申에서 마쳐 하늘의 때에 응하며, 乾을 西北에 두고 坤을 西南에 물러나게 하여 長子(震)가 일을 하고 長女(巽)가 어머니를 대신하며, 坎과 離가 자리를 얻고 兌와 艮이 짝이 되어 땅의 모난 것에 응하니, 王者의 法이 여기에서 다하였다."

又曰 易者는 一陰一陽之謂也니 震兌는 始交者也라 故로 當朝夕之位하고 坎離는 交之極者也라 故로 當子午之位하고 巽艮은 不交而陰陽猶雜也라 故로 當用中之偏하고 乾坤은 純陽純陰也라 故로 當不用之位也니라 又曰 兌離巽은 得陽之多者也요 艮坎震은 得陰之多者也라 是以爲天地用也며 乾極陽이요 坤極陰이라 是以不用也니라 又曰 震兌橫而六卦縱은 易之用也니라

또 말하였다.

"易은 한 번은 陰이 되고 한 번은 陽이 됨을 이르니, 震과 兌는 처음 사귄 것이므로 아침과 저녁의 자리에 해당하고, 坎과 離는 사귐이 지극한 것이므로 子午의 자리에 해당하고, 巽과 艮은 사귀지 않았는데 陰陽이 서로 섞였으므로 中을 쓰는 자리의 한쪽에 해당하고, 乾과 坤은 純陽·純陰이므로 쓰지 않는 자리에 해당한다."

또 말하였다.

"兌·離·巽은 陽을 많이 얻은 자이고, 艮·坎·震은 陰을 많이 얻은 자이다. 이 때문에 天地의 쓰임이 된 것이요, 乾은 極陽이고 坤은 極陰이다. 이 때문에 쓰이지 않는 것이다."

또 말하였다.

“震과 兌가 橫으로 있고 나머지 여섯 卦가 縱으로 있는 것은 易의 쓰임이다.”

○朱子答袁樞曰 來喩에 謂冬春爲陽하고 夏秋爲陰이라하니 以文王八卦論之하면 則自西北之乾으로 以至東方之震은 皆父與三男之位也요 自東南之巽으로 以至西方之兌는 皆母與三女之位也라 故로 坤蹇解卦之彖辭 皆以東北爲陽方하고 西南爲陰方하니 然則謂冬春爲陽하고 夏秋爲陰이 亦是一說이라 但說卦에 又以乾爲西北하니 則陰有不盡乎西요 以巽爲東南하니 則陽有不盡乎東이라 此亦以來書之說推之요 而說卦之文이 適與彖辭로 相爲表裏하니 亦可以見此圖之出於文王也라 但此自是一說이요 與他說十二卦之類로 各不相通耳니라

朱子가 袁樞에게 대답하였다.

“보내온 편지에 ‘겨울과 봄은 陽이요, 여름과 가을은 陰이다.’ 하였으니, 文王의 八卦를 가지고 논하면 서북의 乾으로부터 동방의 震에 이르기까지는 모두 아버지와 세 아들의 자리이며, 동남의 巽으로부터 서방의 兌에 이르기까지는 모두 어머니와 세 딸의 자리이다. 그러므로 坤卦·蹇卦·解卦의 彖辭에 모두 동북을 陽方이라 하고 서남을 陰方이라 하였으니, 그렇다면 ‘겨울과 봄은 陽이요, 여름과 가을은 陰이다.’ 하는 것이 또한 한 가지 설이 된다. 다만 〈說卦傳〉에 또 乾을 서북이라 하였으니 陰은 서쪽에 다하지 않음이 있고, 巽을 동남이라 하였으니 陽은 동쪽에 다하지 않음이 있는 것이다. 이것은 또한 보내온 편지의 말을 가지고 미루어 볼 수 있고 〈說卦傳〉의 글이 마침 彖辭와 서로 表裏가 되니, 또한 이 도식이 文王에게서 나왔음을 알 수 있다. 다만 이것은 따로 한 가지 설이 되고, 다른 12卦를 설명한 類와는 각각 서로 통하지 않는다.”

字義 喩 : 깨우칠 유 蹇 : 어려울 건 適 : 마침 적

又曰 據邵氏說하면 先天者는 伏羲所畫之易也요 後天者는 文王所演之易也라 伏羲之易은 初无文字하고 只有一圖하여 以寓其象數而天地萬物之理와 陰陽始終之變이 具焉하고 文王之易은 卽今之周易而孔子所爲作傳者是也라 孔子旣因文王之易하사 以作傳하시니 則其所論이 固當專以文王之易爲主라 然不推本伏羲始畫之易하고 只從中半說起하면 不識向上根原矣라 故로 十翼之中에 如八卦成列因而重之와 太極兩儀四象八卦而天地山澤雷風水火之類는 皆本伏羲畫卦之意라 而某於啓蒙原卦畫一篇에 亦分兩義하여 伏羲在前하고 文王在後하니 必欲知聖人作易之本인댄 則當考伏羲之畫이요

若只欲知今易書文義인댄 則但求之文王之經孔子之傳이면 足矣니 兩者初不相妨而亦不可以相雜也니라

또 말하였다.

"邵氏의 말에 근거하면 先天은 伏羲가 卦를 그은 易이고 後天은 文王이 부연한 易이다. 伏羲의 易은 처음에는 문자가 없었고 다만 한 도식만 있었는데 象과 數를 붙임으로써 天地 萬物의 이치와 陰陽 終始의 변화가 모두 갖추어졌고, 文王의 易은 곧 지금의 《周易》인데, 孔子께서 위하여 傳을 지은 것이 이것이다.

孔子께서 이미 文王의 易을 따라 傳을 지었으니, 논한 것이 진실로 오로지 文王의 易을 위주로 하였다. 그러나 伏羲가 처음 그은 易을 미루어 근본하지 않고 다만 中半에서부터 말을 시작하면 위의 근원을 알지 못한다. 그러므로 十翼의 가운데에 '八卦가 줄을 지었다.'·'인하여 거듭하였다.'는 것과 太極·兩儀·四象·八卦와 天地·山澤·雷風·水火의 類는 모두 伏羲가 卦를 그은 뜻에 근본한 것이다. 내가 《易學啓蒙》의 〈原卦畫〉 편에서 또한 두 뜻을 나누어 伏羲의 易을 앞에 두고 文王의 易을 뒤에 두었으니, 반드시 聖人이 易을 지은 근본을 알려고 한다면 마땅히 伏羲의 획을 상고하여야 할 것이고, 다만 지금의 《周易》의 글 뜻을 알려고 한다면 文王의 經과 孔子의 傳에서 찾으면 충분하니, 두 가지는 애당초 서로 방해되지 않고 또한 서로 섞일 수도 없다."

字義 演 : 부연할 연　妨 : 해로울 방

又曰 自初未有畫時로 說到六畫滿處者는 邵子所謂先天之學也요 卦成之後에 各因一義推說은 邵子所謂後天之學也니 如繫辭說卦三才六位之說은 卽所謂後天者也라 先天, 後天이 旣各自爲一義요 而後天說中에 取義又多不同이로되 彼此自不相妨하니 不可執一而廢百也니라

또 말하였다.

"처음에 卦畫이 있지 않았을 때로부터 6획이 가득찬 부분까지 설명한 것은 邵子의 이른바 先天의 學이고, 卦가 이루어진 뒤에 각각 한 가지 뜻에 의거해 미루어 말한 것은 邵子의 이른바 後天의 學이니, 〈繫辭傳〉과 〈說卦傳〉에 三才와 六位에 대한 말 같은 것은 곧 이른바 後天이라는 것이다. 先天과 後天이 이미 각각 별도로 한 뜻이 되고, 後天의 說 가운데에도 뜻을 취함이 또 같지 않은 것이 많지만, 선천학과 후천학이 서로 방해되지 않으니, 한 가지를 고집하여 백 가지를 버려서는 안 된다."

○西山蔡氏曰 伏羲八卦는 是數之自然이요 文王八卦는 乃是見之於用이니라 或謂先天은 乃摸寫天地所以然하니 純乎天理者也요 後天은 乃整頓天地所當然之理하니 參以人事라하니 此意固好라 然先天이 豈非人事며 後天이 亦是天理之自然이로되 顧有明體致用之不同이니 二者不可相无라 故로 夫子釋帝出乎震一章에 又以先天으로 說六子之用也하시고 邵子는 以帝出乎震으로 爲文王所定이라 今觀連山首艮하여 以萬物成終成始하니 恐古亦有此矣니라

西山蔡氏(蔡元定)가 말하였다.

"伏羲의 八卦는 數의 자연한 것이고, 文王의 八卦는 바로 쓰임에서 볼 수 있다. 어떤 이가 이르기를 '先天은 天地의 所以然을 베끼어 그렸으니 天理에 순수한 것이고, 後天은 天地의 所當然의 이치를 정돈하였으니 人事를 참작한 것이다.' 하니, 이 뜻이 진실로 좋다. 그러나 先天이 어찌 人事가 아니겠으며 後天 또한 天理의 자연스러운 것인데, 다만 體를 밝히고 用을 다하는 다름이 있을 뿐이니, 두 가지는 서로 없을 수 없다. 그러므로 孔子는 '帝出乎震' 한 章을 설명할 적에 또 先天으로 六子의 쓰임을 말씀하였고, 邵子는 '帝出乎震'을 文王이 정한 것이라 하였으니, 이제 連山易을 봄에 艮卦를 첫 번째로 놓은 것은 만물이 終을 이루고 始를 이루기 때문이니, 옛날에도 이러한 것이 있었던 듯하다."

字義 摸 : 본뜰 모 寫 : 베낄 사 釋 : 풀 석

卦變圖

彖傳에 或以卦變으로 爲說하니 今作此圖하여 以明之라 蓋易中之一義요 非畫卦作易之本指也니라

〈彖傳〉에 혹 卦變으로 설명한 것이 있으므로 지금 이 그림을 만들어 밝혔다. 《周易》 가운데 한 가지의 뜻이고, 卦를 긋고 易을 지은 본뜻은 아니다.

凡一陰一陽之卦 各六 皆自復姤而來 五陰五陽卦同圖異					
復	師	謙	豫	比	剝
姤	同人	履	小畜	大有	夬

凡二陰二陽之卦 各十有五 皆自臨遯而來 四陰四陽卦同圖異											
臨	明夷	震	屯	頤			遯	訟	巽	鼎	大過
	升	解	坎	蒙				无妄	家人	離	革
		小過	蹇	艮					中孚	睽	兌
			萃	晉						大畜	需
				觀							大壯

凡三陰三陽之卦 各二十 皆自泰否而來											
		泰	歸妹	節	損			否	漸	旅	咸
			豐	既濟	賁				渙	未濟	困
				隨	噬嗑					蠱	井
					益						恒
			恒	井	蠱				益	噬嗑	隨
				困	未濟					賁	既濟
					渙						豐
				咸	旅					損	節
					漸						歸妹
					否						泰

凡四陰四陽之卦 各十有五 皆自大壯觀而來 二陰二陽圖已見前											
			大壯	需	大畜				觀	晉	萃
				兌	睽					艮	蹇
					中孚						小過
				革	離					蒙	坎
					家人						解
					无妄						升
				大過	鼎					頤	屯
					巽						震
					訟						明夷
					遯						臨

凡五陰五陽之卦 各六 皆自夬剝而來

一陰一陽圖已見前

夬	大有	小畜	履	同人	姤
剝	比	豫	謙	師	復

右는 易之圖九라 有天地自然之易하며 有伏羲之易하며 有文王周公之易하며 有孔子之易하니 自伏羲以上으로는 皆无文字하고 只有圖畫하여 最宜深玩하니 可見作易本原精微之意요 文王以下는 方有文字하니 卽今之周易이라 然讀者亦宜各就本文消息이요 不可便以孔子之說로 爲文王之說也니라

이상은 易의 도식 아홉 가지이다. 天地自然의 易이 있고 伏羲의 易이 있고 文王·周公의 易이 있고 孔子의 易이 있다. 伏羲 이전에는 모두 文字가 없고 다만 획을 그린 것만 있어서 가장 깊이 완미해야 하니, 이렇게 하여야 易을 지은 본원의 정미한 뜻을 볼 수 있고, 文王 이후에는 비로소 문자가 있었으니, 곧 지금의 《周易》이다. 그러나 읽는 자가 또한 각기 본문을 가지고 이리저리 연구해야 하고, 孔子의 말을 곧바로 文王의 말로 삼아서는 안 된다.

【附錄】董銖問 近略考卦變컨대 以彖辭考之하면 說卦變者 凡九卦니 蓋言成卦之由하니 凡彖辭는 不取成卦之由면 則不言所變之爻라 程子는 專以乾坤言變卦나 然只是上下兩體皆變者可通이요 若只一體變者則不通이라 兩體變者는 凡七卦니 隨蠱賁(비)咸恒漸渙이 是也요 一體變者는 兩卦니 訟无妄이 是也라 七卦中에 取剛來下柔剛上柔下之類者는 可通이나 至一體變者則以來爲自外來라 故로 說得有礙라 大凡卦變은 須觀兩體上下爲變이라야 方知其所由以成之卦니이다

董銖가 물었다.

"근간에 대략 卦變을 상고해보니, 彖辭를 가지고 살펴보면 卦變을 말한 것이 모두 아홉 卦로 卦가 이루어진 연유를 말하였으니, 대체로 彖辭는 괘가 이루어진 연유를 취하지 않았으면

변한 爻를 말하지 않았습니다. 程子는 오로지 乾·坤만 가지고 卦變을 말하였으나 다만 上下의 두 卦體가 모두 변한 것이라야 통할 수 있고, 만약 다만 한 卦體만 변하면 통하지 않습니다.

두 卦體가 변한 것은 모두 일곱 卦이니 隨·蠱·賁·咸·恒·漸·渙이 이것이며, 한 卦體만 변한 것은 두 卦이니 訟·无妄이 이것입니다. 일곱 卦 중에 剛이 와서 柔에게 낮추거나 剛이 올라가고 柔가 내려온 것을 취한 종류는 통할 수 있으나, 한 卦體만 변한 것에 이르러서는 오는 것을 밖으로부터 왔다고 하였습니다. 그러므로 설명이 막힘이 있습니다. 대체로 卦變은 모름지기 上下 두 卦體가 변한 것을 보아야 비로소 卦를 이룬 연유를 알 수 있습니다."

朱子曰 便是此處說得有礙라 且程傳賁卦所云 豈有乾坤重而爲泰하고 又自泰而變爲賁之理리오하시니 若其說果然이면 則所謂乾坤變而爲六子하고 八卦重而爲六十四하니 皆由乾坤而變者와 其說이 不得而通矣라 蓋有則俱有니 自一畫而二요 二而四요 四而八而八卦成이요 八而十六이요 十六而三十二요 三十二而六十四而重卦備라 故로 有八卦則有六十四矣니 此康節所謂先天者也라 若震一索而得男以下는 乃是已有此卦了에 就此卦生出此義니 皆所謂後天之學也라 今所謂卦變者는 亦是有卦之後에 聖人見得有此象이라 故로 發於彖辭하시니 安得謂之乾坤重而爲是卦하면 則更不可變而爲他卦耶아 若論先天하면 一卦亦无요 旣畫之後에 乾一兌二離三震四로 至坤居末하니 又安有乾坤變而爲六子之理리오 凡今易中所言은 皆是後天之易耳라 以此로 見得康節先天後天之說이 最爲有功이니라

朱子가 대답하였다.

"곧 이러한 부분이 설명이 막힌다. 또 《程傳》의 賁卦䷕에 이르기를 '乾과 坤이 거듭하여 泰卦䷊가 되고, 또 泰卦로부터 변하여 賁卦가 되는 이치가 있겠는가.' 라고 하였으니, 만약 그 말이 옳다면 이른바 '乾과 坤이 변하여 六子가 되고 八卦가 거듭하여 64卦가 되었으니, 모두 乾과 坤으로 말미암아 변한 것이다.'라고 한 말과 그 설명이 통할 수 없다.

있으면 함께 있는 것이니, 한 획으로부터 2가 되고 2에서 4가 되고 4에서 8이 되어 八卦가 이루어지고, 8에서 16이 되고 16에서 32가 되고 32에서 64가 되어 重卦가 갖추어졌다. 그러므로 八卦가 있으면 64卦가 있는 것이니, 이는 康節의 이른바 先天이라는 것이다. '震이 첫 번째 구하여 남자를 얻었다.'는 것과 같은 것 이하는 바로 이미 이 卦가 있음에 이 卦에 나아가 이러한 뜻을 낸 것이니, 모두 이른바 後天의 學이라는 것이다.

이제 이른바 '卦變'이라는 것은 또한 이 卦가 있은 뒤에 聖人이 이러한 象이 있음을 보신 것이다. 그러므로 彖辭에 밝힌 것이니, 어찌 '乾과 坤이 거듭하여 이 卦가 되었으면 다시 변하

여 다른 卦가 될 수 없다'고 말할 수 있겠는가. 만약 先天을 논한다면 한 卦도 없으며, 이미 卦를 그은 뒤에는 乾이 1, 兌가 2, 離가 3, 震이 4로부터 坤이 끝에 위치하는 데에 이르니, 또 어찌 乾坤이 변하여 六子가 될 리가 있겠는가. 무릇 지금 《周易》 가운데에 말한 것은 모두 後天의 易이다. 이로써 康節의 先天과 後天의 說이 가장 功이 있음을 알 수 있다."

字義 賁 : 꾸밀 비 渙 : 풀릴 환 礙 : 막힐 애

○太極兩儀四象八卦者는 伏羲畫卦之法也니 說卦의 天地定位로 至坤以藏之는 以見伏羲所畫八卦之位也요 帝出乎震以下는 文王이 卽伏羲已成之卦하여 而推其義類之辭也라 如卦變圖의 剛來柔進之類는 亦是就卦已成後에 用意推說하여 以見(현)此爲自彼卦而來耳요 非眞先有彼卦而後에 方有此卦也라 古註에 說賁卦自泰卦而來라한대 先儒非之하여 以爲乾坤合而爲泰하니 豈有泰復變爲賁之理리오하니 殊不知若論伏羲畫卦면 則六十四卦一時俱了하여 雖乾坤이라도 亦无能生諸卦之理요 若如文王孔子之說이면 則縱橫曲直이 反覆相生하여 无所不可라 要在看得活絡하여 无所拘泥면 則无不通耳니라

太極·兩儀·四象·八卦는 伏羲가 卦를 그은 법이니, 〈說卦傳〉의 '天地定位'로부터 '坤以藏之'까지는 伏羲가 그은 八卦의 자리를 나타낸 것이요, '帝出乎震' 이하는 文王이 伏羲가 이미 만들어 놓은 卦를 가지고 義類(의미에 따라 분류한 것)를 미루어 넓힌 말씀이다. 예컨대 卦變圖에 '剛이 오고 柔가 나아간다'는 종류 같은 것은 또한 卦가 이미 이루어진 뒤에 뜻을 미루어 말씀하여 이 卦가 저 卦로부터 왔음을 나타냈을 뿐이요, 참으로 먼저 저 卦가 있은 뒤에 비로소 이 卦가 있다는 것이 아니다.

옛 주석에 賁卦가 泰卦로부터 왔다고 설명하였는데, 선배 학자가 이를 비판하여 이르기를 "乾과 坤이 합하여 泰卦가 되었으니, 어찌 泰卦가 다시 변하여 賁卦가 되는 이치가 있겠는가." 하였으니, 만약 伏羲가 卦를 그은 것으로 논한다면 64卦가 모두 일시에 갖추어져 비록 乾과 坤이라도 모든 卦를 낳는 이치가 없고, 만약 文王과 孔子의 말씀과 같이 한다면 縱橫과 曲直이 반복하여 相生해서 불가함이 없다는 것을 전혀 알지 못한 것이다. 중요한 점은 융통성 있게 보아 구애되거나 집착하는 바가 없으면 통하지 않음이 없다는 데 있다.

字義 活 : 원활할 활 絡 : 이을 락 拘 : 구애될 구 泥 : 빠질 니

○伊川은 不取卦變之說하여 至柔來而文剛, 剛自外來而爲主於內諸處에 皆牽强說了하고 王輔嗣卦變은 又變得不自然이러니 某之說은 却覺得有自然氣象하여 只是換了一爻라 非是聖人이 合下作卦如此요 自是卦成了에 自然有此象이니라

伊川은 卦變의 설을 취하지 않아서 '柔가 와서 剛을 꾸민다.'는 것과 '剛이 밖으로부터 와서 안에서 주인이 되었다.'는 것과 같은 여러 부분에 대하여 모두 견강부회하여 설명하고, 王輔嗣의 卦變은 또 변함이 자연스럽지 못한데, 나(朱子)의 설은 자연스러운 기상이 있어 다만 한 爻만 바꿀 뿐이다. 이는 聖人이 당초 卦를 만들 때에 이와 같이 한 것이 아니고, 저절로 卦가 이루어진 뒤에 자연히 이러한 상이 있는 것이다.

○朱漢上易卦變은 只變到三爻而止하여 於卦辭에 多有不通處러니 某更推盡去하여 方通이라 如无妄剛自外來而爲主於內는 只是初剛이 自訟二移下來요 晉柔進而上行은 只是五柔自觀四挨上去니 此等類는 按漢上卦變이면 則通不得이니라

朱震(南宋)의 易卦變은 다만 변함이 세 爻에만 그쳐서 卦辭에 통하지 않는 부분이 많이 있었는데, 내가 다시 미루어 다해서 비로소 통하게 되었다. 예컨대 无妄卦에 '剛이 밖으로부터 와서 안에서 주인이 되었다.'는 것과 같은 것은 다만 初九의 剛이 訟卦의 九二로부터 옮겨서 내려온 것이며, 晉卦에 '柔가 나아가 위로 간다'는 것은 다만 六五의 柔가 觀卦의 六四로부터 차례로 올라간 것이니, 이러한 종류는 朱漢上의 卦變을 살펴보면 통하지 않는다.

字義 方 : 비로소 방 挨 : 순서따를 애

○卦有兩樣生하여 有從兩儀四象加倍生來底하고 有卦中互換自生一卦底하니 互換成卦는 不過換兩爻라 這般變卦는 伊川破之로되 及到那剛來而得中하여는 却推不行이라 大率在就義理上看하면 不過如剛自外來而得中分剛上而文柔等處看이요 其餘는 多在占處用也라 賁變節之象은 這雖无緊要나 然後面에 有數處彖辭 不如此看이면 无來處하여 解不得이니라

卦에는 두 가지 방식의 생겨남이 있어서 兩儀와 四象으로부터 한 배씩 더하여 생겨난 것이 있고, 卦 가운데에서 서로 바꾸어 스스로 한 卦를 낳는 것이 있으니, 서로 바꾸어 卦를 이루는 것은 두 爻를 바꿈에 불과하다. 이러한 變卦는 伊川이 설파하였으나 '剛이 와서 中을 얻었다.'는 부분에 이르러서는 의리로 미루어 갈 수가 없다. 대체로 의리상에 나아가 보아야 할 곳은 '剛이 밖으로부터 와서 中을 얻었다.'는 곳과 '剛을 나누어 위로 올라가 柔를 꾸몄다.'는 곳 등과 같은 부분을 봄에 불과하고 그 나머지는 대부분 점치는 곳에서 쓰인다. 賁卦䷕가 節卦䷻로 변한 象은 비록 긴요한 것은 없으나 뒷면에 몇 군데의 彖辭가 이처럼 보지 않으면 나온 곳이 없어서 해석할 수가 없다.

易說綱領

程子曰 上天之載 無聲無臭하니 其體則謂之易이요 其理則謂之道요 其用則謂之神이라

程子가 말하였다. "上天의 일은 소리도 없고 냄새도 없으니, 그 본체는 易이라 이르고 그 이치는 道라 이르고 그 작용은 神이라 이른다."

字義 載 : 일 재

○陰陽闔闢이 便是易이니 一闔一闢을 謂之變이니라

陰陽이 닫히고 열림이 곧 易이니, 한번 열리고 한번 닫힘을 變이라 이른다.

字義 闔 : 닫을 합 闢 : 열 벽

○命之曰易이면 便有理하니 若安排定이면 則更有甚理리오 天地陰陽之變이 便如二扇磨하여 升降盈虛剛柔가 初未嘗停息하니 陽常盈하고 陰常虧라 故로 便不齊하니 譬如磨旣行이면 齒都不齊요 旣不齊면 便生出萬變이라 故로 物之不齊는 物之情也어늘 而莊周는 强要齊物이나 然而物終不齊也라 堯夫有言 泥空終是著(착)이요 齊物到頭爭이라하니라

명명하여 '易'이라 하였으면 곧 이치가 있는 것이니, 만약 안배하여 정한다면 다시 무슨 이치가 있겠는가. 天地의 陰陽변화는 곧 두 짝의 맷돌과 같아서 升降과 盈虛와 剛柔가 애당초 일찍이 멈추거나 쉰 적이 없으니, 陽은 항상 가득차고 陰은 항상 모자란다. 그러므로 똑같이 맞지 않으니, 비유하면 맷돌이 이미 돌면 이(齒)가 모두 똑같이 맞지 않는 것과 같고, 이미 똑같이 맞지 않으면 곧 만 가지 변화를 낳는다. 그러므로 물건이 똑같지 않음은 물건의 實情인데 莊周는 억지로 물건을 똑같게 하고자 하였으나 물건은 끝내 똑같을 수가 없는 것이다. 堯夫(邵雍)가 말하기를 "空에 빠지면 끝내 집착하게 되고, 물건을 똑같게 하려 하면 이르는 곳마다 다투게 된다." 하였다.

字義 甚 : 무엇 심 扇 : 문짝 선 磨 : 맷돌 마 齊 : 같을 제 泥 : 빠질 니 著 : 붙을 착(着)

○易中엔 只言反復往來上下하니라

易 가운데에는 다만 반복과 오고감과 오르내림만 말하였다.

○作易者 自天地幽明으로 至于昆蟲草木微細히 無不合하니라

易을 지은 것은 天地의 어둡고 밝음으로부터 곤충과 초목의 미세한 것에 이르기까지 부합되지 않음이 없다.

字義 昆 : 벌레 곤

○聖人之道는 如河圖洛書 其始는 止於畫上에 便出義러니 後之人은 旣重卦하고 又繫辭하나 求之에 未必得其理니라

聖人의 道는 河圖와 洛書가 처음에 〈말은 없고〉 다만 획 위에서 곧 뜻을 낸 것과 같고, 후세 사람들은 卦를 거듭하고 말을 달았으나 추구해도 반드시 그 이치를 얻지는 못한다.

○因見賣兎者하시고 曰 聖人이 見河圖洛書而畫八卦라 然何必圖書리오 只看此兎라도 亦可作八卦하니 數便此中可起나 古聖人이 只取神物之至著者耳시니 只如樹木에도 亦可見數니라

토끼를 파는 사람을 보고는 정자가 말하였다.
"聖人이 河圖·洛書를 보고 八卦를 그었다. 그러나 하필 河圖·洛書 뿐이겠는가. 다만 이 토끼만 보고도 八卦를 만들 수 있으니, 數가 곧 이 가운데에서 일어날 수 있지만, 옛날에 聖人이 다만 지극히 드러난 神物을 취하셨을 뿐이니, 다만 나무 같은 것에서도 數를 볼 수 있다."

字義 賣 : 팔 매 兎 : 토끼 토

○張閎中이 問易之義 本起於數잇가 曰 謂義起於數則非也라 有理而後有象하고 有象而後有數하니 易은 因象以知數하니 得其義하면 則象數在其中矣라 必欲窮象之隱微하고 盡數之毫忽인댄 乃尋流逐末이라 術家之所尙이요 非儒者之所務也니 管輅郭璞之學이 是也니라 又曰 理无形也라 故로 因象以明理하고 理見乎辭矣니 則可由辭以觀象이라 故로 曰得其義하면 則象數在其中矣라하니라

張閎中이 "易의 뜻이 본래 數에서 생겼습니까?" 하고 묻자, 정자가 대답하였다.
"뜻이 數에서 생겼다고 생각하면 잘못이다. 이치가 있은 뒤에 象이 있고 象이 있은 뒤에 數가 있으니, 易은 象을 통해 數를 아는 것이니, 그 뜻을 알면 象과 數는 그 가운데에 있는 것이다. 반드시 象의 은미함을 다하고 數의 미세함을 다하고자 한다면 이는 바로 末流를 찾고 지엽을 좇는 것이니, 술수를 연구하는 사람들이 숭상하는 것이고 선비들이 힘써야 할 것이 아

니니, 管輅와 郭璞의 학문이 이러한 것이다."

또 말하였다.

"이치는 형체가 없기 때문에 象을 통해 이치를 밝혔으며, 이치는 말에 나타나니, 말로 인하여 象을 볼 수 있다. 그러므로 그 뜻을 알면 象과 數가 그 가운데에 있다고 한 것이다."

字義 尋 : 찾을 심 逐 : 좇을 축 輅 : 수레 로

○謂堯夫曰 知易數爲知天가 知易理爲知天가하시니 堯夫云 還須知易理爲知天이라하니라

堯夫에게 물었다. "易의 數를 아는 것을 하늘을 안다고 하는가? 易의 이치를 아는 것을 하늘을 안다고 하는가?"

堯夫가 말했다. "모름지기 易의 이치를 알아야 하늘을 안다고 한다."

○尹焞이 問 易乾坤二卦면 斯可矣니잇가 曰 聖人이 設六十四卦三百八十四爻로되 後世에 尙不能了하니 乾坤二卦로 豈能盡也리오 旣而曰 子以爲何人分上事오 對曰 聖人分上事니이다 曰 若聖人分上事면 則乾坤二卦亦不須니 況六十四卦乎아

尹焞이 "易은 乾坤 두 卦면 됩니까?" 하고 묻자, 정자가 대답하기를 "聖人이 64卦와 384爻를 만들어 놓았는데도 후세에서는 오히려 다 알지 못하니, 乾坤 두 卦로 어찌 다할 수 있겠습니까." 라고 하였다. 정자가 이어서 말하기를 "그대는 어떤 사람의 신분에 해당하는 일을 물은 것입니까?" 하자, 윤돈이 대답하기를 "聖人의 신븐에 해당하는 일입니다." 라고 하였다. 정자가 말하였다. "만약 聖人의 신분에 해당하는 일이라면 乾坤 두 卦도 필요 없으니, 하물며 64卦이겠는가."

字義 焞 : 밝을 돈 了 : 이해할 료

○看易엔 且要知時라 凡六爻 人人有用하여 聖人은 自有聖人用하고 賢人은 自有賢人用하고 衆人은 自有衆人用하고 學者는 自有學者用하고 君有君用하고 臣有臣用하여 无所不通이니라

易을 볼 때에는 우선 때를 알아야 한다. 무릇 여섯 爻는 사람마다 용도가 있어서 聖人은 聖人의 용도가 있고 賢人은 賢人의 용도가 있고 보통 사람은 보통 사람의 용도가 있고 배우는 자는 배우는 자의 용도가 있고 임금은 임금의 용도가 있고 신하는 신하의 용도가 있어 통하지 않는 것이 없다.

○觀易에 須看時然後에 觀逐爻之才니라 一爻之間에 常包函數意어늘 聖人이 常取其重者而爲之辭로되 亦有易中에 言之已多일새 取其未嘗言者하니 亦不必重事라 又有且言其時하고 不及其爻之才하니 皆臨時參考라 須先看卦라야 乃看得繫辭니라

易을 볼 때에는 때를 보아야 하고 그런 뒤에는 爻의 재질을 보아야 한다. 한 爻의 사이에는 항상 몇 가지의 뜻이 포함되어 있는데, 聖人이 항상 그중에 중요한 것을 취하여 말씀하였으나, 또한《周易》에 말한 것이 이미 많으므로 일찍이 말하지 않은 것을 취한 경우가 있으니, 또한 반드시 중요한 일은 아니다. 또 그 때만 말하고 그 爻의 재질을 언급하지 않은 경우가 있으니, 모두 때에 따라 참고하여야 한다. 반드시 먼저 卦를 보아야 卦에 붙인 말의 뜻을 알 수가 있다.

字義 函 : 포용할 함

○大抵卦爻始立에 義既具나 卽聖人이 別起義以錯綜之라 如春秋時已前엔 既已立例러니 到近後來하여는 書得全別一般事라 便書得別有意思하니 若依前例觀之하면 殊失之也니라

대개 卦爻가 처음 정립됨에 뜻이 이미 갖추어졌지만, 聖人이 별도로 뜻을 일으켜서 섞어놓았다. 예를 들면 春秋時代 이전에 이미 例를 세워 놓았었는데, 근래에 이르러서는 글이 완전히 一般의 일과 달라져서 글을 씀에 별도의 뜻이 있으니, 만약 이전의 例에 의거하여 보면 뜻을 잃게 된다.

字義 錯 : 섞을 착　綜 : 모을 종

○凡看書에 各有門庭하니 詩易春秋는 不可逐句看이요 尙書論語는 可以逐句看이라 聖人用意深處 全在繫辭요 詩書는 乃格言이니라

무릇 책을 볼 때에는 각각 문과 뜰이 있으니,《詩經》·《易經》·《春秋》는 글귀마다 하나하나 볼 수 없고,《尙書》·《論語》는 글귀마다 하나하나 볼 수 있다. 聖人이 마음을 씀이 깊은 부분은 〈繫辭傳〉에 있고,《詩經》·《書經》은 격언이다.

○古之學者 皆有傳授하니 如聖人作經은 本欲明道나 今人이 若不先明義理하면 不可治經이니 蓋不得傳授之意云爾라 如繫辭는 本欲明易이나 若不先求卦義하면 則看繫辭不得이니라

옛날의 배우는 사람들은 모두 傳授함이 있었으니, 聖人이 經을 지은 것은 본래 道를 밝히고자 해서이지만, 지금 사람들이 만약 먼저 義理를 밝게 알지 못하면 經을 다룰 수가 없으니, 傳授한 뜻을 알지 못하게 된다. 〈繫辭傳〉은 본래 易을 밝히고자 한 것이지만, 만약 먼저 卦의 뜻을 찾지 못하면 繫辭를 볼 수 없는 것과 같다.

○易學은 後來에 曾子, 子夏煞到上面也시니라

易學은 뒤에 曾子와 子夏가 높은 경지에 이르렀다.

字義 煞 : 매우 쇄

○由孟子하면 可以觀易이니라

孟子를 통하면 易을 볼 수 있다.

○今時人은 看易에 皆不識得易是何物이요 只就上穿鑿이라 若念得不熟與인댄 就上添一德이라도 亦不覺多하고 就上減一德이라도 亦不覺少하리니 譬如不識此丌子하면 若減一隻脚이라도 不覺是少하고 添一隻脚이라도 亦不知是多하나니 若識則自添減不得也니라

지금 사람들은 易을 볼 때에 모두 易이 어떠한 것인지 알지 못하고 다만 그 위에 나아가 穿鑿한다. 만약 생각이 익숙하지 못하다면 그 위에 한 가지 德을 더하더라도 많아짐을 깨닫지 못하고, 그 위에 한 가지 德을 감하더라도 적어짐을 깨닫지 못할 것이니, 비유하건대 이 책상〔丌子〕을 모르면 만약 한 짝의 다리를 줄이더라도 이것이 적어졌음을 깨닫지 못하고, 한 짝의 다리를 더하더라도 이것이 많아졌음을 모르는 것과 같으니, 만약 안다면 더하거나 빼지 못할 것이다.

字義 穿 : 뚫을 천 鑿 : 뚫을 착 丌 : 책상 기 隻 : 홑 척 脚 : 다리 각

○易은 須是默識心通이니 只窮文義하면 徒費力이니라

易은 묵묵히 알고 마음으로 통하여야 하니, 다만 글의 뜻만을 연구한다면 힘만 허비할 뿐이다.

朱子曰 聖人作易之初엔 蓋是仰觀俯察하여 見得盈乎天地之間이 无非一陰一陽之理하시니 有是理則有是象하고 有是象則其數 便自在這裏하니 非特河圖洛書爲然이라

蓋所謂數者는 秪是氣之分限節度處니 得陽必奇하고 得陰必偶라 凡物皆然이로되 而圖書爲特巧而著耳라 於是에 聖人因之而畫卦하시니 其始也엔 只是畫一奇以象陽하고 畫一偶以象陰而已라 但才(纔)有兩則便有四하고 才有四則便有八하며 又從而再倍之하면 便是十六이니 蓋自其无朕之中으로 而无窮之數已具하여 不待安排而其勢有不容已者라 卦畫旣立하면 便有吉凶在裏하니 蓋是陰陽往來交錯於其間하면 其時則有消長之不同하니 長者便爲主요 消者便爲客이며 事則有當否之或異하니 當者便爲善이요 否者便爲惡이니 卽其主客善惡之辨하여 而吉凶見(현)矣라 故曰 八卦定吉凶이라하니라 吉凶旣決定而不差면 則以之立事而大業自此生矣니 此는 聖人作易하사 教民占筮하여 而以開天下之愚하고 以定天下之志하며 以成天下之事者 如此라 但自伏羲而上으로는 只有此六畫이요 而未有文字可傳이러니 到文王周公하여 乃繫之以辭라 故曰聖人設卦觀象하여 繫辭焉而明吉凶이라하니라

朱子가 말하였다.

"聖人이 易을 만든 처음에는 우러러 관찰하고 굽어 살펴서 천지 사이에 가득한 것이 모두 한 번은 陰이 되고 한 번은 陽이 되는 이치 아님이 없음을 보셨으니, 이런 이치가 있으면 이런 象이 있고 이런 象이 있으면 이런 數가 곧 그 속에 있으니, 비단 河圖·洛書만이 그러한 것이 아니다. 이른바 數라는 것은 다만 氣의 한계와 절도가 있는 부분이니, 陽을 얻으면 반드시 奇가 되고 陰을 얻으면 반드시 偶가 된다. 모든 사물이 다 그렇지만 河圖·洛書가 특별히 정교하고 잘 드러난다. 聖人이 이것에 의거해서 卦를 그으셨으니, 처음에는 다만 한 奇를 그어 陽을 상징하고 한 偶를 그어 陰을 상징하였을 뿐이었다. 그런데 다만 겨우 2가 있으면 곧 4가 있고 겨우 4가 있으면 곧 8이 있으며 또 따라서 다시 倍를 하면 곧 16이 되니, 조짐이 없는 가운데로부터 무궁한 數가 이미 갖추어져 있어서 굳이 안배하지 않아도 그 형세가 그칠 수 없다.

卦畫이 이미 정립되면 곧 吉凶이 그 속에 있으니, 陰陽이 왕래하여 그 사이에서 섞이면 때에는 사라지고 자라남의 같지 않음이 있어서 자라나는 것은 主가 되고 사라지는 것은 客이 되며, 일에는 마땅하고 마땅하지 않음의 다름이 있어서 마땅한 것은 善이 되고 마땅하지 않은 것은 惡이 되니, 主客과 善惡의 구분에 나아가 吉凶이 나타난다. 그러므로 '八卦가 吉凶을 정한다' 한 것이다. 吉凶이 결정되어 어긋나지 않으면 이로써 일을 세워서 大業이 이로부터 생기게 되니, 이는 聖人이 易을 만들어 백성들에게 占筮를 가르쳐서 천하의 어리석음을 열어주고, 天下의 뜻을 정하며, 天下의 일을 이루어지게 함이 이와 같은 것이다.

다만 伏羲 이전에는 오직 여섯 획만이 있을 뿐이고 文字로 전한 것이 없었는데, 文王과 周

公에 이르러 비로소 말씀을 붙였다. 그러므로 '聖人이 卦를 만들고 象을 관찰하여 말을 붙여서 吉凶을 밝혔다.'고 한 것이다.

蓋是卦之未畫也엔 因觀天地自然之法象而畫이요 及其旣畫也하여는 一卦自有一卦之象하니 象은 謂有箇形似也라 故로 聖人이 卽其象而命之名하시니 以爻之進退而言은 則如剝復之類요 以其形之肖似而言은 則如鼎井之類니 此是伏羲卽卦體之全하여 而立箇名이 如此라 及文王하여 觀卦體之象而爲之彖辭하시고 周公은 視卦爻之變而爲之爻辭하시니 而吉凶之象이 益著矣니라

이 卦를 긋기 전에는 天地의 自然한 法象을 보고서 卦爻를 그었고, 이미 卦를 그은 뒤에는 한 卦에는 자연 한 卦의 象이 있으니, 象은 형체와 유사한 것이 있음을 이른다. 그러므로 聖人이 그 象에 나아가 卦의 이름을 命名하였으니, 爻의 나아가고 물러감을 가지고 말한 것은 剝卦와 復卦 같은 종류이며, 형체의 유사함을 가지고 말한 것은 鼎卦와 井卦 같은 종류이니, 이는 伏羲가 卦의 전체를 가지고 이름을 붙인 것이 이와 같은 것이다. 文王에 이르러 卦體의 象을 보고 彖辭를 만드시고 周公은 卦의 爻가 변함을 보고 爻辭를 만드시니, 吉凶의 象이 더욱 드러나게 되었다.

大率天下之道는 只是善惡而已라 但所居之位不同하고 所處之時旣異로되 而其幾甚微하여 只爲天下之人이 不能曉會일새 所以聖人이 因此占筮之法以曉人하여 使人居則觀象玩辭하고 動則觀變玩占하여 不迷於是非得失之途케하시니 所以是書를 夏商周皆用之라 其所言雖不同하고 其辭雖不可盡見이나 然皆太卜之官이 掌之하여 以爲占筮之用이라 有所謂繇辭者하니 左氏所載에 尤可見古人用易處라 蓋其所謂象者는 皆是假此衆人共曉之物하여 以形容此事之理하여 使人知所取舍(捨)而已라 故로 自伏羲而文王周公이 雖自略而詳이나 所謂占筮之用則一이니 蓋卽那占筮之中에 而所以處置是事之理가 便在那裏了라 故로 其法이 若粗淺이나 而隨人賢愚하여 皆得其用이라 蓋文王이 雖是有定象有定辭나 皆是虛說此箇地頭에 合是如此處置요 初不黏著(착)物上이라 故로 一卦一爻足以包無窮之事하니 不可只以一事指定說이라 他裏面에도 也有指一事說處하니 如利建侯利用祭祀之類요 其他는 皆不是指一事說이니 此所以見易之爲用이 無所不該無所不徧하니 但看人如何用之耳라 到得夫子하여는 方始純以理言하시니 雖未必是羲文本意나 而事上說理는 亦是如此라 但不可便以夫子之說로 爲文王之說也니라

대체로 天下의 道는 다만 善과 惡일 뿐이다. 다만 거한 바의 위치가 똑같지 않고 처한 바의 때가 이미 다른데, 그 기미가 매우 은미하여 다만 천하 사람들이 이것을 자세히 알지 못한다. 이 때문에 聖人이 占筮의 法을 통해 사람들을 깨우쳐서 사람들이 거처할 때에는 象을 보고 말을 살펴보며, 행동할 때에는 變化를 보고 占을 살펴보아서 是非와 得失의 길에 혼미하지 않게 하셨으니, 이 때문에 이 글을 夏나라와 商나라와 周나라가 모두 쓴 것이다. 말한 내용이 비록 같지 않고 글을 다 볼 수는 없으나 모두 太卜이 관장하여 占筮에 활용하였다. 이른바 繇辭라는 것이 있으니,《春秋左氏傳》의 기록에서 옛사람이 易을 활용한 부분을 더욱 볼 수 있다.

이른바 象이란 것은 모두 여러 사람들이 함께 알 수 있는 사물을 빌어서 일의 이치를 형용하여 사람들이 取捨할 바를 알게 하려는 것일 뿐이다. 그러므로 伏羲로부터 文王과 周公에 이르기까지 비록 간략했다가 상세해졌지만 이른바 占筮의 쓰임은 똑같으니, 占筮의 가운데 나아감에 일을 처치하는 도리가 곧 그 속에 들어 있다. 그러므로 그 法이 조잡하고 하찮은 것 같지만 사람의 현명함과 어리석음에 따라 모두 그 쓰임을 얻는 것이다.

文王이 비록 定한 象이 있고 定한 말씀이 있으나 모두 이러한 처지에는 마땅히 이와 같이 처리해야 한다는 것을 假說했을 뿐이요, 애당초 어떤 사물에 고착된 것이 아니었다. 그러므로 한 卦와 한 爻가 충분히 무궁한 일들을 포함할 수 있으니, 다만 한 가지 일을 가지고 지정하여 말할 수 없다. 저 裏面에 또한 한 가지 일을 지정하여 말한 곳이 있으니, 예를 들면 '제후를 세움이 이롭다.'는 것과 '祭祀에 씀이 이롭다.'는 종류와 같은 것이고, 그 나머지는 모두 한 가지 일을 지정하여 말한 것이 아니다. 여기에서 易의 쓰임이 포함하지 않는 바가 없고 두루하지 않는 바가 없음을 볼 수 있으니, 다만 사람이 어떻게 쓰느냐를 볼 뿐이다.

夫子(孔子)에 이르러서는 비로소 순전히 이치로써 말씀하였으니, 비록 반드시 伏羲와 文王의 본래 뜻은 아니지만 일에 나아가 이치를 말한 것은 또한 이와 같다. 다만 孔子의 말씀을 文王의 말씀으로 여겨서는 안 된다."

字義 秖 : 다만 지 才 : 겨우 재(纔) 朕 : 조짐 짐 肖 : 닮을 초 繇 : 점사 주 粗 : 조잡할 조
黏 : 붙을 점 著 : 붙을 착(着) 徧 : 두루미칠 편

○天地之間에 別有甚事리오 只是陰與陽兩箇字니 看是甚麽物事 都離不得이라 只就身上體看컨대 才(纔)開眼하면 不是陰이면 便是陽이니 密拶拶在這裏하여 都不著(착)得別物事라 不是仁이면 便是義요 不是剛이면 便是柔며 只自家要做向前이면 便是陽이요 才收退면 便是陰이며 意思才動이면 便是陽이요 才靜이면 便是陰이니 未消別看이요 只是一動一靜이 便是陰陽이라 伏羲只因此畫卦하여 以示人하시니 若只就一陰一陽이면 又不足以該衆理일새 於是에 錯綜爲六十四卦, 三百八十四爻하니 初只是許多卦爻러니 後

來聖人이 又繫許多辭在下라 如他書는 則元有這事라야 方說出這箇道理어니와 易則未曾有此事하고 先假託都說在這裏하니라 又曰 陰陽은 是氣니 才有此理하면 便有此氣하고 才有此氣하면 便有此理라 天下萬事萬物이 何者不出於此理며 何者不出於陰陽이리오

천지의 사이에 별도로 무슨 일이 있겠는가. 다만 陰과 陽 두 글자가 있을 뿐이니, 보건대 어떤 물건이든 모두 여기에서 떠날 수가 없다. 다만 자신의 몸에 나아가 생각해 보건대 잠시 눈을 뜨면 음이 아니면 곧 양이니, 빽빽히 이 속에 붙어 있어서 다른 사물은 모두 붙어 있을 수가 없다. 仁이 아니면 곧 義이고 剛이 아니면 곧 柔이며, 다만 자신이 앞으로 향하고자 하면 곧 양이고 잠시 거두어 물러가면 음이며, 생각이 잠시 動하면 곧 양이고 잠시 靜하면 곧 음이니, 별도로 볼 것이 없고 다만 한 번 동하고 한 번 정함이 곧 음양일 뿐이다.

伏羲는 다만 이것으로 인하여 卦를 그어 사람들에게 보여주셨으니, 만약 다만 한 음과 한 양에 나아가면 또 여러 이치를 포괄할 수 없으므로 이에 뒤섞어서 64괘와 384효를 만들었으니, 처음에는 다만 허다한 괘와 효 뿐이었는데, 뒤에 聖人이 또 허다한 말씀을 그 아래에 붙인 것이다. 다른 책으로 말하면 원래 이러한 일이 있어야 비로소 이러한 도리를 말하였는데, 易은 일찍이 이러한 일이 있지 않았으나 먼저 가탁하여 모두 그 안에 설명해 놓았다."

또 말하였다.

"음양은 氣이니, 잠시 이 理가 있으면 곧 이 氣가 있으며 잠시 이 氣가 있으면 곧 이 理가 있다. 천하의 모든 일과 물건이 어느 것인들 理에서 나오지 않았으며, 어느 것인들 음양에서 나오지 않았겠는가."

字義 甚 : 무엇 심 麽 : 무엇 마 搽 : 짓누를 찰 該 : 갖출 해

○ 易은 只是陰陽錯綜하여 交換代易이라 莊生曰 易以道陰陽이라하니 不爲无見이니 如奇偶剛柔는 便只是陰陽做了易이니라

易은 다만 음양이 뒤섞여서 교환하며 교대하는 것이다. 莊生이 말하기를 "易으로써 음양을 말하였다." 하였으니, 일리가 없지 않다. 奇偶와 剛柔 같은 것은 곧 다만 음양이 易을 만든 것이다.

○ 易은 是陰陽屈伸하여 隨時變易이라 大抵古今에 有大闔闢, 小闔闢이어늘 今人은 說易에 都無着摸라 聖人이 便於六十四卦에 只以陰陽奇偶로 寫出來하시니 至於所以爲陰陽, 爲古今하여는 乃是此道理니라

易은 음과 양이 屈伸하여 때에 따라 變易하는 것이다. 대체로 古今에는 음과 양이 크게 닫히고 열림과 작게 닫히고 열림이 있는데, 지금 사람들은 易을 말할 때에 모두 종잡을 수가 없

으므로 聖人이 곧 64괘에서 다만 음양의 奇偶만 가지고 써 내셨으니, 음양이 된 까닭과 古今이 된 까닭도 바로 이 도리이다.

字義 摸 : 찾을 모 寫 : 베낄 사

○龜山이 過黃亭[1]詹季魯家러니 季魯問易한대 龜山이 取一張紙하여 畫箇圈子하여 用墨塗其半하고 云這便是易이라하니 此說이 極好라 易은 只是一陰一陽이 做出許多般樣이니라

龜山(楊時)이 黃亭 詹季魯의 집을 방문하였는데, 季魯가 易을 묻자, 龜山이 종이 한 장을 취하여 동그라미를 그린 다음 먹으로 그 반을 칠하고 말씀하기를 "이것이 곧 易이다." 하였으니, 이 말씀이 매우 좋다. 易은 다만 한 음과 한 양이 허다한 모양을 만들어내는 것이다.

字義 詹 : 성 첨 圈 : 동그라미 권 墨 : 검을 묵 塗 : 칠할 도

○潔靜精微之謂易이니 自是不惹着事요 只懸空說一樣道理하니 不比似他書의 各着事上說이라 所以後來道家取之하여 與老子爲類하니 便是老子說話도 也不就事上說이니라 又曰 潔靜精微는 是不犯手니라

깨끗하고 고요하고 정미롭고 은미한 것을 易이라 이르니, 본래 어떤 일에 고착되어 있지 않고 다만 한 가지의 도리를 추상적으로 말하였으니, 다른 책에서 각각 어떤 일에 고착하여 설명한 것과는 비교할 수 없다. 이 때문에 뒤에 道家가 易을 취하여 《老子》와 같은 부류로 만들었으니, 《老子》의 말도 일 위에 나아가 말하지 않았다.

또 말하였다.

"깨끗하고 고요하고 정미롭고 은미하다는 것은 손을 대지 않은 것이다."

字義 潔 : 깨끗할 결 惹 : 끌어당길 야 懸 : 매달 현

○問卦下之辭爲彖辭어늘 左傳以爲繇辭는 何也오 曰 此只是彖辭라 故로 孔子曰 知(智)者觀其彖辭면 則思過半矣라하시니라 如元亨利貞은 乃文王所繫卦下之辭니 以斷一卦之吉凶이니 此名彖辭라 彖은 斷也는 陸氏音中語니 所謂彖之經也요 大哉乾元以下는 孔子釋經之辭니 亦謂之彖이니 所謂彖之傳也라 爻下之辭에 如潛龍勿用은 乃周公所繫之辭니 以斷一爻之吉凶也며 天行健君子以自彊不息은 所謂大象之傳이요 潛龍勿

---

1 黃亭 : 武夷山 근처의 정자 이름이다.

用陽在下也는 所謂小象之傳이니 皆孔子所作也라 天尊地卑以下는 孔子所述繫辭之傳이니 通論一經之大體凡例니 无經可附일새 而自分上繫下繫也라 左氏所謂繇字從系하니 疑亦是言繫辭라 繫辭者는 於卦下에 繫之以辭也라

"卦 아래의 말을 彖辭라 하는데, 《春秋左氏傳》에서는 繇辭라고 한 것은 어째서입니까?" 하고 묻자, 주자가 대답하였다.

"이는 다만 彖辭이다. 그러므로 孔子가 '지혜로운 자가 彖辭를 보면 생각함이 반을 넘을 것이다.' 하신 것이다. 예컨대 '元亨利貞'은 바로 文王이 卦 아래에 다신 말씀인데, 한 卦의 길흉을 결단한 것이니, 이것을 彖辭라 한다. '彖은 결단함이다.'는 陸德明의 〈經典釋文〉 가운데에 나오는 말이니, 이른바 彖의 經이라는 것이요, '大哉乾元' 이하는 孔子가 經을 해석한 말씀인데 또한 彖이라 이르니, 이른바 彖의 傳이라는 것이다. 爻 아래의 말에 '潛龍勿用'과 같은 것은 바로 周公이 다신 말씀이니 한 爻의 길흉을 결단한 것이며, '天行健君子以自彊不息'은 이른바 大象의 傳이고 '潛龍勿用陽在下也'는 이른바 小象의 傳이니, 모두 孔子가 지으신 것이다. '天尊地卑' 이하는 孔子가 기술한 繫辭의 傳이니, 經 전체의 大體와 凡例를 통론한 것인데, 經에 붙일 만한 데가 없으므로 繫辭上傳과 繫辭下傳으로 나눈 것이다. 左氏의 이른바 '繇'란 글자는 系를 따랐으니, 의심컨대 또한 繫辭를 말한 듯하다. 繫辭는 卦 아래에 말을 단 것이다."

字義 繇 : 점사 주

○通書云 聖人之精을 畫卦以示하고 聖人之縕을 因卦以發이라하니 精은 是聖人本意요 縕은 是偏傍帶來道理라 如易有太極, 是生兩儀, 兩儀生四象, 四象生八卦는 是聖人本意底요 如文言, 繫辭等孔子之言은 皆是因而發底니 不可一例作重看이니라

《通書》에 이르기를 "聖人의 精髓를 卦를 그어 보여주고 聖人의 縕蓄을 卦를 통해 발명하였다." 하였으니, 精은 聖人의 本意이고 縕은 그에 부수된 도리이다. 예컨대 "易에 太極이 있으니, 이것이 兩儀를 낳고 兩儀가 四象을 낳고 四象이 八卦를 낳았다."는 것과 같은 것은 聖人의 本意이고, 〈文言傳〉이나 〈繫辭傳〉 등 孔子의 말씀은 모두 卦로 인하여 發明한 것이니, 한 가지 예로 중하게 보아서는 안 된다.

字義 縕 : 쌓일 온

○易之有象은 其取之有所從하고 其推之有所用하니 非苟爲寓言也라 然兩漢諸儒는 必欲究其所從하니 則旣滯泥而不通이요 王弼以來는 直欲推其所用하니 則又疎略而無

據하니 二者는 皆失之一偏而不能闕其所疑之過也라 且以一端論之컨대 乾之爲馬와 坤之爲牛는 說卦에 有明文矣요 馬之爲健과 牛之爲順은 在物에 有常理矣로되 至於案文責卦하여 若屯之有馬而無乾하고 離之有牛而無坤하며 乾之六龍則或疑於震하고 坤之牝馬則當反爲乾하여는 是皆有不可曉者라 是以로 漢儒求之說卦而不得일새 則遂相與創爲互體變卦五行納甲飛伏之法하여 參互以求하여 而幸其偶合하니 其說雖詳이나 然其不可通者는 終不可通이요 其可通者도 又皆傅會穿鑿而非有自然之勢라 雖其一二之適然而無待於巧說者는 爲若可信이나 然上無所關於義理之本源하고 下無所資於人事之訓戒하니 則又何必苦心極力하여 以求於此而欲必得之哉아 故로 王弼曰 義苟應健이면 何必乾이라야 乃爲馬며 爻苟合順이면 何必坤이라야 乃爲牛리오하고 而程子亦曰 理無形也라 故假象以顯義라하시니 此其所以破先儒膠固支離之失而開後學玩辭玩占之方이 則至矣라 然觀其意하면 又似直以易之取象으로 無復有所自來하여 但如詩之比興, 孟子之譬喩而已니 如此면 則是說卦之作이 爲无所與於易이요 而近取諸身과 遠取諸物者도 亦剩語矣라 故로 疑其說이 亦若有未盡者라 因竊論之컨대 以爲易之取象이 固必有所自來하여 而其爲說이 必已具於太卜之官이러니 顧今에 不可復考하니 則姑闕之하고 而直據辭中之象하여 以求象中之意하여 使足以爲訓戒而決吉凶을 如王氏程子與吾本義之云者면 其亦可矣라 固不必深求其象之所自來나 然亦不可謂假設而遽欲忘之也니라

易의 象은 그 취함이 연유한 바가 있고 그 미룸이 활용하는 바가 있으니, 구차하게 말을 붙인 것이 아니다. 그러나 兩漢의 모든 선비는 반드시 象의 연유를 연구하고자 하였으니 이미 막혀서 통하지 못하였고, 王弼 이후는 다만 그 활용하는 것만을 미루고자 하였으니 또 소략하여 근거함이 없으니, 두 가지는 모두 한 쪽에 치우쳐서 의심스러운 것을 빼놓지 못한 잘못이 있다.

우선 한 가지를 가지고 논한다면 乾☰이 말이 됨과 坤☷이 소가 됨은 〈說卦傳〉에 분명한 글이 있고, 말의 굳셈과 소의 순함은 물건에 있어 떳떳한 이치이다. 그러나 《주역》의 글을 상고하고 卦를 찾아봄에 屯卦䷂에는 말이 있으나 乾☰이 없고, 離卦䷝에는 소가 있으나 坤☷이 없으며, 乾卦䷀의 六龍은 혹 震卦䷲인가 의심스럽고, 坤卦䷁의 牝馬는 도리어 乾䷀이 되어야 할 듯한데 이는 모두 깨달을 수 없는 점이다.

이 때문에 漢儒들이 〈說卦傳〉에서 찾았으나 얻지 못하였으므로 마침내 互體, 變卦, 五行, 納甲, 飛伏의 법을 창조하여 서로 찾아 우연히 부합하기를 바랐으니, 그 말이 비록 상세하나 통할 수 없는 것은 끝내 통할 수 없고, 통할 수 있는 것도 모두 견강부회하고 천착하여 자연

의 형세가 아니다. 비록 한두 가지가 우연히 맞아서 공교한 갈이 필요없는 것은 믿을 만한 듯 하나, 위로는 의리의 본원에 관계되는 바가 없고 아래로는 人事의 교훈이나 경계에 도움이 되는 바가 없으니, 또 하필 고심하고 힘을 다해서 이것을 구하여 반드시 알고자 하겠는가.

그러므로 王弼이 말하길 "뜻이 만일 健이어야 한다면 어찌 반드시 乾이라야 비로소 말이 되겠으며 爻가 만일 順이어야 한다면 어찌 반드시 坤이라야 비로소 소가 되겠는가." 하였고, 程子도 말하길 "이치는 형체가 없으므로 象을 빌어 뜻을 나타냈다." 하였으니, 이는 先儒들의 고루하고 지리한 잘못을 깨뜨려 後學들에게 말을 살피고 점을 보는 방법을 열어 인도해 줌이 지극한 것이다.

그러나 그 뜻을 관찰하면 또 다만 易에서 象을 취한 것이 다시는 유래한 바가 없어서 다만 《詩經》의 比·興과 孟子의 비유와 같이 여길 뿐이니, 이와 같다면 〈說卦傳〉을 지은 것이 易과 관계되는 바가 없고, 〈繫辭傳〉의 '가까이는 몸에서 취하고 멀리는 물건에서 취했다'는 것도 또한 쓸데없는 말이 된다. 그러므로 그 말이 또한 미진함이 있는 듯하다.

인하여 가만히 생각해 보건대 易에서 象을 취한 것이 진실로 반드시 유래한 바가 있어 그 해설이 반드시 이미 太卜의 관원에게 갖추어져 있을 텐데, 다만 지금에는 다시 상고할 수 없으니 우선 이것은 빼놓고, 다만 말 가운데의 象에 근거하여 象 가운데의 뜻을 찾아, 교훈과 경계로 삼고 길흉을 결단하게 하기를 王氏와 程子와 나의 《本義》에 말한 것처럼 하면 또한 가할 것이다. 진실로 굳이 그 象의 유래를 깊이 찾을 것이 없으나 또한 假設했다고 생각하여 대번에 잊고자 해서도 안 될 것이다.

字義 滯 : 막힐 체 泥 : 막힐 니 闕 : 빼놓을 궐 膠 : 아교 교 固 : 굳을 고 剩 : 남을 잉

○伏羲畫八卦하시니 只此數畫이 該盡天下萬物之理라 學者於言上會得者는 淺하고 於象上會得者는 深이어늘 王輔嗣, 伊川은 皆不信象하니 如今에 却不敢如此說이요 只可說道不及見這箇了며 且從象以下說은 免得穿鑿이라 某嘗作易象說하니 大率以簡治繁이요 不以繁御簡이로라

伏羲가 팔괘를 그었으니, 다만 이 몇 획이 천하 만물의 이치를 다 포함하였다. 배우는 자가 말에서 이해하는 것은 얕고 象에서 이해하는 것은 깊은데, 王輔嗣와 伊川은 모두 象을 믿지 않았으니 지금에 감히 이처럼 말하지는 못하겠고, 다만 '이러한 것을 미처 보지 못하였고, 또 象으로부터 이하의 말씀은 천착함을 면했다'고 말할 수 있겠다. 내 일찍이 易의 象에 대한 해설을 지었는데, 대체로 간략함으로써 번다함을 다스렸고 번다함으로써 간략함을 다스리지는 않았다.

字義 會 : 알 회 簡 : 간략할 간 繁 : 많을 번 御 : 다스릴 어

○易之象이 似有三樣이라 有本畫自有之象하니 如奇畫象陽, 偶畫象陰이 是也요 有實取諸物之象하니 如乾坤六子를 以天地雷風之類로 象之 是也요 有只是聖人이 以意自取那象來하여 明是義者하니 如白馬翰如, 載鬼一車之類 是也니라

易의 象은 세 가지가 있는 듯하다. 本畫에 스스로 가지고 있는 상이 있으니 奇의 획은 陽을 상징하고 偶의 획은 陰을 상징하는 것과 같은 것이 이것이며, 실제로 여러 물건의 상을 취한 것이 있으니 乾·坤과 六子卦를 天·地·雷·風의 유로 상징한 것과 같은 것이 이것이며, 다만 聖人이 자신의 뜻으로 상을 취하여 그 뜻을 밝힌 것이 있으니 '白馬가 나는 듯하다'는 것과 '귀신을 한 수레에 가득히 실었다'는 것과 같은 유가 이것이다.

字義 翰 : 날 한

○看易에 若是靠定象去看이면 便滋味長이요 若只恁地懸空看이면 也沒甚意思니라 又曰 說易에 得其理면 則象數在其中하니 固是如此나 然泝流以觀하면 却須先見象數的當下落이라야 方說得理 不走作이니 不然하여 事無實證이면 則虛理易差也리라

易을 볼 때에 이와 같이 정해진 象에 의거하여 보면 곧 재미가 많을 것이고, 만약 다만 이렇게 공중에 매달아 놓고 보면 또한 아무런 의미가 없을 것이다.

또 말하였다.

"易을 설명할 때에 그 이치를 알면 象·數가 그 가운데에 들어 있으니, 진실로 이와 같다. 그러나 흐름을 거슬러 올라가 관찰할 경우에는 모름지기 먼저 象·數를 적당하게 놓음을 보아야 비로소 이치를 말한 것이 다른 데로 달려가지 않게 되니, 그렇지 아니하여 일에 실증이 없으면 헛된 이치라서 잘못되기가 쉬울 것이다."

字義 靠 : 의지할 고 泝 : 거슬러올라갈 소

○上古之時엔 民心昧然하여 不知吉凶所在라 故로 聖人作易하여 教之卜筮하여 吉則行之하고 凶則避之하니 此是開物成務之道라 故로 繫辭云 以通天下之志하며 以定天下之業하며 以斷天下之疑라하니 正謂此也라 初但有占而無文하여 往往如今人用火珠林[2]起

2 火珠林 : 한 대 경방이 창안한 납갑법에 근거하여 육친법을 활용하여 점치는 방법과 원리를 기록

課者相似하여 但用其爻而不用其辭하니 則知古人占不待辭而後見吉凶이라 至孔子하여는 又恐人不知其所以然이라 故로 又復逐爻解之하사 謂此爻所以吉者는 謂以中正也요 此爻所以凶者는 謂不當位也를 明言之하니 使人易曉爾라 至如文言之類하여는 却又就上面發明道理하시니 非是聖人本意니 知此라야 方可學易이니라

상고시대에는 민심이 어두워서 길흉의 소재를 알지 못하였다. 그러므로 聖人이 易을 만들어 卜筮를 가르쳐서 길하면 행하고 흉하면 피하게 하였으니, 이것이 물건을 열어주고 일을 이루는 도이다. 그러므로 〈繫辭傳〉에 이르기를 "천하의 뜻을 통하고 천하의 業을 정하고 천하의 의심을 결단한다." 하였으니, 바로 이것을 말한 것이다.

처음에는 다만 占만 있고 글이 없어서 왕왕 지금 사람들이 火珠林을 가지고 점을 치는 것과 서로 유사해서 다만 그 爻만 쓰고 그 말은 쓰지 않았으니, 옛 사람들은 점을 칠 때에 굳이 말을 기다린 뒤에 길흉을 안 것이 아님을 알 수 있다. 孔子에 이르러서는 또 사람들이 그 까닭을 모를까 두려워하였다. 그러므로 또 다시 爻마다 해석하여 이 爻가 길한 까닭은 中正하기 때문이요, 이 爻가 흉한 까닭은 자리가 마땅하지 않기 때문이라고 분명히 말씀하였으니, 사람들이 깨닫기 쉽게 한 것이다. 〈文言傳〉과 같은 종류에 이르러서는 또 그 上面에 나아가 도리를 발명하였으니, 이것은 聖人의 本意가 아니다. 이것을 알아야 비로소 易을 배울 수 있다.

○聖人一部易은 皆是假借虛設之辭니 蓋緣天下之理 若正說出이면 便只作一件用일새라 唯以象言하면 則當卜筮之時에 看是甚事라도 都來應得이니라

聖人의 한 부의 易은 모두 假設한 말씀이니, 천하의 이치를 만약 바로 말하면 곧 다만 한 가지 쓰임만 되기 때문이다. 오직 象으로 말하면 卜筮할 때에 무슨 일을 보더라도 모두 응용할 수 있다.

○上古之易은 方是利用厚生이러니 周易에 始有正德意라 如利貞은 是教人利於貞正이요 貞吉은 是教人貞正則吉이며 至孔子하여는 則說得道理又多하시니라

上古의 易은 利用厚生이었는데 《周易》에 비로소 正德의 뜻이 있게 되었다. 예컨대 '利貞'은 사람들에게 곧고 바름이 이로움을 가르친 것이고 '貞吉'은 사람들에게 곧고 바르게 하면 길함을 가르친 것이며, 孔子에 이르러서는 도리를 설명한 것이 더욱 많으시다.

한 책으로 규장각에 소장된 《百二漢鏡齋祕書四種》에서 볼 수 있다. 麻衣道者가 저자로 되어있다.

○易은 只是設箇卦象하여 以明吉凶而已요 更無他說이니라 又曰 易은 是箇有道理底卦影이니 易以卜筮作이나 許多理 便也在裏하니라

易은 다만 卦와 象을 만들어 길흉을 밝혔을 뿐이요, 다시 다른 이론이 없다.

또 말하였다.

"易은 도리가 있는 괘의 형상이니, 易은 卜筮하기 위하여 만든 것이나 허다한 도리가 곧 또한 이 가운데에 들어있다."

○易은 本卜筮之書라 後人은 以爲止於卜筮러니 至王弼하여 用老莊解하여 後人은 便只以爲理而不以爲卜筮라하니 亦非라 想當初伏羲畫卦之時에 偶見得一是陽二是陰하여 從而畫放하시니 那裏엔 只是陽爲吉陰爲凶이요 无文字러니 後에 文王이 見其不可曉故로 爲之作彖辭하시고 或占得爻處에 不可曉故로 周公이 爲之作爻辭하시고 又不可曉故로 孔子爲之作十翼하시니 皆解當初之意라 今人은 不看卦爻하고 而看繫辭하니 是猶不看刑統而看刑統之序例也니 安能曉리오 今人이 須以卜筮之書看之라야 方得이니 不然이면 不可看易이니라

易은 본래 卜筮하는 책이므로 후인들은 다만 卜筮하기 위한 것이라 여겼었는데, 王弼에 이르러 老莊의 사상을 가지고 해석하여 후인들은 곧 다만 道理를 위한 것이고 卜筮하기 위한 것이 아니라고 하니, 또한 잘못이다.

생각컨대 당초에 伏羲가 卦를 그을 때에 우연히 一이 陽이고 二가 陰임을 보고서 따라 그렸으니, 이 속에는 다만 陽은 길함이 되고 陰은 흉함이 될 뿐이요 문자는 없었다. 그러다가 뒤에 文王이 이것이 이해할 수 없음을 보셨기 때문에 이를 위해 彖辭를 지었고, 혹 점을 쳐서 爻를 얻은 곳도 이해할 수 없으므로 周公이 이를 위해 爻辭를 지었으며, 그래도 이해할 수 없으므로 孔子가 이를 위해 十翼을 지으셨으니, 모두 당초의 뜻을 해석한 것이다.

지금 사람들은 卦와 爻를 보지 않고 繫辭만을 보니, 이는 마치《刑統》을 보지 않고 그 서문과 범례만을 보는 격이니, 어찌 깨달을 수 있겠는가. 지금 사람들은 모름지기 卜筮하는 책으로 보아야 비로소 알 수 있을 것이니, 그렇지 않으면 易을 볼 수 없을 것이다.

字義 放 : 본받을 방　曉 : 깨달을 효　統 : 거느릴 통

○易은 只是爲卜筮而作이라 故로 周禮에 分明言太卜掌三易하니 連山歸藏周易이라 古人은 於卜筮之官에 立之凡數人이요 秦은 去古未遠이라 故로 周易亦以卜筮라하여 得不

焚이어늘 今人은 才說易是卜筮之書라하면 便以爲辱累了易하며 見夫子說許多道理하고 便以爲易只是說道理라하니 殊不知其言吉凶悔吝이 皆有理하여 而其敎人之意 无不在也라 而今所以難理會는 時蓋緣亡了那卜筮之法이니 如太卜掌三易之法連山歸藏周易하여 便是別有理會周易之法이어늘 而今에 却只有上下經兩篇하여 皆不見許多法了하니 所以難理會라 今人은 却道聖人言理에 而其中因有卜筮之說이라하니 他說理後에 說從那卜筮上來做麽오

易은 다만 卜筮하기 위하여 지은 것이다. 그러므로 《周禮》〈春官〉에 분명히 "太卜이 세 易을 관장하였으니, 連山·歸藏·周易이다." 한 것이다. 옛사람은 卜筮하는 관원을 세울 적에 여러 명을 두었고, 秦나라는 옛날과 거리가 멀지 않았던 까닭에 《周易》 또한 卜筮하는 책이라 하여 불태우지 않았었다. 그런데 지금 사람들은 조금이라도 易이 卜筮하는 책이라고 말하면 곧 易을 욕되게 하고 누를 끼치는 것이라고 말하며, 孔子께서 허다한 도리를 말씀한 것을 보고는 곧 이르기를 "易은 다만 도리를 말한 것이다." 하니, 易에서 吉凶과 悔吝을 말한 것이 모두 이치가 있어서 사람을 가르친 뜻이 들어 있지 않음이 없음을 전혀 알지 못하는 것이다. 지금에 이해하기 어려운 까닭은 卜筮하는 법이 없어졌기 때문이니, 예컨대 太卜이 三易의 法인 連山·歸藏·周易을 관장한 것과 같아서 별도로 《周易》을 이해하는 법이 있었는데, 지금은 다만 上經·下經 두 편만 있어 허다한 법식을 모두 볼 수 없으니, 이 때문에 이해하기 어려운 것이다. 지금 사람들은 "聖人이 道理를 말할 적에 이로 인하여 그 가운데에 卜筮하는 말이 있게 되었다." 하니, 이는 聖人이 도리를 말한 뒤에 설명이 卜筮로부터 만들어졌다는 말인가.

字義 辱 : 욕될 욕 累 : 끼칠 루

○易은 只是與人卜筮하여 以決疑惑이니 若道理當爲면 固是便爲요 若道理不當爲면 自是不可做니 何用更占이리오 却是有一樣事 或吉或凶或兩岐道理하여 處置不得일새 所以用占이니라

易은 다만 사람에게 卜筮하는 법을 가르쳐 주어 의혹을 결단하게 한 것이니, 만약 道理에 마땅히 해야 할 일이면 진실로 곧 해야 하고, 만약 道理에 마땅히 하지 말아야 할 일이면 자연히 하지 말아야 하니, 이와 같다면 어찌 다시 점칠 것이 있겠는가. 이는 한 가지 일이 혹 길하기도 하고 혹 흉하기도 하며 혹 두 갈래 道理여서 처치할 수가 없기 때문에 점을 사용하는 것이다.

字義 岐 : 갈래 기

○今學者諱言易本爲卜筮作하여 須要說做爲義理作하니 若果爲義理作時엔 何不直述一件文字 如中庸大學之書하여 言義理以曉人하고 須得畫八卦則甚고

지금 배우는 자들은 易이 본래 卜筮하기 위하여 지은 것이라고 말하기를 꺼려서 모름지기 義理를 위하여 지은 것이라고 말하고자 하니, 만약 과연 義理를 위하여 지었다고 할 경우에는 어찌하여 한 건의 문자로 《中庸》이나 《大學》과 같은 책을 곧바로 기술해서 義理를 말하여 사람을 깨우치지 않고, 굳이 八卦를 그어놓은 것은 무엇 때문인가.

字義 諱 : 꺼릴 휘

○陽爻多吉하고 陰爻多凶하나 又看他所處之地位如何라 易中엔 大槪陽吉而陰凶이로되 間亦有陽凶而陰吉者는 何故오 蓋有當爲, 有不當爲하니 若當爲而不爲하고 不當爲而爲之하면 雖陽이나 亦凶이니라

陽爻는 길함이 많고 陰爻는 흉함이 많으나, 또 그 처한 바의 자리가 어떠한가를 보아야 한다. 易 가운데에는 대체로 陽이 길하고 陰이 흉하나, 간혹 또한 陽이 흉하고 陰이 길한 경우가 있음은 무슨 까닭인가? 마땅히 해야 할 것이 있고 마땅히 하지 말아야 할 것이 있기 때문이니, 만약 마땅히 해야 하는데 하지 않고 마땅히 하지 말아야 하는데 한다면 비록 陽이라도 흉하다.

○易中엔 却是貞吉이요 不曾有不貞吉이며 都是利貞이요 不曾說利不貞이라 如占得乾卦하면 固是大亨이나 下則云利貞이라하니 蓋正則利요 不正則不利니 至理之權輿와 聖人之至教가 寓其間矣라 大率是爲君子設이요 非小人盜賊所得竊取而用이라 橫渠云 易爲君子謀요 不爲小人謀라하시니 極好니라

易 가운데에는 '貞하면 길하다' 하였고 일찍이 '貞하지 않으면 길하다' 한 것은 없으며, 모두 '貞함이 이롭다' 하였고 일찍이 '貞하지 않은 것이 이롭다'고 말한 것은 없다. 예를 들어 점을 쳐서 乾卦를 얻으면 진실로 크게 형통하나 아래에 '貞함이 이롭다'고 말하였으니, 바르면 이롭고 바르지 않으면 이롭지 않은 것이니, 지극한 이치의 시작과 聖人의 지극한 가르침이 이 사이에 붙어 있다.

대체로 이 易은 군자를 위하여 만든 것이요, 소인과 도적들이 절취해서 쓸 수 있는 것이 아니다. 橫渠가 말하기를 "易은 군자를 위하여 꾀한 것이요, 소인을 위하여 꾀한 것이 아니다."라고 하였으니, 매우 좋다.

字義 權 : 저울대 권　輿 : 수레 여

○易中利字는 多爲占者設이라 如利涉大川은 是利於行舟也요 利有攸往은 是利於啓行也요 利用祭祀, 利用享祀는 是卜祭吉이요 田獲三狐, 田獲三品은 是卜田吉이요 公用享于天子는 是卜朝覲吉이요 利建侯는 是卜立君吉이고 利用爲依遷國은 是卜遷國吉이요 利用侵伐은 是卜侵伐吉之類라

易 가운데의 '利'자는 점치는 자를 위하여 베푼 것이 많다. 예를 들면 '利涉大川'은 배를 운행함에 이로운 것이고, '利有攸往'은 길을 떠남에 이로운 것이고, '利用祭祀'와 '利用享祀'는 제사를 점침에 길한 것이고, '田獲三狐'와 '田獲三品'은 사냥을 점침에 길한 것이고, '公用享于天子'는 조회함을 점침에 길한 것이고, '利建侯'는 임금을 세움을 점침에 길한 것이고, '利用爲依遷國'은 國都를 옮김을 점침에 길한 것이고, '利用侵伐'은 侵伐을 점침에 길한 것과 같은 유이다.

字義 田 : 사냥할 전 覲 : 뵐 근 遷 : 옮길 천 國 : 도읍 국

○今人讀易에 當分爲三等看이라 伏羲之易은 如未有許多彖象文言說話라야 方見得易之本意 只是要作卜筮用이라 如伏羲畫卦에 那裏有許多文字言語리오 只是某卦有某象하니 如乾有乾之象하고 坤有坤之象而已라 今人은 說易에 未曾明乾坤之象하고 便先說乾坤之理하니 所以說得都无情理라 及文王周公하여 分爲六十四卦하시고 添入乾元亨利貞坤元亨利牝馬之貞하시니 早不是伏羲之意요 已是文王周公이 自說出一般道理了라 然猶是就人占處說하시니 如占得乾卦면 則大亨而利於正耳라 及孔子繫易하사 作彖象文言하사는 則以元亨利貞으로 爲乾之四德하시니 又非文王之易矣니라

지금 사람들은 易을 읽을 적에 마땅히 세 등급(伏羲의 易·文王의 易·孔子의 易)으로 나누어 보아야 한다. 伏羲의 易은 허다한 〈彖傳〉·〈象傳〉·〈文言傳〉 등의 말이 없는 것으로 보아야 비로소 易의 本意가 다만 卜筮에 쓰고자 한 것임을 알 수 있을 것이다. 伏羲가 卦를 그을 적에 어찌 그 속에 허다한 문자와 언어가 있었겠는가. 다만 아무 卦에는 아무 象이 있었을 뿐이니, 乾卦는 乾卦의 象이 있고 坤卦는 坤卦의 象이 있을 뿐임과 같다. 그런데 지금 사람들은 易을 설명함에 일찍이 乾·坤의 象은 밝히지 않고 곧 먼저 乾·坤의 이치만 말하니, 이 때문에 말하는 것이 모두 뜻과 이치가 없는 것이다.

文王과 周公에 이르러 나누어 64괘를 만들고 '乾元亨利貞'이라는 것과 '坤元亨利牝馬之貞'이라는 것을 더 넣었으니, 이것은 伏羲의 뜻이 아니고, 이미 文王과 周公이 따로 한 가지 도리를 말한 것이다. 그러나 오히려 사람들이 점치는 곳에 나아가 말하였으니, 예컨대 占을 쳐

서 乾卦를 얻으면 '크게 형통하고 바름이 이롭다.'는 것과 같은 것이다. 孔子가 易에 말을 달아서 〈彖傳〉·〈象傳〉·〈文言傳〉을 지음에 이르러서는 '元亨利貞'을 乾卦의 네 가지 德으로 삼았으니, 이는 또 文王의 易이 아니다.

○讀易之法은 竊疑卦爻之辭는 本爲卜筮者斷吉凶而具訓戒러니 至彖象文言之作하여 始因其吉凶訓戒之意하여 而推說其義理以明之라 後人은 但見孔子所說義理하고 而不復推本文王周公之本意하여 因鄙卜筮하여 以爲不足言이라하여 而其所以言者 遂遠於日用之實하여 類皆牽合委曲하여 偏主一事而言하고 无復包含該貫曲暢旁通之妙하니 若但如此면 則聖人이 當時에 自可別作一書하여 明言義理하여 以詔後世니 何用假託卦象하여 爲此艱深隱晦之辭乎아 故로 今欲凡讀一卦一爻인댄 便如占筮所得하여 虛心以求其辭義之所指하여 以爲吉凶可否之決然後에 考其象之所以然者하고 求其理之所以然者하여 推之於事하면 使上自王公으로 下至民庶히 所以修身治國에 皆有可用이라 私竊以爲如此求之라야 似得三聖之遺意로라

《周易》을 읽는 법은 생각해보면, 卦와 爻의 말은 본래 卜筮하는 자를 위하여 길흉을 결단하고 훈계하는 말을 갖추어 놓은 것이었는데, 〈彖傳〉·〈象傳〉·〈文言傳〉을 지음에 이르러서 비로소 길흉과 훈계하는 뜻을 통해 義理를 미루어 밝힌 듯하다.

후인은 다만 孔子가 말씀한 義理만 보고 다시는 文王과 周公의 本意를 미루지 않고는 인하여 卜筮를 비루하게 여겨 굳이 말할 것이 못된다고 한다. 그리하여 말하는 것이 마침내 日用의 실제와 거리가 멀어 대체로 모두 끌어다 맞추고 왜곡해서 편벽되이 한 가지 일만을 주장하여 말하고, 다시는 포함하여 관통하고 조리가 분명하여 널리 통하는 묘함이 없으니, 만약 다만 이와 같다면 聖人이 당시에 스스로 따로 한 책을 지어서 義理를 분명히 말씀하여 후세를 가르쳤을 것이니, 어찌 卦象에 가탁하여 이처럼 어렵고 심오하고 은미한 말씀을 하였겠는가.

그러므로 이제 무릇 한 卦와 한 爻를 읽고자 할진댄 곧 占筮하여 얻은 것처럼 여겨서 마음을 비우고 말한 뜻이 가리키는 바를 찾아서 길흉과 가부를 결정한 뒤에 그 象이 그러한 까닭을 상고하고 그 이치가 그러한 까닭을 찾아서 일에 미루어야 할 것이니, 이렇게 하면 위로는 王公으로부터 아래로는 庶民에 이르기까지 몸을 닦고 나라를 다스림에 모두 쓸 수가 있을 것이다. 사사로이 생각하건대 이렇게 찾아야 세 聖人이 남기신 뜻을 얻을 듯하다.

字義 鄙 : 비루할 비 旁 : 두루 방 詔 : 가르칠 조

○孔子之易은 非文王之易이요 文王之易은 非伏羲之易이며 伊川易傳은 自是程氏之易也라 故로 學者且依古易次第하여 先讀本文이면 則見本旨矣리라

孔子의 易은 文王의 易이 아니고 文王의 易은 伏羲의 易이 아니며, 伊川의 《易傳》은 따로 程氏의 易이다. 그러므로 배우는 자는 우선 옛 易의 차례에 따라 먼저 本文을 읽으면 본래의 뜻을 알게 될 것이다.

○看易에 須是看他未畫卦已前에 是怎生模樣이니 却就這裏하여 看他許多卦爻象數非是杜撰이요 都是合如此라 未畫已前은 便是寂然不動이라 喜怒哀樂未發之中으로 只是箇至虛至靜而已러니 忽然在這至虛至靜之中하여 有箇象하여 方說出許多象數吉凶道理하니 所以禮曰潔靜精微易敎也라 蓋易之爲書 是懸空做出來라 如書는 便眞箇有這政事謀謨라야 方做出書來하고 詩는 便眞箇有這人情風俗이라야 方做出詩來로되 易은 却都无這已往底事하고 只是懸空做底라 未有爻畫之先엔 在易則渾然一理요 在人則湛然一心이며 旣有爻畫이면 方見得這爻是如何, 這爻又是如何라 然而皆是就這至虛至靜中하여 做出許多象數來니 此其所以靈이니라

易을 볼 적에는 모름지기 저 卦를 긋기 이전에 어떤 모양이었는가를 보아야 하니, 이 속에 나아가 허다한 卦爻와 象數가 근거없이 지어낸 것이 아니고 모두 마땅히 이와 같아야 함을 보아야 한다. 卦를 긋기 이전은 곧 고요하여 움직이지 않아서 희노애락이 발하지 않은 中으로 다만 지극히 비고 지극히 고요할 뿐이었는데, 홀연히 이 지극히 비고 고요한 가운데에 이러한 象이 있어서 비로소 허다한 象數의 길흉과 도리를 말하였으니, 이 때문에 《禮記》 〈經解〉에 "깨끗하고 고요하고 정미롭고 은미한 것이 易의 가르침이다." 한 것이다.

《周易》은 架空하여 만들어낸 것이다. 예컨대 《書經》은 참으로 政事와 法이 있은 뒤에야 비로소 《書經》을 지어내었고, 《詩經》은 참으로 人情과 風俗이 있은 뒤에야 비로소 《詩經》을 지어내었으나, 《周易》은 모두 이전에 이러한 일이 없었고 다만 架空하여 만들어낸 것이다. 爻의 畫이 있기 이전에는 易은 渾然한 한 이치이고 사람에게 있어서는 고요한 한 마음이며, 이미 爻의 畫이 있은 뒤에야 비로소 이 爻는 어떠한 것이고, 이 爻는 또 어떠한 것인지를 알 수 있다. 그러나 모두 지극히 비고 고요한 가운데에 나아가 허다한 象數를 지어낸 것이니, 이 때문에 신령스러운 것이다.

字義 怎 : 어찌 즘 杜 : 막을 두 撰 : 지을 찬 渾 : 온전할 혼 湛 : 맑을 담

○易은 須是錯綜看이니 天下事无不出於此라 善惡是非得失로 以至於屈伸消長盛衰히

看甚事都出於此라 伏羲以前엔 不知如何占考요 至伏羲하여 將陰陽兩箇하여 畫卦以示人하여 使人於此에 占考吉凶禍福케하시니 一畫爲陽이요 二畫爲陰이며 一畫爲奇요 二畫爲偶하여 遂爲八卦하고 又錯綜爲六十四卦하니 凡三百八十四爻라 文王이 又爲之彖辭하여 以釋其義하시니 无非陰陽消長盛衰屈伸之理니 聖人之所以學者는 學此而已니라

易은 모름지기 이리저리 종합해서 보아야 하니, 천하의 일이 여기에서 나오지 않은 것이 없다. 善惡·是非·得失로부터 屈伸·消長·盛衰에 이르기까지 어떤 일이든 모두 여기에서 나옴을 볼 수 있다. 伏羲 이전에는 어떻게 占을 쳐서 상고했는지 알 수 없고, 伏羲에 이르러서는 陰과 陽 두 개를 가지고 卦를 그어 사람들에게 보여주어서 사람들로 하여금 여기에서 占을 쳐서 吉凶禍福을 상고하게 하였으니, 한 획이 陽이 되고 두 획이 陰이 되며 한 획이 奇가 되고 두 획이 偶가 되어 마침내 八卦가 되고 또 뒤섞어 64괘가 되니, 모두 384효이다. 文王이 또 彖辭를 지어 그 뜻을 해석하셨는데, 음양이 消長하고 盛衰하고 屈伸하는 이치가 아닌 것이 없으니, 聖人이 배우는 것은 이것을 배울 뿐이다.

字義 將 : 가질 장

○易은 最難看하니 其爲書也 廣大悉備하여 包涵萬理하여 无所不有어니와 其實은 是古者卜筮書니 不必只說理요 象數亦可說이니 初不曾滯於一偏이라 某近看易하니 見得聖人이 本无許多勞攘이어늘 自是後世一向妄意增減하여 便要作一說하여 以强通其義일새 所以聖人經旨 愈見不明이라 且如解易엔 只是添虛字去迎過意來라야 便得이어늘 今人은 解易에 乃去添他實字하여 却是借他做己意說了하며 又恐或者一說이 有以破之하여 其勢不得不支離更爲一說하여 以護吝之하여 說千說萬이나 與易全不相干이라 此書는 本是難看底物이니 不可將小巧去說이요 又不可將大話去說이니라

易은 가장 보기가 어려우니, 책의 내용이 광대하여 모두 갖추어져서 만 가지 이치를 포함하여 없는 것이 없으나, 그 실제는 옛날에 卜筮하던 책이다. 반드시 다만 이치만 말한 것이 아니고, 象數도 말할 수 있으니, 애당초 일찍이 한쪽에 치우친 것이 아니다.

내가 근래에 易을 보니, 聖人은 본래 허다한 紛亂이 없으셨는데, 후세에 한결같이 망령된 뜻으로 보태거나 빼서 곧 한 가지 설을 지어내어 그 뜻을 억지로 통하게 하고자 하기 때문에 聖人의 經旨가 더욱 밝지 못하게 됨을 알았다.

또 易을 해석할 때에 다만 虛字를 더하여 뜻을 맞이해 와야 비로소 알 수 있는데, 지금 사람들은 易을 해석할 적에 마침내 實字를 더하여 그것을 빌어 자기의 뜻으로 삼아 말하며, 또

혹자의 한 설명이 이것을 깨뜨릴까 두려워하여, 그 형세상 지리하게 다시 하나의 설을 만들어 옹호하고 아끼지 않을 수가 없어서 천 가지를 말하고 만 가지를 말하나 易과는 전혀 상관이 없다. 이 책은 본래 보기 어려운 물건이니, 작은 지혜를 가지고 말해서도 안 되며 또 과장하는 말을 가지고 말해서도 안 된다.

字義 涵 : 포용할 함 攘 : 어지러울 양

○易은 難看하니 不比他書라 易說一箇物은 非眞是一箇物이니 如說龍은 非眞龍이라 若他書則眞是實이니 孝悌는 便是孝悌요 仁은 便是仁이어니와 易中엔 多有不可曉處니라

易은 보기가 어려우니, 다른 책에 견줄 수가 없다. 易에 하나의 사물을 말한 것은 진실로 하나의 사물이 있는 것이 아니니, 龍을 말함은 진짜 龍이 아닌 것과 같다. 다른 책으로 말하면 참으로 진실한 것이니, 孝悌는 곧 孝悌이고 仁은 곧 仁이나, 易 가운데에는 알 수 없는 부분이 많이 있다.

○易은 難看하니 無箇言語可形容得이라 蓋爻辭는 是說箇影象在那裏하니 无所不包니라

易은 보기가 어려우니, 말로 형용할 수가 없다. 爻辭는 형상이 이 속에 있음을 말하였으니 포함하지 않는 바가 없다.

字義 影 : 그림자 영

○看易엔 須著(착)四日看一卦니 一日은 看卦辭彖象하고 兩日은 看六爻하고 一日은 統看이라야 方子細니라 又曰 和靖學易에 一日只看一爻하니 此物事成一片하여 動著便都成片하리니 如何看一爻得이리오 又曰 先就乾坤二卦上하여 看得本意了면 則後面은 皆有通路니라

易을 볼 때에는 모름지기 4일에 한 卦를 보아야 하니, 하루는 卦辭와 〈彖傳〉·〈象傳〉을 보고 이틀은 여섯 爻를 보고 하루는 통합하여 보아야 비로소 자세하게 볼 수 있다.

또 말하였다.

"尹焞은 易을 배울 적에 하루에 다만 한 爻를 보았으니, 이는 사물이 한 조각을 이루는 것이어서 동함에 모두 조각을 이룰 것이니, 어떻게 한 爻만 볼 수 있겠는가."

또 말하였다.

"먼저 乾·坤 두 卦 위에 나아가 본래의 뜻을 이해하면 그 이하의 내용은 모두 통하는 길이 있게 된다."

字義 靖 : 편안할 정

○易은 大概欲人恐懼修省이니 今學易엔 非必待遇事而占이라야 方有所戒요 只平居玩味하여 看他所說道理가 於自家所處地位에 合是如何라 故로 云居則觀其象而玩其辭하고 動則觀其變而玩其占이라하니 孔子所謂學易은 正是平日常常學之라 想見聖人之所讀은 異乎人之所謂讀하여 想見胸中에 洞然於易之理하여 无纖毫蔽處라 故로 云可以无大過

易은 대개 사람들로 하여금 두려워하여 닦고 반성하게 하고자 한 것이니, 지금 易을 배울 때에는 반드시 일을 만나 점치기를 기다린 뒤에야 비로소 경계하는 바를 두는 것이 아니요, 다만 평상시에 음미하여 저 易에서 말한 도리가 자신이 처한 지위에서 마땅히 어떠한가를 보아야 한다. 그러므로 이르기를 "居할 때에는 괘효의 象을 보고 그 말을 살펴보며, 動할 때에는 괘효의 變을 보고 그 占을 살펴본다." 하였으니, 孔子의 이른바 易을 배운다는 것은 바로 평소에 항상 배우는 것이다. 상상해 보건대 聖人이 읽는 것은 일반인의 이른바 읽는다는 것과는 달라서 가슴속에 易의 이치를 통하여 털끝만큼도 가리운 곳이 없는 것이다. 그러므로 '큰 허물이 없을 수 있다'고 말씀하신 것이다.

字義 洞 : 밝을 통 纖 : 가늘 섬 毫 : 터럭 호 蔽 : 가릴 폐

○讀易之法은 先讀正經하여 不曉면 則將彖象繫辭來解니라 又曰 易爻辭는 如籤辭[3]니라

易을 읽는 법은 먼저 正經(卦辭와 爻辭)을 읽어서 깨닫지 못하면 〈彖傳〉·〈象傳〉·〈繫辭傳〉 등을 가져다가 해석해야 한다.

또 말하였다.

"易의 爻辭는 籤辭와 같다."

字義 籤 : 점대 첨

○問易如何讀이닛가 曰 只要虛其心하여 以求其義요 不要執己見讀이니 他書亦然이니라

"易을 어떻게 읽어야 합니까?" 하고 묻자, 주자가 대답하였다.

"다만 마음을 비우고 그 뜻을 찾으려 해야 하고, 자기의 견해를 고집하지 말아야 하니, 다른 책을 읽을 때에도 그러하다."

---

3 籤辭 : 籤詩의 내용을 이른다. 옛날 사찰이나 사당에서 점을 칠 때에 吉凶을 말한 詩句를 대쪽에 쓰고 대통에 보관해 두었다가 抽籤하여 그 詩句를 보고 점을 쳤다.

○問讀易에 未能浹洽은 何也오 曰 此須是此心虛明寧靜이면 自然道理流通하여 方包羅得許多義理라 蓋易은 不比詩書하니 他是說盡天下後世无窮无盡底事理하니 只一兩字 便是一箇道理라 又人須是經歷天下許多事變하고 讀易이라야 方知各有一理하여 精審端正이어늘 今旣未盡經歷하니 非是此心大段虛明寧靜이면 如何見得이리오 此不可不自勉也니라 又曰 如今에 不曾經歷得許多事過하면 都自湊他道理不着이니 若便去看이라도 也卒未得他受用이니라 孔子晩而好易하시니 可見這書卒未可理會니라

"易을 읽음에 푹 배어들지 못하는 것은 어째서입니까?" 하고 묻자, 대답하였다.

"모름지기 이 마음이 虛明하여 편안하고 고요하면 자연 道理가 유통되어 허다한 義理를 포괄하게 된다. 易은 《詩經》이나 《書經》에 비할 수가 없으니, 천하 후세의 무궁무진한 事理를 다 말한 것으로 다만 한두 글자가 곧 하나의 도리이다. 또 사람들이 모름지기 천하의 허다한 일의 변화를 겪어 보고 나서 易을 읽어야 비로소 각각 한 이치가 있어서 정밀하고 자세하고 단정함을 알 수 있는데, 이제 이미 허다한 일을 다 겪어보지 않았으니, 이 마음이 대단히 虛明하여 편안하고 고요한 이가 아니면 어떻게 볼 수 있겠는가. 스스로 힘쓰지 않을 수 없다."

또 말하였다.

"지금에 일찍이 허다한 일을 겪어 보지 않았으면 도무지 그 도리를 접할 수가 없으니, 만약 곧 가서 역을 보더라도 끝내 받아서 쓸 수가 없을 것이다. 孔子께서 만년에 易을 좋아하였으니, 이 책은 대번에 이해할 수 없는 것임을 알 수 있다."

字義 浹 : 두루미칠 협　洽 : 젖을 흡　審 : 자세할 심　湊 : 모을 주

○問易本義는 何專以卜筮爲主오 曰 且須熟讀正文이요 莫看註解하라 蓋古易은 彖象文言이 各在一處러니 至王弼하여 始合爲一하니 後世諸儒 遂不敢與移動이라 今難卒說이나 且須熟讀正文하면 久當自悟리라

"易의 《本義》는 어찌 오로지 卜筮를 위주로 하였습니까?" 하고 묻자, 주자가 대답하였다.

"우선 모름지기 正文을 익숙히 읽고 註解를 보지 말라. 옛 易은 〈彖傳〉·〈象傳〉·〈文言傳〉이 각각 따로 있었는데, 王弼에 이르러 비로소 합하여 하나로 만들자, 후세의 모든 선비들이 마침내 감히 바꾸지 못하였다. 지금 갑자기 말하기 어려우나 우선 모름지기 正文을 익숙히 읽으면 오래되면 마땅히 스스로 깨닫게 될 것이다."

○問讀本義에 所釋卦辭를 若看得分明이면 則彖辭之義亦自明이니 只須略提破此是卦義此是卦象卦體卦變이요 不必更下注脚矣로이다 曰 某當初作此文字時에 正欲如

此하니 蓋彖傳은 本是釋經之卦辭니 若看卦辭分明이면 則彖亦可見이라 但後來에 要重整頓過러니 未及이로니 不知今所解者 能如本意否로라 又曰 某作本義에 欲將文王卦辭는 只大綱依文王卦辭略說하고 至其所以然之故하여는 却於孔子彖辭中發之로라 且如大畜利貞不家食吉利涉大川은 只是占得大畜者爲利正不家食而吉利於涉大川이요 至於剛上而尙賢等處하여는 乃孔子發明이니 各有所主하니 爻象亦然이라 如此면 則不失文王本意요 又可見孔子之意리라 但而今에 未暇整頓耳로라

"《本義》를 읽을 적에 卦辭를 해석한 것을 만약 분명히 본다면 彖辭의 뜻 또한 저절로 밝혀질 것이니, 모름지기 대략 이것이 卦義이고 이것이 卦象, 이것이 卦體, 이것이 卦變이라는 것만 제기하여 설파할 것이요, 다시 註脚을 달 필요가 없을 것입니다." 하고 묻자, 주자가 대답하였다.

"내가 당초 이 문자를 지을 때에 바로 이와 같이 하고자 하였다. 〈彖傳〉은 본래 經의 卦辭를 해석한 것이니, 만약 卦辭를 봄이 분명하다면 〈彖傳〉 또한 알 수 있을 것이다. 다만 후에 다시 정돈하려고 하였으나 미처 하지 못하였는데, 지금 해석한 것이 본래의 뜻과 같은지는 알지 못하겠다."

또 말하였다.

"내가 "《本義》를 지을 적에 文王의 卦辭는 다만 대강 文王의 卦辭에 의거하여 간략히 해설하고, 그렇게 된 까닭에 이르러서는 孔子의 〈彖傳〉 중에서 발명하고자 하였다. 또 大畜卦의 '利貞不家食吉利涉大川'은 다만 占을 쳐서 大畜卦를 얻은 자가 '바르게 함이 이롭고 집안에서 밥을 먹지 않으면 吉하며 大川을 건넘이 이롭다.'는 것이고, '剛이 위에 있어 어진이를 높인다'는 등의 부분에 이르러서는 바로 孔子께서 발명하신 것이니, 文王과 孔子가 각각 주장하는 것이 있는 바, 爻象도 그렇다. 이와 같이 하면 文王의 本意를 잃지 않을 것이고, 또 孔子의 뜻도 볼 수 있을 것이다. 다만 지금 미처 정돈하지 못하였을 뿐이다."

○某解一部易은 只是作卜筮之書어늘 今人은 說得來太精了하여 更入粗不得이라 如某之說은 雖粗나 却入得精하여 精義皆在其中하니 若曉得某說이면 則曉得羲文之易이 本是如此요 元未有許多道理在하리니 方不失易之本意리라 今未曉得聖人作易之本意하고 便先要說道理인댄 縱饒說得好라도 只是與易元不相干이니라

내가 해석한 한 부의 易은 다만 卜筮하는 책으로 만든 것인데, 지금 사람들은 해설한 것은 너무 精微해서 다시는 소략한 데로 들어갈 수가 없다. 나의 해설과 같은 것은 비록 소략하나 정미함에 들어갈 수가 있어서 정미한 뜻이 모두 이 가운데에 들어 있으니, 만약 나의 해설을 깨닫는다면 伏羲와 文王의 易이 본래 이와 같고 원래 허다한 도리가 있지 않다는 것

을 깨달을 것이니, 비로소 易의 本意를 잃지 않을 것이다. 이제 聖人이 易을 지은 本意를 깨닫지 못하고 먼저 도리를 말하려고 하면 비록 말한 것이 좋더라도 다만 易과는 원래 상관이 없게 된다.

字義 縱 : 비록 종 饒 : 넉넉할 요

○某之易이 簡略者는 當時에 只是略搭記요 兼文義는 伊川及諸儒皆說了일새 某只就語脈中하여 略牽過這意思로라

나의 易이 간략한 까닭은 당시에 다만 간략히 기록하였고, 게다가 글뜻은 伊川과 諸儒들이 모두 설명하였기 때문에 나는 다만 語脈 속에 나아가 이러한 뜻을 간략히 끌어냈을 뿐이다.

字義 搭 : 실을 탑

○近得趙子欽書하니 云 語孟은 說極詳이어늘 易은 說太略이라하니 此는 譬如燭籠이 添一條骨이면 則障了一路明하니 若能盡去其障하여 使之統體光明이면 乃更好하리니 蓋著不得詳說也니라

근간에 趙子欽의 편지를 얻어 보니, 이르기를 "《論語》와 《孟子》는 설명이 지극히 자세한데, 易은 설명이 너무 소략하다." 하였다. 이는 비유하건대 촛불의 채롱에 한 개의 骨幹을 더하면 한 가닥의 光明이 막히는 것과 같다. 만약 그 막은 것을 모두 제거하여 전체가 光明하게 한다면 이에 더욱 좋을 것이니, 상세히 말할 수가 없는 것이다.

字義 燭 : 촛불 촉 籠 : 채롱 롱

○看易에 先看某本義了하고 却看程傳하여 以相參考니 如未看他易하고 先看某說이면 却也易看하리니 蓋不爲他說所汩故也니라

易을 볼 때에는 먼저 나의 《本義》를 보고 그런 다음 《程傳》을 보아 서로 참고해야 한다. 만일 다른 易을 보지 않고 먼저 나의 해설을 보면 도리어 보기가 쉬울 것이니, 이는 다른 말에 어지럽힘을 당하지 않기 때문이다.

字義 汩 : 어지럽힐 골

易傳序

易은 變易也니 隨時變易以從道也라 其爲書也廣大悉備하여 將以順性命之理하며 通幽明之故하며 盡事物之情하여 而示開物成務之道也니 聖人之憂患後世 可謂至矣신저 去古雖遠이나 遺經尙存이라 然而前儒는 失意以傳言하고 後學은 誦言而忘味하니 自秦而下로 蓋无傳矣라 予生千載之後하여 悼斯文之湮晦하여 將俾後人으로 沿流而求源케하니 此傳所以作也라 易有聖人之道四焉하니 以言者尙其辭하고 以動者尙其變하고 以制器者尙其象하고 以卜筮者尙其占[1]하니 吉凶消長之理와 進退存亡之道 備於辭하니 推辭考卦하면 可以知變이니 象與占은 在其中矣라 君子居則觀其象而玩其辭하고 動則觀其變而玩其占하나니 得於辭요 不達其意者는 有矣어니와 未有不得於辭而能通其意者也라 至微者는 理也요 至著者는 象也니 體用一源이요 顯微无間이니 觀會通하여 以行其典禮[2]하면 則辭无所不備라 故로 善學者는 求言을 必自近하나니 易於近者는 非知言者也라 予所傳者는 辭也니 由辭以得其意는 則在乎人焉이니라 有宋元符二年己卯正月庚申에 河南程頤正叔은 序하노라

易은 變易함이니 때에 따라 變易하여 道를 따르는 것이다. 《周易》은 광대하여 모두 갖추어져 있어 장차 性命의 이치를 따르고 幽明의 원인을 통달하고 사물의 실정을 다하여, 물건을 열어주고 일을 이루는 道를 보여주었으니, 聖人이 후세를 근심하심이 지극하다고 이를 만하다.

지나간 옛날은 비록 멀지만 전해 내려오는 경전이 아직 보존되어 있다. 그러나 先儒들은 뜻은 잃고 말만 전하고 後學들은 말만 암송하여 의미를 잃었으니, 秦나라 이래로는 전함이 없었다. 내가 천년 후에 태어나서 斯文이 없어짐을 안타깝게 여겨 장차 後人들로 하여금 흐름을 거슬러 올라가 근원을 찾게 하였으니, 이것이 《易傳》을 짓게 된 이유이다.

---

1 易有聖人之道四焉……以卜筮者尙其占 : 이 내용은 〈繫辭傳 上〉 10章에 보인다.

2 觀會通 以行其典禮 : 이 내용은 〈계사전 상〉 8章에 보인다.

易에는 聖人의 道가 넷이 있으니, 이것을 써서 말하는 자는 그 말을 숭상하고, 이것을 써서 행동하는 자는 그 변화를 숭상하고, 이것을 써서 기물을 만드는 자는 그 象을 숭상하고, 이것을 써서 점을 치는 자는 그 占을 숭상한다. 吉凶·消長의 이치와 進退·存亡의 도가 말에 갖추어져 있으니, 말을 미루어 卦를 상고하면 변화를 알 수 있으니, 象과 占이 그 가운데에 들어 있다.

군자가 거처할 때에는 그 象을 관찰하여 말을 살펴보고 행동할 때에는 변화를 관찰하여 占을 살펴보니, 말을 알고도 뜻을 통달하지 못한 자는 있지만 말을 알지 못하고서 뜻을 통달할 수 있는 자는 있지 않다.

지극히 은미한 것은 이치이고 지극히 드러난 것은 象이다. 본체와 작용이 한 근원이고 드러남과 은미함이 간격이 없으니, 會通을 보다 법칙으로 행하면 말이 갖추어지지 않음이 없다. 그러므로 잘 배우는 자는 반드시 가까운 데서 말을 구하니, 가까운 것을 쉽게 여기는 자는 말을 아는 자가 아니다. 내가 전하는 것은 말이니, 말로 말미암아 뜻을 아는 것은 사람에게 달려있다.

宋나라 元符 2년(1099) 己卯年 正月 庚申日에 河南의 程頤 正叔은 쓰다.

字義 載 : 해 재 湮 : 빠질 인 俾 : 하여금 비 沿 : 따를 연

易序[1]

易之爲書 卦爻彖象之義備而天地萬物之情見(현)하니 聖人之憂天下來世 其至矣신저 先天下而開其物하고 後天下而成其務라 是故로 極其數하여 以定天下之象하고 著其象하여 以定天下之吉凶하니 六十四卦, 三百八十四爻는 皆所以順性命之理하고 盡變化之道也라 散之在理則有萬殊하고 統之在道則无二致하니 所以易有太極是生兩儀하니 太極者는 道也요 兩儀者는 陰陽也니 陰陽은 一道也요 太極은 无極也라 萬物之生에 負陰而抱陽하여 莫不有太極하며 莫不有兩儀하니 絪縕交感하여 變化不窮이라 形一受其生하고 神一發其智하여 情僞出焉하며 萬緖起焉하나니 易은 所以定吉凶而生大業이라 故로 易者는 陰陽之道也요 卦者는 陰陽之物也요 爻者는 陰陽之動也니 卦雖不同이나 所同者는 奇偶요 爻雖不同이나 所同者는 九六이라 是以로 六十四卦爲其體하고 三百八十四爻互爲其用하여 遠在六合之外하고 近在一身之中하여 暫於瞬息과 微於動靜에 莫不有卦之象焉하며 莫不有爻之義焉하니 至哉라 易乎여 其道至大而无不包하고 其用至神而无不存하니 時固未始有一而卦未始有定象하며 事固未始有窮而爻亦未始有定位라 以一時而索卦면 則拘於无變이니 非易也요 以一事而明爻면 則窒而不通이니 非易也며 知所謂卦爻彖象之義而不知有卦爻彖象之用도 亦非易也라 故로 得之於精神之運, 心術之動하여 與天地合其德하며 與日月合其明하며 與四時合其序하며 與鬼神合其吉凶然後에 可以謂之知易也라 雖然이나 易之有卦는 易之已形者也요 卦之有爻는 卦之已見(현)者也니 已形已見者는 可以言知어니와 未形未見者는 不可以名求하니 則所謂易者는 果何如哉아 此는 學者所當知也니라

《周易》에는 卦·爻·彖·象의 뜻이 갖추어져 천지만물의 실정이 드러나 있으니, 聖人이 천하 후세를 근심하심이 지극하다. 천하보다 먼저 해서는 사물을 열어주고, 천하보

---

1 易序의 저자에 관해서는 작자미상이라는 설과 程子의 作이라는 설과 朱子의 作이라는 설이 있다. 《주역대전》 범례에 따르면 "程子二序"라고 되어 있어 程子의 作으로 보고 있다.

다 뒤에 해서는 일을 이루었다. 이 때문에 그 數를 지극히 하여 천하의 象을 정하고 그 象을 드러내어 천하의 吉凶을 정하였으니, 64괘와 384효는 모두 性命의 이치를 따르고 변화의 道를 다한 것이다.

흩어져서 이치에 있으면 만 가지로 다름이 있고 종합하여 道에 있으면 두 가지 이치가 없다. 이 때문에 易에 太極이 있어 이것이 兩儀를 낳는 것이니, 太極은 道이고 兩儀는 陰陽이니, 陰陽은 한 道이며 太極은 無極이다. 만물이 태어날 적에 陰을 등지고 陽을 안아 太極이 있지 않음이 없고 兩儀가 있지 않음이 없으니, 기운이 쌓이고 교감하여 변화가 다하지 않는다.

형체가 한번 생명을 받고 정신이 한번 지혜를 발하여 진정과 거짓이 생겨나며 만 가지 단서가 일어나니, 易은 吉凶을 정하여 大業을 낳는 것이다. 그러므로 易은 陰陽의 道이고 卦는 陰陽의 물건이고 爻는 陰陽의 動함이니, 卦는 비록 같지 않으나 같은 것은 奇와 偶이고, 爻는 비록 같지 않으나 같은 것은 九와 六이다. 이 때문에 64괘가 본체가 되고 384효가 서로 작용이 되어 멀리는 六合의 밖에 있고 가까이는 한 몸의 가운데에 있어, 짧은 순식간과 動靜의 작은 것에도 卦의 象이 있지 않음이 없고 爻의 뜻이 있지 않음이 없는 것이다.

지극하다, 易이여! 그 道가 지극히 커서 포함하지 않은 것이 없고 그 쓰임이 지극히 신묘하여 있지 않은 것이 없으니, 때는 진실로 일찍이 똑같음이 없고 卦는 일찍이 정해진 象이 없으며, 사물은 일찍이 다함이 없고 爻 역시 일찍이 정해진 위치가 없다. 한 때로써 卦를 찾으면 변화가 없음에 구애되니 易이 아니고, 한 가지 일로써 爻를 밝히면 막혀서 통하지 못하니 易이 아니며, 이른바 卦·爻·彖·象의 뜻만 알고 卦·爻·彖·象의 쓰임을 알지 못해도 易이 아니다.

그러므로 精神의 운용과 心術의 움직임에서 터득하여 천지와 더불어 德을 합하고 日月과 더불어 밝음을 합하고 四時와 더불어 차례를 합하고 鬼神과 더불어 吉凶을 합한 뒤에야 易을 안다고 말할 수 있는 것이다. 그러나 易에 卦가 있는 것은 易이 이미 나타난 것이고 卦에 爻가 있는 것은 卦가 이미 드러난 것이니, 이미 나타나고 이미 드러난 것은 말로써 알 수 있으나, 아직 나타나지 않고 아직 드러나지 않은 것은 명칭으로써 구할 수 없으니, 이른바 易은 과연 어떠한 것인가? 이는 배우는 자가 다땅히 알아야 할 것이다.

字義 絪 : 기운 어릴 인　縕 : 기운 어린 온　緖 : 실마리 서　瞬 : 눈깜짝일 순　窒 : 막을 질
形 : 나타날 형

上下篇義[1]

乾坤은 天地之道요 陰陽之本이라 故爲上篇之首하고 坎離는 陰陽之成質이라 故爲上篇之終하며 咸恒은 夫婦之道요 生育之本이라 故爲下篇之首하고 未濟는 坎離之合이요 旣濟는 坎離之交니 合而交則生物하니 陰陽之成功也라 故爲下篇之終하니라

乾䷀과 坤䷁은 천지의 도이고 음양의 근본이므로 상편의 처음이 되었고, 坎䷜과 離䷝는 음양의 바탕을 이룬 것이므로 상편의 끝이 되었다. 咸䷞과 恒䷟은 부부의 도이고 낳고 기르는 근본이므로 하편의 처음이 되었고, 未濟䷿는 坎과 離가 합한 것이고 旣濟䷾는 坎과 離가 사귄 것이니, 합하고 사귀면 만물을 낳는 바 음양의 공을 이룬 것이므로 하편의 끝이 되었다.

二篇之卦 旣分而後에 推其義하여 以爲之次하니 序卦 是也라 卦之分은 則以陰陽하여 陽盛者居上하고 陰盛者居下하니 所謂盛者는 或以卦或以爻하여 卦與爻取義有不同이라 如剝은 以卦言則陰長陽剝也요 以爻言則陽極於上하고 又一陽이 爲衆陰主也며 如大壯은 以卦言則陽長而壯이요 以爻言則陰盛於上하니 用各於其所하여 不相害也라

두 편의 괘가 이미 나누어진 뒤에 그 뜻을 미루어 차례를 정하였으니, 〈序卦傳〉이 이것이다. 괘가 나누어진 것은 음양을 기준으로 하여 양이 성한 것은 상편에 있고 음이 성한 것은 하편에 있다.

이른바 성하다는 것은 혹은 괘를 기준으로 하거나 효를 기준으로 하였으니, 괘와 효에

1 《주역》을 上經과 下經으로 나눈 뜻을 주로 64괘의 配屬과 의미를 통해 밝힌 글이다. 음양의 이치에 근거하여 64괘의 차례와 괘상과 의미를 풀이하였다. 凡例에 '其程子二序上下篇義'라 하여 上下篇義의 저자를 程子로 보았다.

뜻을 취한 것이 같지 않다. 가령 剝䷖은 괘로써 말하면 음이 장성하고 양 깎이는 것이나 효로써 말하면 양이 위에 지극하고 또 한 양이 여러 음의 주인이 되며, 가령 大壯䷡은 괘로써 말하면 양이 장성하고 씩씩한 것이나 효로써 달하면 음이 의에서 성한 것이니, 쓰여짐이 각각 그 장소를 따라 서로 해롭지 않다.

乾은 父也니 莫亢焉이요 坤은 母也니 非乾이면 无與爲敵也라 故로 卦有乾者는 居上篇하고 有坤者는 居下篇이로되 而復은 陽生이요 臨은 陽長이요 觀은 陽盛이요 剝은 陽極이니 則雖有坤而居上하고 姤는 陰生이요 遯은 陰長이요 大壯은 陰盛이요 夬는 陰極이니 則雖有乾而居下하며 其餘有乾者는 皆在上篇하니 泰否需訟小畜履同人大有无妄大畜也라

乾은 아버지이니 이보다 높은 것이 없고, 坤은 어머니이니 乾이 아니면 상대가 되지 않는다. 그렇기 때문에 괘에 乾☰이 있는 것은 상편에 있고 坤☷이 있는 것은 하편에 있는데, 復䷗은 양이 생기는 것이고 臨䷒은 양이 크는 것이고 觀䷓은 양이 성한 것이고 剝䷖은 양이 지극한 것이니, 비록 坤☷이 있으나 상편에 있다. 姤䷫는 음이 생기는 것이고 遯䷠은 음이 크는 것이고 大壯䷡은 음이 성한 것이고 夬䷪는 음이 지극한 것이니, 비록 乾☰이 있으나 하편에 있다. 그 나머지 乾☰이 있는 것은 모두 상편에 있으니, 泰䷊, 否䷋, 需䷄, 訟䷅, 小畜䷈, 履䷉, 同人䷌, 大有䷍, 无妄䷘, 大畜䷙이다.

字義 亢 : 높을 항 姤 : 만날 구 夬 : 결단할 쾌

有坤而在上篇은 皆一陽之卦也니 卦五陰而一陽이면 則一陽爲之主라 故一陽之卦 皆在上篇하니 師謙豫比復剝也요 其餘有坤者는 皆在下篇하니 晉明夷萃升也라

坤☷이 있으면서 상편에 있는 것은 모두 양이 하나인 괘이다. 괘에 음이 다섯이고 양이 하나이면 한 양이 주인이 되기 때문에 양이 하나인 괘는 모두 상편에 있으니, 師䷆, 謙䷎,豫䷏, 比䷇, 復䷗, 剝䷖이다. 그 나머지 坤☷이 있는 것은 모두 하편에 있으니, 晉䷢, 明夷䷣, 萃䷬, 升䷭이다.

卦一陰五陽者는 皆有乾也요 又陽衆而盛也니 雖衆陽說於一陰이나 說之而已요 非如一陽爲衆陰主也라 王弼云 一陰이 爲之主라하니 非也라 故一陰之卦 皆在上篇하니 小畜履同人大有也라

괘에 음이 하나이고 양이 다섯인 것은 모두 乾☰이 있으며 또 양이 많고 성하니, 비록 여러 양이 한 음을 기뻐하나 기뻐할 따름이고, 한 양이 여러 음의 주인이 되는 것과는 같지 않다. 王弼이 "한 음이 주인이 된다."고 하였으니, 잘못된 것이다. 그렇기 때문에 음이 하나인 괘는 모두 상편에 있으니, 小畜䷈, 履䷉, 同人䷌, 大有䷍이다.

字義 晉 : 나아갈 진 夷 : 상할 이

卦二陽者는 有坤則居下篇이로되 小過는 雖無坤이나 陰過之卦也일새 亦在下篇하고 其餘二陽之卦는 皆一陽이 生於下而達於上이요 又二體皆陽이면 陽之盛也일새 皆在上篇하니 屯蒙頤習坎也라 陽生於下는 謂震坎在下하니 震은 生於下也요 坎은 始於中也며 達於上은 謂一陽至上이어나 或得正位也라 生於下而上[2]達은 陽暢之盛也요 陽生於下而不達於上하고 又陰衆而陽寡하며 復失正位는 陽之弱也니 震也解也요 上有陽而下无陽은 无本也니 艮也蹇也라 震坎艮은 以卦言則陽也요 以爻言則皆始變하여 微也며 而震之上艮之下에 无陽하고 坎則陽陷하니 皆非盛也라 惟習坎則陽上達矣라 故爲盛이니라

괘에 양이 둘인 것은 坤☷이 있으면 하편에 있지만 小過䷽는 비록 坤☷이 없으나 음이 지나친 괘이므로 또한 하편에 있고, 그 나머지 양이 둘인 괘는 모두 한 양이 아래에서 생겨 위에 도달한 것이고, 또 두 몸체가 모두 양이면 양이 성한 것이므로 모두 상편에 있으니, 屯䷂, 蒙䷃, 頤䷚, 習坎䷜이다.

양이 아래에서 생긴다는 것은 震☳과 坎☵이 아래에 있는 것을 말하니, 震은 아래에서 생기고 坎은 가운데에서 시작하며, 위에 도달한다는 것은 한 양이 위에 이르거나 혹 바른 자리를 얻음을 말한다. 아래에서 생겨 위에 도달함은 양의 통창함이 성한 것이요, 양이 아래에서 생겼으나 위에 도달하지 못하고, 또 음이 많고 양이 적으며 다시 바른

---

2 上 : 《大全》의 간주에 "어떤 판본에는 陽이라 되어 있다." 하였다.

자리를 잃음은 양이 약한 것이니, 震䷲과 解䷧이다.

위에 양이 있고 아래에 양이 없는 것은 근본이 없는 것이니, 艮䷳과 蹇䷦이다. 震☳, 坎☵, 艮☶은 괘로 말하면 양이지만 효로 말하면 모두 처음 변하여 미약하고, 震☳의 위와 艮☶의 아래에는 양이 없고 坎☵은 양이 빠졌으니 모두 양이 성한 것이 아니나, 오직 習坎䷜은 양이 위에 도달한 것이므로 양이 성한 것이 된다.

字義 習 : 거듭할 습　蹇 : 어려울 건

卦二陰者는 有乾則陽盛을 可知니 需訟大畜无妄也요 无乾而爲盛者는 大過也離也라 大過는 陽[3]盛於中하고 上下之陰이 弱矣라 陽居上下하면 則綱紀於陰하니 頤是也요 陰居上下하면 不能主制於陽而反弱也라 必上下各二陰이요 中唯兩陽然後에 爲勝하니 小過是也니 大過小過之名에 可見也라 離則二體上下皆陽이요 陰實麗(리)焉하니 陽之盛也라 其餘二陰之卦는 二體俱陰이면 陰盛也일새 皆在下篇하니 家人睽革鼎巽兌中孚也라

괘에 음이 둘인 것은 乾☰이 있으면 양이 성함을 알 수 있으니 需䷄, 訟䷅, 大畜䷙, 无妄䷘이요, 乾☰이 없으면서 성함이 되는 것은 大過䷛와 離䷝이다. 大過는 양이 가운데에서 성하고 상하의 음이 약하다. 양이 위와 아래에 있으면 음의 기강이 되니 頤䷚가 이러한 것이요, 음이 위와 아래에 있으면 양을 주관하여 제어하지 못하여 도리어 약하다. 반드시 위와 아래에 각각 두 개씩 음이 있고 가운데에 양이 둘인 뒤에야 이김이 되니, 小過䷽가 이러한 것이니, 大過·小過의 이름에서 볼 수 있다. 離䷝는 두 괘체의 위와 아래가 모두 양인데 음이 실제로 걸려 있으니 양이 성한 것이다. 그 나머지 음이 둘인 괘는 두 괘체가 모두 음이면 음이 성한 것이므로 모두 하편에 있으니, 家人䷤, 睽䷥, 革䷰, 鼎䷱, 巽䷸, 兌䷹, 中孚䷼이다.

字義 麗 : 걸릴 리　睽 : 어그러질 규

卦三陰三陽者는 敵也니 則以義爲勝하니 陰陽尊卑之義와 男女長少之序는 天

---

3 陽 : 《大全》의 간주에 "어떤 판본에는 過자가 있다." 하였다.

地之大經也라 陽少於陰而居上이면 則爲勝하니 蠱는 少陽이 居長陰上하고 賁는 少男이 在中女上하니 皆陽盛也라 坎은 雖陽卦나 而陽爲陰所陷溺也요 又與陰卦重이면 陰盛也라 故陰陽敵而有坎者는 皆在下篇하니 困井渙節旣濟未濟也라 或曰 一體有坎도 尙爲陽陷이어늘 二體皆坎이 反爲陽盛은 何也오 曰 一體有坎은 陽爲陰所陷이요 又重於陰也로되 二體皆坎은 陽生於下而達於上이요 又二體皆陽이니 可謂盛矣니라

괘에 음이 셋이고 양이 셋인 것은 대등한 것이니, 대등하면 의리로써 이김을 삼는 바, 음양·존비의 뜻과 남녀·장유의 차례는 하늘과 땅의 큰 법이다. 양이 음보다 어리더라도 위에 있으면 이기는 것이 되니, 蠱䷑는 어린 양이 큰 음의 위에 있고, 賁䷕는 少男이 中女의 위에 있으니, 모두 陽이 성한 것이다. 坎☵은 비록 양괘이나 양이 음에 빠진 바가 되었고, 또 음괘와 겹치면 음이 성한 것이다. 그러므로 음양이 대등하면서 坎☵이 있는 것은 모두 하편에 있으니, 困䷮, 井䷯, 渙䷺, 節䷻, 旣濟䷾, 未濟䷿이다.

혹자가 물었다. "한 괘체에만 坎☵이 있어도 오히려 양이 빠지는데 두 괘체가 다 坎☵인데도 도리어 양이 성함이 됨은 어째서입니까?" 정자가 대답하였다. "한 괘체에 坎☵이 있는 것은 양이 음에 빠진 것이 되고 또 음괘와 겹치지만 두 괘체가 모두 坎☵인 것은 양이 아래에서 생겨 위에 도달한 것이고 또 두 괘체가 모두 양이니 양이 성하다고 할 수 있다."

字義 溺 : 빠질 닉

男在女上은 乃理之常이니 未爲盛也나 若失正位而陰反居尊하면 則弱也라 故로 恒, 損, 歸妹, 豐은 皆在下篇이라 女在男上은 陰之勝也니 凡女居上者는 皆在下篇하니 咸, 益, 漸, 旅, 困, 渙, 未濟也라 唯隨與噬嗑은 則男下女요 非女勝男也라 故隨之彖曰 剛來而下柔라하고 噬嗑彖曰 柔得中而上行이라하니라 長陽은 非少陰可敵이니 以長男下中少女라 故爲下之라

남자가 여자의 위에 있는 것은 떳떳한 이치이니 성함이 되지 않으나 만약 바른 자리를 잃고 음이 도리어 尊位에 있으면 약함이 된다. 이 때문에 恒䷟, 損䷨, 歸妹䷵, 豐䷶이 모두 하편에 있다.

여자가 남자의 위에 있는 것은 음이 이긴 것이므로 여자가 위에 있는 것은 모두 하편에 있으니, 咸䷞, 益䷩, 漸䷴, 旅䷷, 困䷮, 渙䷺, 未濟䷿이다.

오직 隨䷐와 噬嗑䷔은 남자가 여자에게 낮추는 것이고 여자가 남자를 이긴 것이 아니다. 그러므로 隨卦의 〈彖傳〉에 "剛이 와서 柔에게 낮추었다." 하였고, 噬嗑의 〈彖傳〉에 "柔가 中을 얻어 위로 올라갔다." 하였다. 큰 양은 어린 음이 대적할 수 있는 것이 아니니, 長男으로 中女와 少女의 아래에 있기 때문에 낮춤이 되는 것이다.

字義 噬 : 깨물 서　嗑 : 깨물 합

若長少敵하여 勢力侔면 則陰在上은 爲陵이요 陽在下는 爲弱하니 咸, 益之類 是也라 咸亦有下女之象이로되 非以長下少也요 乃二少相感以相與하니 所以致陵也라 故로 有利貞之戒하니라 困雖女少於男이나 乃陽陷而爲陰掩하여 无相下之義也니라

만약 長少가 대등하여 세력이 비슷하면 음이 위에 있는 것은 능멸함이 되고, 양이 아래에 있는 것은 약함이 되니, 咸䷞, 益䷩과 같은 유가 이것이다.

咸 또한 여자에게 낮추는 상이 있으나 長男이 少女에게 낮추는 것이 아니고 두 젊은이(少男과 少女)가 서로 감동하여 서로 더부는 것이니, 능결을 불러오게 된다. 이 때문에 "바름이 이롭다."는 경계가 있는 것이다. 困䷮은 비록 여자가 남자보다 어리나 양이 빠져서 음에게 가리워졌으니, 서로 낮추는 뜻이 없다.

字義 侔 : 짝할 모　致 : 부를 치

小過는 二陽이 居四陰之中이면 則爲陰盛이어늘 中孚는 二陰居四陽之中이로되 而不爲陽盛은 何也오 曰 陽體實하니 中孚는 中虛也일새니라 然則頤中四陰은 不爲虛乎아 曰 頤는 二體皆陽卦而本末皆陽하니 盛之至也요 中孚는 二體皆陰卦요 上下各二陽하여 不成本末之象하고 以其中虛라 故로 爲中孚하니 陰盛을 可知矣니라

"小過䷽는 두 양이 네 음의 가운데에 있으면 음이 성한 것이 되는데, 中孚䷼는 두 음

이 네 양의 가운데에 있어도 양이 성한 것이 되지 않음은 어째서입니까?"

"陽體는 實한데 中孚䷼는 가운데가 비었기 때문이다."

"그렇다면 頤䷚는 가운데에 음이 넷이니 빈 것이 아닙니까?"

"頤䷚는 두 괘체가 모두 양괘이고 근본과 끝이 모두 양이니 성함이 지극하고, 中孚䷼는 두 괘체가 모두 음괘이고 위와 아래가 각각 두 양이어서 근본과 끝의 상을 이루지 못하고 가운데가 비었기 때문에 中孚가 되었으니, 음이 성함을 알 수 있다."

五贊

原象(괘상의 근원을 밝힘)

太一肇判하여 陰降陽升하니 陽一以施하고 陰兩而承이라 惟皇昊羲 仰觀俯察하사 奇偶旣陳하시니 兩儀斯設이라 旣幹乃支하여 一各生兩하여 陰陽交錯하여 以立四象이라 奇加以奇는 曰陽之陽이요 奇而加偶하여 陽陰以章이라 偶而加奇하여 陰內陽外하고 偶復加偶하여 陰與陰會라 兩一旣分에 一復生兩하니 三才在目하고 八卦指掌이라 奇奇而奇는 初一曰乾이요 奇奇而偶는 兌次二焉이며 奇偶而奇는 次三曰離요 奇偶而偶는 四震以隨라 偶奇而奇는 巽居次五하고 偶奇而偶는 坎六斯覩며 偶偶而奇는 艮居次七하고 偶偶而偶는 坤八以畢이라 初畫爲儀하고 中畫爲象하고 上畫卦成하여 人文斯朗이라 因而重之에 一貞八悔[1]하니 六十四卦 由內達外라 交易爲體하니 往此來彼하고 變易爲用이니 時靜時動이라 降帝而王하고 傳夏歷商하여는 有占无文하니 民用弗章이러니 文王繫彖하시고 周公繫爻하시니 視此八卦에 二純六交라 乃乾斯父요 乃坤斯母하며 震坎艮男이요 巽離兌女라 離南坎北이요 震東兌西하며 乾坤艮巽이 位以四維라 建官立師하고 命曰周易이러니 孔聖傳之하시니 是爲十翼이라 遭秦弗燼하고 及宋而明하여 邵傳羲畫하고 程演周經이라 象陳數列하고 言盡理得하니 彌億萬年토록 永著常式하리라

太一이 처음 나뉘어 陰은 내려오고 陽은 올라가니, 陽은 하나로 베풀고 陰은 둘로 받

1 一貞八悔 : 64괘의 구성을 上과 下의 八卦가 중첩된 것으로 보는 관점으로 下의 八卦에 각각 上의 八卦가 배합하면 64卦가 된다. 이때 下八卦를 貞이라 하고 上八卦를 悔라 한다.(貞은 고정의 의미, 悔는 변동의 의미이다.) 例를 들면 下卦가 乾卦인 경우 乾, 夬 大有, 大壯, 小畜, 需, 大畜, 泰의 八卦가 一貞八悔로 이루어진다. 이런 식으로 8×8의 64개가 구성된다.

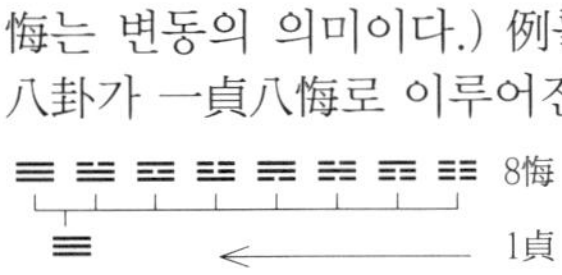

든다. 오직 황제인 太昊 복희씨가 우러러 보고 굽어 살펴서 奇와 偶를 이미 진열하시니, 兩儀가 이에 베풀어졌다. 이미 줄기가 이루어짐에 가지가 생겨 하나가 각각 둘을 낳아 음양이 서로 섞여 四象이 정립되었다. 奇에 奇를 더한 것은 陽 중에 陽이고 奇에 偶를 더하여 陽에 陰으로 꾸민다. 偶에 奇를 더하여 陰이 안에 있고 陽이 밖에 있으며, 偶에 다시 偶를 더하니 陰이 陰과 만난다.

兩儀와 太一이 이미 나누어짐에 하나가 다시 둘을 낳으니, 三才가 눈앞에 나열되어 있고 팔괘가 손바닥 위에 있다. 奇奇에 奇인 것은 첫 번째인 乾이며, 奇奇에 偶인 것은 두 번째인 兌이며, 奇偶에 奇인 것은 세 번째인 離이며, 奇偶에 偶인 것은 네 번째인 震이 따른다. 偶奇에 奇인 것은 巽이 다섯 번째에 거하고, 偶奇에 偶인 것은 坎이 여섯 번째임을 볼 수 있으며, 偶偶에 奇인 것은 艮이 일곱 번째에 거하고, 偶偶에 偶인 것은 坤이 여덟 번째로써 마친다.

처음 그은 것은 兩儀라 하고, 중간에 그은 것을 四象이라 하고, 위에 그으면 八卦가 이루어져 人文이 밝혀진다. 이로 인하여 거듭하면 貞이 하나이고 悔가 여덟이니, 64괘가 안으로부터 밖에 이른다. 交易하여 體가 되니 이것이 가고 저것이 오며, 變易하여 用이 되니 때로 고요하고 때로 움직인다.

五帝를 지나 三王에 이르고 夏나라에 전하여 商나라를 지나오기까지는 占만 있고 글이 없어서 백성들이 밝히지 못하였는데, 文王이 彖辭를 달고 周公이 爻辭를 다시니, 이 팔괘를 봄에 乾·坤 둘은 순수하고 나머지 여섯은 서로 섞였다. 乾은 아버지이고 坤은 어머니이며, 震·坎·艮은 남자이고 巽·離·兌는 여자이다. 離는 남쪽이고 坎은 북쪽이며, 震은 동쪽이고 兌는 서쪽이며, 乾·坤·艮·巽은 四維(네 間方)에 위치해 있다. 官員과 師를 세우고 《周易》이라 명명하였는데, 공자께서 傳을 지으시니, 이것을 十翼이라 한다.

秦始皇의 분서갱유를 만나도 불타 없어지지 않고 宋나라에 이르러 밝혀져서 邵康節은 伏羲의 畫을 전하고 程子는 《周易》을 부연 설명하였다. 象과 數가 진열되고 말이 극진하고 이치에 맞으니, 억만년이 다하도록 영원히 떳떳한 법을 드러낼 것이다.

字義 贊 : 도울 찬 肇 : 창시할 조 判 : 나눌 판 朗 : 밝을 랑 遭 : 만날 조 燼 : 불탈 신
演 : 부연할 연 彌 : 다할 미

述旨(괘를 긋고 經傳을 저술한 취지)

昔在上古에 世質民淳하여 是非莫別하고 利害不分이러니 風氣旣開에 乃生聖人하시니 聰明睿知(智) 出類超群이라 仰觀俯察하사 始畫奇偶하시고 教之卜筮하여 以斷可否라 作爲君師하여 開鑿戶牖하니 民用不迷하여 以有常守러니 降及中古에 世變風移하여 淳澆質喪하여 民僞日滋라 穆穆文王이 身蒙大難하여 安土樂天하사 惟世之患이라 乃本卦義하여 繫此彖辭하시고 爰及周公하여 六爻是資라 因事設教하사 丁寧詳密하시니 必中必正이라야 乃亨乃吉이라 語子惟孝요 語臣則忠이니 鉤深闡微하여 如日之中이러니 爰暨末流하여 淫於術數하니 僂句成欺하고 黃裳亦誤[2]라 大哉孔子여 晩好是書하사 韋編旣絶이라 八索以袪하여 乃作彖象十翼之篇하시니 專用義理하여 發揮經言이라 居省象辭하고 動察變占이라 存亡進退와 陟降飛潛에 曰毫曰釐가 匪差匪繆하니 假我數年이면 庶无大咎리라 恭惟三古의 四聖一心이라 垂象炳明하여 千載是臨하니 惟是學者 不本其初하여 文辭象數에 或肆或拘라 嗟予小子 旣微且陋하니 鑽仰[3]沒身이나 奚測奚究리오 匪警滋荒이며 匪識(지)滋漏일새 維用存疑하니 敢曰垂後아

옛날 上古시대에는 세상이 질박하고 백성들이 순박하여 是非를 구별하지 않고 利害를 나누지 않았는데, 風氣가 이미 열림에 마침내 성인이 나오시니, 총명예지가 사람들보다 뛰어나고 무리들보다 뛰어났다. 우러러 보고 굽어 살피시어 비르소 奇와 偶를 그으시고 卜筮를 가르쳐 가부를 결단하게 하였다. 일어나 임금과 스승이 되어 문호를 열어주니, 백성들이 미혹되지 않아 떳떳하게 지킴이 있었는데, 中古시대로 내려와서는 세상이 변하고 풍속이 바뀌어서 순박함이 흐려지고 질박함을 잃어 백성들의 거짓이 날로 불어났다.

---

2 僂句成欺 黃裳亦誤 : 《春秋左氏傳》에서 인용한 구절이다. 僂句成欺는 昭公 25년조에 臧會가 사촌인 臧昭伯의 寶龜인 僂句를 훔쳐서 臧昭伯을 속이는 일에 대하여 점을 치고는 그 점괘를 실행에 옮겨 결국 장소백의 지위를 차지하고는 "누구가 나를 속이지 않았다.〔僂句不余欺〕"라고 기뻐한 일을 말한다. 黃裳亦誤는 昭公 12년조에 南蒯가 모반의 일을 점쳐 나온 坤卦 六五爻辭의 黃裳元吉을 믿고 실행에 옮겨 실패한 일을 말한다.

3 鑽仰 : 《論語》에 안연이 "선생님의 道는 우러러보면 볼수록 더욱 높고 파고 들면 들수록 더욱 견고하다."며 스승인 공자의 따라잡을 수 없는 경지를 찬탄한 구절을 말한다.

심원하신 文王은 몸소 큰 난리를 만나 처한 위치를 편안하게 여기고 天命을 즐기시며 세상을 걱정하여 이에 卦의 뜻에 근본하여 彖辭를 다시고, 周公에 이르러는 六爻에 의뢰하여 일에 따라 가르침을 베풀어 정녕하고 자세하게 설명하시니, 반드시 中이고 반드시 正이어야 형통하고 길하다. 자식을 말할 때에는 孝이고 신하를 말할 때에는 忠이니, 깊은 이치를 탐구하고 은미한 이치를 밝혀서 해가 中天에 있는 것과 같았는데, 末流에 이르러서는 술수에 빠지니, 거북점이 속이고 길한 점도 잘못되었다.

위대하신 孔子여! 晩年에 이 책을 좋아하시어 가죽 책끈이 이미 끊어졌다. 팔괘를 모두 들어 이에 〈彖傳〉·〈象傳〉 등 十翼을 지으시니, 오로지 의리를 가지고 《易經》의 말을 발휘하였다. 居할 때에는 象과 辭를 살피고 動할 때에는 變과 占을 살피니, 存亡과 進退, 陟降과 飛潛에 털끝만큼도 어긋나지 않고 틀리지 않으니, 나에게 몇 년의 수명을 연장해 준다면 거의 큰 허물이 없을 것이라 하셨다. 공손히 생각하건대 三古의 네 聖人이 똑같은 마음이시다. 象을 드리움이 밝아서 천 년에 임하셨는데, 다만 배우는 자들이 처음을 근본으로 삼지 않아 文辭와 象數를 혹 함부로 해석하기도 하고 혹 문자에 구애되기도 하였다.

아! 나 小子는 이미 미천하고 또 누추하니, 연구하고 우러름에 일생을 마치려 하나 어찌 측량하고 어찌 연구할 수 있겠는가. 일깨우지 않으면 더욱 황폐해지고 기억하지 않으면 더욱 누락되기에 의심나는 것을 기록하여 두니, 감히 후세에 드리운다고 말할 수 있겠는가.

字義 鑿 : 뚫을 착 牖 : 창 유 澆 : 흐릴 요 滋 : 불어날 자 鉤 : 찾을 구 闡 : 밝을 천
韋 : 가죽 위 繆 : 어그러질 류 鑽 : 뚫을 찬 識 : 기록할 지 滋 : 더욱 자 漏 : 샐 루

明筮(시초점의 원리를 밝힘)

倚數之元은 參天兩地니 衍而極之하여 五十乃備하니 是曰大衍이라 虛一无爲하여 其爲用者 四十九蓍라 信手平分하여 置右於几하고 取右一蓍하여 掛左小指라 乃以右手로 揲左之策하여 四四之餘를 歸之于扐이라 初扐左手호되 无名指間이요 右策左揲은 將指是安이라 再扐之奇와 通掛之算은 不五則九니 是謂一變이라 置此掛扐하고 再用存策하여 分掛揲歸호되 復準前式이라 三亦如之하면 奇皆四八이니

三變旣備면 數斯可察이라 數之可察은 其辨伊何오 四五爲少요 八九爲多라 三少爲九니 是曰老陽이요 三多爲六이니 老陰是當이라 一少兩多는 少陽之七이며 孰八少陰고 少兩多一이라 旣得初爻어든 復合前蓍하여 四十有九를 如前之爲라 三變一爻하니 通十八變이면 六爻發揮하여 卦體可見이라 老極而變이요 少守其常하니 六爻皆守면 彖辭是當이라 變視其爻호되 兩兼首尾요 變及三爻하면 占兩卦體라 或四或五면 視彼所存하여 四二五一이니 二分一專이라 皆變而他하면 新成舊毁하니 消息盈虛에 舍此視彼라 乾占用九하고 坤占用六이며 泰愕匪人[4]이요 姤喜來復[5]이니라

數에 의지한 근원은 天은 셋이고 地는 둘이니, 이것을 부연하여 지극하게 해서 50이 갖추어지니 이것을 大衍이라 한다. 하나는 비워두고 쓰지 않아 쓰는 것은 49개의 蓍草이다.

손가는 대로 半을 나누어서 오른쪽의 것은 상에 놓고 오른쪽의 시초 하나를 취하여 왼손의 새끼손가락 사이에 건다. 이에 오른손으로 왼쪽의 策을 세어 넷씩 세고 난 나머지를 손가락 사이에 끼운다. 처음은 왼쪽 손에 끼되 무명지 사이에 하고 오른쪽의 策을 왼손으로 세어 넷씩 세고 남은 것은 將指(가운뎃손가락)에 편안히 둔다.

두 번 손가락에 낀 것과 손가락에 건 것을 통틀어 계산하면 5가 아니면 9이니, 이것을 一變이라 한다. 이 걸고 낀 것을 놓아두고, 다시 남은 策을 사용하여 나누어 걸고 세고 난 나머지를 끼는 것을 다시 앞의 방식대로 한다. 세 번째도 이와 같이 하면 남는 것이 모두 4나 8이니, 三變이 이미 갖추어지면 數를 살필 수 있다.

數를 살핌은 그 구분을 어떻게 하는가? 4와 5를 少라 하고 8과 9를 多라 한다. 少가 셋인 것은 9가 되니 이것을 老陽이라 하고, 多가 셋인 것은 6이 되니 老陰이 이에 해당한다. 少가 하나이고 多가 둘인 것은 少陽인 7이며, 무엇이 8인 少陰인가? 少가 둘이고 多가 하나인 것이다.

이미 初爻를 얻었거든 다시 앞의 시초를 합해서 49개를 앞에서 한 것과 같이 한다. 세 번 변하면 한 爻가 되니, 모두 18變을 하면 六爻가 발휘되어 卦體를 볼 수 있다.

老는 지극하여 변하고 少는 떳떳함을 지키니, 六爻가 변하지 않고 모두 지키면 彖辭가 이에 해당한다. 한 爻가 변하였으면 그 爻를 보고 두 개가 변하였으면 위와 아래 두

---

4 泰愕匪人 : 匪人은 否卦 卦辭의 '否之匪人'을 가리킨 것으로 泰卦의 여섯 爻가 모두 변하면 否卦가 된다.

5 姤喜來復 : 來復은 復卦 卦辭의 '七日來復'을 가리킨 것으로 姤卦의 여섯 爻가 모두 변하면 復卦가 된다.

爻를 겸하여 보고, 변한 것이 세 爻에 미치면 두 卦體(本卦와 之卦)로 占을 친다. 혹 네 爻가 변하고 혹 다섯 爻가 변하였으면 변하지 않고 남아 있는 것을 보되, 네 爻가 변했으면 남아있는 두 爻를 보고 다섯 爻가 변했으면 남아있는 한 爻를 보니, 변하지 않은 爻가 둘이면 나누어 보고 변하지 않은 爻가 하나이면 한 爻만 본다.

모두 변하여 다른 卦로 갔으면 새로운 卦가 이루어지고 옛 卦(本卦)는 허물어지니, 消息하고 盈虛함에 이것(本卦)을 버리고 저것(之卦)을 본다. 乾卦는 用九로 占을 치고 坤卦는 用六으로 占을 치며, 泰卦는 匪人에 놀라고 姤卦는 와서 회복함에 기뻐한다.

字義 衍 : 부연할 연 掛 : 걸 괘 揲 : 셀 설 扐 : 낄 륵 策 : 점대 책 準 : 본받을 준
愕 : 놀랄 악

稽類(괘효의 상을 통해 부류를 상고함)

八卦之象이 說卦詳焉하니 考之於經하면 其用弗專이라 彖以情言이요 象以象告니 唯是之求하면 斯得其要라 乾健天行이요 坤順地從이며 震動爲雷요 巽入木風이라 坎險水泉이니 亦雲亦雨요 離麗(리)文明이니 電日而火라 艮止爲山이요 兌說爲澤이니 以是擧之하면 其要斯得이라 凡卦六虛에 奇偶殊位하니 奇陽偶陰이 各以其類라 得位爲正이요 二五爲中이며 二臣五君이요 初始上終이라 貞悔體分이요 爻以位應이니 陰陽相求라야 乃得其正이라 凡陽斯淑이니 君子居之요 凡陰斯慝이니 小人是爲라 常可類求어니와 變非例測이니 非常曷變고 謹此爲則(칙)이어다

팔괘의 象이 〈說卦傳〉에 자세히 나와 있으니, 경문을 살펴보면 그 쓰임이 한 가지만이 아니다. 彖은 情으로 말하였고 象은 象으로 고하였으니, 오직 이것을 찾으면 그 요점을 알 수 있다.

乾의 굳셈은 하늘의 운행이요 坤의 순함은 땅의 따름이며, 震의 동함은 우레가 되고 巽의 들어감은 나무와 바람이 된다. 坎의 험함은 水·泉이니 또한 구름이 되고 비가 되며, 離의 걸림은 文明하니 번개와 해와 불이 된다. 艮의 그침은 山이 되고 兌의 기뻐함은 못이 된다. 이것을 들면 요점을 알 수 있다.

무릇 괘의 여섯 빈자리에 奇·偶의 자리가 다르니, 奇의 陽과 偶의 陰이 각기 그 부류를 따른다. 자리를 얻으면 正이라 하고 二爻와 五爻를 中이라 하며, 二爻는 신하이고

五爻는 임금이며, 初爻는 始이고 上爻는 終이다.

貞과 悔로 體가 나누어지고 爻는 자리로 응하니, 陰과 陽이 서로 구하여야 正應을 얻는다. 대개 陽은 善하니 君子가 거하고, 陰은 惡하니 小人이 한다. 떳떳한 것은 부류로 찾을 수 있으나 변하는 것은 준례로 측량할 수 없으니, 떳떳함이 아니면 어찌 변하겠는가. 이것을 삼가 법칙으로 삼아야 할 것이다.

字義 麗 : 걸릴 리 淑 : 착할 숙 慝 : 악할 특 曷 : 어찌 갈

警學(易을 배우는 자를 경계함)

讀易之法은 先正其心하고 肅容端席하여 有翼其臨이라 于卦于爻에 如筮斯得하여 假彼象辭하여 爲我儀則(칙)이라 字從其訓하고 句逆其情하며 事因其理하고 意適其平이라 曰否曰臧을 如目斯見이요 曰止曰行을 如足斯踐이라 毋寬以略하고 毋密以窮하며 毋固而可하고 毋必而通하라 平易從容하여 自表而裏니 及其貫之하면 萬事一理라 理定旣實이나 事來尙虛요 用應始有나 體該本無라 稽實待虛하고 存體應用하며 執古御今하고 由靜制動이라 潔靜精微를 是之謂易이니 體之在我하면 動有常吉이라 在昔程氏 繼周紹孔하사 奧指宏綱을 星陳極拱이러시니 唯斯未啓하여 以俟後人일새 小子狂簡하여 敢述而申하노라

易을 읽는 법은 먼저 마음을 바루어야 하며 용모를 엄숙하게 하고 자리를 바르게 하여 공경히 임하여야 한다. 卦와 爻에 있어 占을 쳐서 얻은 듯이 여겨 저 象과 辭를 빌어 나의 행동기준으로 삼아야 한다. 글자는 訓을 따르고 글귀는 實情을 거슬러 찾으며 일은 이치를 따르고 뜻은 화평함에 맞아야 한다.

'나쁘다[否]' '좋다[臧]'라고 한 것을 눈으로 보는 것처럼 하며, '그친다[止]' '간다[行]'라고 한 것을 발로 밟는 것처럼 하여야 한다. 너무 느슨하여 소략하게 하지 말고 너무 치밀하여 궁하게 하지 말며, 고집하여 꼭 그렇게 하려고 하지 말고 기필하여 통하려고 하지도 말라. 평이하고 從容하여 겉으로부터 속에 이르러야 하니, 관통함에 이르면 만가지 일이 한 이치이다.

이치는 定해져서 이미 實하나 일이 오는 것은 오히려 虛하며, 用은 응함에 따라 비로소

있으나 體는 모두 포함하되 본래 없는 것이다. 實을 상고하여 虛에 대비하고 體를 보존하여 用에 응하며, 옛것을 가지고 지금을 다스리며 靜함으로 말미암아 動함을 다스린다.

靜潔하고 精微함을 易이라 이르니, 체득하여 나에게 있게 하면 동함에 항상 吉함이 있을 것이다. 옛날 程氏가 周나라의 文王과 周公을 잇고 孔子를 이으셔서 심오한 뜻과 큰 강령을 별들이 나열하여 북극성을 향하듯이 하였으나, 오직 이것만은 열어주지 않고 後人들을 기다리셨기에 小子가 소홀하고 거칠게 감히 기술하고 폈다.

字義 翼 : 공경할 익 否 : 아닐 부 臧 : 착할 장 紹 : 이을 소 宏 : 클 굉 拱 : 향할 공

筮儀(점치는 의례)

擇地潔處하여 爲蓍室호되 南戶하고 置牀于室中央이니라

땅의 깨끗한 곳을 선택하여 시초를 보관해 두는 집을 만들되 문을 남쪽으로 내고 상을 방 중앙에 둔다.

牀은 大約長五尺, 廣三尺호되 毋太近壁이니라

상은 대략 길이가 5척, 너비가 3척이 되게 하되 너무 벽에 가깝게 두지 말아야 한다.

蓍五十莖을 韜以纁帛하여 貯以皁囊하여 納之櫝中하여 置于牀北이니라

시초 50줄기를 붉은 비단으로 싸서 검은 주머니에 넣어 독 안에 넣어서 상의 북쪽에 둔다.

櫝은 以竹筒或堅木, 或布漆爲之호되 圓徑三寸하고 如蓍之長하며 半爲底하고 半爲蓋하고 下別爲臺函之하여 使不偃仆니라

독은 대나무 통이나 혹은 단단한 나무, 또는 옻칠한 삼베로 만들되, 둘레는 지름이 3촌이 되게 하고 길이는 시초의 길이와 같게 하며, 반은 밑이 되고 반은 뚜껑이 되게 하며, 아래에는 별도로 臺를 만들어 담아서 쓰러지지 않게 한다.

字義 莖 : 줄기 경 韜 : 쌀 도 纁 : 붉을 훈 帛 : 비단 백 貯 : 넣을 저 皁 : 검을 조
囊 : 주머니 낭 櫝 : 독 독 筒 : 대통 통 漆 : 옻 칠 蓋 : 뚜껑 개 仆 : 엎어질 부

設木格于櫝南호되 居牀二分之北하고

나무시렁을 독의 남쪽에 설치하되 상에서 2푼쯤 북쪽에 위치하게 한다.

格은 以橫木板爲之호되 高一尺, 長竟牀하고 當中에 爲兩大刻호되 相距一尺하며 大刻之西에 爲三小刻호되 相距各五寸許하며 下施橫足하여 側立案上이니라

시렁은 가로로 된 나무판자로 만들되 높이는 1척이 되게 하고 길이는 상 끝까지 가게 한다. 한 가운데에 큰 홈 두 개를 만들되 거리가 1척쯤 되게 하고, 큰 홈의 서쪽에 작은 홈 세 개를 만들되 거리가 각각 5촌쯤 되게 하며, 아래에는 가로댄 발을 달아서 상 위에 비스듬히 세워놓는다.

字義 格 : 시렁 격 刻 : 새길 각

置香爐一于格南, 香合一于爐南하여 日炷香致敬하며 將筮則灑掃拂拭하고 滌硯一注水及筆一墨一黃漆板一于爐東호되 東上하며 筮者齋潔衣冠하고 北面盥手하여 焚香致敬이니라

향로 하나를 시렁의 남쪽에 놓고 향합 하나를 향로의 남쪽에 놓고서 날마다 향을 피우고 공경을 지극히 한다. 장차 점을 치게 되면 물 뿌려가며 쓸고, 벼루 하나, 연적과 붓 하나, 먹 하나, 누런 칠판 하나를 향로의 동쪽에 깨끗이 씻어놓되 동쪽을 위로 하며, 점치는 자가 재계하고 衣冠을 깨끗이 입고는 北向하여 손을 씻고서 향을 피우고 공경을 지극히 한다.

筮者北面은 見儀禮라 若使人筮면 則主人焚香畢하고 少退北面立하며 筮者進立於牀前少西하여 南向受命호되 主人이 直述所占之事어든 筮者許諾하며 主人은 右還西向立하고 筮者는 右還北向立이니라

점치는 자가 北向함은《儀禮》에 보인다. 만약 다른 이를 시켜 점을 치게 되면 주인이 분향을 마치고 조금 뒤로 물러나 북향하고 서며, 점을 치는 자가 상 앞으로 나아가 서되 약간 서쪽으로 하고 남향하여 명령을 받되, 주인이 점칠 일을 곧바로 말하거든 점치는 자가 허락하며, 주인은 오른쪽으로 돌아 서향하고 서고 점치는 자는 오른쪽으로 돌아 북향하고 선다.

字義 爐 : 화로 로 炷 : 태울 주 灑 : 물 뿌릴 쇄 掃 : 쓸 소 拂 : 먼지 털 불 拭 : 닦을 식
滌 : 씻을 척 硯 : 벼루 연 盥 : 손 씻을 관

兩手奉櫝蓋하여 置于格南爐北하고 出蓍于櫝하여 去囊解韜하여 置于櫝東하고 合五十策하여 兩手執之하여 熏於爐上이니라

두 손으로 독의 뚜껑을 받들어 시렁의 남쪽, 향로의 북쪽에 놓고, 시초를 독에서 꺼내어 주머니를 벗기고 싼 것을 풀어 독의 동쪽에 놓고는 50책을 합하여 두 손으로 잡고서 향로 위에 올려 연기를 쐰다.

字義 蓋 : 뚜껑 개 熏 : 연기쐴 훈

此後所用蓍策之數는 其說이 竝見啓蒙하니라

이 뒤에 사용하는 蓍策의 數는 그 내용이 모두 《易學啓蒙》에 보인다.

命之曰 假爾泰筮有常하노라 假爾泰筮有常하노라 某官姓名이 今以某事云云을 未知可否하야 爰質所疑 于神于靈하노니 吉凶得失悔吝憂虞를 惟爾有神은 尙明告之하라하고 乃以右手로 取其一策하여 反於櫝中하고 而以左右手로 中分四十九策하여 置格之左右兩大刻이니라

명령하기를 "떳떳함이 있는 泰筮를 빌립니다. 떳떳함이 있는 泰筮를 빌립니다. 某官 아무개가 이제 아무 일 때문에 가부를 알지 못하여 이에 의심나는 바를 신령님께 질정하오니, 吉凶得失과 悔吝憂虞를 神은 부디 밝게 고하소서" 하고는, 마침내 오른손으로 蓍策 하나를 취하여 櫝 가운데에 넣고 왼손과 오른손으로 49개의 蓍策을 반으로 나누어 시렁의 좌우 두 큰 홈에 놓는다.

此第一營이니 所謂分而爲二하여 以象兩者也라

이것이 제 1營이니, 이른바 '나누어 둘로 만들어서 兩儀를 상징한다.'는 것이다.

字義 假 : 빌릴 가 爰 : 이에 원 質 : 질정할 질

次以左手로 取左大刻之策하여 執之而以右手로 取右大刻之一策하여 掛于左手之小指間이니라

다음은 왼손으로 왼쪽 큰 홈의 蓍策을 취하여 잡고, 오른손으로 오른쪽 큰 홈의 1策을 취하여 왼손의 새끼손가락 사이에 건다.

此第二營이니 所謂掛一以象三者也라

이것이 제 2營이니, 이른바 '하나를 걸어서 三才를 상징한다.'는 것이다.

字義 掛 : 걸 괘

次以右手로 四揲左手之策하여

다음은 오른손으로 왼손의 蓍策을 넷씩 세어서

此第三營之半이니 所謂揲之以四하여 以象四時者也라

이것이 제 3營의 반이니, 이른바 '넷씩 세어 四時를 상징한다.'는 것이다.

字義 揲 : 셀 설

次歸其所餘之策호되 或一或二或三或四를 而扐之左手无名指間이니라

다음은 세고 남은 蓍策을 돌리되 혹 1개, 2개, 3개, 4개를 왼손의 무명지 사이에 끼운다.

此第四營之半이니 所謂歸奇於扐하여 以象閏者也라

이것이 제 4營의 반이니, 이른바 '나머지를 扐에 돌려서 윤달을 상징한다.'는 것이다.

字義 扐 : 낄 륵

次以右手로 反過揲之策於左大刻하고 遂取右大刻之策하여 執之而以左手四揲之하여

다음은 오른손으로 네 개씩 센 蓍策을 왼쪽 큰 홈에 되돌려 놓고, 마침내 오른쪽 큰

홈의 蓍策을 취하여 잡고서 왼손으로 네 개씩 세어서

此第三營之半이라

이것이 제 3營의 반이다.

次歸其所餘之策호되 如前而扐之左手中指之間이니라

다음은 남은 蓍策을 돌리되 앞서와 같이 하여 왼손의 가운데 손가락 사이에 끼운다.

此第四營之半이니 所謂再扐以象再閏者也라 一變所餘之策은 左一則右必三이요 左二則右亦二며 左三則右必一이요 左四則右亦四니 通掛一之策하여 不五則九라 五는 以一其四而爲奇요 九는 以兩其四而爲偶니 奇者三而偶者一也라

이것이 제 4營의 반이니, 이른바 '두 번 끼워 두 번 윤달을 상징한다.'는 것이다. 1變하고 남은 策은 왼쪽이 1이면 오른쪽은 반드시 3이고, 왼쪽이 2이면 오른쪽도 2이며, 왼쪽이 3이면 오른쪽은 반드시 1이고, 왼쪽이 4이면 오른쪽도 4이니, 걸어 놓은 한 蓍策까지 통틀어 5개가 아니면 9개이다. 5개는 4가 한 번 들어가기 때문에 奇가 되고, 9개는 4가 두 번 들어가기 때문에 偶가 되니, 奇가 나올 확률이 4분의 3이고 偶가 나올 확률이 4분의 1이다.

次以右手로 反過揲之策於右大刻하고 而合左手一掛二扐之策하여 置於格上第一小刻이니

다음은 오른손으로 센 蓍策을 오른쪽 큰 홈에 되돌려 놓고, 왼손에 한 번 걸고 두 번 끼운 蓍策을 합하여 시렁 위의 첫 번째 작은 홈에 놓는다.

以東爲上이니 後放此라

동쪽을 上으로 하니, 뒤도 이와 같다.

是爲一變이라 再以兩手로 取左右大刻之蓍合之하여

이것이 1變이다. 다시 두 손으로 좌우 큰 홈의 시초를 취하여 합해서

或四十四策, 或四十策이라

혹 44策이거나 혹 40策이다.

復四營을 如第一變之儀하여 而置其掛扐之策於格上第二小刻이니 是爲二變이라

다시 네 번 경영하기를 제 1變의 의식과 같이 하고서, 걸고 낀 蓍策을 시렁 위의 두 번째 작은 홈에 놓으니, 이것이 2變이다.

二變所餘之策은 左一則右必二요 左二則右必一이며 左三則右必四요 左四則右必三이니 通掛一之策하여 不四則八이라 四는 以一其四而爲奇요 八은 以兩其四而爲偶니 奇偶各得四之二焉이니라

2變하고 남은 蓍策은 왼쪽이 1이면 오른쪽은 반드시 2이고, 왼쪽이 2이면 오른쪽은 반드시 1이며, 왼쪽이 3이면 오른쪽은 반드시 4이고, 왼쪽이 4이면 오른쪽은 반드시 3이니, 걸어놓은 한 蓍策까지 통틀어 4가 아니면 8이다. 4는 4가 한 번 들어가기 때문에 奇가 되고 8은 4가 두 번 들어가기 때문에 偶가 되니, 奇偶가 나올 확률이 각각 4분의 2이다.

又再取左右大刻之蓍合之하여

또다시 좌우 큰 홈의 시초를 취하여 합해서

或四十策, 或三十六策, 或三十二策이라

혹 40책策이거나 혹 36策, 혹 32策이다.

復四營을 如第二變之儀하여 而置其掛扐之策於格上第三小刻이니 是爲三變이라

다시 네 번 경영하기를 제 2變의 의식과 같이 하고서, 걸고 낀 蓍策을 시렁 위의 세 번째 작은 홈에 두니, 이것이 3變이다.

三變餘策은 與二變同이라

3變하고 남은 蓍策은 2變과 같다.

三變旣畢이어든 乃視其三變所得掛扐過揲之策하여 而畫其爻於版이니라

3變을 이미 마치면 3變해서 얻은 바의 걸고 낀 것과 넷씩 센 蓍策을 보고서 그 爻를 누런 칠판에 긋는다.

掛扐之數는 五四爲奇요 九八爲偶니 掛扐三奇라 合十三策이면 則過揲三十六策而爲老陽하니 其畫爲▭니 所謂重也요 掛扐兩奇一偶라 合十七策이면 則過揲三十二策而爲少陰하니 其畫爲--이니 所謂拆也요 掛扐兩偶一奇라 合二十一策이면 則過揲二十八策而爲少陽하니 其畫爲━이니 所謂單也요 掛扐三偶라 合二十五策이면 則過揲二十四策而爲老陰하니 其畫爲✕니 所謂交也라

걸고 낀 수는 5와 4는 奇이고 9와 8은 偶이니, 걸고 낀 것이 세 번 모두 奇여서 합하여 13策이면 센 것이 36策이어서 老陽이 되는 바, 그 획은 ▭이니 이른바 重이란 것이다. 걸고 낀 것이 奇가 둘이고 偶가 하나여서 합하여 17策이면 센 것이 32策이어서 少陰이 되는 바, 그 획은 --이 되니 이른바 拆이란 것이다. 걸고 낀 것이 偶가 둘이고 奇가 하나여서 합하여 21策이면 센 것이 28策이어서 少陽이 되는 바, 그 획은 ━이니 이른바 單이란 것이다. 걸고 낀 것이 偶가 셋이어서 합하여 25策이 되면 센 것이 24策이어서 老陰이 되는 바, 그 획이 ✕이니 이른바 交란 것이다.

字義 重 : 거듭할 중 拆 : 터질 탁

如是每三變而成爻하여

이와 같이 매양 세 번 變하여 爻를 이루어서

第一第四第七第十第十三第十六凡六變이 竝同이라 但第三變以下는 不命하고 而但用四十九蓍耳라 第二第五第八第十一第十四第十七 凡六變도 亦同이요 第三第六第九第十二第十五第十八 凡六變도 亦同이니라

제1·제4·제7·제10·제13·제16 등 여섯 變함이 모두 같다. 다만 제 3變 이후는 명령하는 말을 하지 않고 다만 49개의 시초를 쓸 뿐이다. 제2·제5·제8·제11·제14·제17 등 여섯 變함도 같고, 제3·제6·제9·제12·제15·제18 등 여섯 變함도 같다.

凡十有八變而成卦어든 乃考其卦之變而占其事之吉凶이니라

무릇 열여덟 번 변하여 卦를 이루면 그 卦의 변함을 상고하고 일의 길흉을 점친다.

卦變은 別有圖說하니 見啓蒙하니라

卦變은 별도로 圖說이 있으니, 《易學啓蒙》에 보인다.

禮畢이어든 韜蓍하여 襲之以囊하여 入櫝加蓋하고 斂筆硯墨版하여 再焚香致敬而退니라

禮를 마치면 蓍草를 싸서 주머니에 넣어 독에 넣고 뚜껑을 덮으며, 붓과 벼루와 먹과 칠판을 거두어 다시 분향하고 공경을 지극히 하고 물러간다.

如使人筮면 則主人焚香하고 揖筮者而退니라

만일 다른 이를 시켜 점을 쳤으면 주인이 분향하고 점친 자에게 읍하고 물러간다.

字義 襲 : 들어갈 습 斂 : 거둘 렴 揖 : 읍할 읍

周易傳義 卷第一

周易上經

【本義】周는 代名也요 易은 書名也라 其卦는 本伏羲所畫이니 有交易變易之義[1]라 故로 謂之易이요 其辭則文王周公所繫라 故로 繫之周라 以其簡帙重大라 故로 分爲上下兩篇하니 經은 則伏羲之畫과 文王周公之辭也요 幷孔子所作之傳十篇하여 凡十二篇[2]이라 中間에 頗爲諸儒所亂이러니 近世晁氏[3]始正其失이나 而未能盡合古文이라 呂氏又更定著[4]하여 爲經二卷, 傳十卷하여 乃復孔氏之舊云[5]이라

周는 시대의 이름이고 易은 책이름이다. 괘는 본래 伏羲氏가 그었다. 交易과 變易의 뜻이 있기 때문에 易이라 하였고, 그 말씀〔辭〕은 文王과 周公이 붙였기 때문에 周를 붙였다. 서책이

1 有交易變易之義：易에는 簡易(이)·交易·變易의 뜻이 있는데, 簡易는 알기 쉽고 따르기 쉬움을 말하고, 變易은 잠시도 변화를 멈추지 않음을 말하며, 不易은 그러면서도 바뀌지 않는 이치가 있다는 말이다. 《朱子語類》에 "'變易'은 流行하는 것이고 '交易'은 對待하는 것이다." 하였고, 또 "交易은 陽이 陰과 사귀고 陰이 陽과 사귀는 것이니, 괘도상에 '하늘과 땅이 자리를 정하고, 산과 못이 기운을 통하며, 우레와 바람이 서로 부딪히고, 물과 불이 서로 해치지 않아 八卦가 교착하는 것〔天地定位 山澤通氣 雷風相薄 水火不相射 八卦相錯〕'이 이것이다. 變易은 陽이 陰으로 변하고 陰이 陽으로 변하는 것이니, 老陽이 변하여 少陰이 되고 老陰이 변하여 少陽이 되는 것이다. 이는 점치는 방법으로서 '밤과 낮', '추위와 더위', '굽힘과 폄', '가고 옴' 같은 것이 여기에 해당한다." 하였다.

2 幷孔子所作之傳十篇 凡十二篇：〈彖傳 上〉·〈彖傳 下〉·〈象傳 上〉·〈象傳 下〉·〈繫辭傳 上〉·〈繫辭傳 下〉·〈文言傳〉·〈說卦傳〉·〈序卦傳〉·〈雜卦傳〉의 10편에 《上經》·《下經》을 더하여 12편이라 하였다.

3 晁氏：晁說之(1059~1129)를 가리킨다. 자는 以道이고 자호는 景迂生이다. 시와 산수화에 능하였으며, 육경에 능통하였고, 특히 역학에 정통하였다. 《景迂生集》에 〈易元星紀譜〉와 〈易規〉가 전한다.

4 呂氏又更定著：呂氏는 呂祖謙(1137~1181)을 가리킨다. 그는 《易經》과 十翼을 분류하여 《古周易》을 편찬하였다.

5 乃復孔氏之舊云：孔氏는 孔子를 가리킨다. 呂祖謙의 《古周易》에 "孔壁에서 나온 古文 가운데 十翼은 《易經》을 다루지 않았으니, 그렇다면 十翼을 지은 애초에 十翼만으로 篇簡을 만든 것이다." 하였다. 孔子의 遺書가 孔壁을 통해 전해진 것이므로 이를 통해 孔子의 본래의 易은 易經과 十翼을 분리한 것임을 알 수 있다.

방대하기 때문에《上經》·《下經》2편으로 나누었으니, 經文은 복희씨가 그은 획과 문왕·주공의 말씀이다. 여기에 공자가 지은 傳 10편을 합하여 모두 12편이다. 중간에 자못 여러 학자들에게 어지럽혀졌는데, 근세에 晁說之가 처음으로 그 잘못을 바로잡았으나, 古文과 완전히 일치하지는 않는다. 呂祖謙이 또다시 면밀하게 검토하고 결정하여 저술해서 經 2권, 傳 10권으로 만들자, 마침내 예전 孔子의 易을 회복하게 되었다.

字義 卦 : 점괘 괘 羲 : 복희씨 희 畫 : 그을 획 帙 : 책권 차례 질 晁 : 성 조

1. 乾

䷀ 乾下乾上

下卦는 乾卦☰이고 上卦는 乾卦☰이다.

乾[1]은 元하고 亨하고 利하고 貞[2]하니라

【本義】元亨하고 利貞하니라

乾은 크고 형통하고 이롭고 바르다.

【본의】크게 형통하고, 바르게 함이 이롭다.

【傳】上古聖人이 始畫八卦하니 三才之道備矣라 因而重之하여 以盡天下之變이라 故로

---

1 乾 : 빌헬름 영문판 주역인《The I Ching》에서는 乾卦를 "Ch'ien / The Creative"라고 하였다. 건괘는 하늘이 운행하여 만물을 낳고 기르므로 '창조' 혹은 '창생'이라고 정의하였다.

2 元亨利貞 :《程傳》에서는 네 가지의 덕으로 보았는데,《本義》에서는 두 구절로 설명하여 "元亨하고 利貞하니라" 하였다.《朱子語類》에서 "'元亨'은 괘의 뜻을 제시해준 것이고, '利貞'은 이로 인하여 경계한 것이다." 하였다. 李恒老(朝鮮)는《周易傳義同異釋義》의 乾卦의 해석에서 "원·형·이·정을 네 가지 덕으로 해석하면 점으로 볼 수 없기 때문에, 정자가 해석한 다른 괘의 예에 따라 '크게 善하며 형통하고 정고하면 이롭다.'로 해석했다." 하였다.

六畫而成卦라 重乾爲乾이니 乾은 天也니 天者는 天之形體요 乾者는 天之性情이라 乾은 健也니 健而无息之謂乾이라 夫天은 專言之則道也니 天且弗違[3] 是也라 分而言之면 則以形體謂之天이요 以主宰謂之帝요 以功用謂之鬼神이요 以妙用謂之神이요 以性情謂之乾이라 乾者는 萬物之始라 故爲天爲陽爲父爲君이라 元亨利貞을 謂之四德이니 元者는 萬物之始요 亨者는 萬物之長이요 利者는 萬物之遂요 貞者는 萬物之成이라 唯乾坤이 有此四德이요 在他卦則隨事而變焉이라 故로 元은 專爲善大고 利는 主於正固요 亨貞之體는 各稱其事하니 四德之義 廣矣大矣라

상고시대에 성인이 처음으로 八卦를 그으니 三才의 道가 갖추어졌다. 이것을 중첩하여 천하의 변화를 다 드러내었기 때문에 획을 여섯 번 그어 괘를 완성하였다. 乾☰을 중첩하면 乾卦䷀가 되니, 乾은 天이다. '天'은 하늘의 형체이고, '乾'은 하늘의 성정이다. '乾'은 강건함이니 강건하여 하여 쉼이 없는 것을 '乾'이라 한다. '天'을 전적으로 말하면 道이니 "하늘도 어기지 않는다."는 것이 이것이다. 나누어서, 형체로 말하면 天이고, 主宰로 말하면 帝이며, 功用으로 말하면 귀신이고, 妙用으로 말하면 神이며, 性情으로 말하면 乾이다. '乾'은 만물의 시작이므로 하늘이고 양이며, 아버지이고 임금이다. 원·형·이·정을 네 가지 덕이라고 한다. 元은 만물의 시작이고, 亨은 만물의 성장이며, 利는 만물의 이룸이고, 貞은 만물의 완성이다. 乾卦와 坤卦만이 네 가지 덕이 있고, 다른 괘는 일에 따라서 변하기 때문에 元은 오로지 善하고 크며, 利는 바름과 견고함을 위주로 한다. 亨과 貞의 몸체는 각각 그 일에 걸맞게 하니, 네 가지 덕의 의미가 광대하다.

【本義】六畫者는 伏羲所畫之卦也라 ━者는 奇也니 陽之數也요 乾者는 健也니 陽之性也라 本註乾字[4]는 三畫卦之名也요 下者는 內卦也며 上者는 外卦也라 經文乾字는 六畫卦之名也라 伏羲仰觀俯察하여 見陰陽有奇耦(偶)之數라 故로 畫一奇以象陽하고 畫一耦以象陰하며 見一陰一陽有各生一陰一陽之象이라 故로 自下而上하고 再倍而三하여 以成八卦하며 見陽之性健而其成形之大者爲天이라 故로 三奇之卦를 名之曰乾而擬之於天也라 三畫已具하여 八卦已成이면 則又三倍其畫하여 以成六畫而於八卦之上에 各

---

3 天且弗違 : 대인은 천지의 덕과 일월의 밝음과 사시의 질서를 갖추고 있어서 하늘보다 먼저 행하여도 하늘이 인정하여 일이 이루어지도록 도와준다는 의미이다. 〈文言傳〉에 보인다.

4 本註乾字 : 저본은 각 괘의 설명을 괘그림으로 시작하고, 괘그림 아래에 上卦·下卦의 상징을 담은 註가 달려 있는데 이것을 本註라고 한다. 예컨대 乾卦의 本註는 '乾下乾上'이다.

加八卦하여 以成六十四卦也라 此卦는 六畫皆奇요 上下皆乾이니 則陽之純而健之至也라 故로 乾之名과 天之象이 皆不易焉이라 元亨利貞은 文王所繫之辭니 以斷一卦之吉凶이니 所謂彖辭者也라 元은 大也요 亨은 通也요 利는 宜也요 貞은 正而固也라 文王以爲乾道大通而至正이라 故로 於筮에 得此卦而六爻皆不變者는 言其占當得大通而必利在正固라하니 然後에야 可以保其終也라 此는 聖人所以作易하여 敎人卜筮하여 而可以開物成務之精意니 餘卦放此하니라

6획은 伏羲氏가 그은 卦이다. ━은 奇數(홀수)이니 陽의 數이고 乾은 강건함이니 陽의 성질이다. 本註의 乾字는 3획괘의 이름이고, 下는 內卦이고 上은 外卦이다. 經文의 乾字는 6획괘의 이름이다. 伏羲氏가 위로 天文을 우러러 보고 아래로 地理를 굽어 살펴서 陰과 陽에 奇數와 偶數가 있음을 보았으므로 하나의 奇數(━)를 그어 陽을 상징하고 하나의 偶數(╍)를 그어 陰을 상징하였다. 〈또〉 한 陰과 한 陽이 각각 한 陰과 한 陽을 낳는 象이 있음을 보았으므로 아래에서 위로 올라가고 다시 倍로 세 번 그어 八卦를 이루었다. 〈또〉 陽의 성질이 강건하고 형체를 이룸이 큰 것이 하늘임을 보았으므로 세 奇數의 卦를 乾이라 명명하여 하늘에 견주었다. 3획이 이미 갖추어져 八卦가 이루어지면 다시 배로 하여 3획을 더 그어 6획을 이루니 八卦의 위에 각각 八卦를 더하여 64卦를 이룬다. 乾卦䷀는 6획이 모두 奇數이고 上卦와 下卦가 모두 乾이니, 陽이 순수하고 강건함이 지극하기 때문에 乾이라는 이름과 天의 象이 모두 바뀌지 않는다. '元亨利貞'은 文王이 붙인 말씀[辭]으로 한 卦의 吉凶을 결단함이니, 이른바 彖辭이다. 元은 큼이고, 亨은 통함이며, 利는 마땅함이고, 貞은 바르고 단단함이다. 文王은 乾道가 크게 형통하고 지극히 바르다고 생각하였다. 그러므로 점을 쳐서 이 卦를 얻고 6효가 모두 변하지 않은 경우에는 그 占이 마땅히 크게 통함을 얻고 반드시 이로움이 바르고 단단함에 있다고 말하였으니, 이렇게 한 뒤에야 잘 마침을 보존할 수 있다. 이는 聖人이 易을 지어 사람들에게 卜筮를 가르쳐서 사물을 열어주고 일을 이루게 하신 정밀한 뜻이니, 나머지 卦도 이와 같다.

字義 元 : 으뜸 원 亨 : 형통할 형 利 : 이로울 리 貞 : 곧을 정 无 : 없을 무 偶 : 짝 우
擬 : 비길 의 筮 : 점칠 서

初九는 潛龍이니 勿用이니라

初九는 잠겨 있는 龍이니, 쓰지 말아야 한다.

【傳】下爻爲初라 九는 陽數之盛이라 故로 以名陽爻라 理는 无形也라 故로 假象以顯義하니

乾은 以龍爲象이라 龍之爲物이 靈變不測이라 故로 以象乾道變化와 陽氣消息과 聖人進退하니라 初九는 在一卦之下하여 爲始物之端하니 陽氣方萌하고 聖人側微라 若龍之潛隱하여 未可自用이니 當晦養以俟時니라

맨 아래에 있는 爻를 初라 한다. 九는 陽數가 성한 것이므로 陽爻를 명명하였다. 理는 형체가 없으므로 象을 빌어 뜻을 나타내었으니, 乾은 龍을 象으로 삼는다. 龍은 신령스럽고 변화불측하기 때문에 乾道의 변화와 陽氣의 消息(생겨남과 사라짐)과 聖人의 進退(나아감과 물러남)를 형상하였다. 初九는 한 卦의 아래에 있어서 사물을 시작하는 단서가 되니, 陽氣가 바야흐로 싹트고 聖人이 미천한 때이다. 마치 龍이 못에 잠겨있는 것과 같아서 자신의 생각대로 일을 처리할 수 없으니, 마땅히 숨어 기르면서 때를 기다려야 한다.

【本義】 初九者는 卦下陽爻之名이라 凡畫卦者는 自下而上이라 故로 以下爻爲初라 陽數는 九爲老요 七爲少라 老變而少不變[5]이라 故로 謂陽爻爲九라 潛龍勿用은 周公所繫之辭니 以斷一爻之吉凶이니 所謂爻辭者也라 潛은 藏也요 龍은 陽物也라 初陽在下하여 未可施用이라 故로 其象爲潛龍이요 其占曰勿用이니 凡遇乾而此爻變者는 當觀此象而玩其占也라 餘爻放此하니라

初九는 卦의 맨 아래에 있는 陽爻의 명칭이다. 무릇 卦를 긋는 순서는 아래에서 위로 올라가므로 아래의 爻를 初라 한다. 陽數는 九가 老陽이고 七이 少陽이다. 老陽은 변하나 少陽은 변하지 않으므로 陽爻를 九라 한다. '潛龍勿用'은 周公이 붙인 말씀으로 한 爻의 吉凶을 결단함이니, 이른바 爻辭이다. 潛은 감춤이고, 龍은 陽에 해당하는 물건이다. 初陽은 아래에 있어서 아직 시행할 수 없기 때문에 그 象은 못에 잠겨있는 龍이 되고, 그 점괘는 쓰지 말라 하였다. 무릇 〈점을 쳐서〉 乾卦를 만나고 이 爻가 변한 사람은 마땅히 이 象을 보고 그 점괘를 玩味해야 한다. 나머지 爻도 이와 같다.

字義 潛 : 잠길 잠 爻 : 육효 효 消 : 사라질 소 晦 : 숨을 회

九二는 見(현)龍在田이니 利見大人이니라

---

5 陽數……老變而少不變 : 蓍卦(시초를 세어 卦를 導出)한 결과가 9이면 老陽이라 하고, 6이면 老陰이라 하며, 7이면 少陽이라 하고, 8이면 少陰이라 하는데, 老는 변하고 少는 변하지 않는다. 爻는 변함을 위주로 하기 때문에 陽爻를 9라 하고, 陰爻를 6이라 한다.

九二는 나타난 龍이 밭에 있으니, 大人을 만나봄이 이롭다.

【傳】田은 地上也니 出見於地上하여 其德已著하니 以聖人言之하면 舜之田漁時也라 利見大德之君하여 以行其道요 君亦利見大德之臣하여 以共成其功이요 天下利見大德之人하여 以被其澤이니 大德之君은 九五也라 乾坤은 純體라 不分剛柔하고 而以同德相應[6]이니라

田은 땅 위이다. 땅 위에 출현하여 그 德이 이미 드러났으니, 聖人으로 말하면 舜임금이 농사짓고 물고기 잡던 때이다. 大德의 군주를 만나보아 그 道를 행함이 이롭고, 군주 또한 大德의 신하를 만나 함께 그 功을 이룸이 이로우며, 천하는 大德의 사람을 만나 그 혜택을 입음이 이로우니, 大德의 군주는 九五이다. 乾卦와 坤卦는 純體라서 剛과 柔를 나누지 않고 같은 德으로 서로 應한다.

【本義】二는 謂自下而上第二爻也니 後放此하니라 九二는 剛健中正하고 出潛離隱하여 澤及於物하니 物所利見이라 故로 其象이 爲見龍在田이요 其占이 爲利見大人이라 九二雖未得位나 而大人之德已著하니 常人은 不足以當之라 故로 値此爻之變者는 但爲利見此人而已니 蓋亦謂在下之大人也라 此는 以爻與占者로 相爲主賓하니 自爲一例라 若有見龍之德이면 則爲利見九五在上之大人矣니라

二는 아래에서 올라가는 방향으로 두 번째 爻를 말하니, 뒤에 나오는 爻도 〈順次가〉 이와 같다. 九二는 剛健하고 中正하며 잠겨있던 곳에서 나오고 숨어 있던 곳에서 떠나 혜택이 외물에 미치니, 외물이 만나봄이 이롭다. 그러므로 그 象은 나타난 龍이 밭에 있음이 되고, 그 占은 大人을 만나봄이 이롭다. 九二가 비록 지위를 얻지 못했으나 大人의 德이 이미 드러났으니, 보통사람은 이에 해당될 수가 없다. 그러므로 〈점을 쳐서〉 이 爻가 변함을 만난 자는 다만 이 大人을 만나봄이 이로울 뿐이니, 〈여기의 대인은〉 또한 아래에 있는 大人을 이른다. 이는 효와 점치는 자를 서로 주인과 손님의 관계로 본 것이니, 각각 하나의 例가 된다. 만약 〈점치는 자에게〉 '나타난 용의 덕'이 있다면 위에 있는 대인인 구오를 만나봄이 이롭다.

字義 見 : 나타날 현, 볼 견　田 : 밭 전, 농사지을 전

---

6 乾坤純體……而以同德相應 : 乾卦는 여섯 효 전부 陽爻이므로 純陽이라 하고 坤卦는 여섯 효 전부 陰爻이므로 純陰이라고 하는데, 이를 純體라고 한다. 剛柔는 양효와 음효를 이른다. 본래 효는 初爻와 四爻, 二爻와 五爻, 三爻와 上爻가 서로 음양이 달라야 호응하는데, 건괘와 곤괘만은 모두 純體이므로 건괘의 九二와 九五, 곤괘의 六二와 六五가 같은 中德으로 서로 응한다.

九三은 君子終日乾乾하여 夕惕若하면 厲하나 无咎리라

【本義】夕惕若이니

九三은 군자가 종일토록 힘쓰고 힘써 저녁까지도 두려워하면 위태로우나 허물이 없을 것이다.

【본의】저녁에 두려워함이니

【傳】三雖人位나 已在下體之上하니 未離於下而尊顯者也니 舜之玄德升聞時也라 日夕不懈而兢惕이면 則雖處危地而无咎라 在下之人而君德已著하여 天下將歸之면 其危懼可知라 雖言聖人事나 苟不設戒면 則何以爲教리오 作易之義也라

九三은 비록 사람의 자리이나 이미 下體(下卦)의 위에 있으니, 아직 아래를 떠나지 않았지만 높게 드러난 자이다. 〈이는 비유하자면〉 순임금의 숨겨진 덕이 올라가 위에 알려진 때에 해당한다. 밤낮으로 게을리하지 않고 조심하고 두려워하면 비록 위태로운 곳에 처하더라도 허물이 없을 것이다. 아래에 있는 사람으로서 〈그가 지닌〉 군주의 덕이 이미 드러나 천하 사람들이 장차 그에게 귀의하려 한다면, 그 위태로움과 두려움이 어떨지 알 만하다. 비록 성인의 일을 말하였으나 만일 경계의 뜻을 베풀지 않는다면 어찌 가르침이 되겠는가. 이것이《주역》을 지은 본래의 뜻이다.

【本義】九는 陽爻요 三은 陽位니 重剛不中하고 居下之上하니 乃危地也라 然性體剛健하여 有能乾乾惕厲之象이라 故로 其占如此라 君子는 指占者而言이니 言能憂懼如是면 則雖處危地而无咎也라

九는 陽爻이고 三은 陽位이니 거듭 剛하고 中하지 못하며, 下卦의 위에 있으니 위태로운 자리이다. 그러나 性과 體가 剛健하여, 힘쓰고 힘써 두려워하고 위태롭게 여기는 象이 있기 때문에 그 점이 이와 같다. 君子는 점치는 자를 가리켜 말한 것이니, 이와 같이 근심하고 두려워한다면 비록 위태로운 자리에 처하더라도 허물이 없음을 말하였다.

字義 惕 : 두려워할 척　厲 : 위태로울 려　兢 : 조심할 긍

九四는 或躍在淵하면 无咎리라

【本義】或躍在淵이니

九四는 혹 뛰어오르거나 연못에 있으면 허물이 없을 것이다.

【본의】혹 뛰어오르거나 연못에 있음이니

【傳】淵은 龍之所安也라 或은 疑辭니 謂非必也니 躍不躍을 唯及時以就安耳라 聖人之動은 无不時也니 舜之歷試時也라

못은 용이 편안하게 여기는 곳이다. 或은 의심하는 말이니, 꼭 그렇지는 않다는 말이다. 뛰어 오르거나 뛰어 오르지 않음을 오직 때에 맞게 하여 편안함에 나아갈 뿐이다. 성인의 움직임은 때에 맞지 않음이 없으니 〈九四는〉 순임금이 시험을 거칠 때에 해당한다.

【本義】或者는 疑而未定之辭라 躍者는 无所緣而絶於地니 特未飛爾라 淵者는 上空下洞하여 深昧不測之所라 龍之在是에 若下於田이나 或躍而起면 則向乎天矣라 九陽四陰이라 居上之下하니 改革之際요 進退未定之時也라 故로 其象如此요 其占은 能隨時進退則无咎也라

或은 의심하여 결정하지 못하는 말이다. 躍은 매인 줄이 없어 땅에서 떨어짐이니, 다만 날지 못할 뿐이다. 淵(못)은 위는 비고 아래는 뚫려 있어 깊고 어두워서 헤아릴 수 없는 곳이다. 용이 여기에 있을 때에는 밭보다 아래에 있는 듯하지만, 혹 뛰어서 일어나면 하늘로 향한다. 九는 양이고 四는 음이다. 上卦의 아래에 있으니 개혁의 즈음이고 아직 진퇴를 결정하지 못한 때이다. 그러므로 그 상은 이와 같고, 그 점은 때에 따라 진퇴할 수 있다면 허물이 없을 것이다.

字義 躍 : 뛸 약 淵 : 못 연

九五는 飛龍在天이니 利見大人이니라

九五는 나는 龍이 하늘에 있으니, 大人을 만나봄이 이롭다.

【傳】進位乎天位也라 聖人이 旣得天位면 則利見在下大德之人하여 與共成天下之事요 天下固利見夫大德之君也라

天位(天子의 지위)로 나아간다. 聖人이 이미 天位를 얻었다면 아래에 있는 大德의 사람을

만나보아 함께 천하의 일을 이루는 것이 이롭고, 천하 사람들은 진실로 大德의 군주를 만나보는 것이 이롭다.

【本義】剛健中正으로 以居尊位하니 如以聖人之德으로 居聖人之位라 故로 其象如此하고 而占法은 與九二同이나 特所利見者 在上之大人爾라 若有其位면 則爲利見九二在下之大人也라

강건하고 중정함으로 존귀한 자리에 있으니, 성인의 덕으로 성인의 지위에 있는 것과 같다. 그러므로 그 상이 이와 같고 점법은 九二와 같으나, 다만 〈다른 점은〉 만나보는 것이 이로운 당사자가 위에 있는 대인일 뿐이다. 만약 그런 지위를 소유하고 있는 사람이라면 아래에 있는 대인인 구이를 만나 봄이 이롭다.

上九는 亢龍이니 有悔리라

上九는 끝까지 올라간 龍이니, 후회가 있을 것이다.

【傳】九五者는 位之極中正者니 得時之極이요 過此則亢矣라 上九는 至於亢極이라 故로 有悔也니 有過則有悔라 唯聖人은 知進退存亡而无過하니 則不至於悔也라

九五는 지극히 중정한 자리이니 때를 얻음이 지극한 것이고, 이 九五를 지나면 지나치게 높게(亢) 된다. 上九는 지나치게 높은 데에 이르렀기 때문에 후회가 있는 것이니, 지나침이 있으면 후회가 있다. 오직 성인은 진퇴와 존망의 때를 알아 허물이 없으니, 후회에 이르지 않는다.

【本義】上者는 最上一爻之名이요 亢者는 過於上而不能下之意也라 陽極於上하여 動必有悔라 故로 其象占如此하니라

上은 가장 위에 있는 한 효의 명칭이고, 亢은 올라감에 지나쳐 내려오지 못하는 뜻이다. 양이 위에서 지극하여 움직임에 반드시 후회가 있기 때문에 상과 점이 이와 같다.

字義 亢 : 높을 항

用九는 見群龍호되 无首하면 吉하리라

【本義】見群龍无首니

用九는 여러 용을 보되 앞장섬이 없으면 길할 것이다.

【본의】여러 용이 머리가 없음을 봄이니

【傳】用九者는 處乾剛之道라 以陽居乾體하여 純乎剛者也라 剛柔相濟爲中이어늘 而乃以純剛하니 是는 過乎剛也라 見群龍은 謂觀諸陽之義니 无爲首則吉也라 以剛爲天下先은 凶之道也라

用九는 剛健한 乾卦에 처하는 道이다. 양으로서 乾의 卦體에 있어서 剛에 순수한 자이다. 剛과 柔가 서로 돕는 것이 中道인데 純剛(純陽)을 쓰니, 이는 剛에 지나침이다. '見群龍'은 여러 양을 살핀다는 뜻이니, 앞장섬이 없으면 길하다. 剛으로써 천하에 앞장섬은 흉한 도이다.

【本義】用九는 言凡筮得陽爻者皆用九而不用七이니 蓋諸卦百九十二陽爻之通例也라 以此卦純陽而居首라 故로 於此發之而聖人因繫之辭하여 使遇此卦而六爻皆變者로 卽此占之라 蓋六陽皆變하니 剛而能柔는 吉之道也라 故로 爲群龍无首之象이요 而其占은 爲如是則吉也라 春秋傳曰 乾之坤曰 見群龍无首吉[7]이라하니 蓋卽純坤卦辭牝馬之貞先迷後得東北喪朋之意라

用九는 점을 쳐서 陽爻를 얻은 경우에 九를 쓰고 七을 쓰지 않음을 말하는 것이니, 이는 모든 괘의 〈384효 중에서〉 양효인 192효에 공통된 예이다. 乾卦는 純陽으로서 책머리에 있기 때문에 여기에서 밝힌 것이고, 聖人이 인하여 말을 붙여서, 이 괘를 만나고 여섯 효가 모두 변한 경우에는 이것을 가지고 점치게 하였다. 이는 여섯 陽이 모두 변하였으니, 굳세면서도 부드러울 수 있는 것이 길한 도이다. 그러므로 여러 용이 머리가 없는 상이 되고, 그 점이 이와 같다면 길하다. 《春秋左氏傳》에 "乾卦가 坤卦로 변한 것에 대해 말하기를 '여러 용이 머리

---

7 春秋傳曰……見群龍无首吉 : 《春秋左氏傳》 소공 29년에 보인다. 이때 晉나라 絳都의 郊外에 龍이 出現하자, 蔡墨이 魏獻子에게 龍에 대해 설명하였다. 그는 乾卦 여섯 효 및 用九를 일일이 거론하며 용이 實存했음을 입증하였는데, 각 효를 지칭할 때 之卦의 형식을 취하였다. 즉 초구를 설명할 때 '乾之姤'라고 칭하는 방식이다. 여기에서 '乾之坤'은 바로 用九를 지칭한다. '乾之坤'은 乾卦의 여섯 효가 모두 老陽으로 이루어져 坤卦로 변하였음을 표현하는 말로서, 이때 乾卦를 本卦라 하고 坤卦를 之卦라 한다.

없음을 보니 길하다.' 하였다." 하였으니, 이는 純坤卦 괘사의 '암말의 곧음'과 '먼저 하면 혼미하여 도를 잃고 뒤에 하면 떳떳함을 얻음', 그리고 '동쪽과 북쪽에서 벗을 잃음'의 뜻이다.

字義 牝 : 암컷 빈

彖曰 大哉라 乾元이여 萬物이 資始하나니 乃統天이로다

〈彖傳〉에 말하였다. "위대하다. 乾의 元이여! 만물이 의뢰하여 시작하니, 이에 하늘을 통섭하도다.

【本義】彖은 卽文王所繫之辭요 傳者는 孔子所以釋經之辭也니 後凡言傳者는 倣此하니라

彖은 文王이 붙인 말이고 傳은 孔子가 經文을 해석한 말씀이니, 뒤에 傳이라고 말한 것은 모두 이와 같은 뜻이다.

○此는 專以天道로 明乾義하고 又析元亨利貞하여 爲四德하여 以發明之[8]而此一節은 首釋元義也라 大哉는 歎辭라 元은 大也, 始也라 乾元은 天德之大始라 故로 萬物之生이 皆資之以爲始也요 又爲四德之首而貫乎天德之始終이라 故로 曰統天이라

○이 글은 전적으로 하늘의 道로써 건괘의 뜻을 밝히고 원·형·이·정을 네 가지 덕으로 분석하여 발명하였는데, 이 한 구절은 우선 元의 뜻을 해석하였다. '大哉'는 감탄하는 말이고 '元'은 큼이며 시작의 뜻이다. 乾元은 天德의 큰 시작이므로 만물의 생성이 모두 이것을 의뢰하여 처음을 삼고, 또 네 가지 덕의 처음이 되어 天德의 처음과 끝을 관통하므로 하늘을 통섭한다고 말하였다.

字義 資 : 의뢰할 자

8 又析元亨利貞……以發明之 : 元亨利貞에 대한 卦辭의 해석은 程子와 朱子가 다르다. 그러나 〈彖傳〉은 孔子가 卦辭를 설명한 것이므로 《本義》에서도 孔子의 견해를 반영하여 네 가지 덕으로 보았다. 《大全》의 소주에서 胡一桂(元)는, 〈彖傳〉은 孔子가 文王의 卦辭를 찬술한 것이나 대부분 스스로 자신의 뜻을 발명하여 伏羲氏의 卦를 풀이하였으니 文王과 다 같지는 않다고 주장하면서 乾卦의 卦辭를 文王은 단지 점치는 말로 풀었는데, 孔子는 네 가지 덕으로 만들어 설명하였음을 예시하였다.

雲行雨施하여 品物이 流形[9]하나니라

구름이 가고 비가 내려 만물이 형체를 이룬다.

【本義】 此는 釋乾之亨也라

이 글은 乾卦의 亨을 해석하였다.

大明終始하면 六位時成하나니 時乘六龍하여 以御天하나니라

시작과 끝을 크게 밝히면 여섯 자리가 때에 맞게 이루어지니, 때에 맞게 여섯 마리의 용을 타고서 하늘을 다스린다.

【本義】 始는 卽元也요 終은 謂貞也니 不終則无始요 不貞則无以爲元也라 此는 言聖人이 大明乾道之終始면 則見卦之六位 各以時成하여 而乘此六陽하여 以行天道하니 是乃聖人之元亨也라

始는 곧 元이고, 終은 貞을 이르니, 마치지 않으면 시작이 없고, 바르지 않으면 元이 될 수 없다. 이는 성인이 건도의 끝과 시작을 크게 밝히면 괘의 여섯 자리가 제각기 때에 맞게 이루어져서 이 여섯 마리의 용을 타고 천도를 행함을 볼 수 있다고 말한 것이니, 이것이 바로 성인의 元亨이다.

字義 乘 : 탈 승 御 : 다스릴 어

乾道變化에 各正性命하나니 保合大和하여 乃利貞하니라

【本義】 各正性命하여 保合大和하나니 乃利貞이니라

---

9 品物流形 : 品物은 만물의 형체가 각각 다르기 때문에 만물과 같은 뜻으로 붙여진 명사이고, 流形은 종류대로 각기 다른 형체를 갖춤을 이른다. 徐有臣(朝鮮)은 《易義擬言》에서 "만물이 이에 이르면 각각 형상을 갖추어 부류가 다르기 때문에 '品物'이라 하였다." 하였고, 沈大允(朝鮮)은 《周易象義占法》에서 "'流形'은 기가 흘러 형체가 부여되는 것을 말한다." 하였다.

건도가 변하고 화함에 각각 性命을 바르게 하니, 큰 조화를 보전하고 합하여 이에 이롭고 바르다.

【본의】 각각 性命을 바르게 하여 큰 조화를 보전하고 합하니, 이에 바르게 함이 이롭다.

【本義】 變者는 化之漸이요 化者는 變之成이라 物所受爲性이요 天所賦爲命이라 大和는 陰陽會合沖和之氣也라 各正者는 得於有生之初요 保合者는 全於已生之後라 此는 言乾道變化하여 无所不利어늘 而萬物各得其性命以自全하니 以釋利貞之義也라

變은 化하는 데로 점점 나아가는 것이고, 化는 變이 이루어진 것이다. 만물이 받은 것을 性이라 하고 하늘이 주는 것을 命이라 한다. 大和는 음양이 만나 조화를 이룬 기운이다. '各正'은 만물이 태어나는 초기에 얻는 것이고 '保合'은 이미 태어난 뒤에 온전히 하는 것이다. 이는 건도가 변하고 화하여 이롭지 않음이 없는데 만물이 각기 그 성명을 얻어 스스로 온전히 함을 말하였으니, 利貞의 뜻을 해석하였다.

字義 沖 : 화할 충

首出庶物에 萬國이 咸寧하나니라

만물 중에서 으뜸으로 나오니 만국이 모두 편안하다."

【傳】 卦下之[10]辭爲彖이요 夫子從而釋之를 通謂之彖[11]이라 彖者는 言一卦之義라 故로 知者觀其彖辭면 則思過半矣라 大哉乾元은 贊乾元始萬物之道大也라 四德之元은 猶五常之仁하니 偏言則一事요 專言則包四者라 萬物資始乃統天은 言元也니 乾元은 統言天之道也라 天道始萬物하고 物[12]資始於天也라 雲行雨施品物流形은 言亨也니 天道運行하여 生育萬物也라 大明天道之終始면 則見卦之六位 各以時成하니 卦之初終은 乃天道終始라 乘此六爻之時는 乃天運也니 以御天은 謂以當天運이라 乾道變化에 生

10 之 : 《大全》의 간주에 "어떤 판본에는 '之'자가 없다." 하였다.

11 卦下之辭爲彖……通謂之彖 : 괘 아래의 말을 '彖'이라 할 때의 '彖'은 經文인 卦辭를 의미하고, 공자가 이를 해석한 것을 '彖'이라 할 때의 '彖'은 十翼의 하나인 〈彖傳〉을 의미한다. 이 〈彖傳〉을 《周易傳義》에서는 '彖曰'로 구분하였다.

12 物 : 《大全》의 간주에 "어떤 판본에는 앞에 '萬'자가 있다." 하였다.

育萬物하여 洪纖高下가 各以其類는 各正性命也라 天所賦爲命이요 物所受爲性이라 保合大和乃利貞은 保는 謂常存이요 合은 謂常和니 保合大和라 是以利且貞也라 天地之道常久而不已者는 保合大和也라 天爲萬物之祖요 王爲萬邦之宗이니 乾道首出庶物而萬彙亨하고 君道尊臨天位而四海從하니 王者體天之道면 則萬國咸寧也라

卦 아래의 말을 '彖'이라 하고, 공자가 이를 따라서 해석한 것도 통틀어서 '단'이라 한다. '단'이란 한 괘의 의미를 말한 것이므로 〈繫辭傳〉에 "지혜 있는 사람이 彖辭를 살펴보면 그 의미에 대한 깨달음이 절반은 넘을 것이다."라고 했다. '大哉乾元'이란 乾元이 만물을 시작하게 하는 道가 위대함을 찬미한 것이다. 네 가지 덕〔四德〕에서 '元'은 五常의 '仁'과 같으니, 부분적으로 말하면 한 가지 일이고, 전적으로 말하면 네 가지를 포함한다. '萬物資始乃統天'은 '元'을 말한 것이니, '건원'은 하늘의 도를 통괄하여 말한 것이다. 하늘의 도는 만물을 시작하게 하고, 만물은 하늘에 의뢰하여 시작한다. '雲行雨施, 品物流形'은 '亨'을 말한 것이니, 天道가 운행하여 만물을 낳고 기르는 것이다. 천도의 끝과 시작을 크게 밝히면 괘의 여섯 자리가 각각 때에 맞게 이루어짐을 볼 수 있으니, 괘의 처음과 끝은 곧 천도의 끝과 시작이다. 이 여섯 효의 때를 타는 것이 곧 하늘의 운행이니, '以御天'은 하늘의 운행에 맞게 함을 말한다. 건의 도가 변화하여 만물을 낳고 길러서 크고 작음과 높고 낮음이 각기 그 부류를 따르는 것이 각각의 性과 命을 바르게 하는 것이다. 하늘이 부여한 것을 '命'이라 하고, 만물이 받은 것을 '性'이라 한다. '保合大和乃利貞'에서 '保'는 항상 보존함이고 '合'은 항상 和함을 이르는 것이니, 크게 화합함을 보전하고 합하기 때문에 이롭고 또 바르다. 천지의 도가 항상 유구하고 그치지 않음은 크게 화합함을 보전하고 합하기 때문이다. 하늘은 만물의 조상이고, 王은 온 나라의 종주이다. 건도가 만물 중에 으뜸으로 나와서 만물이 형통하고, 군주의 도가 하늘의 자리에 높이 임하여 온 세상이 따르니, 왕 노릇 하는 자가 하늘의 도를 본받으면 만국이 다 편안하다.

【本義】聖人在上하여 高出於物은 猶乾道之變化也요 萬國各得其所而咸寧은 猶萬物之各正性命而保合大和也니 此는 言聖人之利貞也라 蓋嘗統而論之하면 元者는 物之始生이요 亨者는 物之暢茂요 利則向於實也요 貞則實之成也라 實之旣成이면 則其根蔕脫落하여 可復種而生矣니 此는 四德之所以循環而无端也라 然而四者之間에 生氣流行하여 初无間斷하니 此는 元之所以包四德而統天也라 其以聖人而言하면 則孔子之意는 蓋以此卦로 爲聖人得天位行天道而致太平之占也니 雖其文義 有非文王之舊者나 然讀者各以其意求之면 則竝行而不悖也라 坤卦放此하니라

聖人이 윗자리에 있어 만물 중에 우뚝 뛰어남은 乾道의 변화함과 같고, 萬國이 각기 그 살 곳을 얻어 다 편안함은 만물이 각기 性命을 바르게 하여 크게 화합함을 보전하고 합함과 같으니, 이는 聖人의 利貞을 말한 것이다. 일찍이 통섭하여 논하면, 元은 물건이 처음 생김이고, 亨은 만물이 번창하고 무성함이며, 利는 열매로 나아감이고, 貞은 열매가 완성된 것이다. 열매가 이미 완성되면 그 뿌리와 꼭지가 떨어져서 다시 심어 생겨날 수가 있으니, 이는 네 가지 덕이 순환하여 끝이 없는 까닭이다. 그러나 네 가지 德의 사이에 生氣가 流行하여 처음부터 끊어짐이 없으니, 이것이 元이 네 가지 덕을 포괄하여 하늘을 통섭하는 까닭이다. 이를 聖人의 입장에서 말하면, 孔子의 뜻은 이 卦를 聖人이 天位를 얻어 天道를 행하여 태평성대를 이루는 占이라 여긴 것이니, 비록 그 글 뜻은 文王의 옛것이 아님이 있으나, 읽는 이가 각각 그 뜻으로 찾는다면 함께 행해지고 모순되지 않을 것이다. 坤卦도 이와 같다.

字義 咸 : 다 함 洪 : 클 홍 纖 : 가늘 섬 賦 : 줄 부 彙 : 무리 휘 蔕 : 꼭지 체 循 : 따를 순 環 : 돌 환

象曰 天行이 健하니 君子以하여 自彊不息하나니라

〈象傳〉에 말하였다. "하늘의 운행이 굳세니 君子가 이것을 본받아 스스로 힘쓰고 쉬지 않는다.

【傳】卦下象은 解一卦之象이요 爻下象은 解一爻之象이니 諸卦皆取象以爲法하니라 乾道覆(부)育之象이 至大하여 非聖人이면 莫能體하니 欲人皆可取法也라 故로 取其行健而已니 至健은 固足以見天道也라 君子以自彊不息은 法天行之健也라

괘 아래의 象은 한 卦의 象을 해석한 것이고, 爻 아래의 象은 한 爻의 象을 해석한 것이니, 모든 卦가 다 象을 취하여 法으로 삼는다. 乾道의 덮어주고 기르는 象은 지극히 커서 聖人이 아니면 체행할 수 없으니, 사람들에게 누구나 취하여 法을 삼게 하고자 하였다. 그러므로 그 운행이 강건함을 취했을 뿐이니, 지극히 강건함은 진실로 天道를 보기에 충분하다. 君子가 보고서 스스로 힘쓰고 쉬지 않음은 하늘의 운행이 강건함을 본받는 것이다.

【本義】象者는 卦之上下兩象과 及兩象之六爻니 周公所繫之辭也라

象은 卦의 위아래 두 象과 두 象으로 이루어진 여섯 효이니, 周公이 붙인 말씀이다.

○天은 乾卦之象也니 凡重卦는 皆取重義로되 此獨不然者[13]는 天一而已라 但言天行則見其一日一周而明日又一周하여 若重複之象이니 非至健이면 不能也라 君子法之하여 不以人欲害其天德之剛이면 則自彊而不息矣리라

○하늘은 乾卦의 象이니, 무릇 重卦는 모두 '거듭'의 뜻을 취하였으나 이 乾卦☰만이 그렇지 않은 까닭은 하늘은 〈3획괘의 乾이나 6획괘의 乾이나〉 하나일 뿐이기 때문이다. 다만 하늘의 운행이라고만 말하면 하루에 한번 돌고 다음날 또 한 번 돌아 중복의 象을 볼 수 있으니, 지극히 강건함이 아니면 할 수 없다. 君子가 이를 본받아 人慾으로써 天德의 강건함을 해치지 않으니, 그렇게 되면 스스로 힘쓰고 쉬지 않을 것이다.

字義 彊 : 힘쓸 강　息 : 쉴 식　覆 : 덮을 부

潛龍勿用은 陽在下也요

'잠겨있는 용이니 쓰지 말라'는 陽이 아래에 있기 때문이고,

【傳】陽氣在下하고 君子處微하여 未可用也라

陽氣가 아래에 있고 君子가 미천한 자리에 있어서 쓸 수가 없다.

【本義】陽은 謂九요 下는 謂潛이라

陽은 九를 이르고, 下는 잠겨있음을 이른다.

見龍在田은 德施普也요

'나타난 龍이 밭에 있다.'는 德을 널리 베풂이고,

13 凡重卦……此獨不然者 : 八卦를 상하로 둘씩 중첩하면 여섯 효로 이루어진 64개의 괘가 만들어진다. 이를 六畫卦 혹은 大成卦라고 하며, 아래에 있는 三畫卦를 '下卦' 혹은 '內卦'라 하고 위에 있는 三畫卦를 '上卦' 혹은 '外卦'라 하는데, 이때 上卦와 下卦가 같은 卦로 이루어진 것을 重卦라고 한다. 乾卦를 제외한 重卦는 모두 중첩된 뜻을 취하여 풀이하였다.

【傳】見於地上하니 德化及物하여 其施已普也라

땅 위에 나타나니 德化가 만물에 미쳐 그 베풂이 이미 넓다.

字義 普 : 넓을 보

終日乾乾은 反復道也요

【本義】反復道也요

'종일토록 힘쓰고 힘쓴다.'는 반복하기를 道로써 함이고,

【본의】道를 반복함이고,

【傳】進退動息을 必以道也라

나아가고 물러나며 움직이고 멈춤을 반드시 道로써 한다는 것이다.

【本義】反復은 重複踐行之意라

反復은 거듭하여 실천한다는 뜻이다.

或躍在淵은 進无咎也요

'혹 뛰어오르거나 연못에 있다.'는 나아감이 허물이 없다는 것이고,

【傳】量可而進[14]하여 適其時則无咎也[15]라

가함을 헤아려 나아가서 시기에 알맞으면 허물이 없는 것이다.

【本義】可以進而不必進也라

---

14 進 : 《大全》의 간주에 "어떤 판본에는 뒤에 '也'자가 있다." 하였다.

15 也 : 《大全》의 간주에 "어떤 판본에는 '也'자가 없다." 하였다.

나아갈 수는 있으나 반드시 나아가는 것은 아니다.

字義 躍 : 뛰어오를 약　淵 : 못 연

飛龍在天은 大人造也요

【本義】大人造也요

'나는 龍이 하늘에 있다.'는 大人의 일이고,

【본의】大人이 일함이고,

【傳】大人之爲는 聖人[16]之事也라

大人의 함은 聖人의 일이다.

【本義】造는 猶作也라

造는 作(일함)과 같다.

字義 造 : 일 조, 일할 조

亢龍有悔는 盈不可久也요

'끝까지 올라간 龍이니 후회가 있다.'는 가득함은 오래 갈 수 없다는 뜻이고,

【傳】盈則變이니 有悔也라

가득하면 변하게 마련이니, 뉘우침이 있다.

用九는 天德은 不可爲首也라

---

16 人 : 《大全》의 간주에 "어떤 판본에는 '人'자가 없다." 하였다.

用九는 天德은 앞 섬(머리)이 되어서는 안 된다는 것이다."

【傳】用九는 天德也라 天德은 陽剛이니 復用剛而好先이면 則過矣라

用九는 天德이다. 天德은 강건한 陽이니, 다시 剛을 써서 앞서기를 좋아하면 지나치다.

【本義】言陽剛은 不可爲物先이라 故로 六陽皆變而吉이라

강건한 陽은 사물의 먼저가 되어서는 안 됨을 말하였다. 그러므로 여섯 陽이 모두 변하여 길한 것이다.

○天行以下를 先儒謂之大象이요 潛龍以下를 先儒謂之小象[17]이니 後放此하니라

○'天行' 이하를 先儒들은 大象이라 이르고, '潛龍' 이하를 先儒들은 小象이라 일렀으니, 뒤도 이와 같다.

文言曰 元者는 善之長也요 亨者는 嘉之會也요 利者는 義之和也요 貞者는 事之幹也니

〈文言傳〉에 말하였다. "元은 善의 으뜸이고, 亨은 아름다움의 모임이며, 利는 의로움에 화합함이고, 貞은 일의 근간이니,

【傳】他卦는 彖象而已로되 獨乾坤은 更設文言하여 以發明其[18]義하니라 推乾之道하여 施於人事하니 元亨利貞乾之四德이 在人이면 則元者는 衆善之首也요 亨者는 嘉美之會也요 利者는 和合於義也요 貞者는 幹事之用也라

다른 괘는 〈彖傳〉과 〈象傳〉뿐인데, 乾卦와 坤卦만이 다시 〈文言傳〉을 두어 그 뜻을 밝혔다. 乾의 道를 미루어 사람의 일에 시행하니, 乾의 元·亨·利·貞 네 가지 德이 사람에게 있으면 元은 여러 善의 으뜸이고, 亨은 아름다움의 모임이며, 利는 의로움에 화합함이고, 貞은 일

17 天行以下……先儒謂之小象 : '天行' 以下는 卦의 象을 설명한 것이고, '潛龍' 以下는 爻의 象을 설명한 것이다. 前者를 '大象'이라 하고, 後者를 '小象'이라 한다.

18 其 : 《大全》의 간주에 "어떤 판본에는 '文'자로 되어 있다." 하였다.

의 근간이 되는 쓰임이다.

【本義】此篇은 申彖傳象傳之意하여 以盡乾坤二卦之蘊하니 而餘卦之說도 因可以例推云이라

이 편은 〈彖傳〉과 〈象傳〉의 뜻을 거듭 말하여 乾·坤 두 卦의 깊은 뜻을 다 밝혔으니, 다른 卦의 말도 따라서 이 예로 미루어 알 수 있다.

○元者는 生物之始니 天地之德이 莫先於此라 故로 於時爲春이요 於人則爲仁而衆善之長也며 亨者는 生物之通이니 物至於此하면 莫不嘉美라 故로 於時爲夏요 於人則爲禮而衆美之會也며 利者는 生物之遂니 物各得宜하여 不相妨害라 故로 於時爲秋요 於人則爲義而得其分之和며 貞者는 生物之成이니 實理具備하여 隨在各足이라 故로 於時爲冬이요 於人則爲智而爲衆事之幹이니 幹은 木之身而枝葉所依以立者也라

○元은 生物(만물을 낳는)의 시초이니, 天地의 德 중에 이보다 먼저하는 것이 없기 때문에 四時에 있어서는 봄이 되고 사람에게 있어서는 仁이 되어 모든 善의 으뜸이 된다. 亨은 生物의 형통함이니, 만물이 여기에 이르면 아름답지 않은 것이 없기 때문에 四時에 있어서는 여름이 되고 사람에게 있어서는 禮가 되어 모든 아름다움의 모임이 된다. 利는 生物의 이룸이니, 만물이 각각 마땅함을 얻어 서로 방해하지 않기 때문에 四時에 있어서는 가을이 되고 사람에게 있어서는 義가 되어 그 분수에 화합함을 얻음이 된다. 貞은 生物의 완성이니, 實理가 갖추어져서 있는 곳에 따라 각각 풍족하기 때문에 四時에 있어서는 겨울이 되고 사람에게 있어서는 智가 되어 모든 일의 근간이 된다. 幹은 나무의 몸통으로 가지와 잎이 이에 의지하여 서는 것이다.

字義 幹 : 줄기 간　申 : 거듭할 신

君子體仁이 足以長人이며

君子가 仁을 체행함이 사람의 우두머리가 될 만하며,

【傳】體法於乾之仁은 乃爲君長之道니 足以長人也라 體仁은 體元也니 比而效之를 謂之體라

乾의 仁을 체행하여 본받음은 곧 君長이 될 수 있는 道이니, 사람의 우두머리가 될 만하다.

仁을 체행함은 元을 체행하는 것이니, 견주어 본받는 것을 體라 한다.

嘉會足以合禮며

모임을 아름답게 함이 禮에 합할 만하며,

【傳】得會通之嘉라야 乃合於禮也라 不合禮則非理니 豈得爲嘉리오 非理면 安有亨乎아

會通(사물의 이치가 모두 모이고 막힘없이 통함)의 아름다움을 얻어야 禮에 합한다. 禮에 합하지 않으면 이치가 아니니, 어찌 아름다울 수 있겠는가. 이치가 아니면 어찌 형통함이 있겠는가.

利物이 足以和義며

물건을 이롭게 함이 의로움에 화합할 만하며,

【傳】和於義라야 乃能利物이니 豈有不得其宜而能利物者乎아

義에 화합하여야 물건을 이롭게 할 수 있으니, 어찌 마땅함을 얻지 못하고서 물건을 이롭게 할 수 있겠는가.

貞固足以幹事니

바르고 굳게 지킴이 일의 근간이 될 만하니,

【傳】貞[19]固는 所以能幹事也라

바르고 굳게 지킴은 일의 근간이 될 수 있다.

【本義】以仁爲體면 則无一物不在所愛之中이라 故로 足以長人이요 嘉其所會면 則无不

19 貞 : 《大全》의 간주에 "어떤 판본에는 '正'자로 되어 있다." 하였다.

合禮요 使物各得其所利면 則義无不和라 貞固者는 知正之所在而固守之니 所謂知而弗去者也[20]라 故로 足以爲事之幹이라

仁으로써 본체를 삼으면 어느 한 물건도 사랑하는 가운데 있지 않음이 없으므로 사람의 우두머리가 될 만하고, 그 모이는 바를 아름답게 하면 禮에 합하지 않음이 없고, 물건으로 하여금 그 이로운 바를 얻게 하면 의로움에 화합하지 않음이 없다. 貞固라는 것은 正道가 있는 곳을 알아 굳게 지키는 것이니, 이른바 '알아서 버리지 않는다.'는 것이다. 그러므로 일의 근간이 될 수 있다.

君子行此四德者라 故로 曰 乾元亨利貞이라

君子는 이 네 가지 德을 행하는 자이므로 '乾 元亨利貞'이라고 하였다.

【傳】行此四德이라야 乃合於乾也라

이 네 가지 德을 행하여야 乾道에 합한다.

【本義】非君子之至健이면 无以行此라 故로 曰乾元亨利貞이라하니라

君子의 지극한 강건함이 아니면 이것을 행할 수 없기 때문에 "乾, 元亨利貞."이라고 하였다.

○此는 第一節이니 申彖傳之意라 與春秋傳所載穆姜之言不異[21]하니 疑古者已有此語어늘 穆姜稱之요 而夫子亦有取焉이라 故로 下文에 別以子曰로 表孔子之辭하니 蓋傳

---

20 所謂知而弗去者也 : 《孟子》〈離婁 上〉에 "仁의 실상은 어버이를 섬기는 것이 이에 해당하고, 義의 실상은 兄을 따르는 것이 이에 해당하고, 智의 실상은 이 두 가지를 알아 항상 지키는 것이다.〔仁之實 事親是也 義之實 從兄是也 智之實 知斯二者弗去是也〕" 하였다.

21 與春秋傳所載穆姜之言不異 : 穆姜(?~BC. 564)은 魯나라 宣公의 부인이며, 슬하에 成公과 伯姬를 두었다. 기원전 575년, 자신의 아들 成公을 폐위시키고 대신 자신의 내연남인 叔孫僑如를 임금으로 옹립하려다가 들통이 나 동궁에 유폐된다. 이때 시초점을 쳤는데 艮之八(艮卦가 八로 변한 卦)이 나오니, 筮史가 艮之八 즉 艮之隨를 隨卦䷐의 彖辭로 점을 쳐서 판단하여 탈출할 것을 권유하였다. 이에 목강은 元亨利貞을 네 가지 덕으로 조목조목 풀었는데, 〈문언전〉의 이 글과 같다. 목강은 "이 네 가지 德이 있는 사람은 隨卦를 만나도 災禍가 없지만 나에게는 네 德이 전혀 없으니 어찌 隨卦의 卦辭에 符合할 수 있겠는가?" 하고 동궁에서 나가지 않고 그대로 죽었다.(《春秋左氏傳》 襄公 9년)

者欲以明此章之爲古語也라

○이는 제1절이니, 〈彖傳〉의 뜻을 거듭 밝혔다. 이는 《春秋左氏傳》에 실린 穆姜의 말과 다르지 않다. 아마도 옛날에 이미 이런 말이 있었는데 그 말을 穆姜이 칭하였고 孔子도 취하신 듯하다. 그러므로 아래 글에 별도로 '子曰'로써 孔子의 말씀임을 표시한 것이니, 여기에서는 대체로 전하는 자가 이 章이 옛말임을 밝히고자 한 듯하다.

字義 穆 : 공경할 목

初九曰 潛龍勿用은 何謂也오 子曰 龍德而隱者也니 不易乎世하며 不成乎名하여 遯世无悶하며 不見是而无悶하여 樂(낙)則行之하고 憂則違之하여 確乎其不可拔이 潛龍也라

初九에 말하기를 '잠겨 있는 龍이니, 쓰지 말아야 한다.'는 것은 무슨 말인가? 孔子가 말하였다. '龍의 德을 가지고 있으면서 은둔한 자이니, 세상에 迎合하여 지조를 바꾸지 않으며 명성을 이루려 하지 않아서, 세상을 피해 은둔하되 근심하지 않으며, 남으로부터 인정을 받지 못하여도 고민하지 않는다. 세상이 즐거우면(태평하면) 道를 행하고 세상이 근심스러우면 떠나서 은둔하여, 뜻이 확고하여 뽑을 수 없는 것이 잠겨 있는 龍이다.'

【傳】自此以下는 言乾之用하니 用九之道也라 初九는 陽之微라 龍德之潛隱이니 乃聖賢之在側陋也라 守其道하여 不隨世而變하고 晦其行하여 不求知於時하여 自信自樂하여 見可而動하고 知難而避하여 其守堅不可奪이니 潛龍之德也라

이 이하는 乾卦의 쓰임을 말하였으니, 九를 쓰는 방법이다. 初九는 陽이 미미하다. 용의 덕이 잠기고 숨은 것이니, 바로 聖賢이 미천할 때에 해당한다. 그 道를 지켜서 세상을 따라 변하지 않으며, 그 행동을 감추어 세상에 알려지기를 구하지 않는다. 스스로 믿고 스스로 즐거워하여 가능함을 보고 움직이며 어려움을 알고 피하여, 그 지킴이 확고하여 빼앗을 수 없으니, 잠겨있는 龍의 德이다.

【本義】龍德은 聖人之德也니 在下故隱이라 易은 謂變其所守라 大抵乾卦六爻를 文言은 皆以聖人明之하니 有隱顯而无淺深也라

龍德은 聖人의 德인데, 아랫자리에 있으므로 숨은 것이다. 易은 지키는 바를 변함을 이른다. 대체로 乾卦의 여섯 효를 〈文言傳〉에서는 모두 聖人으로 밝혔으니, 숨고 나타남은 있으나 깊고 얕음은 없다.

字義 遯 : 숨을 둔(돈) 悶 : 근심할 민 違 : 떠날 위 拔 : 뽑을 발

九二曰 見龍在田利見大人은 何謂也오 子曰 龍德而正中者也니 庸言之信하며 庸行之謹하여 閑邪存其誠하며 善世而不伐하며 德博而化니 易曰見龍在田利見大人이라하니 君德也라

九二에 말하기를 '나타난 龍이 밭에 있으니 大人을 만나봄이 이롭다.'는 것은 무슨 말인가? 孔子가 말하였다. '용의 덕을 지니고 正中한 자이니, 평상시의 말을 미덥게 하며 평상시의 행동을 삼가서 간사함을 막고 誠을 보존하며, 세상을 좋게 하고도 자신의 공로를 자랑하지 아니하며, 德이 넓어 교화하는 자이다. 易에 이르기를 '나타난 龍이 밭에 있으니 大人을 만나봄이 이롭다.'고 하였으니, 이는 군주의 德이다.'

【傳】 以龍德而處正中者也라 在卦之正中하니 爲得正中之義라 庸信庸謹은 造次必於是也[22]라 旣處无過之地면 則唯在閑邪니 邪旣閑則誠存矣라 善世而不伐은 不有其善也요 德博而化는 正己而物正也니 皆大人之事니 雖非君位나 君之德也라

〈大人은〉 용의 덕을 지니고 正中으로 처신하는 자이다. 下卦의 정 가운데에 있으니 正中을 얻은 뜻이 된다. '평상시의 말을 믿게 하고 평상시의 행실을 삼간다.'는 것은 '잠시라도 반드시 마음을 여기에 두는 것[造次必於是]'이다. 이미 과실이 없는 곳에 처했으면 오직 간사함을 막음에 있을 뿐이니, 이미 간사함을 막으면 誠이 보존된다. '세상을 좋게 하고도 자신의 공로를 자랑하지 않는다.'는 것은 '잘함'을 소유하지 않는 것이고, '德이 넓어 교화시킨다.'는 것은 자기를 바르게 함에 남이 바루어지는 것이다. 이는 모두 大人의 일이니, 비록 임금의 자리는 아니어도 임금의 德이다.

---

22 造次必於是也 : 《論語》〈里仁〉에 "군자는 한 끼 밥먹을 시간이라도 仁을 떠남이 없으니, 조차라도 반드시 이렇게 하며, 전패라도 반드시 이렇게 한다.[君子無終食之間違仁 造次必於是 顚沛必於是]" 하였는데, 《集註》에 "조차는 급하고 구차한 때이고 전패는 전복을 당하고 떠돌아다니는 즈음이다.[造次 急遽苟且之時 顚沛 傾覆流離之際]" 하였다.

【本義】正中은 不潛而未躍之時也라 常言亦信하고 常行亦謹은 盛德之至也라 閑邪存其誠은 无斁亦保之意[23]라 言君德也者는 釋大人之爲九二也라

正中은 못에 잠기지도 않고 위로 뛰어오르지도 않은 때이다. 평상시의 말도 미덥게 하고 평상시의 행동도 삼감은 훌륭한 德이 지극한 것이다. 간사함을 막고 誠을 보존한다는 것은 싫어함이 없을 때에도 보존한다는 뜻이다. '군주의 덕'이라고 말한 것은 大人이 九二가 됨을 해석한 것이다.

字義 庸 : 평상 용 閑 : 막을 한 伐 : 자랑할 벌 斁 : 싫어할 역

九三曰 君子終日乾乾夕惕若厲无咎는 何謂也오 子曰 君子進德修業하나니 忠信이 所以進德也요 修辭立其誠이 所以居業也[24]라 知至至之라 可與幾也며 知終終之라 可與存義也니 是故로 居上位而不驕하며 在下位而不憂하나니 故로 乾乾하여 因其時而惕하면 雖危나 无咎矣리라

九三에 말하기를 '君子가 종일토록 힘쓰고 힘써 저녁까지도 두려워하면 위태로우나 허물이 없을 것이다.'라는 것은 무슨 말인가? 孔子가 말하였다. '君子는 德을 증진하고 業을 닦으니, 忠·信이 德을 증진하는 것이고 말을 함에 성실함을 세움이 業을 닦음을 보유하는 것이다. 이를 데를 알아 이르므로 더불어 기미를 알 수 있고, 마칠 데를 알아 마치므로 더불어 義를 보존할 수 있다. 이러므로 윗자리에 있어도 교만하지 않으며 아랫자리에 있어도 근심하지 않기 때문에 힘쓰고 힘써 때에 따라 두려워하면 비록 위태로우나 허물이 없을 것이다.'

【傳】三居下之上而君德已著하니 將何爲哉아 唯進德修業而已라 內積忠信은 所以進德

---

23 无斁亦保之意 : 无斁亦保는 《시경》〈大雅 思齊〉에 "보이지 않는 곳에서도 上帝가 강림한 것처럼 공경하는 마음을 지니고, 싫어함이 없을 때에도 항상 공경하는 마음을 보존하였다.[不顯亦臨 無射亦保]"라고 보인다. 射(역)은 斁과 같으니, 斁은 싫증나고 게을러짐이다. 鄭玄은 "斁 厭也"라고 하였다. 聖賢은 이런 때일수록 더욱 마음을 가다듬어 用功하여 마음을 보전한다는 뜻이다.

24 所以居業也 : 居를 '보유하다.'로 번역하였다. 《朱子語類》에서는 居자를 存자와 밀접한 뜻으로 보았고, 李瀷(朝鮮)은 《易經疾書》에서 "居는 지니고 있는 것이다.[居者 有之也]" 하였다.

也요 擇言篤志는 所以居業也라 知至至之는 致知也니 求知所至而後[25]至之니 知之在先이라 故로 可與幾니 所謂始條理者知之事也[26]라 知終終之는 力行也니 旣知所終이면 則力進而終之니 守之在後라 故로 可與存義니 所謂終條理者聖之事也니 此는 學之始終也라 君子之學如是라 故로 知處上下之道而无驕憂하고 不懈而知懼하여 雖在危地而无咎也라

九三은 下卦의 위에 있어 군주의 德이 이미 드러났으니, 장차 무슨 일을 하겠는가? 오직 德을 증진하고 業을 닦을 뿐이다. 안에 忠·信을 쌓는 것은 '德을 증진함'이고, 말을 가려서 하고 뜻을 돈독히 하는 것은 '業을 닦는 일을 둠'이다. 이를 데를 알아 이르는 것은 '致知'이니, 이를 데를 알기를 구한 뒤에 이르니, 아는 것이 行보다 앞에 있다. 그러므로 더불어 기미를 안다고 한 것이니, 《孟子》〈萬章 下〉에 이른바 '條理를 시작함은 智의 일'이다. 마칠 데를 알아 마치는 것은 '力行'이니, 이미 마칠 곳을 알았으면 힘써 나아가 마쳐야 하니, 지키는 것은 〈아는 것보다〉 뒤에 있다. 그러므로 더불어 義를 보존하는 것이니, 《孟子》에 이른바 '條理를 끝마침은 聖의 일'이다. 이는 학문의 시작과 끝이다. 君子의 학문이 이와 같기 때문에 위와 아래에 처하는 도리를 알아 교만하거나 근심하지 않고 게을리하지 않으며 두려워할 줄을 알아 비록 위태로운 자리에 있더라도 허물이 없는 것이다.

【本義】 忠信은 主於心者니 无一念之不誠也요 修辭는 見於事者니 无一言之不實也라 雖有忠信之心이나 然非修辭立誠이면 則无以居之라 知至至之는 進德之事요 知終終之는 居業之事니 所以終日乾乾而夕猶惕若者는 以此故也라 可上可下하고 不驕不憂하니 所謂无咎也라

忠信은 마음에 주장하는 것이니 한 생각이라도 성실하지 않음이 없는 것이고, 말을 함은 일에 나타나는 것이니 한 마디 말이라도 성실하지 않음이 없는 것이다. 비록 忠信의 마음이 있더라도 말을 함에 성실함을 세운 것이 아니라면 보존할 수 없다. 이를 데를 알아 이름은 德을 증진하는 일이고, 마칠 데를 알아 마침은 業을 닦음을 보존하는 일이니, 종일토록 힘쓰고

---

25 後 : 《大全》의 간주에 "어떤 판본에는 '後'자가 없다." 하였다.

26 所謂始條理者知之事也 : 孟子가 孔子의 道를 칭송하면서 음악에 비유하여 말한 부분이다. 《孟子》〈萬章 下〉에 "공자를 '집대성'이라 하니 '집대성'이라는 것은 쇠로 만든 악기의 소리로 음악을 시작〔金聲〕하고 옥으로 만든 악기를 연주하여 음악을 마치는〔玉振之〕 것이다. 金聲이라는 것은 조리를 시작함이고, 玉振之라는 것은 조리를 마침이다. 조리를 시작하는 것은 智者의 일이고, 조리를 마치는 것은 성인의 일이다.〔孔子之謂集大成 集大成也者 金聲而玉振之也 金聲也者 始條理也 玉振之也者 終條理也 始條理者 智之事也 終條理者 聖之事也〕"라고 하였다.

힘써 저녁까지도 오히려 두려워하는 것은 이 때문이다. 오를 수도 있고 내려올 수도 있으며 교만하지 않고 근심하지 않으니, 이른바 '허물이 없다.'는 것이다.

九四曰 或躍在淵无咎는 何謂也오 子曰 上下无常이 非爲邪也며 進退无恒이 非離群也라 君子進德修業은 欲及時也니 故로 无咎[27]니라

九四에 말하기를 '혹 뛰어오르거나 연못에 있으면 허물이 없을 것이다.'라는 것은 무슨 말인가? 孔子가 말하였다. '오르고 내림에 일정함이 없는 것이 간사한 것이 아니며, 나아가고 물러감에 항상 함이 없는 것이 同類를 떠남이 아니다. 君子가 德을 증진하고 業을 닦음은 때에 미쳐 도를 펴고자 함이니, 그러므로 허물이 없다.'

【傳】或躍或處하여 上下无常하고 或進或退하여 去就從宜는 非爲邪枉이요 非離群類라 進德修業은 欲及時耳라 時行時止하여 不可恒也라 故로 云或이라 深淵者는 龍之所安也니 在淵은 謂躍就所安이라 淵在深而言躍은 但取進就所安之義라 或은 疑辭니 隨時而未可必也라 君子之順時는 猶影之隨形이니 可離면 非道也라

혹 뛰어오르고 혹 머물러 있어서 오르내림에 일정함이 없고, 혹 나아가고 혹 물러나서 去就가 마땅함을 따름은, 간사하거나 굽은 것이 아니며 여러 同類를 떠남도 아니다. 德을 증진하고 業을 닦음은 때에 미쳐 도를 펴고자 해서일 뿐이다. 때에 따라 행하고 때에 따라 멈추어 항상 할 수 없기 때문에 或이라고 말하였다. 깊은 못은 용이 편안히 있는 곳이니, 못에 있다는 것은 龍이 뛰어 편안한 곳으로 나아감을 이른다. 못은 깊은 곳에 있는데 뛴다고 말함은 다만 편안한 곳으로 나아가는 뜻을 취한 것이다. 或은 의문사이니, 때에 따라서 하고 반드시 하는 것은 아니다. 군자가 때에 순응함은 마치 그림자가 형체를 따르는 것과 같으니, 떠날 수 있으면 道가 아니다.

【本義】內卦는 以德學言이요 外卦는 以時位言이라 進德修業은 九三備矣요 此則欲其及時而進也라

內卦는 德과 學問으로 말하고, 外卦는 때와 지위로 말하였다. 德을 증진함과 業을 닦음은

---

27 或躍在淵无咎……故无咎 : 吳致箕(朝鮮)는 《周易經傳增解》에서 "오르고 나아가는 것은 바로 뛰어오르는 상이고, 내려가고 물러나는 것은 못에 있는 상이며, 일정함이 없고 항상함이 없는 것은 '혹'의 뜻이며, 간사함이 되지 않고 무리를 떠남이 아님은 바로 허물이 없다는 뜻이다." 하였다.

九三에 갖추어졌고, 여기 九四에서는 때에 미쳐 나아가고자 하는 것이다.

九五曰 飛龍在天利見大人은 何謂也오 子曰 同聲相應[28]하며 同氣相求하여 水流濕하며 火就燥하며 雲從龍하며 風從虎[29]라 聖人作而萬物覩하나니 本乎天者는 親上하고 本乎地者는 親下하나니 則各從其類也니라

九五에 말하기를 '나는 龍이 하늘에 있으니, 大人을 만나봄이 이롭다.'는 것은 무슨 말인가? 孔子가 말하였다. '같은 소리는 서로 호응하고 같은 기운은 서로 구하여, 물은 습한 곳으로 흐르고 불은 건조한 곳으로 나아가며, 구름은 龍을 따르고 바람은 범을 따른다. 그리하여 聖人이 나옴에 萬物(萬人)이 우러러본다. 하늘에 근본한 것은 위와 친하고 땅에 근본한 것은 아래와 친하니, 각각 그 類를 따른다.'

【傳】人之與聖人은 類也라 五以龍德升尊位하니 人之類莫不歸仰이어든 況同德乎아 上應於下하고 下從於上하니 同聲相應하고 同氣相求也라 流濕, 就燥, 從龍, 從虎는 皆以氣類라 故로 聖人作而萬物皆覩하니 上旣見下하고 下亦見上이라 物은 人也라 古語云人物物論이라하니 謂人也라 易中에 利見大人은 其言則同이나 義則有異하니 如訟之利見大人은 謂宜見大德中正之人則其辨明이니 言在見前이요 乾之二五는 則聖人旣出에 上下相見하여 共成其事니 所利者見大人也니 言在見後라 本乎天者는 如日月星辰이요 本乎地者는 如蟲獸草木이라 陰陽이 各從其類하니 人物莫不然也라

보통사람과 성인은 같은 부류이다. 구오가 용의 덕으로 존귀한 지위에 오르니, 사람들이 귀의하여 우러러 보지 않는 이가 없거늘 하물며 덕이 같은 자에게는 어떻겠는가. 위는 아래에 응하고 아래는 위를 따르니, '같은 소리는 서로 응하며 같은 기운은 서로 구함'이고, 물은 습한 곳으로 흐르며 불은 마른 곳으로 나아가며 구름은 용을 좇으며 바람은 범을 따름은 모두 기운이 같기 때문이다. 그러므로 성인이 나타남에 만물이 모두 바라보니, 위에서 이미 아래를 보고 아래에서도 위를 본다. 萬物의 物은 사람이니, 옛말에 '人物'이라 하고, '物論'이라

28 同聲相應 : 《大全》의 소주에서 吳澄(元)은 "학이 울면 새끼가 화답하고, 수컷이 울면 암컷이 호응하며, 한 마리의 닭이 울면 여러 닭들이 모두 우는 것이 '같은 소리는 서로 응함'이다." 하였다.

29 雲從龍 風從虎 : 朴文健의 《周易衍義》에 "용은 양에 해당하는 동물이니 흥기하게 되면 뭉게뭉게 구름이 생기고, 호랑이는 음에 해당하는 동물이니 울부짖으면 차갑게 되어 바람이 생긴다." 하였다.

했으니, 여기의 物은 사람을 말한다. 《주역》에 나오는 '대인을 봄이 이롭다.'는 말은 같으나 뜻은 다르다. 예컨대 訟卦의 '대인을 봄이 이롭다.'는 것은 마땅히 큰 덕을 가진 중정한 사람을 만나보면 쟁송하는 일의 분별이 명백하게 될 것임을 이르니, 만나보기 이전을 말하고, 乾卦의 구이와 구오는 성인이 이미 출현한 다음에 윗자리의 성인과 아랫자리의 성인이 서로 만나 함께 일을 이루니, 이로운 것은 대인을 보는 것이므로 만나 본 이후를 말한다. '하늘에 근본한 것'은 해·달·별들과 같은 것이고, '땅에 근본한 것'은 벌레·짐승·초목과 같은 것이다. 음양이 각기 그 부류를 좇으니, 사람과 물건이 그렇지 않음이 없다.

【本義】作은 起也요 物은 猶人也라 覩는 釋利見之意也라 本乎天者는 謂動物이요 本乎地者는 謂植物이라 物各從其類하니 聖人은 人類之首也라 故로 興起於上則人皆見之라

作은 興起함이고, 物은 人과 같다. 覩는 利見의 뜻을 해석하였다. 하늘에 근본한 것은 동물을 이르고 땅에 근본한 것은 식물을 이른다. 물건이 각기 그 類를 따르니, 聖人은 인류의 우두머리이므로 위에서 흥기하면 사람들이 모두 그를 보는 것이다.

字義 濕 : 젖을 습 燥 : 마를 조 作 : 일어날 작 覩 : 볼 도

上九曰 亢龍有悔는 何謂也오 子曰 貴而无位[30]하며 高而无民하며 賢人이 在下位而无輔[31]라 是以動而有悔也니라

上九에 말하기를 '끝까지 올라간 龍이니 후회가 있을 것이다.'라는 것은 무슨 말인가? 孔子가 말하였다. '신분이 존귀하나 지위가 없으며, 자리가 높으나 백성이 없으며,

---

30 貴而无位 : 상효를 두고 '無位'라고 한 효사에 대하여 학자들의 주장이 분분하다. 일찍이 王弼(三國, 魏)은 《周易註》〈辯位〉에서 "乾卦䷀ 上九의 〈文言〉이 '貴而無位'라고 하였고, 需卦䷄ 上六 〈象傳〉에 '雖不當位'라고 한 실례를 들어 상효가 陰位일 경우 需卦䷄ 上六을 不當位라고 할 수 없고, 상효가 陽位일 경우 乾卦䷀ 上九를 無位라고 할 수 없는 모순이 있으니, 이로써 볼 때 초효와 상효는 음양으로 정해진 位가 없다."고 주장하였다. 이에 대하여 程頤는 《정전》에서 "왕필의 주장에 이의를 세워 需卦의 上六에 不當位라 말한 것과 乾卦의 上九에 无位라고 말한 것은 '爵位의 位'이고 '陰陽의 位'가 아니다."라고 하였는데, 愼後聃(朝鮮)은 《河濱先生全集》에서 "程子가 乾卦 上九의 無位와 需卦 上六의 不當位를 爵位의 位라고 한 것은 뜻으로 보면 진실로 통하는 말이다. 그러나 지금 음양의 位로 설명한다 해도 막히지 않는다."고 설명하였다.

31 賢人在下位而无輔 : 《大全》의 소주에서 楊萬里(南宋)는 "구사효 이하의 효들은 모두 구오를 따르기 때문에 '도와주는 사람이 없다.'"고 하였다.

賢人이 아랫자리에 있으나 도와주는 이가 없다. 이러므로 움직이면 후회가 있다.'

【傳】九居上而不當尊位라 是以无民无輔하여 動則有悔也라

陽이 맨 위에 있어 존귀한 자리에 해당하지 않는다. 이러므로 백성이 없고 보필하는 이가 없어서 움직이면 후회가 있는 것이다.

【本義】賢人在下位는 謂九五以下요 无輔는 以上九過高志滿하여 不來輔助之也라

賢人이 아랫자리에 있다는 것은 九五 이하를 이르고, 보필하는 이가 없다는 것은 上九가 지나치게 높고 뜻이 자만하여 와서 도와주지 않음을 이른다.

○此는 第二節이니 申象傳之意하니라

○이는 제2절이니, 〈象傳〉의 뜻을 거듭 밝혔다.

潛龍勿用은 下也요

'잠겨있는 용이니 쓰지 말아야 함'은 아래에 있기 때문이고,

【傳】此以下는 言乾之時라 勿用은 以在下하여 未可用也라

이 이하는 乾의 때를 말하였다. 쓰지 말라는 것은 아래에 있어서 쓸 수가 없기 때문이다.

見龍在田은 時舍也요

【本義】時舍也요

'나타난 용이 밭에 있음'은 때로 멈추라는 것이고,

【본의】 때가 버림이며

【傳】隨時而止也라

때에 따라 멈추는 것이다.

【本義】言未爲時用也라

이때는 아직 쓰임이 되지 못함을 말한다.

字義 舍 : 머무를 사, 버릴 사

終日乾乾은 行事也요

'종일토록 힘쓰고 힘씀'은 일을 행함이고,

【傳】進德修業也라

德을 증진하고 業을 닦는 것이다.

或躍在淵은 自試也요

'혹 뛰어오르거나 못에 있음'은 스스로 시험함이고,

【傳】隨時自用也라

때에 따라 스스로 쓰는 것이다.

【本義】未遽有爲요 姑試其可라

대번에 큰일을 할 수는 없고 우선 그 가한지 시험하는 것이다.

字義 遽 : 갑자기 거　姑 : 우선 고

飛龍在天은 上治也요

【本義】上治也요

'나는 용이 하늘에 있음'은 위의 다스림이고,

【본의】 위에서 다스림이며

【傳】得位而行은 上之治也라

지위를 얻어 행함은 위의 다스림이다.

【本義】居上以治下라

위에 있어 아래를 다스리는 것이다.

亢龍有悔는 窮之災也요

'끝까지 올라간 용이니 후회가 있을 것임'은 끝까지 다하는 것의 재앙이고,

【傳】窮極而災至也라

끝까지 다하여 재앙이 이른 것이다.

乾元用九는 天下治也라

乾元의 用九는 천하가 다스려짐이다.

【傳】用九之道는 天與聖人同하니 得其用이면 則天下治也라

九를 쓰는 방법은 하늘과 聖人이 같으니, 그 씀을 얻으면 천하가 다스려진다는 것이다.

【本義】言乾元用九는 見與他卦不同이니 君道剛而能柔면 天下无不治矣리라

乾元의 用九라고 말한 것은 다른 卦와 같지 않음을 나타낸 것이니, 군주의 道가 강하면서도 부드러울 수 있으면 천하가 다스려지지 않음이 없을 것이다.

○此는 第三節이니 再申前意하니라

○이는 제3절이니, 앞의 뜻을 다시 밝힌 것이다.

潛龍勿用은 陽氣潛藏이요

'잠겨있는 용이니 쓰지 말아야 함'은 陽의 기운이 잠기고 감추어져있기 때문이고,

【傳】此以下는 言乾之義라 方陽微潛藏之時하니 君子亦當晦隱이요 未可用也라

이 이하는 乾의 뜻을 말하였다. 陽이 미약하여 잠기고 감추는 때를 당하였으니, 君子도 숨고 은둔하여야 하고 써서는 안 된다.

見龍在田은 天下文明이요

'나타난 용이니 밭에 있음'은 天下가 文明함이고,

【傳】龍德이 見於地上이면 則天下見其文明之化也[32]라

용의 덕이 지상에 나타나면 천하가 그 文明의 敎化를 입는다.

【本義】雖不在上位나 然天下已被其化라

비록 윗자리에 있지 않으나 천하가 이미 그 교화를 입는다

終日乾乾은 與時偕行이요

'종일토록 힘쓰고 힘씀'은 때에 따라 함께 행하는 것이고,

【傳】隨時而進也라

때에 따라 나아가는 것이다.

【本義】時當然也라

때가 당연한 것이다.

32 之化也 : 《大全》의 간주에 "어떤 판본에는 '而化之'로 되어 있다." 하였다.

或躍在淵은 乾道乃革이요

'혹 뛰어오르거나 못에 있음'은 乾道가 이에 변혁함이고,

【傳】離下位而升上位하니 上下革矣라

아랫자리를 떠나 윗자리로 오르니 위아래가 변혁된다.

【本義】離下而上하니 變革之時라

아랫자리를 떠나 윗자리로 오르니, 변혁의 시기이다.

飛龍在天은 乃位乎天德이요

'나는 용이니 하늘에 있음'은 마침내 天德에 자리함이고,

【傳】正位乎上하여 位當天德[33]이라

위에서 자리를 바로하여 지위가 天德에 해당한 것이다.

【本義】天德은 卽天位也니 蓋唯有是德이라야 乃宜居是位라 故로 以名之라

天德은 곧 천자의 자리이니, 오직 이 德이 있어야 이 지위에 거할 수 있기 때문에 〈天德이라고〉 명명한 것이다.

亢龍有悔는 與時偕極이요

'끝까지 올라간 용이니 뉘우침이 있음'은 때와 함께 끝까지 다함이고,

【傳】時旣極則處時者亦極矣라

때가 이미 끝까지 다함에 달하면 때에 처하는 자도 끝까지 다하기 마련이다.

---

33 德 : 《大全》의 간주에 "어떤 판본에는 '德矣'로 되어 있다." 하였다.

乾元用九는 乃見天則(칙)이라

乾元의 用九는 이에 하늘의 법칙을 볼 수 있다.

【傳】用九之道는 天之則也니 天之法則은 謂天道也라 或問乾之六爻가 皆聖人之事乎아 曰 盡其道者는 聖人也라 得失則吉凶存焉이니 豈特乾哉리오 諸卦皆然也니라

九를 쓰는 방법은 하늘의 법칙이니, 하늘의 법칙이란 天道를 이른다. 혹자가 묻기를 "乾卦의 여섯 효가 모두 聖人의 일입니까?" 하기에, 나는 이렇게 대답하였다. "그 도리를 다하는 자는 聖人이다. 잘하고 잘못함은 길흉이 달려 있는 것이니, 어찌 유독 건괘만 그렀겠는가? 모든 괘가 다 그러하다."

【本義】剛而能柔는 天之法也라

강하면서 부드러울 수 있음은 하늘의 법칙이다.

○此는 第四節이니 又申前意하니라

○이는 제4절이니, 앞의 뜻을 다시 밝혔다.

字義 則 : 법칙 칙

乾元者는 始而亨者也요

'乾元'은 시작하여 형통한 것이고,

【傳】又反覆詳說하여 以盡其義라 旣始則必亨이니 不亨則息矣라

또 반복하여 상세히 설명해서 그 뜻을 다하였다. 이미 시작했다면 반드시 형통할 것이니, 형통하지 못하면 종식된다.

【本義】始則必亨은 理勢然也라

시작하면 반드시 형통함은 이치와 형세상 당연한 것이다.

利貞者는 性情[34]也라

'利'와 '貞'은 〈乾의〉 性情이다.

【傳】 乾之性情也라 旣始而亨하나 非利貞이면 其能不息乎아

乾의 性情이다. 이미 시작하여 형통하나, 利와 貞이 아니면 그치지 않을 수 있겠는가?

【本義】 收斂歸藏에 乃見性情之實이라

수렴하고 돌아가 감춤에 性情의 실제를 볼 수 있다.

乾始能以美利利天下라 不言所利하니 大矣哉라

乾의 시작이 아름다운 이로움으로 천하를 이롭게 할 수 있으므로 이로운 것을 말하지 않았으니, 〈이로움이〉 크도다.

【傳】 乾始之道 能使庶類生成하여 天下蒙其美利로되 而不言所利者는 蓋无所不利하여 非可指名也라 故로 贊其利之大曰大矣哉라하니라

乾의 시작하는 道가 만물을 생성할 수 있게 하여 천하가 그 아름다운 이로움을 입는다. 그러나 이로운 바를 말하지 않은 것은 어느 것 하나 이롭지 않은 바가 없어서 하나를 지적하여 명명할 수 없기 때문이다. 그러므로 그 이로움의 큼을 칭찬하여 "크도다."라고 말하였다.

【本義】 始者는 元而亨也요 利天下者는 利也요 不言所利者는 貞也라 或曰 坤利牝馬則言所利矣라하니라

시작한다는 것은 元하여 亨함이고, 천하를 이롭게 함은 利이며, 이로운 바를 말하지 않음은 貞이다. 어떤 이는 말하기를 "坤卦에 '牝馬의 〈貞이〉 이롭다.'고 했으니, 그렇다면 〈坤卦에서는〉 이로운 바를 말한 것이다." 하였다.

---

34 性情 : 《大全》의 소주에서 程頤(北宋)는 "성정은 바탕과 몸체를 말하는 것과 같으니, 완성하고 화육하면 모두가 이롭게 된다. 그 공적을 차지하지 않고 항상 지속하여 그치지 않는 것을 곧음이라고 한다." 하였다. 여기에서 性情은 修養의 측면을 강조한 말이다.

大哉라 乾乎여 剛健中正純粹精也요

【本義】剛健中正純粹精也요

위대하다. 乾이여! 剛·健하고 中·正하며 純·粹함이 精이고,

【본의】剛·健하고 中·正함이 純·粹하여 精하고

【本義】剛은 以體言이요 健은 兼用言이요 中者는 其行无過不及이요 正者는 其立不偏이니 四者는 乾之德也라 純者는 不雜於陰柔요 粹者는 不雜於邪惡이니 蓋剛健中正之至極이요 而精者는 又純粹之至極也라 或疑乾剛无柔하니 不得言中正者라하니 不然也라 天地之間에 本一氣之流行而有動靜爾니 以其流行之統體而言이면 則但謂之乾而无所不包矣요 以其動靜分之然後有陰陽剛柔之別也니라

剛은 체로써 말한 것이고, 健은 작용을 겸하여 말한 것이며, 中은 행실이 過하거나 不及함이 없는 것이고, 正은 섬이 치우치지 않은 것이니, 이 네 가지는 乾의 德이다. 純은 유약한 陰에 섞이지 않음이고, 粹는 邪惡한 것에 섞이지 않음이니, 剛·健·中·正함이 지극한 것이며, 精은 또 순수함이 지극한 것이다. 어떤 이는 "乾剛하기만 하고 柔가 없으니 中正하다고 말할 수 없다."라고 의심하는데, 이는 그렇지 않다. 天地의 사이에는 본래 한 기운이 流行하여 動과 靜이 있을 뿐이니, 流行하여 통섭하는 본체로 말하면 다만 乾이라고만 하여도 포함되지 않음이 없고, 動과 靜으로 나눈 뒤에야 陰과 陽, 剛과 柔의 구별이 있다.

六爻發揮는 旁通情也요

여섯 爻로 발휘함은 두루 실정에 통함이고,

【本義】旁通은 猶言曲盡이라

旁通은 曲盡(자세하고 간곡함)하다는 말과 같다.

字義 揮 : 휘두를 휘　旁 : 두루 방　曲 : 자세할 곡

時乘六龍하여 以御天也니 雲行雨施라 天下平也라

때로 여섯 마리 龍을 타고 하늘을 나니, 구름이 다니고 비가 내려 천하가 화평하다.

【傳】 大哉는 贊乾道之大也라 以剛健中正純粹六者로 形容乾道하니 精은 謂六者之精極이라 以六爻로 發揮旁通하여 盡其情義하고 乘六爻之時하여 以當天運이면 則天之功用著矣라 故로 見[35]雲行雨施하니 陰陽溥暢은 天下和平之道也라

大哉는 乾道의 큼을 찬미한 것이다. 剛·健·中·正·純·粹 여섯 가지로 乾道를 형용하였으니, 精은 이 여섯 가지가 지극히 精함을 이른다. 여섯 爻로써 발휘하고 널리 통하여 그 情義를 다하고 여섯 爻의 때를 타 天運을 당하면 하늘의 功用이 드러난다. 그러므로 구름이 다니고 비가 내리는 것을 보는 것이니, 陰과 陽이 크게 화창함은 천하가 화평한 道이다.

【本義】 言聖人時乘六龍以御天이면 則如天之雲行雨施而天下平也라

聖人이 때로 여섯 龍을 타고 하늘을 나는 것은 하늘에 구름이 다니고 비가 내리는 것과 같아 천하가 화평함을 말한 것이다.

○此는 第五節이니 復申首章之意하니라

○이는 제5절이니, 제1절의 뜻을 다시 밝힌 것이다.

君子以成德爲行하나니 日可見之行也라 潛之爲言也는 隱而未見(현)하며 行而未成이라 是以君子弗用也하나니라

【本義】 君子以成德爲行하나니

君子는 德을 이룸을 행실로 삼으니, 날마다 볼 수 있는 것이 행실이다. 潛이라는 말은 숨어서 나타나지 않으며 행실이 아직 이루어지지 않은 것이다. 이 때문에 君子가 쓰지 않는다.

【본의】 君子는 이루어진 德을 행실로 삼으니

35 見 : 《大全》의 간주에 "어떤 판본에는 '曰'자로 되어 있다." 하였다.

【傳】德之成에 其事可見者는 行也라 德成而後可施於用이니 初方潛隱未見하여 其行未成하니 未成이면 未著也라 是以君子弗用也라

德이 이루어짐에 그 일을 볼 수 있는 것은 행실이다. 德이 이루어진 뒤에야 씀에 베풀 수 있는데, 初九는 잠기고 숨어서 나타나지 않아 그 행실이 이루어지지 않았으니, 이루어지지 않으면 드러나지 못한다. 이 때문에 君子가 쓰지 않는다.

【本義】成德은 已成之德也라 初九는 固成德이나 但其行未可見爾라

成德은 이미 이루어진 德이다. 初九는 진실로 이루어진 德이나 다만 그 행실이 아직 드러날 수 없을 뿐이다.

君子學以聚之하고 問以辨之하며 寬以居之하고 仁以行之하나니 易曰見龍在田利見大人이라하니 君德也라

君子가 배워서 〈지식을〉 모으고 물어서 변별하며 너그러움으로 거하고 仁으로 행하나니, 《易》에 이르기를 '나타난 龍이 밭에 있으니 大人을 만나봄이 이롭다.'고 하니, 군주의 德이다.

【傳】聖人在下하여 雖已顯而未得位면 則進德修業而已니 學聚問辨은 進德也요 寬居仁行은 修業也라 君德已著면 利見大人而進以行之耳니 進居其位者는 舜禹也요 進行其道者는 伊傅也라

聖人이 아랫자리에 있어서 비록 〈德이〉 이미 드러났으나 아직 군주의 지위를 얻지 못했으면 덕을 증진하고 업을 닦을 뿐이다. 배워서 모으고 물어서 변별함은 덕을 증진함이고, 너그러움으로 거하고 仁으로 행함은 업을 닦음이다. 군주의 德이 이미 드러났으면 大人을 만나보아 나아가서 道를 행하는 것이 이로울 뿐이니, 나아가 그 지위에 머무른 자는 舜임금과 禹임금이었고, 나아가 그 道를 행한 자는 伊尹과 傅說이었다.

【本義】蓋由四者하여 以成大人之德이라 再言君德[36]은 以深明九二之爲大人也라

---

36 再言君德 : 앞의 〈문언전〉 제2절의 설명에 "易曰 見龍在田 利見大人 君德也"라고 하였다.

네 가지(學·問·寬·仁)로 말미암아 大人의 德을 이룬다. '군주의 德'이라고 두 번 말한 것은 九二가 大人이 됨을 깊이 밝힌 것이다.

九三은 重剛而不中[37]하여 上不在天하며 下不在田이라 故로 乾乾하여 因其時而惕하면 雖危나 无咎矣리라

九三은 거듭된 剛이면서 中하지 못하여 위로는 하늘에 있지 않고 아래로는 밭에 있지 않다. 그러므로 힘쓰고 힘써 때에 따라 두려워하면 비록 위태로우나 허물이 없을 것이다.

【傳】三은 重剛이니 剛之盛也라 過中而居下之上하여 上未至於天而下已離於田하니 危懼之地也라 因時順處하여 乾乾兢惕하여 以防危라 故로 雖危而不至於咎라 君子順時兢惕은 所以能泰也라

九三은 거듭된 剛이니 剛이 번성한 것이다. 中을 지나 下卦의 위에 거하여 위로는 아직 하늘에 이르지 못하고, 아래로는 이미 밭(地上)에서 떠났으니, 위태롭고 두려운 자리이다. 때에 따라 순히 처하여 힘쓰고 힘쓰며 조심하고 두려워하여 위험을 방비하기 때문에 비록 위태로우나 허물에는 이르지 않으니, 君子가 때에 따라 조심하고 두려워함은 편안할 수 있는 이유이다.

【本義】重剛은 謂陽爻陽位라

거듭된 剛이라 함은 陽爻가 陽位에 있음을 이른다.

九四는 重剛而不中하여 上不在天하며 下不在田하며 中不在人이라 故로 或之하니 或之者는 疑之也니 故로 无咎니라

---

37 重剛而不中 : 重剛은 剛陽이 거듭된 것으로 陽爻가 陽位에 있음을 이르고, 不中은 中이 아닌 자리에 있음을 이른다. 上卦의 中은 二爻이고, 下卦의 中은 五爻이니, 二爻와 五爻를 中의 자리라고 하며, 이는 곧 中道에 맞음을 의미한다. 따라서 九三은 重剛이면서 不中이라고 말할 수 있다. 그런데 아래 九四에도 '重剛而不中'이라 하였으니, 위와 같은 설명으로 重剛이 해명되지 않는다. 이에 대해 《本義》에서는 "重자가 衍文인 듯하다."고 하였으나, 《程傳》에서는 별도의 설명을 하지 않았을 뿐만 아니라, 離卦·大壯卦의 九四에 대해서도 모두 重剛이라 하였다.

九四는 거듭된 剛이고 中이 되지 못하여 위로는 하늘에 있지 않고, 아래로는 지상에 있지 않으며, 가운데로는 인간에 있지 않다. 그러므로 或之라고 하였으니, 或之란 의혹하는 말이므로 허물이 없는 것이다.

【傳】四는 不在天, 不在田하고 而出人之上矣[38]니 危地也라 疑者는 未決之辭니 處非可必也라 或進或退하여 唯所安耳니 所以无咎也라

九四는 하늘에도 있지 않고 지상에도 있지 않으면서 인간의 위로 나왔으니, 위험한 자리이다. 疑는 아직 결단하지 못한 말이니, 처함을 기필할 수 있는 때가 아니다. 그러므로 혹 나아가고 혹 물러나서 오직 편안한 대로 할 뿐이니, 이 때문에 허물이 없는 것이다.

【本義】九四는 非重剛이니 重字는 疑衍이라 在人은 謂三이요 或者는 隨時而未定也라

九四는 거듭된 剛이 아니니, 重자는 衍文인 듯하다. 인간에 있다는 것은 三爻를 이름이고, 或이란 때에 따르고 결정되지 않은 것이다.

字義 衍 : 남을 연

夫大人者는 與天地合其德하며 與日月合其明하며 與四時合其序하며 與鬼神合其吉凶하여 先天而天弗違하며 後天而奉天時하나니 天且弗違온 而況於人乎며 況於鬼神乎여

무릇 大人이란 天地와 그 德이 부합하며, 日月과 그 밝음이 부합하며, 四時와 그 질서가 부합하며, 鬼神과 그 吉凶이 부합하여, 하늘보다 먼저 하여도 하늘이 어기지 않으며 하늘보다 뒤에 하여도 하늘의 때를 받드니, 하늘도 어기지 않는데 하물며 사람에게 있어서이겠으며, 귀신에게 있어서이겠는가.

【傳】大人이 與天地日月四時鬼神合者는 合乎道也라 天地者는 道也요 鬼神者는 造化之跡也라 聖人이 先於天而天同之하고 後於天而能順天者는 合於道而已니 合於道면

---

38 四不在天不在田 而出人之上矣 : 卦의 여섯 爻 중 아래 두 효는 땅에, 가운데 두 효는 인간에, 위 두 효는 하늘에 해당한다.

則人與鬼神이 豈能違也리오

大人이 天地, 日月, 四時, 鬼神과 부합하는 것은 道에 합하는 것이다. 天地는 道이고 鬼神은 조화의 자취이다. 聖人이 하늘보다 먼저 하여도 하늘이 이에 같이 하고, 하늘보다 뒤에 하여도 하늘에 순응할 수 있는 것은 道에 부합해서일 뿐이니, 道에 부합하면 사람과 귀신이 어찌 어길 수 있겠는가.

【本義】 大人은 卽釋爻辭所利見之大人也니 有是德而當其位라야 乃可以當之라 人與天地鬼神이 本无二理로되 特蔽於有我之私라 是以로 梏於形體而不能相通하나니 大人은 无私하여 以道爲體하니 曾何彼此先後之可言哉리오 先天不違는 謂意之所爲 默與道契요 後天奉天은 謂知理如是하여 奉而行之라 回紇이 謂郭子儀曰 卜者言此行에 當見一大人而還[39]이라하더니 其占이 蓋與此合하니 若子儀者는 雖未及乎夫子之所論이나 然其至公无我하니 亦可謂當時之大人矣라

大人은 爻辭의 '만나봄이 이로운 大人'을 해석한 것이니, 이런 德이 있으면서 이런 지위에 있어야 이에 해당할 수 있다. 사람과 천지·귀신이 본래 두 가지 이치가 없으나 다만 사람은 나를 의식하는 사욕에 가려졌기 때문에 형체에 구속되어 서로 통하지 못한다. 대인은 사욕이 없어서 도로써 본체를 삼으니 어찌 彼此의 관계나 先後의 관계를 말할 수 있겠는가. '하늘보다 먼저 하여도 하늘이 어기지 않는다〔先天不違〕'는 것은 마음에 생각하는 바가 은연중에 도에 부합함을 말한 것이고, '하늘보다 뒤에 하여도 하늘을 받든다〔後天奉天〕'는 것은 이치가 이와 같음을 알아서 받들어 행함을 말한다. 回紇사람이 郭子儀에 대해 말하기를 "점친 자가 이번 행차에 한 대인을 만나고 돌아올 것이라고 말하더니, 그 점이 이와 부합했다." 하였다. 곽자의와 같은 사람은 비록 공자가 말씀한 대인에는 미치지 못하지만 지극히 공정하고 사욕이 없었으니, 또한 당시의 대인이라 일컬을 만하다.

字義 梏 : 속박할 곡　契 : 합할 계　紇 : 묶을 흘

39 回紇謂郭子儀曰……當見一大人而還 : 郭子儀(697~781)는 唐나라의 名將으로 安祿山의 亂과 史思明의 亂을 평정하였을 뿐만 아니라, 겸손하고 인자하였다. 回紇과 주변의 소수민족들이 연합하여 독립하려 하였으나 그의 인품에 복종하여 당나라에 귀순한 일이 있다. 이 일은 《舊唐書》 〈回紇列傳〉에 보인다.

亢之爲言也는 知進而不知退하며 知存而不知亡하며 知得而不知喪이니

亢의 뜻은 나아감만 알고 물러날 줄을 모르며, 보존함만 알고 망하게 될 줄을 모르며, 얻음만 알고 잃게 될 줄을 모르는 것이니,

【本義】 所以動而有悔也라

이 때문에 動하면 뉘우침이 있는 것이다.

其唯聖人乎아 知進退存亡而不失其正者 其唯聖人乎인저

오직 聖人인가? 進退와 存亡의 이치를 알아 正道를 잃지 않는 자는 오직 聖人일 것이다.”

【傳】 極之甚이 爲亢이니 至於亢者는 不知進退存亡得喪之理也라 聖人則知而處之하여 皆不失其正이라 故로 不至於亢也라

극도에 달함이 심한 것을 亢이라 하니, 亢에 이르는 자는 進退·存亡·得喪의 이치를 알지 못해서이다. 聖人은 이를 알고 대처하여 모두 그 바른 도를 잃지 않기 때문에 亢에 이르지 않는 것이다.

【本義】 知其理勢如是而處之以道면 則不至於有悔矣니 固非計私以避害者也라 再言其唯聖人乎는 始若設問而卒自應之也라

이치와 형세가 이와 같음을 알고 道로써 대처하면 후회가 있는 데 이르지 않는 것이니, 본래 사사로운 이익을 계산하여 손해를 피하려고 하는 것은 아니다. ‘其唯聖人乎’라고 두 번 말한 것은 처음에는 가설하여 묻는 것처럼 하고, 끝에는 스스로 응답한 것이다.

○此는 第六節이니 復申第二第三第四節之意하니라

○이는 제6절이니 제2절·제3절·제4절의 뜻을 거듭 밝힌 것이다.

周易傳義 卷第二

2. 坤

䷁ 坤下坤上

下卦는 坤卦☷이고 上卦도 坤卦☷이다.

坤[1]은 元하고 亨하고 利하고 牝馬之貞[2]이니

【本義】坤은 元亨하고 利牝馬之貞이니

坤은 크고 형통하고 이롭고 암말의 바름이니

【본의】坤은 크게 형통하고 암말의 바름이 이로우니

【傳】坤은 乾之對也라 四德同而貞體則異라 乾은 以剛固爲貞이요 坤則[3]柔順而[4]貞이라 牝馬는 柔順而健行이라 故로 取其象曰牝馬之貞이라하니라

坤卦는 乾卦의 상대이다. 네 가지 德은 같으나 바름(貞)의 체는 다르다. 乾卦는 剛固를 바름으로 삼고, 坤卦는 유순하여 바르다. 암말은 유순하면서도 강건하게 걸어가기 때문에 그

---

1 坤 : 빌헬름 영문판 주역인 《The I Ching》에서는 坤卦를 "K'un / The Receptive"라고 하였다. 곤괘는 땅이 하늘의 창조를 받아들여 완성시키므로 '포용'이라고 정의하였다.

2 利 牝馬之貞 : 利의 해석이 程子와 朱子가 다르다. 程子는 利에서 구두를 떼어 元·亨과 나란히 병렬로 처리하였으나, 朱子는 利를 牝馬之貞의 서술어로 해석하였다. 이에 대하여 金長生(朝鮮)은 《經書辨疑》〈周易〉에서 "退溪 李滉은 '乾卦는 이롭지 않은 바가 없으므로 굳이 이로운 바를 말하지 않았고, 坤卦는 유순하고 바름만을 이로움으로 삼고 그 나머지는 모두 이롭지 못한 것이다.' 하였고, 簡易 崔岦은 '乾卦에서는 여섯 용을 탄 聖人으로 말했고 坤卦에서는 암말을 탄 君子로 말하였으니, 君道와 臣道의 구분이 있다.' 하였다." 하였다.

3 則 : 《大全》의 간주에 "어떤 판본에는 '以'자로 되어 있다." 하였다.

4 而 : 《大全》의 간주에 "어떤 판본에는 '爲'자로 되어 있다." 하였다.

象을 취하여 "암말의 바름"이라고 하였다.

字義 牝 : 암컷 빈

君子의 有攸往이니라

【本義】君子有攸往인댄

君子의 갈 바를 둠이다.

【본의】君子가 갈 곳이 있다면

【傳】君子所行이 柔順而利且貞하니 合坤德也라

君子의 행하는 바가 유순하고 이롭고 또 바르니, 坤의 德에 합한다.

字義 攸 : 바 유

先하면 迷하고 後하면 得하리니 主利하니라

【本義】得하여 主利하니

먼저 하면 혼미하고 뒤에 하면 얻으리니, 이로움을 주장한다.

【본의】얻어 이로움을 주장하니

【傳】陰은 從陽者也니 待唱而和하나니 陰而先陽이면 則爲迷錯이요 居後라야 乃得其常也라 主利는 利萬物則主於坤이니 生成이 皆地之功也라 臣道亦然하니 君令臣行하여 勞於事者는 臣之職也라

陰은 陽을 따르는 자이니 〈陽이〉 선창하기를 기다려 화답한다. 陰이 陽보다 먼저 하면 혼미하고 어긋남이 되고, 뒤에 있어야 떳떳함을 얻는다. '主利'란 만물을 이롭게 하는 것은 坤에서 주장함이니, 생성이 모두 땅의 功이다. 신하의 도리도 그러하니, 군주는 명령하고 신하는 이행하여 일에 수고로운 것은 신하의 직분이다.

字義 唱 : 부를 창　錯 : 어긋날 착

西南은 得朋이요 東北은 喪朋이니 安貞하여 吉[5]하니라

【本義】安貞하면 吉하리라

서쪽과 남쪽에서는 벗을 얻고 동쪽과 북쪽에서는 벗을 잃을 것이니, 편안하고 발라서 吉하다.

【본의】바름을 편안히 여기면 길할 것이다.

【傳】西南은 陰方이요 東北은 陽方[6]이라 陰必從陽하니 離喪其朋類라야 乃能成化育之功而有安貞之吉이라 得其常則安이요 安於常則貞이라 是以吉也라

서쪽과 남쪽은 陰의 방위이고, 동쪽과 북쪽은 陽의 방위이다. 陰은 반드시 陽을 따르니, 〈陰의〉 벗들을 잃어야만 만물을 자라게 하는 공을 이루어 편안하게 여기고 바른 길함이 있을 수 있다. 常道를 얻으면 편안하고, 常道에 편안하면 바르다. 이 때문에 길한 것이다.

【本義】--는 偶也니 陰之數也요 坤者는 順也니 陰之性也라 註中者[7]는 三畫卦之名也요 經中者는 六畫卦之名也라 陰之成形이 莫大於地하니 此卦三畫皆偶라 故로 名坤而象地요 重之又得坤焉이면 則是陰之純, 順之至라 故로 其名與象이 皆不易也라 牝馬는 順而健行者라 陽先, 陰後하고 陽主義, 陰主利라 西南은 陰方이요 東北은 陽方이라 安은 順之爲也요 貞은 健之守也라 遇此卦者는 其占이 爲大亨而利以順健爲正이니 如有所往이면 則先迷後得而主於利리니 往西南則得朋하고 往東北則喪朋이니 大抵能安於正則吉也라

--는 짝수이니 陰의 數이며, 坤은 순하니 陰의 성질이다. 原註 안에 있는 乾은 3획괘의 이름이고, 經文 안에 있는 乾은 6획괘의 이름이다. 陰이 형체를 이룬 것 중에 땅보다 더 큰 것이 없다. 이 卦의 3획은 모두 짝수이므로 坤이라고 명명하여 땅을 상징하였고, 이를 거듭하여 또 坤을 얻었으니 이는 陰이 순수하고 순함이 지극한 것이다. 그러므로 그 이름과 象이 모

---

5 安貞 吉 : 安貞에 대해 《정전》에서는 "得其常則安 安於常則貞"이라 하였으므로 '편안하고 발라서 길하다.'로 번역하였고, 《본의》에서는 "大抵能安於正則吉也" 하였으니 '바름을 편안히 여기면 길하다.'로 번역하였다. 그러나 〈단전〉의 《본의》에서 "安而且貞 地之德也"라 풀이하였으니 서로 맞지 않다.

6 西南陰方 東北陽方 : 〈文王八卦方位之圖〉를 보면 西南엔 兌☱·坤☷·離☲·巽☴이 있으니 모두 陰의 괘이고, 東北엔 震☳·坎☵·艮☶·乾☰이 있으니 모두 陽의 괘이다.

7 註中者 : 卦名 다음에 있는 原註인 "坤下坤上"을 가리키는 말이다.

두 바뀌지 않은 것이다.

암말은 순하고 강건하게 걸어가는 것이다. 陽은 먼저이고 陰은 뒤이며, 陽은 의로움을 위주로 하고 陰은 이로움을 위주로 한다. 서쪽과 남쪽은 陰의 방위이고, 동쪽과 북쪽은 陽의 방위이다. 安은 순함으로 하는 것이고, 貞은 강건하게 지키는 것이다. 이 卦를 만난 자는 그 占이 크게 형통하고 순함과 강건함으로 正道를 삼는 것이 이로우니, 만약 가는 바가 있다면 먼저 하면 혼미하고 뒤에 하면 얻어서 이로움을 주장할 것이다 西南으로 가면 벗을 얻고 東北으로 가면 벗을 잃을 것이니, 대체로 正道에 편안하면 길할 것이다.

字義 喪 : 잃을 상 偶 : 짝 우

彖曰 至哉라 坤元이여 萬物이 資生하나니 乃順承天이니

〈彖傳〉에 말하였다. "지극하다. 坤의 元이여! 만믈이 의뢰하여 생겨나니, 이에 순히 하늘을 받드니,

【本義】此는 以地道로 明坤之義而首言元也라 至는 極也니 比大면 義差緩이라 始者는 氣之始요 生者는 形之始라 順承天施는 地之道也라

이는 땅의 道로써 坤의 뜻을 밝히면서 먼저 元을 말한 것이다. 至는 지극함이니, 大와 비교하면 뜻이 다소 미진하다. 始는 기운의 시작이고, 生은 형체의 시작이다. 하늘의 시행을 순히 받드는 것이 땅의 도리이다.

坤厚載物이 德合无疆하며

坤의 두터움이 물건을 실어줌은 德이 끝없음에 부합하며

【傳】資生之道 可謂大矣로되 乾旣稱大라 故로 坤稱至하니 至義差緩하여 不若大之盛也니 聖人이 於尊卑之辨에 謹嚴如此하시니라 萬物이 資乾以始하고 資坤以生하니 父母之道也라 順承天施하여 以成其功하니 坤之厚德이 持載萬物은 合於乾之无疆也라

만물이 의뢰하여 생겨나는 道는 크다고 말할 만하나, 乾을 이미 크다고 일컬었기 때문에 坤은 지극하다[至]고 칭하였다. 至는 〈大에 비해〉 뜻이 다소 미진하여 大처럼 성대하지는 못

하다. 聖人이 하늘은 높고 땅은 낮은 분별에 있어서 근엄함이 이와 같다. 만물이 乾에 의뢰하여 시작하고 坤에 의뢰하여 생겨나니, 父母의 道이다. 하늘의 시행을 순히 받들어서 공을 이루니, 坤의 후한 德이 만물을 잡아 실어 줌은 乾의 끝없음에 부합한다.

字義 疆 : 끝 강 差 : 조금 차

含弘光大하여 品物이 咸亨하나니라

포용하고 너그러우며 빛나고 위대하여 만물이 다 형통하다.

【本義】言亨也라 德合无疆은 謂配乾也라

형통함을 말한 것이다. 德이 끝없음에 부합한다는 것은 乾卦와 짝함을 이른다.

字義 含 : 포용할 함 弘 : 너그러울 홍

牝馬는 地類니 行地无疆하며 柔順利貞이 君子攸行이라

암말은 땅의 부류이니, 땅을 걸어감이 끝이 없으며 유순하고 이롭고 바름이 君子의 행하는 바이다.

【傳】以含弘光大四者로 形容坤道하니 猶乾之剛健中正純粹也[8]라 含은 包容也요 弘은 寬裕也요 光은 昭明也요 大는 博厚也니 有此四者라 故로 能成承[9]天之功하여 品物[10]이 咸得亨遂라 取牝馬爲象者는 以其柔順而健行하여 地之類也라 行地无疆은 謂健也라 乾健坤順하니 坤亦健乎아 曰 非健이면 何以配乾이리오 未有乾行而坤止也라 其動也剛하나 不害其爲柔也라 柔順而利貞이 乃坤德也니 君子之所行也라 君子之道合坤德也라

"포용하고 너그러우며 빛나고 위대하다."는 네 가지로 곤괘의 도를 형용하였으니, 건괘가

---

8 猶乾之剛健中正純粹也 : 乾卦 〈문언전〉에 "위대하다. 乾이여! 剛·健하고 中·正하며 純·粹함이 정수이다.〔大哉 乾乎 剛健中正純粹精也〕"라고 하였다.

9 承 : 《大全》의 간주에 "어떤 판본에는 '順'자로 되어 있다." 하였다.

10 物 : 《大全》의 간주에 "어떤 판본에는 '類'자로 되어 있다." 하였다.

"剛·健하고 中·正하며 純·粹하다."고 한 것과 같다. 포용함은 받아들이는 것이고, 너그러움은 관대한 것이며, 빛남은 환하게 밝은 것이고, 위대함은 넓고 두터운 것이다. 이 네 가지가 있기 때문에 하늘을 받드는 功을 이루어서 만물이 모두 형통하게 이루어질 수 있는 것이다.

암말을 취하여 象으로 삼은 것은 유순하고 강건하게 걸어감이 땅의 부류이기 때문이다. "땅을 걸어감이 끝이 없음[行地无疆]"은 굳셈을 말한 것이다 "건괘는 굳세고 곤괘는 유순한 것인데, 곤도 굳센가?"라고 묻기에 다음과 같이 대답했다. "굳세지 않으면 어떻게 하늘에 짝할 수 있겠는가. 건괘가 행하는데 곤괘가 멈추는 경우는 없다. 그 움직임이 강하지만 유순한 데에 방해되지 않는다. 유순하고 곧음이 이로운 것은 바로 곤괘의 덕이니, 군자가 행하는 것이다. 군자의 도는 곤괘의 덕에 부합한다."

【本義】言利貞也라 馬는 乾之象而以爲地類者는 牝은 陰物而馬又行地之物也일새라 行地无疆은 則順而健矣요 柔順利貞은 坤之德也라 君子攸行은 人之所行이 如坤之德也라 所行如是면 則其占이 如下文所云也라

'바름이 이로움'을 말한 것이다. 말[馬]은 乾의 象인데 땅의 부류라고 한 이유는 암말은 陰의 물건이고 말은 또 땅을 걸어가는 물건이기 때문이다. 땅을 걸어감이 끝이 없음은 순하고 강건한 것이고, 유순함과 '바름이 이로움'은 坤의 德이다. 君子의 행하는 바란 것은 사람의 행하는 바가 坤의 德과 같은 것이다. 행하는 바가 이와 같으면 그 占이 아래 글에서 말한 바와 같을 것이다.

先하면 迷하여 失道하고 後하면 順하여 得常하리니 西南得朋은 乃與類行이요 東北喪朋은 乃終有慶[11]하리니

【本義】東北喪朋이나

먼저 하면 혼미하여 道를 잃고 뒤에 하면 순하여 常道를 얻을 것이니, '서쪽과 남쪽은 벗을 얻음'은 同類와 함께 행함이고, '동쪽과 북쪽은 벗을 잃음'은 마침내 경사가 있을 것이다.

【본의】동쪽과 북쪽은 벗을 잃으나

---

11 先……乃終有慶 : 柳正源(朝鮮)은 《易解參攷》에서, 음이 음 자리에 있는 것은 바른 자리이고, 음이 양 자리에 있는 것은 알맞지 않은 자리이다. 그러므로 양의 자리인 동쪽과 북쪽으로 가게 된다면 알맞은 자리가 아니기 때문에 벗을 잃게 되지만, 그 덕이 유순하고 양을 따르는 뜻이 있기 때문에 끝내 경사스러운 일이 있게 된다고 설명하였다.

【本義】陽大陰小하여 陽得兼陰이나 陰不得兼陽이라 故로 坤之德이 常減於乾之半也라 東北은 雖喪朋이나 然反之西南[12]이면 則終有慶矣리라

陽은 크고 陰은 작아서 陽은 陰을 겸할 수 있으나 陰은 陽을 겸할 수 없기 때문에 坤의 德이 항상 乾의 반으로 줄어든다. 동쪽과 북쪽은 비록 벗을 잃으나 서쪽과 남쪽으로 돌아온다면 끝내는 경사가 있을 것이다.

安貞之吉이 應地无疆이니라

편안하고 바름의 길함이 땅의 끝없음에 응한다."

【傳】乾之用은 陽之爲也요 坤之用은 陰之爲也라 形而上曰天地之道요 形而下曰陰陽之功이라 先迷後得以下는 言陰道也라 先唱則迷하여 失陰道하고 後和則順而得其常理라 西南은 陰方이니 從其類는 得朋也요 東北은 陽方이니 離其類는 喪朋也라 離其類而從陽이면 則能成生物之功하여 終有吉慶也라 與類行者는 本也요 從於陽者는 用也라 陰體柔躁라 故로 從於陽則能安貞而吉하여 應地道之无疆也니 陰而不安貞이면 豈能應地之道리오 彖有三无疆하니 蓋不同也라 德合无疆은 天之不已也요 應地无疆은 地之无窮也요 行地无疆은 馬之健行也라

乾의 작용은 陽이 하는 것이고, 坤의 작용은 陰이 하는 것이다. 形而上을 天地의 道라 하고, 形而下를 陰陽의 功이라 한다. '先迷後得' 이하는 陰의 道를 말한 것이다.

선창하면 혼미하여 陰의 道를 잃고, 뒤에 화답하면 순하여 떳떳한 이치를 얻는다. 서쪽과 남쪽은 陰의 방위이니 그 同類를 따름은 벗을 얻음이고, 동쪽과 북쪽은 陽의 방위이니 그 同類를 떠남은 벗을 잃음이다. 그 同類를 떠나 陽을 따르면 물건을 낳는 공을 이룰 수 있어서 마침내 길함과 경사가 있게 된다. 同類와 함께 행하는 것은 근본이고, 陽을 따르는 것은 작용이다. 陰의 體는 유순하고 조급하기 때문에 陽을 따르면 편안하고 바루어 길할 수 있어서 地

---

12 反之西南 : 李顯益(朝鮮)은 〈周易說〉에서 "서남으로 되돌아온다는 뜻은 이해할 수가 없다." 하였는데, 朴文鎬(朝鮮)는 〈經說〉에서 "서남은 음의 방위가 되고, 동북은 양의 방위가 되니, 《정전》과 《본의》에서 해석한 것은 동일하다. 다만 《정전》의 경우에는 동북을 좋은 것으로 여겼고, 《본의》에서는 서남을 좋은 것으로 여겼다는 점에서 차이가 날 뿐이다. 주자는 '끝내 경사스러운 일이 있다.〔乃終有慶〕'고 했을 때의 '終'자를 깊이 음미하여 되돌아갈 수 있다는 뜻임을 알았다." 하였다.

道의 끝없음에 응한다. 陰으로서 편안하고 바르지 않으면 어찌 地道에 응할 수 있겠는가.

〈彖傳〉에 세 '끝없음〔无疆〕'이 있는데, 대체로 같지 않다. '德이 끝없음에 부합함〔德合无疆〕'은 하늘의 운행이 그치지 않음이고, '땅의 끝없음에 응함〔應地无疆〕'은 땅의 무궁함이며, '땅을 걸어감이 끝없음〔行地无疆〕'은 말이 강건하게 걸어감이다.

【本義】安而且貞이 地之德也라

편안하고 또 바름이 땅의 德이다.

象曰 地勢坤이니 君子以하여 厚德으로 載物하나니라

〈象傳〉에 말하였다. "땅의 형세가 坤이니, 君子가 이것을 본받아 후한 德으로 물건을 실어준다."

【傳】坤道之大猶乾也니 非聖人이면 孰能體之리오 地厚而其勢順傾이라 故로 取其順厚之象而云地勢坤也라 君子觀坤厚之象하여 以深厚之德으로 容載庶物하나니라

坤道의 위대함이 乾과 같으니, 聖人이 아니면 누가 이것을 몸소 실현하겠는가. 땅은 두터우며 그 형세가 순하게 기울어져 있기 때문에 유순하고 두터운 象을 취하여 땅의 형세가 坤이라고 말한 것이다. 군자가 坤의 두터운 象을 관찰하여 깊고 두터운 덕으로 만물을 용납하여 실어준다.

【本義】地는 坤之象이니 亦一而已라 故로 不言重而言其勢之順하니 則見其高下相因之无窮하여 至順極厚而无所不載也라

땅은 坤의 象이니, 또한 德이 동일할 뿐이다. 그러므로 '〈땅이〉 중첩되었다.'고 말하지 않고 그 형세가 순하다고만 말하였으니, 그 높고 낮음이 서로 인하여 다함이 없어서 지극히 순하고 지극히 두터워 싣지 않는 바가 없음을 나타낸 것이다.

初六은 履霜하면 堅冰至하나니라

初六은 서리를 밟으면 단단한 얼음이 이른다.

【傳】陰爻稱六하니 陰之盛也라 八則陽生矣니 非純盛也라 陰始生於下하니 至微也로되 聖人이 於陰之始生에 以其將長으로 則爲之戒라 陰之始凝而爲霜하니 履霜則當知陰漸盛而至堅冰矣라 猶小人始雖甚微나 不可使長이니 長則至於盛也라

陰爻를 六이라 칭하니, 陰이 성한 것이다. 八은 陽이 낳은 것이니 순수하게 성한 것이 아니다. 陰이 처음 아래에서 생겨나니 지극히 미약하지만, 聖人은 陰이 처음 생겨날 때에 그것이 장차 자라날 것을 경계하였다. 陰이 처음 응결하여 서리가 되니, 서리를 밟으면 마땅히 陰이 점점 번성하여 단단한 얼음에 이를 것을 알아야 한다. 이는 小人이 처음에는 비록 매우 미약하나 자라나게 해서는 안 되니, 자라나면 번성함에 이르는 것과 같다.

【本義】六은 陰爻之名이니 陰數는 六老而八少라 故로 謂陰爻爲六也라 霜은 陰氣所結이니 盛則水凍而爲冰이라 此爻는 陰始生於下하여 其端甚微로되 而其勢必盛이라 故로 其象이 如履霜則知堅冰之將至也라 夫陰陽者는 造化之本이니 不能相无요 而消長有常하니 亦非人所能損益也라 然이나 陽主生하고 陰主殺하니 則其類有淑慝之分焉이라 故로 聖人作易에 於其不能相无者엔 旣以健順仁義之屬明之하여 而无所偏主하고 至其消長之際, 淑慝之分하여는 則未嘗不致其扶陽抑陰之意焉하시니 蓋所以贊化育而參天地者니 其旨深矣라 不言其占者는 謹微之意 已可見於象中矣일새라

六은 陰爻의 이름이니, 陰數에서 六은 老陰이고 八은 少陰이기 때문에 陰爻를 六이라고 한다. 서리는 陰氣가 맺힌 것이니, 번성하면 물이 얼어 얼음이 된다. 이 爻는 陰이 처음 아래에서 생겨나서 그 단서가 매우 미약하나 그 형세가 반드시 번성할 것이기 때문에 그 象이 서리를 밟으면 단단한 얼음이 장차 이를 것임을 아는 것과 같다.

무릇 陰陽은 조화의 근본이니 서로 없을 수 없고, 사라지고 자라남에 일정함이 있으니 또한 사람이 덜어내고 더할 수 있는 것이 아니다. 그러나 陽은 낳음을 주장하고 陰은 죽임을 주장하니, 그 부류에 善惡의 분별이 있다. 그러므로 성인이 易을 지을 때에 서로 없을 수 없는 것에는 이미 健·順과 仁·義의 종류들로 그것을 밝혀서 양만을 편벽되게 주장한 바가 없고, 사라지고 자라남의 실제와 선악의 구분에 이르러서는 일찍이 양을 붙들어주고 음을 억제하는 뜻을 지극히 하지 않은 적이 없었다. 이것은 천지의 화육을 도와서 천지에 참여하는 것이니, 그 뜻이 심오하다. 占을 말하지 않은 것은 은미함을 삼가는 뜻이 이미 象 가운데 나타났기 때문이다.

字義 履 : 밟을 리 霜 : 서리 상 堅 : 굳을 견 凝 : 엉길 응 凍 : 얼 동 淑 : 착할 숙
慝 : 사악할 특 贊 : 도울 찬 參 : 참여할 참

象曰 履霜堅冰은 陰始凝也니 馴致其道하여 至堅冰也하나니라

〈象傳〉에 말하였다. "'서리를 밟으면 단단한 얼음이 이름'은 陰이 처음 응결한 것이니, 그 道를 익혀서 이루어 단단한 얼음에 이른 것이다."

【傳】陰始凝而爲霜하니 漸盛則至於堅冰[13]이라 小人雖微나 長則漸至於盛이라 故로 戒於初라 馴은 謂習이니 習而至於盛이니 習은 因循也라

陰이 처음 응결하여 서리가 되니 점점 번성하면 단단한 얼음에 이른다. 小人이 비록 미약하나 자라나면 점차 번성하게 되기 때문에 초기에 경계한 것이다. 馴은 익힘을 이르니 익혀서 번성함에 이르는 것이다. 習은 그대로 따름이다.

【本義】按魏志에 作初六履霜하니 今當從之라 馴은 順習也라

《魏志》〈文帝紀〉를 상고해보면 〈'履霜堅冰'이〉 '初六履霜'으로 되어 있으니, 지금 마땅히 이것을 따라야 한다. 馴은 순하게 익힘이다.

字義 馴 : 익힐 순 漸 : 점점 점

六二는 直方大라 不習이라도 无不利하니라

六二는 곧고 방정하고 위대하다. 익히지 않아도 이롭지 않음이 없다.

【傳】二는 陰位니 在下라 故로 爲坤之主라 統言坤道하니 中正在下는 地之道也라 以直方大三者로 形容其德用하니 盡地之道矣라 由直方大라 故로 不習而无所不利하니 不習은 謂其自然이니 在坤道則莫之爲而爲也요 在聖人則從容中道也라 直方大는 孟子所謂至大至剛以直也[14]라 在坤體라 故로 以方易剛하니 猶貞加牝馬也라 言氣則先大하니 大는 氣之體也요 於坤則先直方하니 由直方而大也라 直方大는 足以盡地道하니 在人識之耳라

13 冰 : 《大全》의 간주에 "어떤 판본에는 뒤에 '也'자가 있다."

14 孟子所謂至大至剛以直也 : 《孟子》〈公孫丑 上〉에 보인다. 이는 浩然之氣를 설명한 것으로서 朱子는 《孟子集註》에서 '以直'을 뒷구절에 연결하여 '至大至剛 以直養而無害(지극히 크고 강하니 곧음으로 길러서 해됨이 없다면)'로 보았는데, 여기에서 程子는 '至大至剛以直'을 한 구절로 본 것이다.

乾坤은 純體니 以位相應이로되 二는 坤之主라 故로 不取五應하니 不以君道處五也요 乾則二五相應하니라

六二는 陰의 자리이니, 아래에 있기 때문에 坤卦의 주체가 된다. 坤道를 통합하여 말했으니, 中正하면서 아래에 있는 것은 땅의 道이다. 直·方·大 세 가지로 坤의 德과 쓰임을 형용하였으니, 땅의 道를 다하였다.

곧고 방정하고 위대하기 때문에 익히지 않아도 이롭지 않은 바가 없다. '不習'은 저절로 그러함을 말한 것이니, 坤道에 있어서는 하지 않아도 저절로 되는 것이고, 聖人에게 있어서는 조용히 道에 맞는 것이다. 直·方·大는 孟子가 말한 "지극히 크고 지극히 강하고 곧다.〔至大至剛以直〕"는 것이다. 坤의 卦體에 있기 때문에 方자로 〈건괘의〉 剛자를 바꿨으니, 貞에 암말을 더한 것과 같다. 〈《孟子》에서는〉 氣를 말하면서 大를 먼저 말했으니 大는 氣의 본체이기 때문이고, 坤에서는 直과 方을 먼저 말하였으니 直·方으로 말미암아 커지기 때문이다. 直·方·大는 땅의 道를 다하기에 충분하니, 사람이 이것을 앎에 달려 있을 뿐이다. 乾과 坤은 純體라서 자리로써 서로 응한다. 그런데 六二는 坤卦의 주체이기 때문에 六五의 응을 취하지 않았으니, 六五를 君道로 처우해주지 않은 것이고, 乾卦는 九二와 九五가 서로 응한다.

【本義】柔順正固는 坤之直也요 賦形有定은 坤之方也요 德合无疆은 坤之大也라 六二柔順而中正하고 又得坤道之純者라 故로 其德이 內直外方而又盛大하여 不待學習而无不利하니 占者有其德이면 則其占如是也라

유순하고 정고한 것은 곤의 곧음이고, 형체를 부여함에 일정함이 있는 것은 곤의 방정함이며, 덕이 끝없음에 합치하는 것은 곤의 위대함이다. 육이는 유순하면서 중정하고, 또 곤도의 순수함을 얻은 것이다. 그러므로 그 덕이 안으로는 곧고 밖으로는 방정하고 또 성대하니, 굳이 배워서 익히지 않아도 이롭지 않음이 없다. 점치는 자가 이러한 덕이 있으면 그 점이 이와 같을 것이다.

象曰 六二之動이 直以方也니 不習无不利는 地道光也라

〈象傳〉에 말하였다. "'六二의 움직임이 곧고 방정하니 익히지 않아도 이롭지 않음이 없음'은 땅의 道가 빛나서이다."

【傳】承天而動은 直以方耳니 直方則大矣라 直方之義는 其大无窮이라 地道光顯하여 其

功順成하니 豈習而後利哉리오

하늘을 받들어 움직임은 곧고 방정한 것이니, 곧고 방정하면 위대하다. '곧음'과 '방정함'의 뜻은 그 큼이 무궁하므로 땅의 道가 빛나서 그 공이 순히 이루어지니, 어찌 익힌 뒤에야 이롭겠는가.

字義 方 : 방정할 방

六三은 含章可貞이니 或從王事하여 无成有終[15]이니라

【本義】含章可貞이나 或從王事하면 无成有終하리라

六三은 아름다움을 머금음이 정고할 수 있으니, 혹은 王事에 종사하여 이룸이 없고 끝마침을 두어야 한다.

【본의】아름다움을 머금음이 정고할 수 있으나, 혹 王事에 종사하면 이룸은 없어도 끝마침은 있을 것이다.

【傳】三居下之上하니 得位者也라 爲臣之道는 當含晦其章美하여 有善則歸之於君이라야 乃可常而得正이니 上无忌惡(오)之心하고 下得柔[16]順之道也라 可貞은 謂可貞固守之요 又可以常久而无悔咎[17]也라 或從上之事하여 不敢當其成功하고 唯奉事以守其終耳니 守職以終其事[18]는 臣之道也라

六三은 下卦의 맨 위에 있으니, 지위를 얻은 자이다. 신하된 이의 도리는 마땅히 아름다움을

15 六三……无成有終 : 宋時烈(朝鮮)은 《易說》에서 "六三이 '혹 왕의 일에 종사한다.'는 것은 때로 六五의 임금에게 종사한다는 말이다. '含'은 머금고 드러내지 않음이다. '章'은 빛남이다. 六三과 六四는 사람의 지위와 사람의 도리로 말하였기 때문에 '혹 왕의 일에 종사한다.'고 하였다. 六三은 陰爻이기 때문에 처음에는 비록 이룸이 없으나 양의 기운을 포함하기 때문에 끝에는 성공이 있다." 하였다. 이는 학식과 인품을 갖춘 자가 국가의 일에 종사할 때 성공을 차지하지 않고 국가를 위해 충심을 다한다면 유종의 미를 거둘 수 있다는 말이다. 含章에 대하여 《大全》의 소주에서 王大寶(南宋)는 "剛과 柔가 서로 섞인 것을 문채라고 하고, 문채가 완성된 것을 아름다움〔章〕이라고 한다. 강건함으로 움직이고 유순함으로 온축하는 것이 '아름다움을 머금음〔含章〕'이다." 하였다.

16 柔 : 《大全》의 간주에 "어떤 판본에는 '恭'자로 되어 있다." 하였다.

17 咎 : 《大全》의 간주에 "어떤 판본에는 '吝'자로 되어 있다." 하였다.

18 事 : 《大全》의 간주에 "어떤 판본에는 뒤에 '者'자가 있다." 하였다.

머금고 감추어서 잘한 것이 있으면 군주에게 돌려야 떳떳하여 正道를 얻을 수 있다. 이렇게 하여야 윗사람은 시기하고 미워하는 마음이 없고, 아랫사람은 유순한 도를 얻는다.

'可貞'은 貞固하게 지킬 수 있고 또 항상하고 오래하여도 뉘우침과 허물이 없을 수 있음을 이른다. 혹은 윗사람의 일에 종사하여 감히 성공을 차지하지 않고 오직 일을 받들어 끝마침을 지킬 뿐이니, 직분을 지켜 그 일을 끝마침은 신하의 도리이다.

【本義】六陰三陽이니 內含章美하여 可貞以守라 然居下之上하여 不終含藏이라 故로 或時出而從上之事면 則始雖无成이나 而後必有終이니 爻有此象이라 故로 戒占者有此德則如此占也라

六은 陰爻이고 三은 陽位이니, 안에 아름다움을 머금어 바름으로 지킬 수 있다. 그러나 下卦의 윗자리에 있어 끝내 머금고 감출 수 없다. 그러므로 혹 때로 나와서 윗사람의 일에 종사하면 처음에는 비록 이룸이 없으나 뒤에는 반드시 끝마침이 있을 것이다. 爻에 이러한 象이 있기 때문에 점치는 자에게 이러한 德이 있으면 이 점괘와 같을 것이라고 경계한 것이다.

字義 含 : 머금을 함 章 : 아름다울 장 晦 : 어두울 회

象曰 含章可貞이나 以時發也요

〈象傳〉에 말하였다. "아름다움을 머금음이 정고할 수 있지만 때에 맞게 발해야 하고,

【傳】夫子懼人之守文而不達義也하여 又從而明之하시니라 言爲臣處下之道는 不當有其功善이요 必含晦其美라야 乃正而可常이라 然義所當爲者는 則以時而發이요 不有其功耳라 不失其宜는 乃以時也니 非含藏終不爲也라 含而不爲는 不盡忠者也라

孔子가 사람들이 글자에 얽매여 그 의미를 파악하지 못할까 걱정하여, 다시 따라서 밝힌 것이다. 신하가 되어 아랫자리에 처하는 도리는 마땅히 그 공로나 선행을 차지하지 말고, 반드시 그 아름다움을 머금고 감추어야 바르고 떳떳할 수 있다는 말이다. 그러나 의리상 당연히 해야 할 일에 대해서는 때에 맞춰 드러내고 그 공을 차지하지 않을 뿐이다. 그 마땅함을 잃지 않는 것은 바로 때에 맞추기 때문이니, 머금고 감추어 끝내 하지 않는 것이 아니다. 머금고 하지 않는 것은 충을 다하지 않는 자이다.

或從王事는 知(智)光大也라

'혹은 王事에 종사함'은 지혜가 밝고 큰 것이다."

【傳】象은 只擧上句로되 解義則幷及下文하니 他卦皆然이라 或從王事而能无成有終者는 是其知之光大也니 唯其知之光大라 故로 能含晦라 淺暗之人은 有善이면 唯恐人之不知하나니 豈能含章也리오

〈象傳〉은 위 구절(或從王事)만 거론했으나 뜻을 해석한 것은 아래 글(无成有終)까지 언급한 것이니, 다른 卦에서도 모두 그러하다. 혹은 王事에 종사하여 이룸이 없고 끝마침이 있는 것은 그 지혜가 밝고 크기 때문이니, 오직 지혜가 밝고 크기 때문에 능히 머금고 품을 수 있는 것이다. 지식이 얕고 우매한 사람은 잘한 일이 있으면 행여 남이 알아주지 못할까 두려워하니, 어찌 아름다움을 머금을 수 있겠는가.

字義 淺 : 얕을 천 暗 : 어두울 암

六四는 括囊이면 无咎며 无譽리라

【本義】括囊이니

六四는 주머니 입구를 묶듯이 하면 허물도 없으며 칭찬도 없을 것이다.

【본의】 주머니 입구를 묶음이니

【傳】四는 居近五之位而无相得之義하니 乃上下閉隔之時니 其自處以正은 危疑之地也라 若晦藏其知하여 如括結囊口而不露면 則可得无咎고 不然則有害也라 既晦藏이면 則无譽矣리라

六四는 六五와 가까운 자리에 있지만 서로 맞는 뜻이 없으니, 바로 위아래가 막혀있는 때이다. 〈이러한 때에〉 正道로써 자처함은 위태롭고 의심받을 수 있는 처지이다. 만약 그 지혜를 감추어 주머니 입구를 묶듯이 하여 드러내지 않으면 허물이 없을 것이고, 그렇지 않으면 해로움이 있을 것이다. 이미 감추어 숨는다면 칭찬이 없을 것이다.

【本義】括囊은 言結囊口而不出也라 譽者는 過實之名이니 謹密如是면 則无咎而亦无譽

矣리라 六四는 重陰不中이라 故로 其象占如此하니 蓋或事當謹密이어나 或時當隱遁也라

括囊은 주머니의 입구를 묶어 나오지 못하게 함을 말한다. 譽는 사실보다 지나친 이름이니, 이처럼 삼가고 치밀하게 한다면 허물이 없고 또한 칭찬도 없을 것이다. 육사는 중첩된 음이고 中하지 못하다. 그러므로 象과 占이 이와 같으니, 혹 삼가고 치밀해야 할 일을 만났거나 혹 은둔해야 할 때를 만난 경우이다.

字義 括 : 묶을 괄 囊 : 주머니 낭 隔 : 막힐 격 露 : 드러낼 로 遁 : 숨을 둔

象曰 括囊无咎는 愼不害也라

〈象傳〉에 말하였다. "'주머니 입구를 묶듯이 하면 허물이 없음'은 삼가면 해롭지 않다는 것이다."

【傳】能愼如此면 則无害也라

삼가기를 이와 같이 할 수 있으면 해가 없다.

六五는 黃裳이면 元吉이리라

【本義】黃裳이니 元吉하니라

六五는 황색치마처럼 하면 크고 善하여 吉할 것이다.

【본의】황색치마이니, 크게 善하여 길하다.

【傳】坤雖臣道나 五實君位라 故로 爲之戒云 黃裳元吉이라하니 黃은 中色이요 裳은 下服이니 守中而居下면 則元吉은 謂守其分也라 元은 大而善也라 爻象에 唯言守中居下則元吉이라하니 不盡發其義也라 黃裳이 旣元吉이면 則居尊은 爲天下大凶을 可知라 後之人未達하여 則此義晦矣니 不得不辨也라 五는 尊位也니 在他卦엔 六居五가 或爲柔順하고 或爲文明하며 或爲暗弱이어니와 在坤則爲居尊位라 陰者는 臣道也요 婦道也니 臣居尊位는 羿莽[19]

---

19 羿莽 : 后羿와 王莽을 이른다. 后羿는 夏나라 때 有窮國의 군주였는데 夏后 相을 죽이고 天子의

是也니 猶可言也어니와 婦居尊位는 女媧氏武氏[20]是也니 非常之變[21]이니 不可言也라 故로 有黃裳之戒而不盡言也라 或疑在革엔 湯武之事도 猶盡言之[22]어늘 獨於此不言은 何也오 曰 廢興은 理之常也요 以陰居尊位는 非常之變也라

坤은 비록 신하의 도리이나 六五는 실제로 임금의 자리이므로 "황색치마처럼 하면 크게 길하다."고 경계해서 말했다. 황색은 중앙을 나타내는 빛깔이고, 치마는 아래에 입는 옷이다. 중도를 지키면서 아래에 있으면 크게 길하다는 것은 그 분수를 지키라는 말이다. '크다.〔元〕'는 크고 선한 것이다. 효의 상에서는 중도를 지키면서 아래에 있으면 크게 길하다고만 말하였으니 그 의미를 모두 드러내지는 않았다. 황색치마인 것이 이미 크게 길한 것이라면 음이 존귀한 자리에 있는 것은 천하에서 아주 흉한 것임을 알 수 있다. 후세의 사람들이 통달하지 못하여 곧 이 뜻이 어두워졌으니, 분별하지 않을 수 없다. 五爻의 자리는 존귀한 자리이다. 다른 卦에 있어서는 六이 다섯 번째 자리에 거하는 것이 때로는 유순함이 되고 때로는 文明함이 되며 때로는 어둡고 약함이 되지만, 坤卦에 있어서는 존귀한 자리에 거함이 된다. 陰은 신하의 도리이고, 부인의 도리이다. 신하가 존귀한 자리에 거한 것은 后羿와 王莽이 이에 해당하니 그래도 말할 수 있지만, 부인이 존귀한 자리에 거한 것은 女媧氏와 武氏가 이에 해당하니, 正常이 아닌 변고라서 말할 수 없다. 그러므로 황색치마의 경계만 있고 다 말하지 않은 것이다. 어떤 이가 "革卦에서는 湯王과 武王의 일도 오히려 다 말했는데 坤卦에서만 말하지 않은 것은 어째서인가?"라고 의심하기에 다음과 같이 대답하였다. "나라가 폐하고 흥함은 正常的인 이치이고, 陰으로서 존귀한 자리에 있음은 正常的이 아닌 변고이기 때문이다."

【本義】黃은 中色이요 裳은 下飾이라 六五以陰居尊하여 中順之德이 充諸內而見於外라 故로 其象如此而其占爲大善之吉也니 占者德必如是면 則其占亦如是矣리라 春秋傳에

지위를 찬탈하고, 자신의 활 솜씨만 믿고 정사를 보지 않다가 家臣인 寒浞에게 죽임을 당하였다. 王莽은 전한 말기 왕실이 미약해진 틈을 타 帝位를 찬탈하고 新나라를 세웠다가 後漢의 光武帝 劉秀에게 토벌되었다.

20 女媧氏武氏 : 女媧氏는 上古時代 복희씨의 누이로 복희씨를 이어 중국 최초의 여황제가 된 인물이다. 武氏는 본명이 武曌(무조 625~705)로 武測天이라고도 한다. 당나라 태종의 후궁이었으나 高宗의 皇后가 되었으며 40년 이상 중국을 실제적으로 통치했다. 高宗이 죽자 帝位를 계승한 아들들을 차례로 몰아내고 황제가 되어 국호를 唐에서 周로 변경하고 天授라는 연호를 썼다.

21 變 : 《大全》의 간주에 "어떤 판본에는 '大'자로 되어 있다." 하였다.

22 或疑在革……猶盡言之 : 혁괘 괘사에 "天地가 변혁하여 사시가 이루어지며 湯·武가 혁명하여 하늘에 순하고 사람들에게 부응하였으니, 革의 때가 크도다〔天地革而四時成 湯武革命 順乎天而應乎人 革之時大矣哉〕" 하였다.

南蒯將叛할새 筮得此爻하고 以爲大吉[23]이라한대 子服惠伯曰 忠信之事則可어니와 不然이면 必敗하리라 外强內溫이 忠也요 和以率貞이 信也[24]라 故로 曰黃裳元吉이라하니 黃은 中之色也요 裳은 下之飾也요 元은 善之長也라 中不忠이면 不得其色이요 下不共(恭)이면 不得其飾이요 事不善이면 不得其極이라 且夫易은 不可以占險이어늘 三者有闕하니 筮雖當이나 未也라하더니 後에 蒯果敗하니 此可以見占法矣로다

黃은 중앙의 색깔이고, 치마는 아래의 꾸밈이다. 六五는 음으로서 존귀한 자리에 있는 것이기 때문에 가운데 있는 유순한 덕이 속으로 충만하여 밖으로 드러난 것이다. 그러므로 그 상이 이와 같고 그 점이 크게 善하여 길함이 되니, 점치는 자가 덕이 반드시 이와 같으면 그 점 또한 이와 같을 것이다. 《春秋左氏傳》에 南蒯가 반란을 일으키려 할 적에 시초점을 쳐서 이 爻를 얻고는 "크게 길하다."고 말하니, 子服惠伯이 아래와 같이 말하였다. "忠信에 대한 일이라면 괜찮지만 그렇지 않은 것이라면 반드시 실패할 것이다. 外表가 强하고 內面이 溫順한 것이 忠이고, 화합으로 곧음을 따름이 信이기 때문에 '黃裳元吉'이라고 말하였다. 黃은 중앙의 색깔이고, 치마는 아래의 꾸밈이며, 元은 善의 으뜸이다. 中心이 忠誠스럽지 않으면 黃色이 될 수 없고, 下位에 있으면서 恭敬하지 않으면 飾〔裳〕이 될 수 없고, 하는 일이 善하지 않으면 準則〔極〕이 될 수 없다. 또 무릇 易은 험악한 일을 점쳐서는 안 되는데, 세 가지의 결함이 있으니, 점이 비록 이에 해당된다 하더라도 성공하지 못한다." 뒤에 南蒯가 과연 실패하였으니, 여기에서 점치는 법을 볼 수 있다.

字義 裳 : 치마 상　羿 : 사람이름 예　莽 : 풀우거질 망　媧 : 신녀 와　飾 : 꾸밀 식　蒯 : 성 괴
筮 : 점대 서　闕 : 빠질 궐

象曰 黃裳元吉은 文在中也라

---

23 南蒯將叛……以爲大吉 : 南蒯는 춘추시대 魯나라 費의 邑宰였는데, 당시 노나라의 실권자였던 季平子의 홀대에 반란을 일으켰다가 실패하고 齊나라로 도망하였다. 《春秋左氏傳》 昭公 12년에 보인다.

24 外强內溫……信也 : 《春秋左氏傳》 昭公 12년 杜預 註에 "坎은 險하기 때문에 强하고, 坤은 順하기 때문에 溫順하다.〔坎險故强 坤順故溫〕 强하면서도 溫順한 것이 忠이 되는 原因이다." 하였다. "和以率貞 信也"는 양백준 註에 "이것은 比卦를 가지고 말한 것이다. 坤은 水이고 坎은 土이니 水土가 만나면 서로 和合한다. 貞은 問卜이고 率은 行이니 和順으로 問卜한 일을 行하는 것이다. 그러므로 信이 된다." 하였으니, 和順한 마음으로 占친 일〔貞〕을 행〔率〕하는 것이 信이라고 해석하기도 한다.

〈象傳〉에 말하였다. "'황색치마처럼 하면 크고 善하여 吉할 것임'은 문채가 속에 있는 것이다."

【傳】黃은 中之文이요 在中은 不過也라 內積至美而居下라 故로 爲元吉이라

黃은 중앙의 채색이고, '中에 있다.'는 것은 지나치지 않음이다. 안으로 지극한 아름다움을 쌓았으면서 아랫자리에 거하였기 때문에 '元吉'이라 한 것이다.

【本義】文在中而見於外也라

문채가 속에 있어서 밖에 드러나는 것이다.

上六은 龍[25]戰于野하니 其血이 玄黃이로다

上六은 龍이 들에서 싸우니, 그 피가 검고 누렇다.

【傳】陰은 從陽者也라 然이나 盛極則抗而爭이라 六旣極矣하니 復進不已則必戰이라 故로 云戰于野라하니 野는 謂進至於外也라 旣敵矣면 必皆傷이라 故로 其血玄黃이라

陰은 陽을 따르는 자이다. 그러나 번성함이 지극하면 대항하여 다툰다. 六이 이미 극단에 있으니, 다시 나아가 그치지 않으면 반드시 陽과 싸울 것이다. 그러므로 들에서 싸운다고 말하였으니, 들은 나아가 밖에 이름을 말한다. 이미 陽과 대적하면 반드시 〈陰과 陽이〉 모두 상하기 때문에 그 피가 검고 누런 것이다.

【本義】陰盛之極하여 至與陽爭하여 兩敗俱傷하니 其象如此라 占者如是면 其凶可知라

陰의 번성함이 지극하여 陽과 다툼에 이르러 둘이 모두 패하고 상하니, 그 象이 이와 같다. 점치는 자가 이와 같으면 그 흉함을 알 수 있다.

字義 抗 : 막을 항

---

25 龍 : 宋時烈(朝鮮)은 《易說》에서 용은 乾卦의 용이라고 하였다. 金萬英(朝鮮)은 〈易象小訣〉에서 "용은 건괘의 상인데, 곤괘를 용이라고 부르는 것은 무엇 때문인가? 음이 다해 양으로 변하였기 때문이다." 하였다.

象曰 龍戰于野는 其道窮也라

〈象傳〉에 말하였다. "'용이 들에서 싸움'은 〈坤의〉 道가 궁극에 달한 것이다."

【傳】陰盛하여 至於窮極이면 則必爭而傷也라

陰이 번성하여 궁극함에 이르면 반드시 다투어 상한다.

用六은 利永貞하니라

用六은 오래하고 貞固함이 이롭다.

【傳】坤之用六은 猶乾之用九하니 用陰之道也라 陰道柔而難常이라 故로 用六之道 利在常永貞固하니라

坤卦의 用六은 乾卦의 用九와 같으니, 陰을 쓰는 방법이다. 陰의 道는 유순하여 항상하기 어렵다. 그러므로 六을 쓰는 방법은 이로움이 오래 항상하고 貞固함에 있다.

【本義】用六은 言凡得陰爻者 皆用六而不用八하니 亦通例也라 以此卦純陰而居首라 故로 發之하니 遇此卦而六爻俱變者는 其占如此辭라 蓋陰柔而不能固守어늘 變而爲陽이면 則能永貞矣라 故로 戒占者以利永貞하니 卽乾之利貞也라 自坤而變이라 故로 不足於元亨云이라

用六이란 무릇 陰爻를 얻은 자가 모두 六을 쓰고 八을 쓰지 않음을 말한 것이니, 또한 통례이다. 이 卦는 純陰이면서 처음에 있기 때문에 이것을 밝힌 것이니, 이 卦를 만나고 여섯 효가 모두 변한 자는 그 占이 이 말과 같다. 유약한 陰이라서 굳게 지킬 수 없는데, 변하여 陽이 되면 오래하고 貞固할 수 있을 것이다. 그러므로 점치는 자에게 '오래하고 정고함이 이롭다.고 경계하였으니, 乾卦의 利貞과 같다. 坤卦에서 변하였기 때문에 元亨에는 부족한 것이다.

象曰 用六永貞은 以大終也라

〈象傳〉에 말하였다. "'用六은 오래하고 貞固함'은 끝마침을 성대하게 하는 것이다."

【傳】陰旣貞固不足이면 則不能永終이라 故로 用六之道는 利在盛大於終하니 能大於終이라야 乃永貞也라

陰이 이미 貞固함이 부족하면 길이 끝마치지 못한다. 그러므로 用六의 道는 이로움이 끝마침을 성대하게 함에 있는 것이니, 끝마침을 성대하게 할 수 있어야 이에 오래하고 貞固할 수 있다.

【本義】初陰後陽이라 故로 曰大終이라

처음에는 陰이었다가 뒤에는 陽이 되었기 때문에 끝마침을 크게 했다고 말한 것이다.

文言曰 坤은 至柔而動也剛하고 至靜而德方하니

〈文言傳〉에 말하였다. "坤은 지극히 유순하나 움직임이 剛하고, 지극히 고요하나 德이 方正하니

【本義】剛方은 釋牝馬之貞也니 方은 謂生物有常이라

剛과 方은 '암말의 바름'을 해석한 것이니, 方은 물건을 낳음에 항상함이 있음을 말한다.

後得하여 主〔利〕[26]而有常하며

뒤에 하면 얻어서 이로움을 주장하여 떳떳함이 있으며

【本義】程傳曰 主下에 當有利字라

《程傳》에 "主자 아래에 마땅히 利자가 있어야 한다."고 말하였다.

---

26 後得 主〔利〕: 坤卦의 괘사에 '主利'라고 하였기 때문에, 《정전》과 《본의》에서 모두 主자 뒤에 利자가 빠진 것으로 보았다. 그러나 沈大允(朝鮮)은 《周易象義占法》에서 '得主'를 그대로 '주인을 얻는다.'로 보았다. 즉, 단사에서는 '이로움을 주장한다.'고 하였으니 주장함을 얻는 것으로 말한 것이고, 여기에서는 주인을 얻는다고 하였으니 주인으로 삼아 의탁함을 얻는다는 것으로 말한 것이라고 하였다.

含萬物而化光하니

만물을 포용하여 功化가 빛나니

【本義】 復明亨義라

亨의 뜻을 다시 밝혔다.

坤道其順乎인저 承天而時行하나니라

坤道가 순하도다! 하늘을 받들어 때로 행한다.

【傳】 坤道至柔而其動則剛하고 坤體至靜而其德則方하니 動剛이라 故應乾不違하고 德方이라 故生物有常이라 陰之道는 待唱而和라 故로 居後爲得而主利成萬物하니 坤之常也요 含容萬類하니 其功化光大也라 主字下에 脫利字라 坤道其順乎承天而時行은 承天之施하여 行不違時하니 贊坤道之順也라

坤道가 지극히 유순하나 그 움직임은 강하고, 坤의 卦體가 지극히 고요하나 그 德은 방정하다. 움직임이 강하므로 乾에 상응하여 어긋나지 않고, 德이 방정하므로 물건을 낳음에 항상함이 있는 것이다. 陰의 道는 陽이 선창하기를 기다려 화답하므로 뒤에 거함이 얻음이 되어 만물을 이롭게 이룸을 주장하니 이는 坤의 떳떳함이고, 만물을 포함하여 용납하니 그 功化가 빛나며 크다. 主자 아래에 利자가 빠졌다. '坤道其順乎 承天而時行'은 하늘의 베풂을 받들어서 행함이 때에 어긋나지 않는 것이니, 이는 坤道의 순함을 찬양한 것이다.

【本義】 復明順承天之義라

하늘을 순히 받드는 뜻을 다시 밝혔다.

○此以上은 申彖傳之意하니라

○이 이상은 〈彖傳〉의 뜻을 거듭 밝힌 것이다.

積善之家는 必有餘慶하고 積不善之家는 必有餘殃하나니 臣弒其君하며 子弒其

父가 非一朝一夕之故라 其所由來者漸矣니 由辨之不早辨也니 易曰履霜堅冰至라하니 蓋言順也라

【本義】蓋言順(愼)也라

좋은 일을 많이 한 집안은 반드시 남겨진 복이 있고, 좋지 않은 일을 많이 한 집안은 반드시 남겨진 재앙이 있다. 신하가 임금을 시해하고 자식이 부모를 죽이는 것은 하루아침이나 하루저녁의 변고가 아니다. 그 원인이 차츰 차츰 이루어진 것이니, 분별해야 할 것을 일찍 분별하지 않았기 때문이다. 《주역》에서 '서리를 밟으면 두꺼운 얼음이 얼게 된다.'고 했으니, 순차적으로 자람을 말한 것이다.

【본의】 삼가야 함을 말한 것이다.

【傳】 天下之事 未有不由積而成하니 家之所積者善이면 則福慶及於子孫하고 所積不善이면 則災殃流於後世라 其大至於弑逆之禍라도 皆因積累而至요 非朝夕所能成也라 明者則知漸不可長하고 小積成大하여 辨之於早하여 不使順長이라 故로 天下之惡이 无由而成하니 乃知霜冰之戒也라 霜而至於[27]冰하고 小惡而至於[28]大는 皆事勢之順長也라

天下의 일은 쌓음으로 말미암아 이루어지지 않음이 없으니, 집안에서 쌓은 것이 善이면 복과 경사가 자손에게 미치고, 쌓은 것이 不善이면 재앙이 후세에 내려간다. 弑逆의 禍처럼 큰 惡도 모두 쌓고 여러 번 함으로 인하여 이루어지는 것이지 하루아침에 이루어지는 것이 아니다. 지혜가 밝은 자는 조짐을 자라게 해서는 안 되며 작은 것이 쌓여 큰 것을 이룸을 알아서, 일찍이 분변하여 순차적으로 자라지 못하게 한다. 그러므로 천하의 惡이 말미암아 이루어질 곳이 없는 것이니, 이에 서리를 밟으면 얼음이 이르는 경계를 안다. 서리가 얼음에 이르고 작은 惡이 큰 惡에 이름은 모두 일의 형편이 순차적으로 자라는 것이다.

【本義】 古字에 順愼通用하니 按此當作愼이니 言當辨之於微也라

옛 글자에 順자와 愼자를 통용하였다. 이를 살펴보면 順은 마땅히 愼이 되어야 하니, 은미

27 於 : 《大全》의 간주에 "어떤 판본에는 '於'자가 없다." 하였다.

28 於 : 《大全》의 간주에 "어떤 판본에는 '於'자가 없다." 하였다.

할 때에 마땅히 분변해야 함을 말한 것이다.

字義 殃 : 재앙 앙　弑 : 죽일 시　累 : 여러 루　早 : 일찍 조　愼 : 삼갈 신

直은 其正也요 方은 其義也니 君子敬以直內하고 義以方外하여 敬義立而德不孤하나니 直方大不習无不利는 則不疑其所行也라

直은 올바름이고 方은 의로움이다. 君子가 敬으로써 안을 올바르게 하고 義로써 밖을 방정하게 하여, 敬과 義가 확립되면 德이 외롭지 않으니, '곧고 방정하며 커서 익히지 않아도 이롭지 않음이 없음'은 그 행하는 바를 의심하지 않는 것이다.

【傳】直은 言其正也요 方은 言其義也라 君子主敬以直其內하고 守義以方其外하여 敬立而[29]內直하고 義形而[30]外方하니 義는 形於外요 非在外也라 敬義旣立이면 其德盛矣니 不期大而大矣니 德不孤也라 无所用而不周하고 无所施而不利하니 孰爲疑乎아

直은 그 올바름을 말하고, 方은 그 의로움을 말한다. 君子가 敬을 주장하여 안을 곧게 하고 義를 지켜 밖을 방정하게 한다. 그리하여 敬이 확립되어 안이 곧아지고 義가 나타나 밖이 방정해지니, 義는 밖에 나타나는 것이지 밖에 있는 것은 아니다. 敬과 義가 이미 확립되면 그 德이 성대해지니, 커지기를 기약하지 않아도 커지므로 德이 외롭지 않은 것이다. 쓰는 데마다 두루 하지 않음이 없고 베푸는 데마다 이롭지 않음이 없으니, 어찌 의심할 것이 있겠는가.

【本義】此는 以學而言之也라 正은 謂本體요 義는 謂裁制요 敬則本體之守也라 直內方外는 程傳備矣라 不孤는 言大也라 疑故로 習而後利니 不疑則何假於習이리오

이는 배움으로써 말한 것이다. 正은 本體를 이르고 義는 裁制를 이르며, 敬은 本體를 지키는 것이다. '直內方外'의 뜻은 《程傳》에 갖추어져 있다. '不孤'는 큼을 말한 것이다. 의심하기 때문에 익힌 후에야 이로운 것이니, 의심하지 않으면 어찌 익힐 필요가 있겠는가.

---

29 而 : 《大全》의 간주에 "어떤 판본에는 '則'자로 되어 있다." 하였다.

30 而 : 《大全》의 간주에 "어떤 판본에는 '則'자로 되어 있다." 하였다.

陰雖有美나 含之하여 以從王事하여 弗敢成也니 地道也며 妻道也며 臣道也니 地道는 无成而代有終也니라

陰이 비록 아름다움이 있을지라도 이것을 머금고 왕의 일에 종사하여 감히 이루지 말아야 한다. 이것이 땅의 道이며 아내의 道이며 신하의 道이니, 땅의 道는 이룸이 없고 대신하여 끝마침이 있는 것이다.

【傳】爲下之道는 不居其功하고 含晦其章美하여 以從王事하여 代上以終其事하고 而不敢有其成功也니 猶地道代天終物而成功則主於天也라 妻道亦然하니라

아랫사람이 된 도리는 그 공을 자처하지 않고, 그 아름다움을 머금어 숨긴다. 그리하여 王事에 종사함에 윗사람을 대신해 그 일을 끝마치되 그 성공을 차지하지 않으니, 땅의 道가 하늘을 대신하여 일을 끝마치나 성공은 하늘에서 주장하는 것과 같다. 아내의 도리 또한 그러하다.

天地變化하면 草木蕃하고 天地閉하면 賢人隱하나니 易曰括囊无咎无譽라하니 蓋言謹也라

천지가 변화하면 초목이 번성하고 천지가 닫히면 賢人이 은둔하니, 易에 이르기를 '주머니 입구를 묶듯이 하면 허물도 없고 칭찬도 없다.' 하였으니, 삼가야 함을 말한 것이다.

【傳】四居上하여 近君而无相得之義라 故로 爲隔絶之象이다 天地交感이면 則變化萬物하여 草木蕃盛하고 君臣相際而道亨하며 天地閉隔이면 則萬物不遂하고 君臣道絶하여 賢者隱遯이라 四於閉隔之時에 括囊晦藏이면 則雖无令譽나 可得无咎니 言當謹自守也라

六四는 上卦에 있어 군주와 가까우나 서로 맞는 뜻이 없기 때문에 막히고 끊긴 象이 된다. 천지가 서로 감동하면 만물을 변화시켜 초목이 번성하고 임금과 신하가 서로 사귀어 道가 형통하며, 천지가 막히고 닫히면 만물이 이루어지지 못하고 君臣의 道가 끊기어 賢者가 은둔한다. 六四는 닫히고 막힌 때에 주머니 입구를 묶듯이 하여 숨기고 감추면 비록 훌륭한 명예가 없으나 허물이 없을 수 있으니, 마땅히 삼가서 스스로 지켜야 함을 말한 것이다.

字義 蕃 : 무성할 번 閉 : 닫을 폐 隔 : 막힐 격 際 : 사귈 제

君子黃中通理하여

君子가 黃이 中心에 있어 이치에 통하여

【本義】黃中은 言中德在內니 釋黃字之義也라

黃中은 中德이 안에 있음을 말하니, 黃字의 뜻을 해석한 것이다.

正位居體[31]하여

바른 자리에서 下體에 거하여

【本義】雖在尊位而居下體[32]하니 釋裳字之義也라

비록 높은 자리에 있으나 下體에 거하였으니, 裳자의 뜻을 해석한 것이다.

美在其中而暢於四支하며 發於事業하나니 美之至也라

아름다움이 그 가운데에 있어서 四支에 통창하며 사업에 나타나니, 아름다움이 지극하다.

【傳】黃中은 文居中也니 君子文中而達於理하고 居正位而不失爲下之體라 五는 尊位로되 在坤則惟[33]取中正之義라 美積於中하여 而通暢於四體하고 發見於事業은 德美之至盛也라

黃中은 문채가 가운데에 있는 것이니, 君子는 문채가 가운데에 있고 이치에 통달하며, 바른 자리에 거하여 아랫사람이 된 體를 잃지 않는다. 五는 존귀한 자리이나 坤卦에 있어서는

---

31 居體 : 金龜柱(朝鮮)는 《周易剳錄》에서 "유순함과 겸손함은 곤의 '몸체〔體〕'이니, 존귀한 자리에 있을지라도 곤의 몸체를 잃지 않은 것이 바로 '居體'이다." 하였다.

32 雖在尊位而居下體 : 李恒老(朝鮮)는 《周易傳義同異釋義》에서 "尊位는 '六五'에서 '五'와 연결되고, 下體는 '六五'에서 '六'과 연결된다." 하였다.

33 則惟 : 《大全》의 간주에 "어떤 판본에는 '故惟'로 되어 있다." 하였다.

오직 中正의 뜻만을 취하였다. 아름다움이 가운데에 쌓여 四體에 통창하고 사업에 나타남은 德의 아름다움이 지극히 盛한 것이다.

【本義】美在其中은 復釋黃中이요 暢於四支는 復釋居體다

'아름다움이 가운데에 있다.'는 것은 다시 黃中을 해석한 것이고, '四支에 통창한다.'는 것은 다시 '居體'를 해석한 것이다.

字義 暢 : 통창할 창

陰疑於陽하면 必戰하나니 爲其嫌於无陽也라 故로 稱龍焉하고 猶未離其類也라 故로 稱血焉하니 夫玄黃者는 天地之雜也니 天玄而地黃하니라

陰이 陽과 비슷해지면 반드시 싸운다. 陽이 없음을 혐의하기 때문에 龍이라 칭하였고, 아직 그 종류인 陰을 떠나지 않았기 때문에 피(血)라고 칭하였다. 검고 누런 것은 天地가 섞인 것이니, 하늘은 검고 땅은 누렇다."

【傳】陽大陰小하여 陰必從陽하나니 陰旣盛極하여 與陽偕矣면 是疑於陽也니 不相從則必戰이라 卦雖純陰이나 恐疑无陽이라 故로 稱龍하니 見其與陽戰也라 于野는 進不已而至於外也니 盛極而進不已면 則戰矣라 雖盛極이나 不離陰類也어늘 而與陽爭하니 其傷可知라 故로 稱血이라 陰旣盛極하여 至與陽爭하니 雖陽이나 不能无傷이라 故로 其血玄黃이라 玄黃은 天地之色이니 謂皆傷也라

陽은 크고 陰은 작아서 陰이 반드시 陽을 따르는데, 陰의 성함이 이미 지극하여 陽과 함께하면 이는 陽과 비슷해지는 것이니, 서로 따르지 않으면 반드시 싸운다. 이 卦는 비록 純陰이나 陽이 없다고 의심할까 두렵기 때문에 龍이라 칭하였으니, 陽과 싸움을 나타낸 것이다.

'于野'는 나아가 그치지 않아 밖에 이르는 것이니, 번성함이 지극한데도 나아가 그치지 않는다면 싸우게 된다. 비록 陰의 성함이 지극하나 陰의 類를 떠나지 않았는데 陽과 함께 다투니, 그 상하게 됨을 알 수 있다. 그러므로 피라고 칭한 것이다. 陰이 이미 지극히 번성하여 陽과 다투기까지 하니, 비록 陽이라도 상함이 없을 수 없기 대문에 그 피가 검고 누른 것이다. 검고 누런 것은 天地의 색이니, 陰과 陽이 모두 상함을 이른다.

【本義】疑는 謂鈞敵而无小大之差也라 坤雖无陽이나 然陽未嘗无也라 血은 陰屬이니 蓋氣陽而血陰也라 玄黃은 天地之正色이니 言陰陽皆傷也라

疑는 서로 대등하여 크고 작음의 차이가 없음을 이른다. 坤은 비록 陽爻가 없으나 陽이 없던 적이 없다. 피는 陰의 등속이니, 기운은 陽이고 피는 陰이다. 검고 누런 것은 천지의 바른 색이니, 陰과 陽이 모두 상함을 말한 것이다.

○此以上은 申象傳之意하니라

○이 이상은 〈象傳〉의 뜻을 거듭 밝힌 것이다.

字義 嫌 : 혐의할 혐　盛 : 번성할 성　偕 : 함께 해　鈞 : 고를 균　敵 : 대적할 적

3. 屯

䷂ 震下坎上

下卦는 震卦☳이고 上卦는 坎卦☵이다.

【傳】屯[1]은 序卦曰[2] 有天地然後에 萬物生焉하니 盈天地之間者 惟萬物이라 故受之以屯하니 屯者는 盈也요 屯者는 物之始生也라하니라 萬物始生에 鬱結未通이라 故로 爲盈塞(색)於天地之間하니 至通暢茂盛이면 則塞意亡矣라 天地生萬物하니 屯은 物之始生이라 故로 繼乾坤之後[3]하니라 以二象言之하면 雲雷之興은 陰陽始交也요 以二體言之하면 震始交於下하고 坎始交於中하니 陰陽相交라야 乃成雲雷라 陰陽始交하여 雲雷相應而未成澤이라 故로 爲屯이니 若已成澤則爲解也[4]니라 又動於險中하니 亦屯之義라 陰陽不交則爲否(비)요 始交而未暢則爲屯이니 在時則天下屯難하여 未亨泰之時也라

屯卦䷂는 〈序卦傳〉에 "천지가 있은 다음에 만물이 생겨나니, 천지에 꽉 차 있는 것은 만물이기 때문에 屯卦로 받았으니, '屯'은 꽉 차 있음이고 '屯'은 사물이 처음 생겨난 것이다." 하였다.

---

1 屯 : '屯'의 독음은 '둔'·'준' 두 가지가 있다. 反切에 의하면 '준[張倫反]'이 옳지만, 《周易諺解》에는 '둔'으로 표기되어 있으므로 여기에서는 이를 기준으로 하였다 楊萬里(南宋)는 "기운이 처음 교차하여 아직 통하지 않은 것을 '屯'이라고 하고, 사물이 처음에 갈고리처럼 싹이 나와 아직 펴지지 않은 것을 '屯'이라고 하며, 세상에 어려움이 많아 아직 편안하지 않은 것을 '屯'이라고 한다." 하였다.

2 曰 : 《大全》의 간주에 "어떤 판본에는 '曰'자가 없다." 하였다.

3 屯物之始生……繼乾坤之後 : 《周易》의 괘 순서는 乾卦䷀와 坤卦䷁의 다음에 屯卦䷂와 蒙卦䷃로 이어지는데, 이는 乾坤이 生育하는 공을 가지고 세 자식을 낳는 것으로 설명하기도 한다. 즉, 屯卦의 下卦인 震卦☳는 큰아들이고, 上卦인 坎卦☵는 둘째아들이며, 蒙卦䷃의 上卦인 艮卦☶는 막내아들에 해당한다.

4 若已成澤則爲解也 : 震卦☳와 坎卦☵가 이미 비를 이루어 解卦䷧가 됨을 말한 것이다. 李瀷(朝鮮)은 《易經疾書》에서 "우레는 올라가고 비는 내려오기 때문에 우레와 비가 解卦䷧가 되고, 우레가 아직 올라가지 못하고 비가 아직 내리지 못한 것이 屯卦䷂이다." 하였다.

만물이 처음 생겨남에 꽉 막혀서 통하지 못하므로 천지에 꽉 차 막힘이 되었으니, 환하게 통하여 무성하게 되면 막혔다는 의미는 사라진다. 천지가 만물을 낳으니, '屯'은 사물이 처음 생겨난 것이다. 그러므로 乾卦와 坤卦의 뒤를 이었다. 두 卦象으로 말하면 구름과 우레가 일어나는 것은 음과 양이 처음 사귀는 것이고, 두 卦體로 말하면, 震卦☳가 아래에서 처음 사귀고 坎卦☵가 중간에서 처음 사귀었으니, 음과 양이 서로 사귀어야 구름과 우레를 이룬다. 음과 양이 처음 사귀어 구름과 우레가 상응했지만 아직 '못〔澤 : 비〕'을 이루지 못했으므로 '屯'이 되었다. 만약 이미 '못'을 이루었다면 解卦䷧가 되었을 것이다. 또 험한 가운데 움직이니, 또한 '屯'의 의미이다. 음과 양이 사귀지 않으면 否卦䷋가 되고, 처음 사귀었지만 아직 통하지 않았으면 屯卦䷂가 되니, 시대로는 천하가 어려워서 아직 형통하지 못한 때이다.

字義 屯 : 어려울 둔 盈 : 찰 영 鬱 : 막힐 울 塞 : 막힐 색 茂 : 무성할 무 否 : 막힐 비

屯[5]은 元亨하고 利貞[6]하니 勿用有攸往이요 利建侯하니라

屯은 크게 형통하고 바름이 이로우니, 갈 곳을 두지 말고 제후를 세움이 이롭다.

【傳】屯은 有大亨之道而處之利在貞[7]固하니 非貞固면 何以濟屯이리오 方屯之時하여 未可有所往也라 天下之屯을 豈獨力所能濟리오 必廣資輔助라 故로 利建侯也라

屯은 크게 형통한 도리가 있지만 처신함에 이로움은 貞固함에 있으니, 바르고 견고함이 아니면 어떻게 어려움을 구제하겠는가? 어려운 때에는 아직 갈 곳을 두어서는 안 된다. 천하의 어려움을 어떻게 혼자의 힘으로 구제할 수 있겠는가? 반드시 도움을 널리 얻어야 하므로 제후를 세움이 이롭다.

【本義】震坎은 皆三畫卦之名이라 震은 一陽이 動於二陰之下[8]라 故로 其德이 爲動이요

---

5 屯 : 빌헬름 영문판 주역인 《The I Ching》에서는 屯卦를 "Chun / Difficulty at the Beginning"이라고 하였다. 둔괘는 싹이 땅을 뚫고 처음으로 나올 때의 어려움을 뜻해 '시작의 어려움'이라고 정의하였다.

6 元亨 利貞 : 《大全》의 소주에서 胡炳文(元)은 "'元亨(크게 형통함)'은 震卦☳의 움직임이고, '利貞(바름이 이로움)'은 震卦☳가 坎卦☵를 만났기 때문에 말한 것이니, 갈 곳을 두는 것이 이롭지 않다는 것이 아니라 가볍게 가서는 안 된다는 것이다." 하였다.

7 貞 : 《大全》의 간주에 "어떤 판본에는 '正'자로 되어 있다." 하였다.

8 震一陽 動於二陰之下 : 《大全》의 소주에서 胡一桂(元)는, 괘사는 대체로 震卦☳의 초효를 위주로

其象이 爲雷며 坎은 一陽이 陷於二陰之間이라 故로 其德이 爲陷, 爲險이요 其象이 爲雲, 爲雨, 爲水라 屯은 六畫卦之名也니 難也니 物始生而未通之意라 故로 其爲字 象屮(草)穿地始出而未申也라 其卦以震遇坎하니 乾坤始交而遇險陷이라 故로 其名爲屯이라 震動在下하고 坎險在上하니 是能動乎險中이니 能動이면 雖可以亨이나 而在險則宜守正而未可遽進이라 故로 筮得之者는 其占이 爲大亨而利於正이로되 但未可遽有所往耳라 又初九는 陽居陰下而爲成卦之主하니 是能以賢下人하여 得民而可君之象이라 故로 筮立君者遇之則吉也라

震卦☳와 坎卦☵는 모두 3획괘의 이름이다. 震은 하나의 양이 두 음의 아래에서 움직이므로 그 덕은 움직임이고 그 象은 우레이며, 坎은 하나의 양이 두 음의 사이에 묻혔으므로 그 덕이 묻힘이 되고 험함이 되며, 그 상은 구름이 되고 비가 되며 물이 된다. 屯卦䷂는 6획괘의 이름이고 어려움이니, 사물이 처음 나와 아직 통하지 못한다는 의미이다. 그러므로 그 글자는 풀〔屮〕이 땅을 뚫고 처음 나와 아직 펴지지 못한 것을 본떴다. 그 괘는 震卦☳가 坎卦☵를 만나 乾卦와 坤卦가 처음으로 사귀는데 험함을 만난 것이므로 그 이름이 屯이다.

震의 움직임이 아래에 있고, 坎의 험함이 위에 있으니, 험한 가운데 움직이는 것이다. 움직이면 비록 형통할 수 있을지라도 험함에 있으니, 바름을 지키고 갑자기 나아가서는 안 된다. 그러므로 점을 쳐서 이 괘를 얻었을 경우 그 점이 크게 형통하고 바름이 이롭지만 다만 갑자기 가는 곳을 두어서는 안 된다. 또 초구는 양이 음의 아래에 있으면서 괘를 이루는 주체가 되니, 현명한 자가 남에게 낮춤으로 백성들을 얻어 임금이 될 수 있는 상이다. 그러므로 임금을 세우는 것에 대해 점칠 경우 이 괘가 나오면 길하다.

字義 攸 : 바 유 坎 : 구덩이 감 陷 : 빠질 함 穿 : 뚫을 천 遽 : 갑자기 거 筮 : 점칠 서

彖曰 屯은 剛柔始交而難生[9]하며

말하여 가는 곳을 두지 말라고 하였으니, 震卦의 특성이 움직임을 좋아하기 때문에 震卦로써 경계한 것이라고 설명하였다.

9 剛柔始交而難生 : 蔡鍾植(朝鮮)은《周易傳義同歸解》에서,《程傳》에서는 '震卦가 아래에서 처음 사귀고 坎卦가 중간에서 처음 사귀는 것'을 말했고,《本義》에서는 '처음 사귀는 것은 震卦로 말하고 어려움이 생기는 것은 坎卦로 말한 것'으로 보았다. 그 이유는《程傳》에서는 두 상을 합해서 말하였고,《本義》에서는 두 몸체를 나누어서 해석하였기 때문에 각각 다른 점이 있다. 그러나 두 象은 곧 두 卦體의 상이고, 두 卦體는 곧 두 象의 卦體이니, 나눔과 합침이 어찌 다르냐고 반문하였다.

〈彖傳〉에 말하였다. "屯卦는 剛과 柔가 처음 사귀어 어려움이 생겼고,

【本義】以二體로 釋卦名義라 始交는 謂震이요 難生은 謂坎이라

두 卦體로 卦名에 대한 의미를 해석하였다. 처음 사귄 것은 震卦를 말하고, 어려움이 생긴 것은 坎卦를 말한다.

動乎險中하니

험한 가운데 움직이는 것이니,

【傳】以雲雷二象言之하면 則剛柔始交也요 以坎震二體言之하면 動乎險中也라 剛柔始交하여 未能通暢이면 則艱屯이라 故云難生이요 又動於險中하니 爲艱屯之義라

구름과 우레 두 卦象으로 말하면 剛과 柔가 처음 사귄 것이고, 坎卦☵와 震卦☳ 두 卦體로 말하면 험한 가운데 움직이는 것이다. 剛과 柔가 처음 사귀어 아직 환하게 통할 수 없으면 어렵고 험하기 때문에 "어려움이 생겼다."고 하였다. 또 험한 가운데 움직이니 어렵고 험하다는 의미가 된다.

字義 艱 : 어려울 간

大亨貞은

【本義】大亨貞이니라

크게 형통하고 바름은

【본의】크게 형통하고 바르다.

【本義】以二體之德으로 釋卦辭라 動은 震之爲也요 險은 坎之地也라 自此以下로 釋元亨利貞에 乃用文王本意[10]하니라

---

10 釋元亨利貞 乃用文王本意 : 朱熹(南宋)는 元亨利貞을 四德으로 보지 않고 "크게 형통하고 바름이

두 卦體의 덕으로 卦辭를 해석하였다. 움직임은 震卦가 하는 것이고, 험함은 坎卦의 영역이다. 이 이하는 '크게 형통하고 바름이 이롭다.'는 말을 해석함에 문왕의 本意를 사용하였다.

雷雨之動이 滿盈일새라

【本義】 滿盈하여

우레와 비의 움직임이 가득하기 때문이다.

【본의】 가득하여

【傳】 所謂大亨而貞者는 雷雨之動이 滿盈也[11]일새라 陰陽始交則艱屯하여 未能通暢이요 及其和洽則成雷雨하여 滿盈於天地之間하여 生物乃遂하니 屯有大亨之道也라 所以能大亨은 由夫[12]貞也니 非貞固면 安能出屯이리오 人之處屯에 有致大亨之道하니 亦在夫[13]貞固也라

이른바 크게 형통하고 바르다는 것은 우레와 비의 움직임이 가득하기 때문이다. 음과 양이 처음 사귀면 어려워서 아직 환하게 통하지 못하고, 화합하면 우레와 비를 이루어 천지에 가득하여 만물을 낳음이 곧 이루어지니, 屯卦에 크게 형통한 도가 있는 것이다. 크게 형통한 까닭은 바르기 때문이니, 貞固함이 아니면 어떻게 어려움을 벗어날 수 있겠는가. 사람이 어려움에 처할 때 크게 형통한 도를 이루는 것 역시 貞固함에 달려 있다.

字義 洽 : 합할 흡

天造草昧에는 宜建侯요 而不寧이니라

이롭다."로 보는 것이 '문왕의 本意'라고 생각했다.

11 雷雨之動 滿盈也 : 金箕澧(朝鮮)는《易要選義綱目》에서 "乾과 坤이 이미 정해짐에 음과 양이 비로소 사귀고 만물이 처음 나와 꽉 차 있으면서 아직 통하지 않는 것이 마치 우레가 구름 속에 들어가서 무성하게 맺혀 있고 아직 비가 되지 않은 때와 같다." 하였다.

12 夫 :《大全》의 간주에 "어떤 판본에는 '夫'자가 없다." 하였다.

13 夫 :《大全》의 간주에 "어떤 판본에는 '夫'자가 없다." 하였다.

【本義】天造草昧라 宜建侯요 而不寧하니라

하늘의 조화가 어지럽고 어두울 때에는 마땅히 제후를 세우고 편안히 여기지 말아야 한다.”

【본의】하늘의 조화가 어지럽고 어두우므로 마땅히 제후를 세우고 편안히 여길 수 없다.

【傳】上文은 言[14]天地生物之義하고 此[15]는 言時事라 天造는 謂時運也라 草는 草亂无倫序요 昧는 冥昧不明이라 當此時運하여 所宜建立輔助면 則可以濟屯이요 雖建侯自輔나 又當憂勤兢畏하여 不遑寧處니 聖人之深戒也라

윗글에서는 천지가 사물을 낳는 의미를 말하였고, 이글에서는 때의 일에 대해 말하였다. 하늘의 조화는 시운을 말한다. “어지럽다”는 어지러워 질서가 없다는 의미이고, “어둡다”는 캄캄하여 밝지 않다는 의미이다. 이런 시운을 당하여 도와줄 사람을 세우면 어려움을 구제할 수 있을 것이요, 제후를 세워 자신을 돕게 하더라도 걱정하고 힘쓰며 조심하여 편안히 거처할 겨를이 없어야 하니, 성인이 깊이 경계한 것이다.

【本義】以二體之象으로 釋卦辭라 雷는 震象이요 雨는 坎象이라 天造는 猶言天運이라 草는 雜亂이요 昧는 晦冥也라 陰陽交而雷雨作하여 雜亂晦冥하여 塞乎兩間하여 天下未定하고 名分未明하니 宜立君以統治요 而未可遽謂安寧之時也라 不取初九爻義者는 取義多端하니 姑擧其一也라

두 卦體의 상으로 卦辭를 해석하였다. 우레는 震卦의 상징이고 비는 坎卦의 상징이다. ‘天造’는 天運이라는 말과 같다. ‘草’는 혼란하다는 의미이고, ‘昧’는 어둡다는 의미이다. 음과 양이 사귀어 우레가 치고 비가 내려 혼란하고 어두워서 둘 사이를 막아 천하가 안정되지 않고 명분이 분명하지 않으니, 임금을 세워서 통치하게 해야 하고, 대번에 편안한 때라고 여겨서는 안 된다. 初九爻의 의미를 취하지 않은 것은 의미를 취하는 데 여러 가지가 있으니 우선 그중 한 가지를 든 것이다.

字義 草 : 어지러울 초　昧 : 어두울 매　兢 : 삼갈 긍　遑 : 겨를 황　冥 : 어두울 명

---

14 言 : 《大全》의 간주에 “어떤 판본에는 앞에 ‘旣’자가 있다.” 하였다.

15 此 : 《大全》의 간주에 “어떤 판본에는 앞에 ‘是以’가 있다.” 하였다.

象曰 雲雷屯[16]이니 君子以하여 經綸하나니라

〈象傳〉에 말하였다. "구름과 우레가 屯卦이니, 군자가 이것을 본받아 경륜한다."

【傳】 坎을 不云雨而云雲者[17]는 雲은 爲雨而未成者也니 未能成雨하니 所以爲屯이라 君子觀屯之象하여 經綸天下之事하여 以濟於屯[18]難이라 經은 緯요 綸은 緝이니 謂營爲也라

坎卦를 비라고 하지 않고 구름이라고 한 것은 구름은 비가 되려고 하나 아직 되지 못한 것이기 때문이니, 비가 되지 못했기 때문에 屯卦가 된 것이다. 군자가 屯卦의 상을 보고서 천하의 일을 경륜하여 어려운 것을 구제한다. '經'은 '실을 짬'이고 '綸'은 '이음'이니, 경영함을 말한다.

【本義】 坎을 不言水而言雲者는 未通之意라 經綸은 治絲之事[19]니 經은 引之요 綸은 理之也라 屯難之世는 君子有爲之時也라

坎卦를 '물'이라고 하지 않고 '구름'이라고 말한 것은 아직 틍창하지 않다는 의미이다. '經綸'은 실을 다루는 일이니, '經'은 '끌어당김'이고, '綸'은 '손질함'이다. 어려운 세상은 군자가 큰 일을 할 수 있는 때이다.

字義 經 : 다스릴 경　綸 : 다스릴 륜　緯 : 짤 위　緝 : 이을 집

---

16 雲雷屯 : 《大全》의 소주에서 李舜臣(南宋)은 "坎卦☵가 震卦☳의 위에 있는 것이 屯卦䷂이니, 구름이 위로 올라가서 뭉쳐있으면서 아직 흩어지지 않은 것이고 坎卦☵가 震卦☳의 아래에 있는 것이 解卦䷧이니, 비의 혜택이 이미 성대해서 미치지 않은 곳이 없는 것이다. 그러므로 우레와 비가 解卦가 된 것은 어려움이 풀리는 때이고, 구름과 우레가 일어나는 것은 어려움이 시작되는 때이다." 하였다.

17 坎 不云雨而云雲者 : 朴胤源(朝鮮)은 《近齋集》 〈易經箚略〉에서 "〈彖傳〉에서는 '구름과 비가 가득하다.'고 하였는데, 〈象傳〉에서는 '비'라고 하지 않고 '구름'이라고 한 것은 무엇 때문인가? 크게 형통하고 바름을 위주로 말하면 '우레와 비'라고 하니, 음양의 화합을 취한 것이고, 군자가 경륜하는 것을 위주로 말하면 '구름과 우레'라고 하니, 구름만 잔뜩 끼고 비가 오지 않는 상을 취한 것이다. '경륜'은 곧 어려움을 구제하는 방법이다." 하였다.

18 屯 : 《大全》의 간주에 "어떤 판본에는 '屯'자가 없다." 하였다.

19 經綸 治絲之事 : 《大全》의 소주에서 吳澄(元)은, 군자가 세상을 다스리는 것은 얽힌 실을 푸는 것과 같다고 설명하였다. 《中庸集註》에 經綸의 '經'은 실마리를 손질해서 나누는 것이고, '綸'은 같은 것을 나란히 하여 합하는 것이라고 하였다.

初九는 磐桓이니 利居貞하며 利建侯[20]하니라

【本義】利建侯하니라

初九는 주저함이니, 바름에 머물러 있는 것이 이롭고 제후를 세움이 이롭다.

【본의】〈나라를〉 세워서 제후가 됨이 이롭다.

【傳】初以陽爻在下하니 乃剛明之才로 當屯難之世하여 居下位者也니 未能便往濟屯이라 故磐桓也라 方屯之初하여 不磐桓而遽進이면 則犯難矣라 故로 宜居正而固其志[21]라 凡人處屯難이면 則鮮能守正하나니 苟无貞固之守면 則將失義하리니 安能濟時之屯乎아 居屯之世하여 方屯於下하니 所宜有助가 乃居屯濟屯之道也라 故取建侯之義하니 謂求輔助也라

初九는 陽爻로서 맨 아래에 있으니 바로 강건하고 밝은 재주로 어려운 시대를 만나 아랫자리에 있는 자이므로 당장 가서 어려움을 구제할 수 없기 때문에 주저하는 것이다. 어려운 초기를 당하여 주저하지 않고 갑자기 나아가면 어려움을 당하기 때문에 마땅히 바름에 있으면서 그 뜻을 견고하게 해야 한다. 일반 사람들은 어려움에 처하면 바름을 지킬 수 있는 자가 드물다. 만약 貞固한 지킴이 없으면 義를 잃을 것이니, 어떻게 시대의 어려움을 구제할 수 있겠는가? 어려운 세상에 거하여 아래에서 어려움을 당하니, 마땅히 도와주는 사람을 두는 것이 어려운 세상에 거하여 어려움을 구제하는 길이다. 그러므로 제후를 세우는 의미를 취했으니, 도와줄 자를 구한다는 말이다.

【本義】磐桓은 難進之貌라 屯難之初에 以陽在下하고 又居動體而上應陰柔險陷之爻라 故로 有磐桓之象이라 然居得其正이라 故로 其占이 利於居貞이요 又本成卦之主로 以陽下陰하여 爲民所歸하니 侯之象也라 故로 其象이 又如此하니 而占者如是면 則利建

---

20 利居貞 利建侯 : 《大全》의 소주에서 毛璞(南宋)은 "'利居貞'은 이로움이 나에게 있다는 것이고, '利建侯'는 이로움이 백성들에게 있다는 것이다." 하였다. '利建侯'에 대해 《周易諺解》에는, 《程傳》은 "侯를 建홈이 利ᄒᆞ니라" 하였고, 《本義》는 "建ᄒᆞ야 侯ᄒᆞ욤이 利ᄒᆞ니라" 하였다. 이에 대해서는 아래 《本意》의 "而占者如是 則利建以爲侯也" 항목에 자세하다.

21 方屯之初……故宜居正而固其志 : 《大全》의 소주에서 呂祖謙(南宋)은, '磐桓'은 初九가 剛으로서 剛자리에 있어 어려운 세상에 급히 나아갈까 경계한 말이 아니라, 剛明한 재질을 가진 初九가 그 剛을 스스로 제어하여 주저하면서 감히 내키는 대로 하지 않는 것을 가리키니, 오직 剛한 다음에야 주저할 수 있는 것이라고 설명하였다.

以爲侯也[22]라

주저함은 나아감을 어렵게 여기는 모양이다. 어려운 초기에 양으로서 아래에 있고, 또 움직이는 몸체에 있으면서 위로 '험한 데에 빠진 유약한 陰의 爻〔六四〕'와 호응하므로 주저하는 상이 있다. 그러나 머문 것이 바름을 얻었으므로 그 뜻이 바름에 머물러있는 것이 이로운 것이다. 또 본래 괘를 이루는 주체로 陽으로서 陰에게 낮추어 백성들이 귀의하니, 임금의 象이다. 그러므로 그 象이 또 이와 같으니, 점치는 자가 이와 같은 처지이면 나라를 세워서 〈스스로〉 제후가 되는 것이 이롭다.

字義 磐 : 머뭇거릴 반 桓 : 머뭇거릴 환 侯 : 제후 후 鮮 : 드물 선

象曰 雖磐桓하나 志行正也[23]며

〈象傳〉에 말하였다. "주저할지라도 뜻은 바름을 행하며,

【傳】 賢人在下하여 時苟未利하니 雖磐桓하여 未能遂往濟時之屯이나 然有濟屯之志와 與濟屯之用하니 志在行其正也라

賢人이 아래에 있어 시기가 진실로 불리하다. 비록 주저하기 때문에 가서 당시의 어려움을 구제할 수는 없으나 어려움을 구제하려는 의지와 어려움을 구제할 수 있는 재능〔用〕이 있으니, 뜻이 바름을 행하는 데 있다.

字義 濟 : 구제할 제

以貴下賤하니 大得民也로다

귀한 신분으로 천한 자들에게 낮추니, 크게 백성을 얻는다."

---

22 而占者如是 則利建以爲侯也 : 괘사의 利建侯와 초구의 利建侯에 대하여 朱熹(南宋)는 《朱子語類》에서 "괘사는 한 괘를 통론하니 이른바 제후란 다른 사람으로서 초구를 가리키며, 효사는 한 효만을 말하니 이른바 제후란 초구 자신을 가리킨다." 하여 利建侯를 서로 다르게 보았다.

23 雖磐桓 志行正也 : 吳澄(元)은 "初九는 양이고 강건한 자질이라서 비록 주저하여 나아가지 못하더라도 그 뜻은 진실로 바름을 행하는 데 있다." 하였다.

【傳】九當屯難之時하여 以陽而來居陰下하니 爲以貴下賤之象이라 方屯之時하여 陰柔不能自存이어늘 有一剛陽之才하니 衆所歸從也요 更能自處卑下하니 所以大得民也라 或疑方屯于下하니 何有貴乎아 夫以剛明之才로 而下於陰柔하고 以能濟屯之才로 而下於不能하니 乃以貴下賤也라 況陽之於陰에 自爲貴乎아

九가 어려운 시기를 만나 陽으로서 陰의 아래에 있으니, 귀한 신분으로 천한 자에게 낮추는 상이 된다. 어려운 때에 유약한 陰은 자신을 보존할 수 없다. 그런데 한 剛陽의 재질이 있어 여러 사람들이 귀의하여 따르고, 다시 겸손하게 자처하니 이 때문에 크게 백성을 얻는다. 어떤 사람은 "아래에서 어려움을 당하고 있는데 무슨 존귀함이 있겠는가?"라고 의심한다. 강건하고 밝은 재질을 가지고 유약한 음에게 낮추고, 어려움을 구제할 수 있는 재주를 가지고 능하지 못한 것에게 낮추니, 바로 귀한 신분으로 천한 자에게 낮추는 것이다. 하물며 양은 음에 대해 본래 존귀함에 있어서이겠는가.

六二는 屯如邅如하며 乘馬班如하니 匪寇면 婚媾리니 女子貞하여 不字라가 十年에야 乃字로다

【本義】乘馬班如하니 匪寇라 婚媾니

六二는 어려워하고 머뭇거리며 말을 탔다가 말에서 내려오니, 도적이 아니면 혼인할 자이다. 여자가 정조를 지켜 잉태하지 않다가 십 년이 되어서야 잉태한다.

【본의】말을 탔지만 나아가지 못하니, 도적이 아니라 혼인하려는 자이니

【傳】二以陰柔로 居屯之世하여 雖正[24]應在上이나 而逼於初剛이라 故로 屯難邅回라 如는 辭[25]也라 乘馬는 欲行也니 欲從正應而復班如하여 不能進也라 班은 分布之義니 下馬爲班이니 與馬異處也라 二當屯世하여 雖不能自濟나 而居中得正하고 有應在上하니 不失義者也라 然逼近於初하니 陰乃陽所求요 柔者는 剛所陵이라 柔當屯時하여 固難自濟요 又爲剛陽所逼이라 故로 爲難也니 設匪逼於寇難이면 則往求於婚媾矣라 婚媾는 正應也요

---

24 正 : 《大全》의 간주에 "어떤 판본에는 '五'자로 되어 있다." 하였다.

25 辭 : 《大全》의 간주에 "어떤 판본에는 뒤에 '助'자가 있다." 하였다.

寇는 非理而至者라 二守中正하여 不苟合於初하니 所以不字라 苟貞固不易하여 至于十年이면 屯極必通하니 乃獲正應而字育矣라 以女子陰柔로 苟能守其志節이면 久必獲通이어든 況君子守道不回乎아 初爲賢明剛正之人이어늘 而爲寇以侵逼於人은 何也[26]오 曰 此는 自據二以柔近剛而爲義요 更不計初之德如何也니 易之取義如此하니라

六二는 유약한 陰으로서 어려운 세상에 머물러 있어서 비록 바르게 호응하는 상대가 위에 있으나 初九의 강건한 陽에 핍박을 당하기 때문에 어렵게 여기고 머뭇거린다. '如'는 어조사이다. 말을 탔다는 것은 가려고 하는 것이니, 바르게 호응하는 상대를 따르려다가 다시 말에서 내려 나아가지 않는 것이다. '班'은 헤어져서 흩어진다는 의미이다. 말에서 내려오는 것이 '班'이니 말과 있는 곳을 달리하는 것이다.

六二가 어려운 세상을 만나 비록 스스로 구제할 수 없지만 가운데 자리에 있고 바름을 얻었으며 應함이 위에 있으니, 의리를 잃지 않는 자이다. 그러나 初九와 매우 가까이 있으니, 陰은 바로 양이 구하는 것이고 유순함은 강건함이 능멸하는 것이다. 유순함이 어려운 때를 만나 진실로 스스로 구제하기 어렵고, 또 강건한 陽에게 핍박을 당하므로 어려움이 된 것이니, 가령 도적의 난리에 핍박을 당하지 않는다면, 가서 혼인할 자를 구할 것이다. 혼인할 자는 바르게 호응하는 자이고, 도적은 도리가 아닌데 찾아오는 자이다.

六二는 중정함을 지켜 구차하게 初九에 합하지 않기 때문에 잉태하지 않는 것이다. 진실로 貞固하여 변치 않아서 십 년이 되면 어려움이 다하여 반드시 통하니, 이어 바르게 응함을 얻어 잉태하고 자식을 낳아 기를 것이다. 여자라는 유약한 陰으로서도 그 지조와 절개를 지킬 수 있으면 오래된 뒤에 반드시 통하게 될 것인데, 하물며 군자는 도를 지키고 변치 않으니 어떻겠는가?

初九는 현명하고 강건하며 바른 사람인데 도적이 되어 남을 해치고 핍박함은 어째서인가? 이것은 六二가 柔로서 剛에 가까이 있는 것을 근거로 의미를 삼은 것이고, 다시 初九의 덕이 어떤 지는 헤아리지 않은 것이다. 《周易》에서 의미를 취함이 이와 같다.

【本義】 班은 分布不進之貌라 字는 許嫁也니 禮曰 女子許嫁어든 笄而字[27]라하니라 六二는

---

26 初爲賢明剛正之人……何也 : 《大全》의 소주에서 徐幾(南宋)는 "《易》의 도에는 자신은 바른데 다른 효에서 취하면 사악하게 되는 경우가 있고, 자신은 흉한데 다른 효에서 얻으면 길하게 되는 경우가 있으니, 屯卦䷂의 初九는 바르지 않은 것이 아니지만 六二가 가까이하니 도적이고, 旅卦䷷의 上九는 흉하지 않은 것이 아니지만 六五가 받들고 있으니 명예와 복록이 있다." 하였다.

27 禮曰……笄而字 : 《禮記》 〈曲禮〉에 보인다. 朱子는 이 말을 인용하여 '不字'를 혼인을 허락하지 않

陰柔中正으로 有應於上이나 而乘初剛이라 故로 爲所難而邅回不進이라 然初非爲寇也요 乃求與己爲婚媾耳라 但己守正이라 故로 不之許라가 至于十年하여 數窮理極이면 則妄求者去하고 正應者合而可許矣라 爻有此象이라 故로 因以戒占者하니라

'班'은 흩어져서 나아가지 못하는 모양이다. '字'는 혼인을 허락한다는 뜻이다. 《禮記》에 "여자가 혼인을 허락하면 비녀를 꽂고 字를 부른다."고 하였다. 六二는 中正하고 유약한 陰으로서 위에 호응(九五)이 있지만 初九인 강건한 陽을 올라타고 있기 때문에 어려움을 당하여 머뭇거리며 나아가지 못하는 것이다. 그러나 初九는 도적이 되는 것이 아니라 바로 자신과 혼인할 자가 되기를 구할 뿐이다. 단지 자신이 바름을 지키므로 허락하지 않다가 십 년이 되어 〈어려운〉 운수와 이치가 다하게 되면 함부로 구하는 자는 사라지고 바르게 상응하는 자가 합하니 허락할 만하다. 효에 이런 상이 있으므로 이것을 근거로 점치는 사람에게 경계했다.

字義 邅 : 머뭇거릴 전　班 : 나눌 반　匪 : 아닐 비　寇 : 도적 구　媾 : 혼구 구　字 : 기를 자
逼 : 핍박할 핍　設 : 가령 설　據 : 의거할 거　笄 : 비녀 계

象曰 六二之難은 乘剛也요 十年乃字는 反常也라

〈象傳〉에 말하였다. "六二의 어려움은 剛陽을 타고 있기 때문이고, '십년이 되어서야 자식을 잉태함'은 常道로 돌아온 것이다."

【傳】 六二居屯之時而又乘剛하여 爲剛陽所逼하니 是其患難也라 至於十年이면 則難久必通矣니 乃得反其常하여 與正應合也라 十은 數之終也[28]라

六二는 어려운 때에 있고 또 강건한 陽을 타고 있어 剛陽에게 핍박을 당하니 이것이 환난이다. 십 년이 되면 환난이 오래되어 반드시 통할 것이니, 곧 常道로 돌아와 바르게 호응하는 상대와 합할 수 있다. '十'은 수의 끝이다.

는다는 의미로 보았고, 程子는 '字育(잉태하여 기른다)'의 '字(잉태하다)'로 설명하였다.

28 十 數之終也 : 경문의 "十年乃字"에 대하여 《朱子語類》에 "십년·삼년·칠일·팔월 등은 모두 반드시 가리키는 것이 있겠지만 단지 여기에서는 천착할 수 없으니, 일단 그대로 빼놓는 것이 좋다." 하였다. 姜碩慶(朝鮮)은 《喫眠公集》〈易疑問答〉에서 "互卦에 坤卦☷가 있는데, 坤卦는 土이며 土의 成數는 十이다." 하였다.

六三은 卽鹿无虞라 惟入于林中[29]이니 君子幾하여 不如舍니 往하면 吝하리라

六三은 사슴을 추적하는데 길잡이가 없어서 산림 속에 갇힌 꼴이다. 군자가 기미를 알아차려 포기하는 것만 못하니, 계속 추적하면 부끄럽게 될 것이다.

【傳】 六三은 以陰[30]柔居剛하니 柔旣不能安屯이요 居剛而不中正則妄動이라 雖貪於所求나 旣不足以自濟요 又无應援하니 將安之乎아 如卽鹿而无虞人也라 入山林者는 必有虞人以導之니 无導之者면 則惟陷入于林莽中이라 君子見事之幾微하여 不若舍而勿逐이니 往則徒取窮吝而已라

六三은 유약한 陰으로서 剛한 자리에 있으니, 柔가 이미 어려움을 편안히 여길 수 없고, 剛한 자리에 있고 中正하지 못하니 함부로 행동한다. 구할 것에 탐욕을 내지만 이미 스스로 구제하기에 부족하고, 또 應의 도움이 없으니 장차 어디로 가겠는가. 사슴을 추적하는데 길잡이가 없는 것과 같다. 산림 속에 들어간 자는 반드시 길잡이가 인도해주어야 하니, 길잡이가 없으면 우거진 산림 속에 빠질 뿐이다. 君子가 일의 기미를 알아차려서 포기하고 추적하지 않는 것만 못하니, 계속 추적하면 곤궁하고 부끄럽게 될 뿐이다.

【本義】 陰柔居下하여 不中不正하고 上无正應하여 妄行取困하니 爲逐鹿无虞陷入林中之象[31]이라 君子見幾하여 不如舍去니 若往逐而不舍면 必致羞吝하리니 戒占者宜如是也라

유약한 陰이 아래에 있어 中正하지 않으며 위로 바르게 호응하는 상대가 없어서 함부로 행동하여 곤궁하게 되니, 사슴을 추적하는데 길잡이가 없어서 산림 속에 빠진 상이 된다. 君子가

---

29 卽鹿无虞 惟入于林中 : 金萬英(朝鮮)은 《南圃集》 〈易象小訣〉에서 "六三이 사슴을 象으로 취한 것은 자세하지 않다. 어떤 이는 '사슴은 九五를 가리켜서 말한 것이다.' 하였다. 《洪範皇極內篇》에 '사슴은 一陽에 속하니 坎卦의 일양에는 사슴의 상이 있다.' 하였으니, 이 말도 의미가 통하는 것 같다. '林中'은 下卦인 震卦가 木이고, 互卦인 艮卦도 震卦를 거꾸로 한 것이니, 위아래가 모두 나무이기 때문에 '林中'의 상이 있다." 하였다.

30 陰 : 《大全》의 간주에 "어떤 판본에는 '陰'자가 없다." 하였다.

31 爲逐鹿无虞陷入林中之象 : 《大全》의 소주에서 邱富國(南宋)은 "屯卦䷂는 陰爻가 네 개인데, 六二·六四·上六에서는 모두 말을 탔다고 말하고, 六三에서만 사슴을 추적한다고 말한 것은 대개 六二·六四·上六은 모두 陰이 陰 자리에 있으니, 재질과 자리가 모두 유순하여 나아갈 수 없으므로 말을 탔다가 말에서 내려오는 象이 있다. 六三은 陰爻가 陽의 자리에 있고 柔로서 剛의 자리에 있어서 나아가는 데에 조급하므로 사슴을 추적하는데 길잡이가 없는 상이 있다. 길잡이 없이 사슴을 추적하는 자는 생각없이 나아가서 수고만 하고 공이 없다." 하였다.

기미를 알아차려 포기하고 떠나는 것만 못하니, 계속 추적하고 포기하지 않으면 반드시 부끄러움을 초래할 것이니, 점치는 자에게 이와 같이 해야 한다고 경계한 것이다.

字義 卽 : 좇을 즉 虞 : 우인 우 舍 : 버릴 사 莽 : 풀우거질 망 幾 : 기미 기 羞 : 부끄러울 수 吝 : 부끄러울 린

象曰 卽鹿无虞는 以從禽也요 君子舍之[32]는 往하면 吝窮也라

〈象傳〉에 말하였다. "'사슴을 추적하는데 길잡이가 없음'은 짐승만 좇아갔기 때문이고, '君子가 포기하고 떠남'은 계속 추적하면 부끄럽고 곤궁해지기 때문이다."

【傳】 事不可而妄動은 以從欲也요 无虞而卽鹿은 以貪禽也[33]라 當屯之時하여 不可動而動하니 猶无虞而卽鹿은 以有從禽之心也라 君子則見幾而舍之不從하나니 若往則可吝而困窮也라

할 수 없는 일인데 함부로 움직이는 것은 욕심을 따랐기 때문이고, 길잡이가 없는데 사슴을 추적한 것은 짐승을 탐했기 때문이다. 어려운 때를 만나 움직이지 않아야 되는데 움직이는 것은 길잡이가 없는데 사슴을 추적하는 것이 짐승을 좇아가는 마음이 있기 때문인 것과 같다. 君子는 기미를 알아차려 포기하고 추적하지 않으니, 계속 추적하면 부끄럽고 곤궁해지기 때문이다.

六四는 乘馬班如니 求婚媾하여 往하면 吉하여 无不利하리라

【本義】 乘馬班如니 求婚媾어든

---

32 舍之 : 《大全》의 소주에서 胡炳文(元)은 "'경문에서 '不如舍(포기하는 것만 못하다)'라고 한 것은 자세히 분변한 것이고, 〈象傳〉에서 '舍之(포기한다)'라고 한 것은 결단력있게 포기한 것이다." 하였다.

33 无虞而卽鹿 以貪禽也 : 朴文鎬(朝鮮)는 《楓山記聞錄》〈經說-周易〉에서 "從禽의 從을 程子는 '貪'으로 풀이하였는데, 이와 같이 하여야 그 의미가 명확해진다. 만약 《孟子》의 '從獸의 從'으로 읽는다면, 의미가 살지 못할 것이다." 하였다. 《孟子》〈양혜왕 하〉에는 "짐승을 좇아 사냥하는 데 만족함이 없음을 荒이라 이른다.〔從獸無厭 謂之荒〕"라고 하였는데, 《孟子集注》에 "짐승을 좇아감이란 사냥을 이른다.〔從獸 田獵也〕" 하였다.

六四는 말을 탔다가 말에서 내려오니, 혼인할 자를 찾아서 가면 길하여 이롭지 않음이 없다.

【본의】 말을 탔지만 나아가지 아니하니, 혼인할 자를 찾으면

【傳】 六四以柔順으로 居近君之位하니 得於上者也로되 而其才不足以濟屯이라 故로 欲進而復止하니 乘馬班如也라 已旣不足以濟時之屯이나 若能求賢以自輔면 則可濟矣라 初는 陽剛之賢이요 乃是正應이니 已之婚媾也라 若求此陽剛之婚媾하여 往與共輔陽[34]剛中正之君하여 濟時之屯이면 則吉而无所不利也라 居公卿之位하여 已之才雖不足以濟時之屯이나 若能求在下之賢하여 親而用之면 何所不濟哉아

六四는 유순함으로서 임금과 가까운 지위에 있으니 윗사람에게 신임을 얻은 자이지만, 그 재주가 어려움을 구제하기에 부족하기 때문에 나아가려고 하다가 다시 멈춘 것이니, 말을 탔다가 말에서 내려온 것이다. 자신은 이미 시대의 어려움을 구제하기에 부족하니, 현인을 찾아서 자신을 돕게 한다면 구제할 수 있다.

初九는 강건한 陽의 賢人이고, 바로 바르게 호응하는 상대이니, 자신과 혼인할 짝이다. 이 강건한 陽의 혼인할 짝을 구하여 가서 함께 강건한 陽의 中正한 임금을 보필하여 시대의 어려움을 구제하면 길하고 이롭지 않음이 없을 것이다. 공경의 지위에 있으면서 자신의 재주가 시대의 어려움을 구제하기에 부족하더라도 만일 아래에 있는 현인을 찾아서 가까이하여 등용하면 어찌 구제하지 못할 것이 있겠는가.

【本義】 陰柔居屯하여 不能上進이라 故로 爲乘馬班如之象이라 然初九守正居下하여 以應於己라 故로 其占이 爲下求婚媾則吉也[35]라

유약한 陰으로서 어려움에 처하여 위로 나아가지 못한다. 그러므로 말을 탔지만 말에서 내려오는 상이 된다. 그러나 初九는 바름을 지키고 아래에 있어 자기에게 호응하므로 그 점이 아래에서 혼인할 짝을 구해오면 길함이 되는 것이다.

---

34 陽 : 《大全》의 간주에 "어떤 판본에는 陽자가 없다." 하였다.

35 其占 爲下求婚媾則吉也 : 《大全》의 소주에서 胡一桂(元)는 "《本義》에서 아래에서 혼인할 자를 구한다고 한 것은 初九가 아래에서 와서 六四를 구하여 혼인하는 것을 가리킨 것이다. 구하는 것이 상대에게 있고 가는 것이 나에게 있으므로 길하다. 그렇지 않다면 어찌 陽이 앞장서지 않는데 陰이 도리어 앞장서고, 남자가 가지 않는데 여자가 먼저 가겠는가. 이것으로 길함을 삼으면 이롭지 않은 것이 없을 것이다." 하였다.

象曰 求而往은 明也라

【本義】求而往은

〈象傳〉에 말하였다. "'찾아서 감'은 명철한 것이다."

【본의】'찾으면 감'은

【傳】知己不足하고 求賢自輔而後往하니 可謂明矣라 居得致之地[36]하여 己不能而遂已는 至暗者也라

자신의 부족함을 알고 현인을 찾아 자신을 돕게 한 뒤에 가니, 명철하다고 이를 만하다. 현인을 불러올 수 있는 지위에 있으면서 자신이 유능하지 못하다 하여 마침내 포기하는 것은 지극히 어두운 자이다.

字義 致 : 부를 치

九五는 屯其膏니 小貞이면 吉하고 大貞이면 凶하리라

【本義】小는 貞이면 吉하고 大는 貞이라도 凶하리라

九五는 은택을 베풀기 어려우니, 조금씩 바로잡으면 길하고 크게 바로잡으면 흉하다.

【본의】작은 일에는 바르면 길하고 큰일에는 바르더라도 흉할 것이다.

【傳】五居尊得正而當屯時하니 若有剛明之賢이 爲之輔면 則能濟屯矣로되 以其无臣也라 故로 屯其膏[37]라 人君之尊은 雖屯難之世라도 於其名位엔 非有損也요 唯其施爲有所不行하고 德澤有所不下하니 是屯其膏니 人君之屯也라 既膏澤有所不下면 是威權不在己

---

36 地 :《大全》의 간주에 "어떤 판본에는 '位'자로 되어 있다." 하였다.

37 以其无臣也 故屯其膏 :《大全》의 소주에서 楊萬里(南宋)는 "가까운 신하인 六四가 유약하고, 六三도 유약하며, 대신인 六二도 유약하다. 유일하게 陽인 초구가 멀리 떨어져 아래에 있고 현명하면서도 아래에 있다. 그렇다면 큰일을 하려고 하나 누구와 하겠는가. 이것이 은택을 베풀기 어려운 까닭이다." 하였다. 즉, 九五가 임금이라면 네 효가 신하에 해당하겠지만, 六四·六三·六二는 陰이라 약하고, 初九만이 陽인데 구오와 멀리 있으므로 '屯其膏(은택을 베풀기 어렵다)'라 한 것이다.

也니 威權去已而欲驟正之는 求凶之道니 魯昭公高貴鄕公之事 是也[38]라 故로 小貞則吉也니 小貞은 則漸正之也라 若盤庚周宣[39]은 脩德用賢하여 復先王之政하여 諸侯復朝하니 謂以道馴致하여 爲之不暴(폭)也라 又非恬然不爲를 若唐之僖昭[40]也니 不爲면 則常屯以至於亡矣리라

九五는 존귀한 자리에 있고 바른 자리를 얻었으면서 어려운 때를 만났으니, 만일 강건하고 밝은 賢人이 보필해준다면 어려움을 구제할 수 있겠지만, 신하가 없기 때문에 은택을 베풀기 어렵다. 임금의 존귀함은 비록 어려운 세상이라도 그 명예와 지위에 줄어드는 것이 있지 않다. 오직 그 시행함에 행해지지 않고 덕택이 아래로 내려가지 못하는 것이 있을 뿐이니, 이것이 '은택을 베풀기 어려움'으로 임금의 어려움이다. 이미 은택이 내려가지 못한 것이 있으면 위엄과 권위가 자신에게 있지 않은 것이다. 위엄과 권위가 자신에게서 떠났는데 빠르게 바로잡으려고 함은 흉함을 구하는 길이니, 魯나라 昭公과 高貴鄕公의 일이 여기에 해당한다. 그러므로 조금씩 바로잡으면 길하니, 조금씩 바로잡는다는 것은 점차 바로잡는 것이다. 盤庚과 周宣王이 덕을 닦고 현명한 자를 등용해서 先王의 정사를 회복하여 제후들이 다시 조회하도록 한 것과 같으니, 道를 사용하여 길들여서 이르게 하고 갑자기 하지 않는 것을 말한다. 또 唐나라의 僖宗과 昭宗처럼 편안히 아무 것도 하지 않는 것은 아니니, 아무 것도 하지 않으면 항상 어려워서 망하게 될 것이다.

【本義】九五 雖以陽剛中正으로 居尊位나 然當屯之時하여 陷於險中하고 雖有六二正應이나 而陰柔才弱하여 不足以濟하며 初九得民於下하여 衆皆歸之하고 九五는 坎體로 有膏潤而不得施하니 爲屯其膏之象이라 占者以處小事면 則守正하여 猶可獲吉이어니와 以處大事면 則雖正而不免於凶이라

---

38 魯昭公高貴鄕公之事 是也 : 춘추시대 魯나라 昭公은 권신 季孫氏를 제거하려다가 도리어 逆攻을 받아 국외로 도망갔고, 삼국시대 魏나라의 군주 曹髦는 권신 司馬昭를 제거하려다가 실패하여 高貴鄕公으로 강등되었다.

39 盤庚周宣 : 盤庚은 成湯의 옛 도읍지로 遷都하여 殷나라를 발전시킨 殷나라의 17대 왕이며, 周나라 宣王은 서주 말기에 주나라를 중흥한 왕이다.

40 唐之僖昭 : 唐나라의 僖宗과 昭宗을 이른다. 희종은 唐나라 18대 황제(재위 873~888)로 12세의 나이로 환관의 옹립에 의해 즉위했다. 모든 정치는 환관이 좌지우지했고, 황제 자신은 무력하여 놀고 즐기는 데에 몰두하였다. 재위기간 중에 발발한 黃巢의 난으로 인해 唐朝는 회복할 수 없을 지경으로 쇠퇴했으며 절도사 출신의 軍閥이 득세하여 치욕의 생을 마감한다. 그의 뒤를 이어 이복동생인 昭宗(19대, 재위 867~904)이 즉위하여 형의 전철을 밟으니, 절도사들에게 밀리다 결국 朱全忠에게 망하였다.

九五는 비록 강건한 陽의 중정함으로서 존귀한 자리에 있지만 어려운 때를 만나 험한 가운데 빠져 있고, 비록 六二가 바르게 호응하고 있지만 유약한 陰으로 재질이 약하여 구제하기에 부족하며, 初九는 아래에서 백성을 얻어 사람들이 모두 그에게 귀의하고, 九五는 坎의 卦體로 은택이 있지만 시행할 수 없으니, 은택을 베풀기 어려운 象이 된다. 점치는 자가 이것을 본받아 작은 일에 대처한다면 바름을 지켜 오히려 길할 수 있지만 큰일에 대처한다면 비록 바르더라도 흉함을 면하지 못한다.

字義 膏 : 은택 고　驟 : 갑자기 취　暴 : 갑자기 폭　恬 : 편안할 념　僖 : 즐거울 희　潤 : 윤택할 윤

象曰 屯其膏는 施未光也라

〈象傳〉에 말하였다. "'은택을 베풀기 어려움'은 베풂이 빛나지 못한 것이다."

【傳】膏澤不下及이라 是以로 德施未能光大也니 人君之屯也라

은택이 아래로 미치지 못한다. 이 때문에 덕을 베풂이 빛나고 크지 못하니, 임금의 어려움이다.

上六은 乘馬班如하여 泣血漣如로다

【本義】乘馬班如하여

上六은 말을 탔다가 말에서 내려와 피눈물을 줄줄 흘린다.

【본의】말을 타고서 나아가지 아니하여

【傳】六以陰柔로 居屯之終하고 在險之極하여 而无應援하여 居則不安하고 動无所之하여 乘馬欲往이라가 復班如不進하니 窮厄之甚하여 至於泣血漣如하니 屯之極也라 若陽剛而有助면 則屯旣極하니 可濟矣리라

六은 유약한 陰으로서 어려움의 끝에 있고 험한 것의 궁극에 있는데 應의 도움이 없어 가만히 있으면 불안하고 움직이면 갈 곳이 없다. 말을 타고 가려고 하다가 다시 말에서 내려와 나아가지 않고, 곤액이 심하여 피눈물을 줄줄 흘리는 지경에까지 이르렀으니, 어려움의 극치

이다. 만약 강건한 陽으로서 도움을 주는 이가 있다면 어려움이 이미 극에 이르렀으니 구제할 수 있을 것이다.

【本義】陰柔无應하고 處屯之終하여 進无所之하니 憂懼而已라 故로 其象如此하니라

유약한 陰이 호응함이 없고 어려움의 끝에 있어 나아감에 갈 곳이 없으니, 걱정하고 두려워할 뿐이다. 그러므로 그 象이 이와 같다.

字義 泣 : 울 읍 漣 : 눈물줄줄흐르는모양 련 厄 : 곤할 액

象曰 泣血漣如어니 何可長也[41]리오

〈象傳〉에 말하였다. "피눈물을 줄줄 흘리니 어찌 오래갈 수 있겠는가?"

【傳】屯難窮極하여 莫知所爲라 故로 至泣血이라 顚沛如此하니 其能長久乎아 夫卦者는 事也요 爻者는 事之時也라 分三而又兩之[42]하면 足以包括衆理하니 引而伸之하고 觸類而長之하면 天下之能事畢矣리라

어려운 것이 극에 이르러 어떻게 할 줄을 모르기 때문에 피눈물을 흘리게 된다. 넘어지고 자빠진 것이 이와 같으니 어찌 오래갈 수 있겠는가. '卦'는 일이고, '爻'는 일의 한 때이다. 셋으로 나누고 또 둘로 나눈다면 여러 가지 이치를 포괄할 수 있으니, 이것을 끌어와 펴나가고 갖가지 경우에 따라 키워나간다면 천하의 훌륭한 일을 다 해낼 것이다.

字義 顚 : 쓰러질 전 沛 : 넘어질 패 括 : 쌀 괄 觸 : 닿을 촉

---

41 何可長也 : 《大全》의 소주에서 呂祖謙(南宋)은 "'어찌 오래갈 수 있겠는가?'라고 말한 것은 어려움이 극에 달한 때를 말하니, 변하지 않고 다스리면 바로 어지러워 망하게 된다." 하였다.

42 分三而又兩之 : 金長生(朝鮮)은 《經書辨疑》〈周易〉에서 "'分三'은 三畫卦를 이르고, '又兩之'는 六畫卦를 이른다."라고 하였다.

周易傳義 卷第三

4. 蒙

䷃ 坎下艮上

下卦는 坎卦☵이고 上卦는 艮卦☶이다.

【傳】蒙은 序卦에 屯者는 盈也요 屯者는 物之始生也니 物生必蒙이라 故受之以蒙하니 蒙者는 蒙也니 物之穉也라하니라 屯者는 物之始生이니 物始生穉小하여 蒙昧未發[1]하니 蒙所以次屯也라 爲卦 艮上坎下하니 艮은 爲山, 爲止요 坎은 爲水, 爲險이라 山下有險하니 遇險而止하여 莫知所之가 蒙之象也라 水는 必行之物이로되 始出하여 未有所之라 故로 爲蒙이니 及其進則爲亨義라

蒙卦는 〈序卦傳〉에 "屯은 꽉 차 있음이고, 屯은 물건이 처음 생겨난 것이다. 물건이 생겨나면 반드시 어리기 때문에 蒙卦로 받았다. '蒙'은 몽매함이니 물건이 어린 것이다." 하였다. '屯'은 물건이 처음 생겨난 것이니, 물건이 처음 생겨나면 어리고 작아서 몽매하고 아직 계발이 되지 못하니, 蒙卦가 屯卦 다음에 온 까닭이다. 괘의 구성이 艮☶이 위에 있고, 坎☵이 아래에 있으니, 艮은 산이 되고 그침이 되며, 坎은 물이 되고 험함이 된다. 산 아래에 험한 것이 있으니, 험한 것을 만나 멈추어 어디로 가야 할지 알지 못함이 蒙卦의 상이다. 물은 반드시 흘러가는 것이지만, 처음 나옴에 아직 갈 곳이 없기 때문에 몽매하니, 나아가게 되면 형통하게 된다는 의미이다.

字義 蒙 : 어릴 몽, 어리석을 몽 穉 : 어릴 치

---

1 屯者……蒙昧未發 : 《大全》의 소주에서 楊萬里(南宋)는 "屯은 물건의 시초이지 물건의 困阨이 아니며, 蒙은 인생의 초기이지 본성의 우매함이 아니다. 굽어서 아직 펴지지 않은 것을 屯이라 하고, 어려서 아직 깨닫지 못한 것을 蒙이라 한다." 하였다.

蒙[2]은 亨하니 匪我求童蒙이라 童蒙求我니 初筮거든 告(곡)하고 再三이면 瀆이라 瀆則不告[3]이니 利貞하니라

蒙은 형통하니, 내가 철부지 어린아이를 찾음이 아니라 철부지 어린아이가 나를 찾음이다. 처음 점치거든 알려주고 두 번 세 번 점치면 욕되게 하는 것이다. 욕되게 하면 알려주지 아니하니, 바르게 함이 이롭다.

【傳】蒙은 有開發之理하니 亨之義也요 卦才時中하니 乃致亨之道라 六五爲蒙之主요 而九二는 發蒙者也니 我는 謂二也라 二非蒙主로되 五旣順巽於二하니 二乃發蒙者也라 故로 主二而言[4]이라 匪我求童蒙이요 童蒙求我는 五居尊位하여 有柔順之德하고 而方在童蒙하여 與二爲正應而中德又同하니 能用二之道하여 以發其蒙也요 二以剛中之德으로 在下하여 爲君所信嚮하니 當以道自守하여 待君至誠求己而後應之면 則能用其道니 匪我求於童蒙이요 乃童蒙來求於我也라 筮는 占決也라 初筮告은 謂至誠一意以求己則告之요 再三則瀆慢矣라 故로 不告也라 發蒙之道는 利以貞正이요 又二雖剛中이나 然居陰이라 故로 宜有戒하니라

蒙卦에는 계발하는 이치가 있으니 형통하다는 의미이고, 괘의 재질이 때에 맞고 中道를 행하니 형통함을 이루는 도이다. 六五가 몽괘의 주체가 되고 九二는 몽매함을 계발하는 자이니, 나(我)는 九二를 이른다. 九二가 몽괘의 주인은 아니나, 六五가 九二에 공손하니, 九二가 이에 몽매함을 계발하는 것이므로, 九二를 주로해서 말하였다.

'내가 철부지 어린아이를 찾는 것이 아니라, 철부지 어린아이가 나를 찾음'은 六五가 존귀

2 蒙 : 빌헬름 영문판 주역인 《The I Ching》에서는 蒙卦를 "Mêng / Youthful Folly"라고 하였다. 몽괘는 사람이 막 태어나 '어리고 몽매함'이라고 정의하였다.

3 瀆則不告 : 書好益(朝鮮)은 《易象說》에서 "'처음 점치거든 알려준다.'는 것은 정성이 한결같아서이다. 이미 알려주었는데도 깊이 생각하여 스스로 깨닫지 못하고 두 번 세 번 와서 묻는다면 마음이 한결같지 않고 번거로울 뿐이니 알려주어서는 안 된다. 비록 알려준다고 하더라도 믿지 않을 것이다." 하였다.

4 六五爲蒙之主……故主二而言 : 朴胤源(朝鮮)은 《近齋集》〈易經劄略〉에서 "六五는 존귀한 자리에 있고 九二에게 가르침을 구하니 이것은 스승의 도가 아래에 있는 상이다. 成王이 어려서 周公에게 가르침을 받은 것과 같은 것이 이런 경우이다. 그러나 결국은 스승의 도가 위에 있는 것은 무엇 때문인가? 임금이 스스로 스승을 얻어 자신의 덕을 이루어야 수많은 백성들에게 임하여 다스리고 가르칠 수 있기 때문에 《書經》〈泰書〉에 '임금을 나게 하시고 스승을 나게 하셨다〔作之君 作之師〕' 했다." 하였다.

한 자리에 있으면서 유순한 덕이 있고, 철부지 어린아이의 때에 있어 九二와 正應이 되며 中德이 또한 같으니, 九二의 도를 써서 그 몽매함을 계발할 수 있다는 것이다. 九二가 剛中한 덕으로 아래에 있으니, 임금이 신임하고 그에게 향한다. 도로써 자신을 지키면서 임금이 지극한 정성으로 자기를 찾음을 기다린 뒤에 부름에 호응하면 그 도를 쓸 수 있으니, 내가 철부지 어린아이를 찾음이 아니고 철부지 어린아이가 나에게 와서 찾음이 되는 것이다.

筮는 점쳐서 결단하는 것이다. '처음 점치거든 알려줌'은 지극한 정성과 한결같은 뜻으로 나에게 찾아오면 알려줌을 이르니, 두 번 세 번 점치면 욕되게 하는 것이므로 알려주지 않는다. 몽매함을 계발하는 도는 바르게 해야 이롭다. 또 九二가 비록 剛中이나 陰의 자리에 있기 때문에 경계하는 말이 있어야 한다.

【本義】艮亦三畫卦之名이니 一陽이 止於二陰之上이라 故로 其德이 爲止요 其象이 爲山이라 蒙은 昧也니 物生之初에 蒙昧未明也라 其卦以坎遇艮하니 山下有險은 蒙之地也요 內險外止는 蒙之意也라 故로 其名爲蒙이라 亨以下는 占辭也[5]라 九二는 內卦之主로 以剛居中하니 能發人之蒙者요 而與六五로 陰陽相應이라 故로 遇此卦者는 有亨道也라 我는 二也요 童蒙은 幼穉而蒙昧니 謂五也라 筮者明이면 則人當求我而其亨在人이요 筮者暗이면 則我當求人而亨在我니 人求我者는 當視其可否而應之요 我求人者는 當致其精一而扣之니 而明者之養蒙과 與蒙者之自養이 又皆利於以正也라

艮☶은 또한 3획괘의 이름이니 하나의 양이 두 음의 위에 그쳤기 때문에, 그 덕이 그침이 되고 그 상이 산이 된다. 蒙은 어두움이니, 만물이 생긴 처음에는 몽매해서 밝지 못한 것이다. 괘가 坎으로써 艮을 만나니, 산 아래 험한 것이 있는 것이 蒙卦의 처지이고, 안으로는 험하고 밖으로는 그치는 것이 蒙卦의 의미이다. 그러므로 그 이름이 蒙이 된다. '형통하니' 이하는 점치는 말이다.

九二는 內卦의 주체로 강건한 陽으로서 가운데 자리에 있으니 사람들의 몽매함을 계발할 수 있는 것이고, 六五와 음양이 서로 호응하기 때문에 이 괘를 만나는 사람은 형통하는 도가 있다. '나'는 九二이고, '철부지 어린아이'는 유치하고 몽매함이니 六五를 이른다. 점치는 자가 현명하면 남이 나를 찾기에 그 형통함이 남에게 있고, 점치는 자가 우매하면 내가 남을 찾기

5 亨以下 占辭也 : 《大全》의 소주에서 胡炳文(元)은 "여러 학자들이 '형통하다〔亨〕'와 '바르게 함이 이롭다〔利貞〕'를 풀이할 때, '亨'은 몽매한 사람에 해당시키고, '利貞'은 몽매한 사람을 가르치는 사람에 해당시켰다. 《本義》에서는 몽매한 사람과 몽매한 사람을 가르치는 사람, 모두에게 형통한 도가 있어 바르게 함에 이롭다고 하였으니, 《周易》을 이와 같이 보아야만 막히지 않게 된다." 하였다.

에 그 형통함이 내게 있다. 남이 나를 찾을 때는 그 가부를 보아 호응해야 하고, 내가 남을 찾을 때는 정밀하고 한결같은 뜻을 다하여 물어야 하니, 현명한 사람이 몽매한 사람을 가르침과 몽매한 사람이 자신을 함양함에 모두 바름으로써 함이 이로운 것이다.

字義 匪 : 아닐 비 告 : 고할 곡 瀆 : 번거러울 독 嚮 : 향할 향 艮 : 그칠 간 扣 : 두드릴 고(구)

彖曰 蒙은 山下有險하고 險而止[6] 蒙이라

〈彖傳〉에 말하였다. "蒙은 산 아래 험함이 있고, 험해서 그치는 것이 蒙이다.

【本義】 以卦象卦德으로 釋卦名하니 有兩義[7]하나니라

卦象과 卦德으로 卦名을 풀이하였으니, 여기에 두 가지 의미가 있다.

蒙亨은 以亨行이니 時中也[8]요 匪我求童蒙童蒙求我는 志應也[9]요

【本義】 以亨行하여 時中也요

'蒙은 형통함'은 형통함으로써 행함이니, 때를 얻고 중도를 행함이고, '내가 철부지 어린아이를 찾음이 아니라, 철부지 어린아이가 나를 찾음'은 뜻이 응함이다.

---

6 險而止 : 金相岳(朝鮮)은 《山天易說》에서 "험한 곳에 있어서 그치는 것은 蒙卦䷃가 되고, 험한 것을 보아서 멈춰 서는 것은 蹇卦䷦가 되고, 험한 것을 벗어나서 움직이는 것은 解卦䷧가 된다." 하였다.

7 以卦象卦德……有兩義 : 《大全》의 소주에서 朱熹(南宋)는 "'산 아래 험함이 있는 것'이 卦象이고, '험해서 그치는 것'이 卦德이다. 蒙卦에는 두 가지 의미가 있으니, '험해서 그친다.'에서, 험한 것은 內卦에 있고, 그치는 것은 外卦에 있다." 하였고, 胡炳文(元)은 "卦象은 상하로 나뉘니, 艮卦인 산 아래에 坎卦인 물의 험함이 있는 것이 하나의 의미이고, 卦德은 내외로 나뉘니, 안이 험난하여 이미 편안할 수 없고 밖이 그쳐서 다시 나갈 수 없는 것이 또 하나의 의미이다." 하였다.

8 時中也 : 金奎五(朝鮮)은 《最窩集》〈讀易記疑〉에서 "〈彖傳〉의 時中에 대해 《程傳》에서는 時와 中을 각각 말하였고, 《本義》에서는 '時之中'으로 풀이하고 있다. 《程傳》의 견해가 좋은데 朱子가 따르지 않았으니 의심스럽다." 하였다.

9 志應也 : 《大全》의 소주에서 呂祖謙(南宋)은 "옛날에 사람을 가르칠 때, 구차하게 배우는 사람을 먼저 찾아 가지는 않았으나, 찾아 가지 않는 가운데에 저절로 사람의 마음을 감동시켜 움직이는 이치가 있었다. 그렇지 않다면 배우는 사람들의 뜻이 어디로부터 호응하였겠는가." 하였다.

【본의】 형통함으로써 행하여 때에 맞게 함이고

【傳】 山下有險하니 內險不可處하고 外止莫能進하여 未知所爲라 故로 爲昏蒙之義라 蒙亨以亨行時中也는 蒙之能亨은 以亨道行也라 所謂亨道는 時中也라 時는 謂得君之應이요 中은 謂處得其中이니 得中則時[10]也라 匪我求童蒙童蒙求我志應也는 二以[11]剛明之賢으로 處於下하고 五以童蒙居上하니 非是二求於五요 盖五之志應於二也라 賢者在下하니 豈可自進以求於君이리오 苟自求之면 必无能信用之理니 古之人이 所以必待人君致敬盡禮而後往者는 非欲自爲尊大라 蓋其尊德樂道不如是면 不足與有爲也일새니라

산 아래 험함이 있으니, 안으로는 험하여 거처할 수 없고, 밖으로는 그쳐서 나아갈 수 없어 어찌 할 바를 모르기 때문에 어둡고 몽매함의 뜻이 된다. "'蒙은 형통하다.'는 형통함으로써 행함이니, 때를 얻고 중도를 행함이다."는 蒙이 형통할 수 있는 것은 형통한 도로써 행하기 때문이다. 이른바 형통한 도는 때를 얻고 중도를 행함이다. '時'는 임금의 부름을 얻은 것이고, '中'은 거처함에 그 중도를 얻음을 말하니, 중도를 얻음이 곧 때를 얻음이다.

"내가 철부지 어린아이를 찾음이 아니라, 철부지 어린아이가 나를 찾음은 뜻이 응함이다."는 九二가 강건하고 현명한 어진 이로서 아래에 있고, 六五가 철부지 어린아이로서 위에 거처하니, 九二가 六五를 찾음이 아니라 六五의 뜻이 九二에 응한 것이다. 현명한 사람이 아래에 있으니, 어찌 스스로 나아가서 임금을 찾겠는가. 만약 스스로 찾는다면 반드시 임금이 믿고 쓸 리가 없으니, 옛사람이 반드시 임금이 경의를 표하고 예를 다함을 기다린 뒤에 나아간 것은 스스로 높이고자 함이 아니라, 임금이 덕을 높이고 도를 즐김이 이와 같지 않으면 더불어 큰 일을 할 수 없기 때문이었다.

初筮告은 以剛中也요 再三瀆瀆則不告은 瀆蒙也[12]일새니

'처음 점치거든 알려 줌'은 剛中이기 때문이고, '두 번 세 번 점치면 욕되게 하는 것이니, 욕되게 하면 알려주지 않음'은 몽매함을 욕되게 하기 때문이니,

---

10 時 : 《大全》의 간주에 "어떤 판본에는 앞에 '得'자가 있다." 하였다.

11 以 : 《大全》의 간주에 "어떤 판본에는 '以'자가 없다." 하였다.

12 瀆則不告 瀆蒙也 : 李震相(朝鮮)은 《寒洲集》 〈易學管窺〉에서 "'욕되게 하면 알려주지 않음〔瀆則不告〕'은 배우는 자의 욕됨이고, '몽매함을 욕되게 함〔瀆蒙〕'은 가르치는 자의 욕됨이다. 알려줘도 곧바로 계발될 이치는 없고 단지 욕되고 혼몽할 뿐이다." 하였다.

【傳】初筮는 謂誠一而來하여 求決其蒙이니 則當以剛中之道로 告而開發之라 再三은 煩數(삭)也니 來筮之意 煩數하여 不能誠一이면 則瀆慢矣니 不當告也라 告之라도 必不能信受요 徒爲煩瀆이라 故로 曰瀆蒙也니 求者, 告者 皆煩瀆矣라

'처음 점침'은 한결같은 정성으로 와서 그 몽매함을 결단해주기를 구함을 이르니, 마땅히 剛中의 도로써 가르쳐서 계발시켜야 한다. '두 번 세 번 점침'은 번거롭게 빈번히 함이다. 와서 점치는 뜻이 번거롭게 빈번히 하여 정성이 한결같지 않으면 욕되게 하는 것이니 알려주지 말아야 한다. 알려주더라도 반드시 믿고 받아들이지 않고, 한갓 번거롭고 욕되게 할 뿐이다. 그러므로 "몽매함을 욕되게 한다."고 하였으니, 묻는 사람과 가르치는 사람이 모두 번거롭고 욕되게 되는 것이다.

字義 煩 : 번거로울 번 數 : 자주 삭

蒙以養正이 聖功也라

몽매할 때에 바름을 기르는 것이 성인이 되는 공부이다.

【傳】卦辭曰利貞이라하니 彖은 復伸其義하여 以明不止爲戒於二요 實養蒙之道也라 未發之謂蒙이니 以純一未發之蒙而養其正은 乃作聖之功也라 發而後禁이면 則扞格而難勝이니 養正於蒙은 學之至善也라 蒙之六爻에 二陽은 爲治蒙者요 四陰은 皆處蒙者也라

卦辭에 "바르게 함이 이롭다."고 하였는데, 〈彖傳〉에서는 다시 그 뜻을 펴서 단지 九二를 경계할 뿐만 아니라, 이것이 실제로 몽매한 사람을 가르치는 道임을 밝혔다. 아직 계발되지 않은 것을 '몽매함(蒙)'이라 이르니, 순일하고 계발되지 않은 몽매함으로서 그 바름을 기르는 것이 성인이 되는 공부이다. 계발된 뒤에 금지하면 상충되어 이겨내기 어려우니, 몽매할 때 바름을 기르는 것이 배움의 최선책이다. 蒙卦의 여섯 효에서 두 양은 몽매함을 다스리는 자가 되고, 네 음은 모두 몽매한 처지에 있는 자들이다.

【本義】以卦體로 釋卦辭也라 九二以可亨之道로 發人之蒙하고 而又得其時之中하니 謂如下文所指之事[13]는 皆以亨行而當其可也라 志應者는 二는 剛明하고 五는 柔暗이라 故

13 謂如下文所指之事 : 《大全》의 소주에서 胡炳文(元)은 "六五의 뜻이 아직 初九와 호응하지 않은 채

二不求五而五求二하여 其志自相應也라 以剛中者는 以剛而中이라 故로 能告而有節也라 瀆은 筮者二三이면 則問者固瀆而告者亦瀆矣라 蒙以養正은 乃作聖之功이니 所以釋利貞之義也라

卦體로써 卦辭를 해석하였다. 九二가 형통할 수 있는 道로써 사람들의 몽매함을 계발시키고, 또 때의 알맞음을 얻었으니, 아래 글에서 가리킨 일과 같은 것은 다 형통함으로써 행하여 그 알맞음에 마땅하게 함을 말한 것이다. '뜻이 응함'은 九二는 강건하고 현명하며, 六五는 유약하고 우매하므로, 九二가 六五를 찾지 않아도 六五가 九二를 찾으니, 그 뜻이 서로 호응하는 것이다. '以剛中'은 陽剛이면서 中位를 얻었기 때문에 고해줌에 절도가 있을 수 있다. '瀆'은 점치는 자가 두 번 세 번 점을 치면 묻는 사람도 진실로 욕되고, 알려주는 자도 욕되다. '몽매함으로써 바름을 기름'은 바로 성인이 되는 공부이니, '바르게 함이 이롭다.'는 뜻을 풀이한 것이다.

字義 扞 : 막을 한　格 : 막을 격

象曰 山下出泉이 蒙이니 君子以하여 果行하며 育德[14]하나니라

〈象傳〉에 말하였다. "산 아래에 샘이 솟아남이 蒙이니, 군자가 이것을 본받아 과감하게 행하며 덕을 기른다."

【傳】 山下出泉하여 出而遇險하여 未有所之 蒙之象也니 若人蒙穉하여 未知所適也라 君子觀蒙之象하여 以果行育德하니 觀其出而未能通行이면 則以하여 果決其所行하고 觀其始出而未有所向이면 則以하여 養育其明德也라

로 갑자기 형통하려 하는 것은 때에 맞음이 아니고, 두 번 세 번 점치더라도 또한 알려주는 것도 때에 맞음이 아니며, 몽매함은 마땅히 바름을 길러야 하는데 이를 지난 뒤에 기르는 것도 때에 맞음이 아니라고 말한 것이다." 하였다.

14 果行 育德 : 《大全》의 소주에서 眞德秀(南宋)는 "샘이 처음 나올 때에는 졸졸 흐를 정도로 작으니, 모래와 자갈에 막힌다면 어찌 갑자기 도달할 수 있겠는가. 오직 그것이 과감히 물길을 터뜨려 반드시 흘러서 비록 험한 곳을 만나더라도 피하지 않기 때문에 끝내는 흘러가서 냇물을 이루는 것이다. 군자가 蒙卦의 象을 살펴서 행동을 과감하게 하는 것을 마치 물이 반드시 흘러가는 것과 같이 하며, 덕을 기르는 것을 마치 물에 근원이 있음과 같이 한다면, 본체〔體〕는 성대해질 것이며, 작용〔用〕은 유행할 것이다. 본체가 있은 뒤에 작용이 있으니, 수양한 것이 두터우면 그 응용이 끊임없을 것이다." 하였다.

산 아래에 샘이 솟아나 나아가다 험함을 만나 갈 곳이 없는 것이 蒙의 상이니, 사람이 어리고 몽매하여 갈 바를 알지 못하는 것과 같다. 군자가 몽괘의 상을 보고 과감하게 행하며 덕을 기르니, 샘물이 나와서 〈험함을 만나〉 통행하지 못함을 보면 이로써 행할 바를 과감하게 결단하고, 샘물이 처음 나와서 향할 곳이 없음을 보면 이로써 그 밝은 덕을 기르는 것이다.

【本義】泉은 水之始出者니 必行而有漸也라

샘은 물이 처음 나온 것이니, 반드시 흘러가되 점진적으로 함이 있다.

初六은 發蒙하되 利用刑人하여 用說(탈)桎梏[15]이니 以往이면 吝하리라

【本義】發蒙이니 利用刑人하고

初六은 몽매함을 계발하되, 사람에게 형벌을 써서 질곡을 벗겨줌이 이로우니, 이대로만(형벌로써만) 해나가면 부끄러울 것이다.

【본의】몽매함을 계발할 것이니, 사람에게 형벌을 쓰고

【傳】初以陰暗居下하니 下民之蒙[16]也니 爻言發之之道하니라 發下民之蒙엔 當明刑禁以示之하여 使之知畏然後에 從而教導之라 自古聖王爲治에 設刑罰以齊其衆하고 明教化以善其俗하여 刑罰立而後教化行하니 雖聖人尙德而不尙刑이나 未嘗偏廢也라 故로 爲政之始는 立法居先이라 治蒙之初에 威之以刑者는 所以說(탈)去其昏蒙之桎梏[17]이니 桎梏은 謂拘束也라 不去其昏蒙之桎梏이면 則善教无由而入이라 旣以刑禁率之면 雖使心未能喩라도 亦當畏威以從하여 不敢肆其昏蒙之欲이니 然後에 漸能知善道而革其[18]

15 利用刑人 用說(탈)桎梏 : 柳正源(朝鮮)은 《易解參攷》에서 "'사람에게 형벌을 씀〔利用刑人〕'은 감히 악을 저지르지 않게 하는 것이고, '이로써 질곡을 벗겨 줌〔用說桎梏〕'은 스스로 새로워지는 길을 열어주게 하는 것이다." 하였고, 朴齊家(朝鮮)는 《周易》에서 "'刑人'은 단지 형법을 바로잡는다는 비유를 취하였을 뿐이다. 만약 '刑'을 몽매한 사람을 형벌한 것으로 쓴다면 불가하다." 하였다.

16 蒙 : 《大全》의 간주에 "어떤 판본에는 象자로 되어 있다." 하였다.

17 治蒙之初……所以說(탈)去其昏蒙之桎梏 : 朴文鎬(朝鮮)는 《楓山記聞錄》〈經說-周易〉에서 "刑人의 아래에 桎梏으로 이어지고 있음을 보면, 형틀의 도구가 분명한데, 程子는 이런 뜻을 취하지 않고 바로 '혼몽한 질곡'이라 하였으니, 아마도 혼몽한 사람의 욕심을 가리킨 듯하다." 하였다.

18 其 : 《大全》의 간주에 "어떤 판본에는 '其'자가 없다." 하였다.

非心이면 則可以移風易俗矣라 苟專用刑以爲治면 則蒙雖畏而終不能發이요 苟免而无恥니 治化不可得而成矣라 故로 以往則可吝이라

初六이 우매한 음으로서 맨 아래에 있으니, 백성의 몽매함이라서 爻辭에 몽매함을 계발하는 도를 말하였다. 백성의 몽매함을 계발함에는 마땅히 형벌과 금법을 밝혀 제시해서 두려움을 알게 한 뒤에, 이어서 가르치고 인도하여야 한다.

예로부터 聖王이 다스림에 형벌을 베풀어서 그 백성을 다스리고, 교화를 밝혀 그 풍속을 선하게 하셨으니, 형벌이 확립된 뒤에 교화가 행해지는 것이다. 비록 聖人이 덕을 숭상하고 형벌을 숭상하지 않았으나, 일찍이 치우치거나 폐한 적은 없었다. 그러므로 정치를 시작할 때에 법을 먼저 세우고 교육을 시작할 때에 형벌로써 위엄 있게 함은, 혼몽한 질곡을 벗겨 제거하려는 것이니, 질곡은 구속함을 말한다. 그 혼몽한 질곡을 제거하지 않으면 선한 가르침이 들어갈 길이 없다.

일단 형벌과 금법으로 이끌어 가면, 비록 마음으로 깨닫지는 못하더라도, 또한 마땅히 위엄을 두려워하여 따라서 감히 혼몽한 욕심을 펼치지 못할 것이다. 그런 뒤에 점차 선한 도를 알아서 그릇된 마음을 고치면 풍속을 바꿀 수 있을 것이다. 만약 오로지 형벌만 사용하여 다스린다면, 몽매한 사람이 비록 두려워하나 끝내 몽매함을 계발하지 못할 것이고, 구차하게 형벌만 모면하려 하고 부끄러운 마음이 없을 것이니, 교화가 이루어질 수 없을 것이다. 그러므로 형벌로만 해나가면 부끄러운 것이다.

【本義】以陰居下하니 蒙之甚也라 占者遇此면 當發其蒙이라 然發之之道는 當痛懲而暫舍之하여 以觀其後니 若遂往而不舍면 則致羞吝矣라 戒占者當如是也라

陰으로서 맨 아래에 있으니 몽매함이 심하다. 점치는 자가 이 爻를 만나면 그 몽매함을 계발하여야 한다. 그러나 계발하는 도는 엄하게 징계했다가 잠시 그대로 두고서 그 결과를 지켜봐야만 하니, 만약 계속 형벌을 사용하고 그치지 않는다면 부끄럽고 인색하게 될 것이다. 점치는 자는 마땅히 이와 같이 해야 한다고 경계한 것이다.

字義 說 : 벗을 탈(脫)　桎 : 차꼬 질　梏 : 수갑 곡　偏 : 치우칠 편　肆 : 펼칠 사　懲 : 징계할 징
暫 : 잠시 잠　舍 : 버릴 사

象曰 利用刑人은 以正法也라

〈象傳〉에 말하였다. "'사람에게 형벌을 씀이 이로움'은 법을 바르게 함이다."

【傳】 治蒙之始에 立其防限하고 明其罪罰은 正其法也니 使之由之하여 漸至於化也라 或疑發蒙之初에 遽用刑人은 无乃不教而誅乎아하니 不知立法制刑이 乃所以教也라 蓋後之論刑者는 不復知教化在其中矣니라

몽매함을 다스리는 처음에, 한계를 세우고 죄와 벌을 밝히는 것은 법을 바르게 함이니, 이로 말미암아 점차 교화되게 하려는 것이다. 어떤 이가 "몽매함을 계발하는 처음에 갑자기 사람을 형벌하는 것은 곧 가르치지는 않고 벌만 주는 것이 아닙니까?" 하고 의심하니, 법을 세우고 형벌을 제도화함이 곧 가르치는 법임을 모른 것이다. 후세에 형벌을 논하는 자는 더 이상 교화가 그(법을 세우고 형벌을 제도화하는) 가운데 있음을 알지 못하였다.

【本義】 發蒙之初엔 法不可不正이니 懲戒는 所以正法也[19]라

몽매함을 계발하는 처음에는 법을 바르게 하지 않을 수 없으니, 징계함은 법을 바르게 하는 것이다.

九二는 包蒙이면 吉하고 納婦면 吉하리니 子克家[20]로다

【本義】 包蒙이니 吉하고 納婦니 吉하고 子克家니라

九二는 몽매함을 포용하면 길하고, 부인을 들이면 길하리니, 자식이 집안을 잘 다스린다.

【본의】 몽매함을 포용함이니 길하고, 부인을 들이니 길하며, 자식이 집안을 잘 다스린다.

【傳】 包는 含容也라 二居蒙之世하여 有剛明之才하고 而與六五之君相應하며 中德又

---

19 發蒙之初……所以正法也 : 《大全》의 소주에서 胡炳文(元)은 "임금과 스승의 도는 바르면 될 뿐이다. 屯卦의 初九는 '뜻이 바름을 행함〔志行正〕'에 있고, 蒙卦의 初六은 '법을 바르게 함〔以正法〕'에 있다. 처음에는 바른 것도 오히려 끝에 가서 잘못될까 두려운데, 하물며 처음에 바르지 못하면 어떻겠는가?" 하였다.

20 九二……子克家 : 金萬英(朝鮮)은 《南圃集》〈易象小訣〉에서 "하나의 陽이 두 陰에 빠져 있으니 몽매함을 포용하는 상이 된다. 互卦의 上體가 坤卦☷가 되니 부인을 맞이하는 상이 되고, 互卦의 下體가 震卦☳가 되니 長子가 집안일을 이어가는 상이 있다. 혹자가 말하기를 '九二가 변하면 坤卦☷가 되기 때문에 부인의 상이 있다.' 하니, 또한 의미가 통한다." 하였다.

同하니 當時之任者也라 必廣其含容하여 哀矜昏愚면 則能發天下之蒙하고 成治蒙之功하여 其道廣하고 其施博하리니 如是則吉也라 卦唯二陽爻어늘 上九는 剛而過하고 唯九二 有剛中之德而應於五하여 用於時而獨明者也니 苟恃其明하여 專於自任이면 則其德不弘이라 故로 雖婦人之柔闇이라도 尙當納其所善이면 則其明廣矣라 又以諸爻皆陰이라 故로 云婦라 堯舜之聖은 天下所莫及也로되 尙曰 淸問下民, 取人爲善也라하니 二能包納이면 則克濟其君之事하여 猶子能治其家也라 五旣陰柔라 故로 發蒙之功이 皆在於二라 以家言之하면 五는 父也요 二는 子也니 二能主蒙之功하니 乃人子克治其家也라

包는 포용함이다. 九二는 몽매한 세상에 있으면서 강건하고 현명한 재주가 있고, 임금인 六五와 서로 호응하며, 알맞은 덕이 또한 같으니, 시대의 임무를 담당한 자이다. 반드시 관용을 넓히고, 어둡고 우매함을 불쌍히 여기면, 천하의 몽매함을 계발하고 몽매함을 다스리는 공을 이룰 수 있어, 그 도와 베풂이 넓어질 것이니, 이와 같이 하면 吉하다.

괘에 오직 두 개의 陽爻가 있으나 上九는 剛하되 지나치고, 오직 九二만이 剛中의 덕이 있고 六五와 호응하니, 당시에 등용되어 홀로 밝은 자이다. 그러나 그 밝음만 믿고서, 전적으로 자임하면 그 덕이 넓어지지 못한다. 그러므로 비록 유약하고 우매한 부인의 말일지라도, 오히려 그의 선한 것을 받아들인다면 밝음이 넓어질 것이다. 또 모든 효가 음효이기 때문에 '부인〔婦〕'이라 하였다.

요임금과 순임금은 천하 사람들이 미치지 못할 만큼 뛰어난 성인인데도, 오히려 백성에게 허심탄회하게 묻고, 다른 사람에게서 취하여 선을 행하였다고 한다. 九二가 포용하여 받아들일 수 있으면, 임금의 일을 해낼 수 있을 것이니, 마치 자식이 집안일을 다스릴 수 있는 것과 같다. 六五가 유약한 陰이기 때문에 몽매함을 계발하는 공이 모두 九二에게 있다. 이는 집안으로 말하면 六五는 아비이고 九二는 자식인데, 九二가 계몽의 공을 맡으니, 곧 자식이 집안을 잘 다스릴 수 있는 것이다.

【本義】 九二以陽剛으로 爲內卦之主하여 統治群陰하니 當發蒙之任者라 然所治旣廣하고 物性不齊하니 不可一槪取必이어늘 而爻之德이 剛而不過하니 爲能有所包容之象이요 又以陽受陰하니 爲納婦之象이요 又居下位而能任上事하니 爲子克家之象이라 故로 占者有其德而當其事면 則如是而吉也라

九二가 강건한 陽으로서 內卦의 주체가 되어 여러 음을 통섭하여 다스리니, 몽매함을 계발하는 임무를 담당하는 사람이다. 그러나 다스리는 것이 넓고 만물의 성질이 동일하지 않으니, 일괄적으로 기필하여 취해서는 안 되지만 효의 덕이 剛하면서도 지나치지 않으니 포용할

수 있는 상이 되고, 또 양으로서 음을 받아들이니 부인을 들이는 상이 되고, 또 아랫자리에 있으면서 위의 일을 맡으니 자식이 집안을 다스리는 상이 된다. 그러므로 점치는 자가 이러한 덕이 있으면서 이러한 일을 맡으면 이와 같아서 길하다.

字義 克 : 능할 극 矜 : 불쌍할 긍

象曰 子克家는 剛柔接也[21]라

〈象傳〉에 말하였다. "'자식이 집안을 잘 다스림'은 剛과 柔가 만나기 때문이다."

【傳】子而克治其家者는 父之信任이 專也요 二能主蒙之功者는 五之信任이 專也일새라 二與五剛柔之情相接이라 故로 得行其剛中之道하여 成發蒙之功하니 苟非上下之情相接이면 則二雖剛中이나 安能尸其事乎아

자식이면서 집안을 잘 다스릴 수 있는 것은 아버지의 신임이 전일하기 때문이고, 九二가 계몽의 공을 맡을 수 있는 것은 六五의 신임이 전일하기 때문이다. 九二와 六五의 剛柔의 정이 서로 만나기 때문에 剛中의 도를 행하여 '몽매함을 계발하는' 공을 이루니, 진실로 상하의 정이 서로 만난 것이 아니면 九二가 비록 剛中하더라도 어찌 그 일을 주관할 수 있겠는가.

【本義】指二五之應이라

九二와 六五가 응함을 가리킨다.

字義 尸 : 주관할 시

六三은 勿用取女니 見金夫하고 不有躬하니 无攸利하니라

六三은 여자를 아내로 맞이하지 말 것이니, 돈 많은 사내를 보고 몸을 지키지 못하니, 이로울 것이 없다.

---

21 剛柔接也 : 《大全》의 소주에서 胡炳文(元)은 "剛과 柔에는 위와 아래의 구분이 있기 때문에, 屯卦의 六二가 初九에 대해서 음이 양을 타고 있는 것을 싫어하고, 剛과 柔는 왕래의 감정이 있기 때문에 蒙卦의 九二가 六五에 대해서 그것이 접근하는 것을 좋아한다." 하였다.

【傳】三以陰柔로 處蒙闇하여 不中不正하니 女之妄動者也라 正應在上이어늘 不能遠從하고 近見九二爲群蒙所歸하여 得時之盛이라 故로 捨其正應而從之하니 是는 女之見金夫也라 女之從人은 當由正禮어늘 乃見人之多金하고 說而從之면 不能保有其身者也니 无所往而利矣니라

六三은 유약한 陰으로서 몽매함에 거처하여 中도 아니고 正도 아니니, 여자가 망령되이 움직이는 것이다. 正應(上九)이 위에 있거늘 멀어서 따르지 못하고, 가까이 있는 九二가 여러 몽매한 사람들의 따름을 받아 때의 성함을 얻는 것을 보았기 때문에 그 正應을 버리고 〈九二를〉 따르니, 이는 여자가 돈 많은 사내를 본 것이다. 여자가 사람을 따르는 것은 마땅히 바른 예로 하여야 하거늘, 돈 많은 사람을 보고 기꺼이 따라간다면 이는 그 몸을 보존하지 못하는 자이니, 어디를 가도 이로울 것이 없는 것이다.

【本義】六三은 陰柔로 不中不正하니 女之見金夫而不能有其身之象也라 占者遇之면 則其取女에 必得如是之人하리니 无所利矣라 金夫는 蓋以金賂己而挑之니 若魯秋胡[22]者라

六三은 유약한 陰으로 中도 아니고 正도 아니니, 여자가 돈 많은 사내를 보고 그 몸을 지키지 못하는 상이다. 점치는 자가 이 효를 만나면 여자를 취함에 반드시 이와 같은 사람을 얻을 것이니, 이로울 것이 없다. '돈 많은 사내'는 돈을 자기에게 주면서 유혹하는 것이니, 魯나라 秋胡와 같은 자이다.

字義 闇 : 어두울 암　賂 : 뇌물 뢰　挑 : 꾈 도

象曰 勿用取女는 行이 不順也라

【本義】行不順(愼)也라

〈象傳〉에 말하였다. "'여자를 아내로 맞이하지 말라'는 것은 행실이 순하지 않기 때문이다."

---

22 魯秋胡 : 춘추시대 魯나라 사람인 秋胡는 결혼한 지 5일 만에 陳나라로 벼슬하러 갔다가 5년이 지나서야 집으로 돌아왔다. 오는 길에 뽕을 따고 있는 아름다운 부인을 보고 그녀에게 돈을 주며 유혹했으나 부인이 거절하고 받지 않았다. 집에 돌아오자 어머니가 며느리를 불러 남편을 만나게 하였는데, 바로 오는 길에 만났던 그 부인이었다. 부인은 남편이 어머니를 봉양하지 않고 집을 떠났으며, 또 돈으로 여자를 유혹했다는 이유를 들어 자결하였다.

【본의】 행실을 삼가지 않기 때문이다.

【傳】 女之如此면 其行이 邪僻不順하니 不可取也라

여자가 이와 같다면, 그 행실이 간사하고 편벽되어 순하지 아니할 것이니 아내로 맞이해서는 안 된다.

【本義】 順은 當作愼이니 蓋順愼은 古字通用이라 荀子에 順墨을 作愼墨하며 且行不愼이 於經意에 尤親切하니 今當從之니라

順은 마땅히 愼으로 써야 할 것이니, 順과 愼은 옛 글자에 서로 통용되었다. 《荀子》 〈儒效〉에 '順墨'을 '愼墨'이라고 표기하였고, 또 '행실을 삼가지 않는다.'라는 말이 경전의 뜻에 더욱 가까우니 이제 마땅히 이것을 따라야 한다.

六四는 困蒙이니 吝하도다

六四는 몽매함으로 인해 곤란함이니 부끄럽다.

【傳】 四以陰柔而蒙闇하고 无剛明之親援하여 无由自發其蒙하니 困於昏蒙者也니 其可吝甚矣라 吝은 不足也니 謂可少也[23]라

六四는 유약한 陰으로서 몽매하고, 가까이에서 이끌어주는 강건하고 현명한 사람이 없다. 그리하여 스스로 몽매함을 계발할 길이 없어서 어둡고 몽매함에 곤란한 자이니, 그 부끄러움이 심하다. '부끄러움'은 부족함이니 〈남들이 六四를〉 하찮지 여길 만함을 이른다.

【本義】 旣遠於陽하고 又无正應하니 爲困於蒙之象이니 占者如是면 可羞吝也라 能求剛明之德而親近之면 則可免矣[24]리라

---

23 四以陰柔而蒙闇……謂可少也 : 《大全》의 소주에서 李舜臣(南宋)은 "六四는 陰으로서 陰의 자리에 있고 위아래가 또한 모두 음이니, 몽매함이 심한 자이다. 九二를 따르자니 아래로 六三에 막히고, 上九를 따르자니 위로 六五에 막힌다. 홀로 陽으로부터 멀리 떨어져 있으니, 몽매함을 계발할 방법이 없어서 오랫동안 곤란하다." 하였다.

24 旣遠於陽……則可免矣 : 《大全》의 소주에서 張淸子(元)는 "천하의 몽매한 사람들은 모두 가르칠 만하다. 진실로 스승을 존중하고 벗들과 친하게 지낸다면, '곤궁하여 배우는 자〔困而知之者〕'가 '나

이미 양에서 멀 뿐만 아니라, 또 正應도 없으니, 몽매함으로 인하여 곤란을 겪는 상이 된다. 점치는 자가 이와 같으면 부끄러울 만하다. 강건하고 현명한 덕이 있는 사람을 찾아서 친근할 수 있다면 곤란함을 면할 수 있을 것이다.

象曰 困蒙之吝은 獨遠實[25]也라

〈象傳〉에 말하였다. "'몽매함으로 인해 곤란함의 부끄러움'은 홀로 實(陽)과 멀기 때문이다."

【傳】蒙之時에 陽剛 爲發蒙者어늘 四陰柔而最遠於剛하니 乃愚蒙之人而不比近賢者니 无由得明矣라 故로 困於蒙이라 可羞吝者는 以其獨遠於賢明之人也니 不能親賢하여 以致困은 可吝之甚也라 實은 謂陽剛也라

몽매한 때에는 강건한 陽이 '몽매함을 계발하는' 사람이 되는데, 六四가 유약한 陰이면서 강건한 陽에서 가장 머니, 어리석고 몽매한 사람인데도 현명한 사람을 가까이하지 않는 것이니, 밝아질 수 있는 길이 없다. 그러므로 몽매함에 곤란한 것이다. 부끄러울 만한 것은 홀로 현명한 사람에게서 멀기 때문이니, 현명한 사람을 친근히 하지 못하여 곤궁하게 됨은 부끄러울 만한 것이 심한 것이다. '實'은 강건한 陽을 이른다.

【本義】實은 叶韻이니 去聲[26]이라

實은 협운이니 거성이다.

字義 叶 : 화할 협

六五는 童蒙이니 吉하니라

면서부터 아는 자〔生而知之者〕'나 '배워서 아는 자〔學而知之者〕'와 같게 될 것이나, 곤궁 속에서 마친다면 부끄러울 것이다." 하였다.

25 實 : 陽을 가리키는 말이다. 爻의 모양에 따라 陽爻는 '찼다.'라 하고 陰爻는 '비었다.'라고 표현한다.

26 實叶韻 去聲 : 叶韻이란 글자를 임시로 다르게 읽어 韻을 맞춤을 이른다. 여기서는 實의 원음이 본래 '실'이므로 入聲인데 六三 〈象傳〉의 '行不順'과 六五 〈象傳〉의 '順以巽'에서 '順'과 '巽'이 모두 去聲이니 '實'도 본래 韻을 맞추기 위하여 去聲으로 읽었음을 밝힌 것이다.

六五는 철부지 어린아이이니 길하다.

【傳】五以柔順으로 居君位하여 下應於二하니 以柔中之德으로 任剛明之才하야 足以治天下之蒙이라 故로 吉也라 童은 取未發而資於人也니 爲人君者 苟能至誠任賢하여 以成其功이면 何異乎出於己也리오

六五는 유순함으로서 임금의 자리에 있어 아래로 九二와 호응하니, 유순하고 알맞은 덕으로 강건하고 현명한 인재에게 맡겨 천하의 몽매한 이들을 다스릴 수 있기 때문에 '吉'하다. 童은 아직 계발되지 못하여 다른 사람에게 의뢰함을 취한 것이니, 임금이 진실로 지극한 정성으로 어진 사람에게 맡겨서 그 공을 이룰 수 있다면 자기가 직접 한 것과 무엇이 다르겠는가.

【本義】柔中居尊하여 下應九二하니 純一未發하여 以聽於人이라 故로 其象이 爲童蒙이요 而其占이 爲如是則吉也라

유순하고 알맞은 것으로서 존귀한 자리에 있어 아래로 九二와 호응하니, 순일하고 계발되지 못하여 남의 말을 듣는다. 그러므로 그 상은 '철부지 어린아이'이고, 그 점은 이와 같이 하면 길하다.

象曰 童蒙之吉은 順以巽也[27]일새라

〈象傳〉에 말하였다. "철부지 어린아이의 길함은 순하고 겸손하기 때문이다."

【傳】舍己從人은 順從也요 降志下求는 卑巽也니 能如是면 優於天下矣리라

자기를 버리고 남을 좇음은 순순히 따르는 것이고, 뜻을 낮추어 아랫사람에게서 찾음은 낮추고 겸손함이니, 이와 같이 할 수 있다면 천하에 뛰어날 것이다.

上九는 擊蒙이니 不利爲寇요 利禦寇하니라

27 童蒙之吉 順以巽也 : 李玄錫(朝鮮)은 〈易義窺斑〉에서 "'童'은 순일하고 계발되지 못하여 남의 말을 듣는다는 뜻을 취하였다. 六五의 象은 전적으로 철부지 어린아이만을 가리켜 말한 것도 아니고, 또한 유독 임금의 도리만 그러하다는 것도 아닌 듯하니, 무릇 남에게 배우는 자라면 모두 이 말을 완미해야만 할 것이다." 하였다.

【本義】擊蒙이니

上九는 몽매함을 쳐서 없애야 하니, 도적이 됨은 이롭지 않고, 도적을 막음은 이롭다.

【본의】몽매함을 침이니

【傳】九居蒙之終하니 是當蒙極之時라 人之愚蒙旣極하여 如苗民之不率爲寇爲亂者는 當擊伐之나 然九居上하여 剛極而不中이라 故로 戒不利爲寇하니 治人之蒙은 乃禦寇也요 肆爲貪暴는 乃爲寇也라 若舜之征有苗[28]와 周公之誅三監[29]은 禦寇也요 秦皇漢武窮兵誅伐은 爲寇也[30]라

上九가 蒙卦의 끝에 있으니, 이는 몽매함이 지극한 때에 해당한다. 사람의 어리석고 몽매함이 이미 극에 달하여, 苗民이 따르지 않고 도적이 되고 난을 일으키는 것과 같으니, 이것은 마땅히 쳐야 한다. 그러나 上九가 맨 위에 있어 剛이 지나치고 中이 아니기 때문에 '도적이 됨이 이롭지 않다'고 경계하였으니, 사람의 몽매함을 다스림은 곧 '도적을 막는 것'이고, 방자해서 탐욕스럽고 포학함은 곧 도적이 되는 것이다. 순임금이 유묘를 정벌한 것과 周公이 三監을 벤 것은 도적을 막은 것이고, 秦 始皇과 漢 武帝가 무력을 남용하여 베고 정벌한 것은 도적이 된 것이다.

【本義】以剛居上하니 治蒙過剛이라 故로 爲擊蒙之象이라 然取必太過하고 攻治太深이면 則必反爲之害니 惟捍其外誘하여 以全其眞純이면 則雖過於嚴密이나 乃爲得宜라 故로 戒占者如此하니 凡事皆然이요 不止爲誨人也[31]라

강건한 陽으로서 맨 위에 있으니, 몽매함을 다스림에 지나치게 강하기 때문에 몽매함을 치

28 有苗 : 三苗라고도 한다. 순임금 치세에 천하를 어지럽혔던 四凶 중의 하나이다.《書經》〈益稷〉에 "유묘가 완악하여 일에 나아가지 않습니다.〔苗頑 弗卽工〕" 하였다.

29 三監 : 殷나라 유민을 다스리는 관직이다. 동·서·북을 周公의 동생인 管叔·蔡叔·霍叔이 각각 맡고 있었는데, 이들이 오히려 紂의 아들인 武庚을 도와 반란을 일으키자, 주공이 이를 토벌하였다.

30 秦皇漢武窮兵誅伐 爲寇也 : 秦 始皇(재위 B.C.259~B.C.210)은 수많은 전쟁을 치르고 戰國時代를 통일한 최초의 황제이며, 漢武帝(B.C.156~B.C.87)는 해외원정을 펼쳐 匈奴·南越·衛滿朝鮮 등을 정복하여 영토를 확장한 前漢의 제7대 황제이다. 이들은 모두 무력을 남용〔窮兵〕하여 토벌〔誅伐〕하였으므로 '도적'에 해당된다고 한 것이다.

31 以剛居上……不止爲誨人也 :《大全》의 소주에서 朱熹(南宋)는 "程子가 병사를 부리는 일로 설명하였으니, 또한 옳다. 그러나 한 가지 일에만 적용하는 것은, 평이하게 말하여 매사에 적용할 수 있는 것만 못하다." 하였다.

는 상이 된다. 그러나 기필하는 것이 너무 지나치고 공격하여 다스리는 것이 너무 심하면 반드시 도리어 해가 되니, 오직 바깥의 유혹을 막아서 그 참되고 순수함을 온전히 하면 비록 지나치게 엄밀하더라도 곧 마땅함을 얻을 것이다. 그러므로 점치는 자에게 이와 같이 하라고 경계한 것이니, 모든 일이 다 그런 것이지 사람을 가르치는 데만 한정된 것은 아니다.

字義 擊 : 칠 격 寇 : 노략질할 구 禦 : 막을 어

象曰 利用禦寇는 上下順也라

〈象傳〉에 말하였다. "도적을 막음이 이로움은 위아래가 순하기 때문이다."

【傳】利用禦寇는 上下皆得其順也라 上不爲過暴하고 下得擊去其蒙은 禦寇之義也라

도적을 막음이 이로움은 위아래가 다 순할 수 있기 때문이다. 위는 지나치게 포학하지 않고, 아래는 그 몽매함을 쳐서 없애니 도적을 막는다는 의미이다.

【本義】禦寇以剛이면 上下皆得其道라

도적을 막는 것을 강건함으로써 하면 위아래가 모두 正道를 얻는다.

5. 需

䷄ 乾下坎上

下卦는 乾卦☰이고 上卦는 坎卦☵이다.

【傳】需[1]는 序卦에 蒙者는 蒙也니 物之穉也라 物穉면 不可不養也라 故受之以需하니 需者는 飮食之道也라하니라 夫物之幼穉는 必待養而成이니 養物之所需者는 飮食也라 故로 曰 需者는 飮食之道也라하니라 雲上於天은 有蒸潤之象이니 飮食은 所以潤益於物이라 故로 需爲飮食之道니 所以次蒙也라 卦之大意는 須待之義어늘 序卦는 取所須之大者耳라 乾健之性은 必進者也어늘 乃處坎險之下하여 險爲之阻라 故로 須待而後進也라

需卦는 〈序卦傳〉에 "蒙은 어림이니 생물의 어린 것이다. 생물이 어리면 기르지 않을 수 없기 때문에 需卦로서 받았으니, 需는 음식의 도리이다." 하였다. 생물의 어린 것은 반드시 기름을 기다려야 완성되는 것이니, 생물을 기르는데 필요한 것은 음식이기 때문에 "需는 음식의 도리"라고 하였다. 구름이 하늘 위로 올라가는 것은 김이 오르고 윤택한 상이니, 음식은 생물을 윤택하고 유익하게 한다. 그러므로 需卦가 음식의 도가 되니, 需卦가 蒙卦 다음에 온 까닭이다. 卦의 큰 뜻은 기다린다는 것이니, 〈序卦傳〉에서는 기다림 중에서 큰 것을 취했을 뿐이다. 乾卦☰의 강건한 성질은 반드시 나아가지만 험한 坎卦☵의 아래에 처하여 험한 것이 가로 막고 있기 때문에 기다린 뒤에 나아가는 것이다.

字義 需 : 필요할 수, 기다릴 수 蒸 : 김오를 증 須 : 기다릴 수 阻 : 막을 조

---

1 需 : '需'는 음식의 象으로 본래 '비를 만나 가지 못하고 기다린다.'는 뜻이다. 李顯益(朝鮮)은《正菴集》〈周易說〉에서 "음식의 경우는 九五 한 효에만 해당하는데 〈序卦傳〉에서 需卦의 뜻을 말할 때 음식을 위주로 한 것은 九五가 需卦의 주체이기 때문인 듯하다." 하였고, 朴胤源(朝鮮)은《近齋集》〈易經箚略〉에서 "需卦는 음식의 도이다. 象辭에서 비록 음식에 대해 말하지 않았으나, 坎卦☵의 가운데가 꽉 찬 것이 마치 그릇에 과일이 있는 것과 같으니, 이것이 음식의 상이다." 하였다.

需[2]는 有孚하여 光亨하고 貞吉하니 利涉大川하니라

【本義】需有孚하면 光亨하고 貞하면 吉하여

需는 믿음이 있어서 광명하여 형통하고 바르고 길하니, 큰 내를 건넘이 이롭다.

【본의】需는 믿음이 있으면 광명하고 형통하며, 바르면 길하여

【傳】需者는 須待也라 以二體言之하면 乾之剛健이 上進而遇險하여 未能進也라 故로 爲需待之義요 以卦才言之하면 五居君位하여 爲需之主하고 有剛健中正之德하며 而誠信이 充實於中하니 中實은 有孚也라 有孚則光明而能亨通하고 得貞正[3]而吉也니 以此而需면 何所不濟리오 雖險无難矣라 故로 利涉大川也라 凡貞吉은 有旣正且吉者하고 有得正則吉者하니 當辨也라

'需'는 기다림이다. 두 卦體로 말하면 강건한 乾이 위로 올라가 험함을 만나서 나갈 수 없기 때문에 기다린다는 의미가 된다. 卦의 재질로 말하면, 九五가 임금의 자리에 있어 需卦의 주체가 되고, 剛健하고 中正한 덕이 있어 성실함이 가운데에 가득 찼으니, 가운데가 찼음은 믿음이 있는 것이다. 믿음이 있으면 광명하여 형통할 수 있고 바름을 얻어 길하다. 이것으로써 기다리면 어떤 것인들 건너지 못하겠는가. 비록 험하더라도 곤란함이 없을 것이기 때문에, 큰 내를 건넘이 이롭다.

대체로 '貞吉'에는 이미 바르고 길한 경우가 있고, 바름을 얻으면 길한 경우가 있으니, 마땅히 분별하여야 한다.

【本義】需는 待也라 以乾遇坎하니 乾健坎險이라 以剛遇險하여 而不遽進以陷於險은 待之義也라 孚는 信之在中者也라 其卦 九五以坎體中實하고 陽剛中正而居尊位하니 爲有孚得正之象이요 坎水在前이어늘 乾健臨之하니 將涉水而不輕進之象이라 故로 占者爲有所待而能有信이면 則光亨矣요 若又得正이면 則吉而利涉大川이라 正固는 无所不利로되 而涉川은 尤貴於能待하니 則不欲速而犯難也라

---

2 需 : 빌헬름 영문판 주역인 《The I Ching》에서는 需卦를 "Hsu / Waiting (Nourishment)"라고 하였다. 수괘는 사람이 어리면 음식이 필요하고 음식을 얻기 위해서는 기다려야 하므로 '기다림(음식)'이라고 정의하였다.

3 正 : 《大全》의 간주에 "어떤 판본에는 '正'자가 없다." 하였다.

'需'는 기다림이다. 乾으로서 坎을 만났으니, 乾은 강건하고 坎은 험하다. 강건함이 험함을 만나서 갑자기 나아가 험한 곳에 빠지지 않음은 기다린다는 의미이다. '孚'는 믿음이 중심에 있는 것이다. 需卦는 九五가 坎의 卦體로서 가운데가 차있고, 강건한 陽으로 中正하여 존귀한 자리에 있으니, 믿음이 있고 바름을 얻는 상이 된다.

坎의 물이 앞에 있는데 乾의 강건함으로 임하니, 장차 물을 건널 것이나 가볍게 나아가지 않는 상이다. 그러므로 점치는 자가 기다리면서 믿음이 있으면 빛나며 형통할 것이다. 만약 또 바름을 얻으면 길하여 큰 내를 건넘이 이롭다. 바르고 굳게 함은 이롭지 않음이 없으나 내를 건너는 일은 기다릴 줄 아는 것을 더욱 귀하게 여기니, 서둘다가 험난함을 범하지 않고자 한다.

字義 孚 : 믿을 부 濟 : 건널 제

彖曰 需는 須也니 險이 在前也니 剛健而不陷하니 其義不困窮矣[4]라

〈彖傳〉에 말하였다. "需는 기다림이니 험함이 앞에 있다. 剛健하나 빠지지 않으니, 그 의리가 곤궁하지 않을 것이다.

【傳】需之義는 須也니 以險在於前하여 未可遽進이라 故로 需待而行也라 以乾之剛健으로 而能需待不輕動이라 故로 不陷於險하니 其義不至於困窮也라 剛健之人은 其動必躁하나니 乃能需待而動은 處之至善者也라 故로 夫子贊之云 其義不困窮矣라하시니라

'需'의 뜻은 기다림이니, 험함이 앞에 있어서 대번에 나아갈 수 없기 때문에 기다렸다가 가는 것이다. 乾의 강건함으로서 기다리고 경솔하게 움직이지 않을 수 있기 때문에 험한 데 빠지지 않으니, 그 의리가 곤궁한 데 이르지 않는다. 강건한 사람은 행동이 반드시 조급한데, 기다렸다가 움직일 수 있음은 지극히 잘 처신하는 사람이다. 그러므로 공자가 칭찬하여 "그 의리가 곤궁하지 않을 것이다." 하였다.

【本義】此는 以卦德으로 釋卦名義라

이는 卦德으로 卦名의 뜻을 해석한 것이다.

---

4 險在前也……其義不困窮矣 : 沈大允(朝鮮)은 《周易象義占法》에서 "需卦의 道는, 농사꾼이 함부로 남에게 먹을 것을 구하다 낭패를 당하지 않고, 밭에서 일하고 힘들여 농사지어 가을이 오기를 기다림과 같으니, 君子의 큰 지혜이다." 하였다.

字義 躁 : 성급할 조

需有孚光亨貞吉은 位乎天位하여 以正中也요

'需는 믿음이 있어 광명하여 형통하고 바르고 길함'은 하늘의 자리에 처하여 正中하기 때문이고,

【傳】五以剛實居中하니 爲孚之象이요 而得其所需하니 亦爲有孚之義라 以乾剛而至誠이라 故로 其德光明而能亨通하고 得貞正而吉也라 所以能然者는 以居天位而得正中也라 居天位는 指五요 以正中은 兼二言이라 故云正中하니라

九五가 강건하고 꽉 차 있음으로써 가운데 자리에 있으니 믿음이 있는 상이 되고, 그 기다림을 얻으니 또한 '믿음이 있다.'는 의미가 된다. 乾이 강건하면서 지극히 정성스럽기 때문에 그 덕이 광명하여 형통할 수 있고, 바름을 얻어 길한 것이다. 그렇게 할 수 있는 것은 하늘의 자리에 거처해서 正中을 얻었기 때문이다. 하늘의 자리에 있음은 九五를 가리킨 것이고, '正中하기 때문'은 九二를 겸하여 말한 것이므로 正中이라고 한 것이다.

利涉大川[5]은 往有功也라

'큰 내를 건넘이 이로움'은 가면 功이 있기 때문이다."

【傳】旣有孚而貞正이면 雖涉險阻나 往則有功也니 需道之至善也라 以乾剛而能需면 何所不利리오

이미 믿음이 있으면서 바르면 비록 험하고 막힌 것을 건너더라도 가면 공이 있으니, 기다림(需)의 도리에 가장 잘 처한 것이다. 乾의 剛함으로서 기다릴 수 있으면 무엇인들 이롭지 않겠는가.

【本義】以卦體及兩象으로 釋卦辭라

---

5 利涉大川 : 《大全》의 소주에서 邱富國(南宋)은 "乾卦☰가 坎卦☵의 아래에 있는 것이 需卦이니 강건하여 빠지지 않기 때문에, '큰 내를 건넘이 이롭다.'고 하였고, 乾卦☰가 坎卦☵의 위에 있는 것이 訟卦이니 강건하지만 발휘할 곳이 없기 때문에 '큰 내를 건넘이 이롭지 않다.'고 했다." 하였다.

卦體와 두 卦의 象으로 卦辭를 풀이하였다.

象曰 雲上於天이 需니 君子以하여 飮食宴樂[6]하나니라

〈象傳〉에 말하였다. "구름이 하늘로 올라감이 需卦이니, 군자가 이것을 본받아 마시고 먹으며 편안하게 즐긴다."

【傳】雲氣蒸而上升於天하여 必待陰陽和洽然後成雨하나니 雲方上於天하여 未成雨也라 故로 爲須待之義라 陰陽之氣交感而未成雨澤은 猶君子畜其才德而未施於用也라 君子觀雲上於天需而爲雨之象하여 懷其道德하고 安以待時하여 飮食以養其氣體하고 宴樂以和[7]其心志하니 所謂居易以俟命也[8]라

구름기운이 증발해 하늘로 올라가서, 반드시 음양이 화합하기를 기다린 뒤에 비를 이루니, 구름이 막 하늘로 올라가서 아직 비를 이루지 못하기 때문에 기다림의 뜻이 된다. 음양의 기운이 교감해서 비와 못을 이루지 못하는 것이, 군자가 그 자질과 덕을 쌓았지만 아직 쓰임에 베풀지 못하는 것과 같다. 군자가 구름이 하늘로 올라가서 〈음양이 화합하기를〉 기다렸다가 비가 되는 象을 관찰하고서, 도덕을 품고 편안하게 때를 기다리며 마시고 먹음으로써 자기의 기운과 몸을 기르고, 잔치하고 즐김으로써 자기의 마음과 뜻을 화락하게 하니, 이른바 '평이한 데에 거하여 천명을 기다린다.'는 말이다.

【本義】雲上於天에 无所復爲하고 待其陰陽之和而自雨爾니 事之當需者는 亦不容更有所爲요 但飮食宴樂하여 俟其自至而已니 一有所爲면 則非需也라

---

6 雲上於天……飮食宴樂 : 《大全》의 소주에서 呂祖謙(南宋)은 "구름이 하늘에 오르지만 아직 비가 되지 못한 것은 마치 군자가 아직 쓰이지 않아 기다리는 때와 같다. '飮食宴樂'은 이 이치를 기르는 것일 뿐이니, 후세에 뜻을 얻지 못하여 술에 의탁하거나 어둠 속으로 도망가는 자들과는 다르다." 하였다. 徐有臣(朝鮮)은 《易義擬言》에서 "때를 만나지 못해서 속에서 열이 나고 분수에 편안히 여기지 못하는 자들은 마시고 먹어도 맛을 제대로 알지 못하고 답답하고 두려워서 편안히 즐기는 뜻이 없다." 하였다.

7 和 : 《大全》의 간주에 "어떤 판본에는 '養'자로 되어 있다." 하였다.

8 所謂居易以俟命也 : 《中庸》 14장에 "군자는 평이한 데 거하여 命을 기다리고 소인은 험함을 행하여 행운을 바란다.〔君子居易以俟命 小人行險以徼幸〕" 하였다.

구름이 하늘로 올라감에 다시는 더 할 일이 없고, 陰陽이 화합해서 스스로 비가 내리기를 기다릴 뿐이다. 마땅히 기다려야 할 일은 또한 다시 할 것이 없고, 다만 마시고 먹으며 잔치하고 즐기면서 저절로 때가 이르기를 기다릴 뿐이다. 하나라도 하는 것이 있다면 '기다림'이 아니다.

字義 宴 : 잔치 연 洽 : 화할 흡

初九는 需于郊[9]라 利用恒[10]이니 无咎리라

初九는 교외에서 기다림이다. 항상함이 이로우니 허물이 없을 것이다.

【傳】需者는 以遇險이라 故로 需而後進이라 初最遠於險이라 故로 爲需于郊니 郊는 曠遠之地也라 處於曠遠이면 利在安守其常이니 則无咎也라 不能安常이면 則躁動犯難하리니 豈能需於遠而无過也리오

'需'는 험함을 만났기 때문에 기다린 뒤에 나아가는 것이다. 初九는 험한 데로부터 가장 멀리 있기 때문에 '교외에서 기다리는' 것이 되니, '교외'는 아득하고 먼 곳이다. 아득하고 먼 데 처하면 이로움이 일상을 편안히 지키는 데에 있으니, 이렇게 하면 허물이 없을 것이다. 일상을 편안히 여길 수 없으면 조급하게 움직여 험난함을 범할 것이니, 어찌 먼 데서 기다려 허물이 없게 할 수 있겠는가.

【本義】郊는 曠遠之地니 未近於險之象也요 而初九陽剛으로 又有能恒於其所之象이라 故로 戒占者能如是則无咎也라

'교외'는 아득하고 먼 곳이니 험함에 가깝지 않은 象이다. 또 初九는 강건한 陽으로서 자기 자리에서 항상할 수 있는 상이 있기 때문에 점치는 자가 이와 같이 할 수 있어야 '허물이 없을 것'이라고 경계한 것이다.

字義 郊 : 성밖 교 曠 : 멀 광

---

9 需于郊 : 沈大允(朝鮮)은 《周易象義占法》에서 "初九는 九四와 호응함이 있으나 두 陽에 막혀 갑자기 나아가지 못하기 때문에 '교외에서 기다림이다.'라고 한 것이다." 하였다.

10 利用恒 : 李震相(朝鮮)은 《寒洲集》〈易學管窺〉에서 "'利用恒'은 乾卦의 덕이 확실하고도 오래가기 때문이다." 하였다. '恒'은 평소의 도를 말한다.

象曰 需于郊는 不犯難行也요 利用恒无咎는 未失常也라

〈象傳〉에 말하였다. "'교외에서 기다림'은 험난한 것을 범하여 행하지 않음이고, '항상함이 이로우니 허물이 없을 것임'은 항상함을 잃지 않음이다."

【傳】處曠遠者는 不犯冒險難而行也라 陽之爲物은 剛健上進者也로되 初能需待於曠遠之地하여 不犯險難而進하고 復宜安處하여 不失其常하니 則可以无咎矣라 雖不進이라도 而志動者는 不能安其常也라 君子之需時也에 安靜自守하여 志雖有須나 而恬然若將終身焉하니 乃能用常也라

아득하고 먼 데 처하는 사람은 험난함을 무릅쓰고 행하지 않는다. 陽이라는 것은 강건해서 위로 올라가는 것이다. 그러나 初九가 아득하고 먼 곳에서 기다릴 수 있어서, 험난한 것을 범하여 나아가지 않고 다시 편안히 거처해서 항상함을 잃지 않는다면 허물이 없을 수 있는 것이다. 비록 나아가지는 않지만 뜻이 움직이는 것은 항상함을 편안하게 여기지 못하는 것이니, 君子가 때를 기다릴 때에는 편안하고 고요하게 스스로 지켜서 뜻은 비록 기다림이 있으나 편안하여 이대로 몸을 마칠 듯이 하니, 이것이 바로 항상함을 쓸 줄 아는 것이다.

字義 冒 : 무릅쓸 모　恬 : 편안할 념

九二는 需于沙라 小有言하나 終吉[11]하리라

九二는 모래사장에서 기다림이다. 약간 말이 있으나, 마침내 길할 것이다.

【傳】坎爲水하니 水近則有沙라 二去險漸近이라 故로 爲需于沙라 漸近於險難하니 雖未至於患害나 已小有言矣라 凡患難之辭는 大小有殊하니 小者는 至於有言이니 言語之傷은 至小者也라 二以剛陽之才로 而居柔守中하여 寬裕自處하니 需之善也니 雖去險漸近이나 而未至於險이라 故로 小有言語之傷이나 而无大害하여 終得其吉也라

---

11 終吉 : 金相岳(朝鮮)은 《山天易說》에서 "여기서의 '마침내 길할 것이다.'는 장차 건너려고 기다리는 것이다. 대체로 '마침내 길할 것이다.'는 처음에는 비록 길하지 않으나 끝남은 길함을 얻을 수 있다는 것이다. 길함 속의 길함이 아니라 흉함 속에 길함이다. 다른 괘에서 마침내 길하다고 한 것은 모두 이와 같다." 하였다.

坎은 물이 되니, 물에 가까우면 모래사장이 있다. 九二는 험함과 점점 가까워지기 때문에 '모래사장에서 기다림'이 된다. 점점 험난한 데 가까워지니, 비록 근심과 해로운 데까지는 이르지 않으나, 이미 약간 말을 듣는 것이다. 환난에 대한 말이 크고 작은 차이가 있는데 작은 것은 말을 듣게 되는 것이니, 언어에 의한 상해는 환난 중에 지극히 작은 것이다. 九二가 剛陽의 재질로서 유약한 陰의 자리에 있으면서 中을 지켜, 스스로 너그럽게 처신하니 기다림에 잘 처하는 것이다. 비록 험함과 점점 가까워지나 아직 험한 데에는 이르지 않았기 때문에, 약간 말에 의한 상함이 있으나 큰 해는 없어, 마침내 길함을 얻는 것이다.

【本義】沙則近於險矣라 言語之傷은 亦災害之小者니 漸進近坎이라 故有此象이요 剛中能需라 故得終吉이니 戒占者當如是也라

모래사장은 험한 데 가까운 것이다. 말에 의한 상함은 또한 재해 중에서 작은 것이다. 점점 나아가 坎☵에 가깝기 때문에 이런 상이 있는 것이고, 剛中으로 기다릴 수 있기 때문에 마침내 길함을 얻는 것이니, 점치는 자가 마땅히 이와 같아야 함을 경계한 것이다.

字義 漸 : 점점 점

象曰 需于沙는 衍으로 在中也[12]니 雖小有言하나 以吉로 終也리라

〈象傳〉에 말하였다. "'모래사장에서 기다림'은 너그러움으로 가운데 자리에 있기 때문이니, 비록 약간 말을 들으나 길함으로 마칠 것이다."

【傳】衍은 寬綽也라 二雖近險이나 而以寬裕居中이라 故雖小有言語及之나 終得其吉하니 善處者也라

'衍'은 너그러움이다. 九二가 비록 험한 데 가까우나, 너그러움으로 가운데 자리에 있기 때문에 비록 약간 말을 들으나 마침내 길함을 얻으니, 잘 처신하는 자이다.

【本義】衍은 寬意니 以寬居中하여 不急進也라

---

12 衍 在中也 : 徐有臣(朝鮮)은 《易義擬言》에서 "'衍在中'은 '너그러움으로 가운데 자리를 얻음'이다. 《설문해자》에서 '衍은 물이 바다로 모이는 것이다.' 하였다. 九二가 九五에게 향하는 뜻이 마치 물이 바다로 모여드는 것과 같으니, 이런 의미도 통한다.' 하였다.

衍은 너그럽다는 뜻이니, 너그러움으로 가운데 자리에 있어 급하게 나아가지 않는 것이다.

字義 衍 : 넉넉할 연 寬 : 넓을 관 綽 : 너그러울 작 裕 : 넉넉할 유

九三은 需于泥니 致寇至[13]리라

九三은 진펄에서 기다림이니, 도적이 옴을 초래할 것이다.

【傳】 泥는 逼於水也니 旣進逼於險이면 當致寇難之至也라 三은 剛而不中하고 又居健體之上하여 有進動之象이라 故致寇也니 苟非敬愼이면 則致喪敗矣리라

진펄은 물에 다다른 것이니 이미 험한 데로 나아가 다다랐다면, 으레 도적과 환난이 이름을 초래할 것이다. 九三은 剛이나 中이 아니고, 또 강건한 卦體의 맨 위에 있어서 움직여 나아가는 상이 있다. 그러므로 도적을 초래한 것이니, 진실로 공경하고 삼가지 않으면 잃고 패함을 자초할 것이다.

【本義】 泥는 將陷於險矣라 寇는 則害之大者니 九三은 去險愈近而過剛不中이라 故其象如此하니라

진펄은 장차 험한 데 빠질 것이다. 도적은 해로움의 큰 것이니, 九三이 험한 데로 더욱 가까이 가서 지나치게 剛하고 中이 아니기 때문에 그 象이 이와 같다.

字義 泥 : 진흙 니 致 : 부를 치 逼 : 가까울 핍 陷 : 빠질 함

象曰 需于泥는 災在外也라 自我致寇하니 敬愼[14]이면 不敗也리라

---

13 致寇至 : 李瀷(朝鮮)은 《易經疾書》에서 "《周易》에서 도적을 말한 곳은 모두 坎卦☵가 들어있는 괘이다. 九三은 坎卦와 매우 가깝게 있지만 坎卦가 아직 밖에 있기 때문에 공경하고 삼가면 도적을 불러들이지 않을 수 있다. 도적을 불러들인다는 것은 경계하는 말이지 반드시 그렇다는 것은 아니다. 불러들이고 불러들이지 않음은 나에게 달려 있기 때문에 '나로부터'라고 하였다. 조심하면 도적이 원망하거나 성내지 않고, 삼가면 예방함이 촘촘하고 주밀하여, 혹시 뜻밖에 도적이 이르더라도 잘못되지 않는다." 하였다.

14 敬愼 : 《朱子語類》에 "'敬'자는 의미가 광범위하고, '愼'자는 의미가 협소하다. 예컨대 사람이 길을 갈 때 줄곧 그렇게 간다면 곧 '敬'이고, 앞에 험한 곳에서 넘어지는 것에 대한 방비가 있다면 곧

〈象傳〉에 말하였다. "'진펄에서 기다림'은 재앙이 밖에 있는 것이다. 나로부터 도적을 초래하게 하였으니, 공경하고 삼가면 패망하지 않을 것이다."

【傳】 三은 切逼上體之險難이라 故云災在外也라하니 災는 患難之通稱이로되 對眚而言則分也라 三之致寇는 由己進而迫之라 故云自我라 寇自己致하니 若能敬愼하여 量宜而進이면 則无喪敗也라 需之時는 須而後進也니 其義在相時而動이라 非戒其不得進也요 直使敬愼하여 毋失其宜耳라

九三이 上體의 험난함에 매우 가깝기 때문에, "재앙이 바깥에 있다." 하였으니 '재앙'은 환난의 통칭이나, '자기의 잘못으로 인한 재앙[眚]'과 상대해서 말하면 차이가 있다. 九三에서 '도적이 옴을 초래한 것'은, 자기가 나아감으로 말미암아 다가왔기 때문에 "나로부터"라고 했다. 도적을 내가 불렀으니, 만약 공경하고 삼가면서 마땅함을 헤아려 나아가면 잃고 패망함이 없을 것이다. 需卦의 때는 기다린 다음에 나아가야 하니, 그 뜻이 때를 봐서 움직임에 있다. 이는 나아갈 수 없다고 경계한 것이 아니라, 다만 공경하고 삼가서 마땅함을 잃지 않게 한 것이다.

【本義】 外는 謂外卦라 敬愼不敗는 發明占外之占[15]하니 聖人示人之意切矣로다

'外'는 外卦를 이른다. '공경하고 삼가면 패망하지 않음'은 점 밖의 점을 밝힌 것이니, 성인이 사람에게 보여준 뜻이 간절하다.

字義 眚 : 허물 생　迫 : 핍박할 박

六四는 需于血이니 出自穴[16]이로다

【本義】 需于血이나 出自穴하리라

'愼'이다. '愼'은 오직 실수가 있을까 두려워한다는 의미이다." 하였다.

15 占外之占 : 《朱子語類》에 "象에는 본래 이런 뜻이 없으나, 점치는 자에게 이러한 뜻이 없어서는 안 된다는 말이니, 이것이 이른바 '점 밖의 뜻'이다." 하였다.

16 需于血 出自穴 : 李瀷(朝鮮)은 《易經疾書》에서 "六四는 진흙을 지나서 물에 들어가 이미 도적과 더불어 항쟁한다. 피는 인체의 물인데 피라고 말했으니 이미 잘못된 것이다. 들어가지 않았다면 어찌 나올 수 있겠는가. 나왔다고 했으니 모면한 것이다. '穴'은 坎卦를 가리킨다." 하였다.

六四는 피에서 기다림이니 구덩이에서 나온다.

【본의】 피에서 기다림이나 구덩이에서 나올 것이다.

【傳】 四以陰柔之質로 處於險而下當三陽之進하여 傷於險難者也라 故云需于血이라 旣傷於險難이면 則不能安處하여 必失其居라 故云出自穴이라하니 穴은 物之所安也라 順以從時하여 不競於險難은 所以不至於凶也라 以柔居陰하니 非能競者也니 若陽居之면 則必凶矣라 蓋无中正之德하고 徒以剛競於險이면 適足以致凶耳니라

六四는 유약한 陰의 자질로서 험한 데 거처하고, 아래로 세 양이 올라오는 것을 맞으니, 험난한 데에서 상해를 입은 자이다. 그러므로 '피에서 기다린다.'고 하였다. 이미 험난한 데에서 상해를 입었다면 편안히 처할 수 없어서 반드시 그 거처를 잃을 것이다. 그러므로 '구덩이에서 나온다.'고 하였으니 구덩이는 사물이 편안히 여기는 곳이다. 순하게 때를 좇아서 험한 데서 다투지 않음은 흉한 데에 이르지 않는 방법이다. 柔로서 음의 자리에 있으니 잘 다툴 수 있는 자가 아니다. 만약 陽이 이 자리에 있다면 반드시 흉할 것이니, 中正의 덕이 없으면서 단지 강한 것으로써 험한 데서 다툰다면 다만 흉함을 초래할 뿐이다.

【本義】 血者는 殺傷之地요 穴者는 險陷之所[17]라 四交坎體하니 入乎險矣라 故爲需于血之象이라 然柔得其正하여 需而不進이라 故又爲出自穴之象이라 占者如是면 則雖在傷地나 而終得出也라

피(血)는 살상하는 자리이고, 구덩이(穴)는 험하여 빠지는 곳이다. 六四는 坎의 卦體와 사귀어 험한 데로 들어왔기 때문에 '피에서 기다리는' 상이 된다. 그러나 柔가 바른 자리를 얻

17 穴者 險陷之所 : 구덩이(穴)를 《정전》에서는 "사물이 편안히 여기는 곳이다."라고 하였는데, 《본의》에서는 "험하여 빠지는 곳이다."라고 하여 차이가 있다. 이에 대하여 蔡鍾植(朝鮮)은 〈周易傳義同歸解〉에서 《정전》의 뜻은 "육사는 음의 유순함으로 험한 곳에 있어 어려움으로 상처를 받기 때문에 그 구멍에서 편안히 있을 수 없어 벗어나 도망가는 것이다."라고 하였고, 《본의》의 뜻은 "사효가 험한 몸체와 사귀어 상처는 있지만 유순함이 바름을 얻어 기다리며 나가지 않기 때문에 또한 그 험하여 빠지는 구멍을 벗어난다는 것이다."라고 하며, "편안하게 여기는 구멍을 벗어나 도망하여 피한다면 또한 험한 구멍에 빠지지 않을 수 있으니, 두 설명을 갖추면 뜻이 더욱 분명해진다."고 하였다. 李止淵(朝鮮)은 《周易箚疑》에서 "육사는 바르게 할 수 있기 때문에 함부로 나아가지 않는다. 위로는 구오가 자기를 구원함을 기다리고 아래로는 초구가 자기를 도와줌을 기다려, 험한 구멍 속에서 살아나올 수 있다."고 하였다. 宋時烈(朝鮮)은 《易說》에서 "兌卦는 구멍이니 坎卦의 피에서 기다리다가 태괘의 구멍으로 나옴을 말한다."라고 하여, 互體인 태괘가 구덩이임을 가지고 설명하였다.

어 기다리며 나아가지 않기 때문에 '구덩이에서 나오는' 象이 된다. 점치는 자가 이와 같이 하면 비록 상해를 입는 자리에 있더라도 마침내 벗어날 수 있을 것이다.

字義 競 : 다툴 경 適 : 다만 적

象曰 需于血은 順以聽也[18]라

〈象傳〉에 말하였다. "'피에서 기다림'은 순히 하여 따름이다."

【傳】四以陰柔로 居於險難之中하여 不能固處라 故退出自穴이라 蓋陰柔[19]不能與時競하여 不能處則退니 是順從以聽於時라 所以不至於凶也니라

六四는 유약한 陰으로서 험난한 가운데 있어서 굳게 처하지 못하므로 구덩이에서 나와 물러나는 것이다. 대체로 유약한 陰은 때와 다투지 못하여 처할 수 없으면 물러난다. 이것이 순종하여 때를 따르는 것이니, 이 때문에 흉한 데까지 이르지 않는다.

九五는 需于酒食이니 貞하고 吉[20]하니라

【本義】貞하면 吉하리라

九五는 술과 음식으로 기다림이니 바르고 길하다.

【본의】정고하면 길할 것이다.

【傳】五以陽剛으로 居中得正하여 位乎天位하여 克盡其道矣라 以此而需면 何需不獲이리오

---

18 順以聽也 : 宋時烈(朝鮮)은 《易說》에서 "유순한 효이기 때문에 '順'이라고 하였다. 坎卦는 '귀〔耳〕'가 되기 때문에 '聽'이라고 하였다. 爻의 〈象傳〉에서 말한 '순히 하여 듣는다'는 것은 유순한 도로 저절로 그러한 이치를 듣는 것이다." 하였다.

19 陰柔 : 《大全》의 간주에 "어떤 판본에는 '柔弱'으로 되어 있다." 하였다.

20 需于酒食 貞吉 : 柳正源(朝鮮)은 《易解參攷》에서 "九五는 강건한 陽으로 알맞은 데 있고 바름을 얻어서 아래 세 陽이 덕을 함께하여 무리지어 나오길 기다린다. 험난함에 있지만 이미 벗어나고 이미 평탄해졌으니, 이때에 무엇을 할까? 술로 마음과 뜻을 화락하게 하고 음식으로 기운과 몸을 길러서 위아래의 정을 미덥게 한다. 그러나 '貞'으로 경계하였으니, 마시고 먹는 것의 바름을 말한다." 하였다.

故宴安酒食以俟之하니 所須必得也라 旣得貞正而所需必遂면 可謂吉矣라

九五는 강건한 陽으로서 가운데 자리에 있고 제자리를 얻어, 하늘의 자리에 처하여 능히 그 道를 다하였다. 이렇게 하여 기다린다면 무엇을 기다린들 얻지 못하겠는가. 그러므로 편안히 술과 음식을 먹으면서 기다리니, 기다리는 바를 반드시 얻을 것이다. 이미 바름을 얻고 기다리는 것을 반드시 이룬다면 길하다고 이를 만하다.

【本義】 酒食은 宴樂之具니 言安以待之라 九五陽剛中正으로 需于尊位라 故有此象하니 占者如是而貞固면 則得吉也라

술과 음식은 편안하게 즐기는 도구이니, 편안한 마음으로 기다린다는 말이다. 九五가 강건한 陽이 中正함으로 존귀한 자리에서 기다리기 때문에 이런 象이 있으니, 점치는 자가 이와 같이 하고 貞固하면 길함을 얻을 것이다.

象曰 酒食貞吉은 以中正也라

〈象傳〉에 말하였다. "'술과 음식으로 기다림이니 바르고 길함'은 中正하기 때문이다."

【傳】 需于酒食而貞且吉者는 以五得中正而盡其道也일새라

술과 음식으로 기다리며 바르고 또 길하다는 것은, 구오가 중정을 얻어 그 도를 다하기 때문이다.

上六은 入于穴이니 有不速之客三人이 來하리니 敬之면 終吉[21]이리라

上六은 구덩이에 들어감이니, 불청객 세 사람이 올 것이니, 이들을 공경하면 마침내 길할 것이다.

---

21 入于穴……終吉 : 李瀷(朝鮮)은 《易經疾書》에서 "上六은 坎卦인 구덩이에 들어가 다시 나오지 못하는데, 九三이 강건하고도 바른 호응으로 위험을 겪으며 온다. 初九와 九二도 같은 덕을 지녀 서로 따르니 청하지 않아도 스스로 온다. 애초에 바란 것이 아니기 때문에 청하지 않았다고 하였다. 저쪽의 상대는 자리를 떠났고, 이쪽의 나는 주인이 되었기 때문에 '客'이라고 한 것이다. 이들을 공경으로 대접하여 나를 돕는 이로 삼는다면 마침내 길할 것이다." 하였다.

【傳】需以險在前하여 需時而後進이어늘 上六은 居險之終하니 終則變矣요 在需之極하니 久而得矣라 陰止於六은 乃安其處라 故爲入于穴이니 穴은 所安也라 安而旣止면 後者必至니 不速之客三人은 謂下之三陽이라 乾之三陽은 非在下之物이요 需時而進者也니 需旣極矣라 故皆上進이라 不速은 不促之而自來也라 上六은 旣需得其安處하니 群剛之來에 苟不起忌疾忿競之心하고 至誠盡敬以待之면 雖甚剛暴나 豈有侵陵之理리오 故終吉也라 或疑二陰居三陽之上하니 得爲安乎아 曰 三陽은 乾體니 志在上進하고 六은 陰位니 非所止之正이라 故无爭奪之意하니 敬之則吉也라

需는 험함이 앞에 있어서 때를 기다린 뒤에 나아간다. 그런데 上六은 험함의 끝에 거하니 끝은 변할 것이고, 기다림의 끝에 있으니 오래되면 얻을 것이다. 陰이 六의 자리에 그침은 그 거처를 편안하게 여기는 것이므로 '구덩이에 들어감'이 되니, '구덩이'는 편안한 곳이다. 편안하게 여겨 그쳐 있으면, 뒷사람이 반드시 이를 것이니, '불청객 세 사람'은 아래에 있는 세 양을 이른다.

乾卦의 세 陽은 아래에 있을 자가 아니고, 때를 기다려 나아가는 자이니, 기다림이 이미 극도에 달했기 때문에 다 위로 나아가는 것이다. '不速'은 재촉하지 않아도 스스로 오는 것이다. 上六은 이미 자기의 편안한 곳을 기다려서 얻었으니, 여러 剛이 오더라도 시기하고 질투하며 다투려는 마음을 일으키지 않고 지극한 정성과 극진한 공경으로 기다린다면 비록 매우 강건하고 사납더라도 어찌 침범하고 능멸할 리가 있겠는가. 그러므로 마침내 길한 것이다.

어떤 이가 "두 陰이 세 陽의 위에 있으니 편안할 수 있겠는가?"라고 의심하기에, 아래와 같이 답하였다. "세 양은 乾의 卦體이니 뜻이 위로 올라가는 데에 있고, 六은 陰의 자리이니 세 양이 바르게 머무를 곳이 아니다. 그러므로 다툴 뜻이 없으니, 세 陽을 공경하면 길할 것이다.

【本義】陰居險極하여 无復有需하니 有陷而入穴之象이요 下應九三이어늘 九三이 與下二陽으로 需極竝進하니 爲不速客三人之象이요 柔不能禦而能順之하니 有敬之之象이라 占者當陷險中이나 然於非意之來에 敬以待之면 則得終吉也라

陰이 험함의 끝에 처해서 더 이상 기다릴 것이 없으니, 빠져서 구덩이로 들어가는 상이 있고, 아래로 九三과 호응하나, 九三은 아래 두 양과 함께 기다림이 극에 이르러 함께 나아가니, 불청객 세 사람의 상이 된다. 유약한 陰이 이들을 막지 못하고 순종하니, 공경하는 상이 있다. 점치는 자가 으레 험한 가운데 빠질 것이나 뜻밖에 오는 사람을 공경으로 대하면 마침내 길함을 얻을 것이다.

字義 速 : 부를 속 促 : 재촉할 촉 竝 : 아우를 병

象曰 不速之客來敬之終吉은 雖不當位나 未大失也[22]라

〈象傳〉에 말하였다. "'불청객이 올 것이니 이들을 공경하면 마침내 길함'은 비록 자리는 마땅하지 않으나 크게 잘못되지는 않아서이다.

【傳】 不當位는 謂以陰而在上也라 爻以六居陰하니 爲所安이로되 象에 復盡其義하여 明陰宜在下而居上은 爲不當位也라 然能敬愼以自處면 則陽不能陵하여 終得其吉이니 雖不當位나 而未至於大失也라

'자리가 마땅하지 않다.'는 것은, 陰으로서 맨 위에 있음을 이른다. 爻는 六이 陰의 자리에 있으니 편안한 바가 되나, 爻의 〈象傳〉에서는 다시 그 의미를 다하여 陰은 아래에 있어야 하는데 맨 위에 거함은 자리가 마땅하지 않은 것임을 밝혔다. 그러나 공경과 삼감으로 스스로 처신할 수 있으면 陽이 능멸하지 못해서 마침내 길함을 얻을 것이니, 비록 자리는 마땅치 않으나 크게 잘못되는 데까지 이르지는 않을 것이다.

【本義】 以陰居上은 是爲當位어늘 言不當位는 未詳이라

陰으로서 맨 위에 있음은 자리가 마땅한 것이 되는데, "자리가 마땅치 않다."라고 말한 것은 의미가 자세하지 않다.

---

22 雖不當位 未大失也 : 徐有臣(朝鮮)은 《易義擬言》에서 "'不當位'는 '지위가 없다.'고 하는 것과 같고, '未大失'은 기다리는 것을 잃지 않음이다."라고 하였다. 여기에서 需卦䷄ 上六을 不當位라고 하였는데, 상효를 두고 "無位"라고 한 효사에 대하여 학자들의 주장이 분분하다. 일찍이 王弼(三國, 魏)은 《周易註》〈辯位〉에서 "乾卦䷀ 上九의 〈文言傳〉에 '貴而無位'라고 하였고 需卦䷄ 上六 〈象傳〉에 "雖不當位"라고 한 실례를 들어 상효가 陰位일 경우 需卦䷄ 上六을 不當位라고 할 수 없고, 상효가 陽位일 경우 乾卦䷀ 上九를 無位라고 할 수 없는 모순이 있으니, 이로써 볼 때 초효와 상효는 음양으로 정해진 位가 없다."고 주장하였다. 이에 대하여 程頤는 《정전》에서 "왕필의 주장에 이의를 세워 需卦의 上六에 不當位라 말한 것과 乾卦의 上九에 无位라고 말한 것은 '爵位의 位'이고 '陰陽의 位'가 아니다."라고 하였는데, 愼後聃(朝鮮)은 《河濱先生全集》에서 "程子가 乾卦 上九의 無位와 需卦 上六의 不當位를 爵位의 位라고 한 것은 뜻으로 보면 진실로 통하는 말이다. 그러나 지금 음양의 位로 설명한다 해도 막히지 않는다."고 언설하였다.(앞의 乾卦 〈문언전〉 '貴而无位' 참조)

6. 訟

䷅ 坎下乾上

下卦는 坎卦☵이고 上卦는 乾卦☰이다.

【傳】訟은 序卦에 飮食必有訟이라 故受之以訟이라하니라 人之所需者는 飮食이니 旣有所須면 爭訟所由起也니 訟所以次需也라 爲卦 乾上坎下하니 以二象言之하면 天陽上行하고 水性就下하여 其行相違하니 所以成訟也요 以二體言之하면 上剛下險하니 剛險相接이면 能无訟乎아 又人이 內險阻而外剛强하니 所以訟也라

訟卦는 〈序卦傳〉에 "음식에는 반드시 訟事가 있기 때문에 訟卦로 받았다." 하였다. 사람에게 필요한 것이 음식이니, 이미 필요한 것이 있게 되면 송사가 이로 인해 일어난다. 이것이 訟卦가 需卦 다음에 온 까닭이다. 卦의 구성이 乾卦☰가 우에 있고 坎卦☵가 아래에 있다. 두 卦象으로 말하면 陽인 하늘은 위로 가고 물의 성질은 아래로 가서, 행함이 서로 어긋나니 이 때문에 소송을 하는 것이요, 두 卦體로 말하면 위는 강하고 아래는 험하서 강한 것과 험한 것이 서로 접해 있으니 소송이 없을 수 있겠는가? 또 사람으로 말하면 안은 험해서 막히고 바깥은 굳세고 강하니 이 때문에 소송을 하는 것이다

字義 訟 : 송사할 송　需 : 필요할 수　須 : 기다릴 수　阻 : 험할 조

訟[1]은 有孚나 窒하여 惕[2]하니 中은 吉하고 終은 凶하니

---

1 訟 : 빌헬름 영문판 주역인 《The I Ching》에서는 訟卦를 "Sung / Conflict"라고 하였다. 송괘는 괘를 이루는 상하괘의 두 상이 위로 가고 아래로 가서 서로 뜻이 맞지 않아 갈등이 일어나므로 '갈등'이라고 정의하였다.

2 窒 惕 : 李瀷(朝鮮)은 《易經疾書》에서 "窒은 통하지 못함이고 惕은 많이 두려움이다. 訟은 다른 이의 판결을 기다리는 일이니 어찌 자기의 뜻대로만 되겠는가. 이것이 막힘이다. 訟에서 패배하면

【本義】窒하니 惕하여

訟은 믿음이 있으나 막혀서 두려우니, 중도를 지킴은 길하고, 끝까지 함은 흉하니

【본의】막히니, 두려워하여

【傳】訟之道는 必有其孚實이니 中无其實이면 乃是誣妄이니 凶之道也라 卦之中實은 爲有孚之象이라 訟者는 與人爭辯(辨)而待決於人이니 雖有孚나 亦須窒塞未通이요 不窒則已明하여 无訟矣리라 事旣未辯하여 吉凶을 未可必也라 故有畏惕이라 中吉은 得中則吉也요 終凶은 終極其事則凶也라

訟의 道는 반드시 믿음이 있어야 한다. 마음속에 믿음이 없으면 속이고 망령된 것이니 흉한 도리이다. 괘의 가운데 효가 채워져 있으니 '믿음이 있는' 상이다. '訟'이라는 것은 다른 사람과 다투고 변론하여 남에게 판결을 기다리는 것이니, 비록 믿음이 있더라도 또한 막혀서 통하지 않는 것이며, 막히지 않았다면 이미 분명하여 쟁송이 없을 것이다. 일이 분별되지 못해서 길하고 흉함을 반드시 기필할 수 없기 때문에 두려움이 있는 것이다. '中吉'은 中道를 얻으면 길하다는 것이고, '終凶'은 소송을 끝까지 하면 흉하다는 것이다.

字義 孚 : 믿을 부 窒 : 막을 질 惕 : 두려워할 척

利見大人이요 不利涉大川하니라

대인을 봄이 이롭고, 큰 내를 건넘은 이롭지 않다.

【傳】訟者는 求辯其曲直也라 故로 利見於大人이니 大人則能以其剛明中正으로 決所訟也라 訟非和平之事니 當擇安地而處요 不可陷於危險이라 故로 不利涉大川也라

訟이라는 것은 옳은지 그른지의 판별을 얻고자 하는 것이기 때문에 대인을 만남이 이로우니, 대인은 강건하고 현명하며 中正함으로써 소송하는 일을 판결해줄 수 있다. 소송은 평화스러운 일이 아니니, 마땅히 안전한 곳을 가려서 거처해야 하고 위험한 데 빠져서는 안 되기 때문에 큰 내를 건넘은 이롭지 않은 것이다.

죄가 있게 되니 이것이 두려움이다." 하였다.

【本義】訟은 爭辯也라 上乾下坎하니 乾剛坎險이라 上剛以制其下하고 下險以伺其上하며 又爲內險而外健하고 又爲己險而彼健하니 皆訟之道也라 九二中實호되 上无應與하고 又爲加憂라 且於卦變[3]에 自遯而來하여 爲剛來居二而當下卦之中하니 有有孚而見窒하고 能懼而得中之象이라 上九過剛으로 居訟之極하니 有終極其訟之象이요 九五剛健中正으로 以居尊位하니 有大人之象이요 以剛乘險하여 以實履陷하니 有不利涉大川之象이라 故戒占者必有爭辯之事이나 而隨其所處爲吉凶也라

訟은 다투어서 변론하는 것이다. 上卦는 乾이고 下卦는 坎이니, 乾은 강건하고 坎은 험하다. 위는 剛함으로 아래를 제재하고 아래는 험함으로 위를 엿보며, 또 안은 험하고 밖은 강건하며, 자신은 험하고 상대는 강건하니, 모두 訟의 道이다.

九二는 가운데 자리에 있으면서 채워져 있으나 위로 應與가 없고 또 근심을 더한다. 또 卦變에 의하면 遯卦䷠로부터 왔으므로 剛이 와서 두 번째 자리에 거하여 下卦의 가운데 자리에 당면하니, 믿음이 있으나 막힌 것을 보고 두려워하며 中道를 지키는 象이 있다. 上九는 지나치게 강한 것으로 訟卦의 끝에 있으니 소송을 끝까지 하는 상이 있고, 九五는 剛中으로서 존귀한 자리에 거했으니 '대인'의 상이 있으며, 강건함으로서 험한 것을 타고 채워져 있는 것으로서 빠지는 데를 밟으니 '큰 내를 건넘이 이롭지 않은' 상이 있다. 그러므로 점치는 자에게 반드시 다투어서 변론하는 일이 있을 것이나, 그 처신하는 것에 따라서 길하거나 흉하게 될 것이라고 경계한 것이다.

字義 伺 : 엿볼 사 履 : 밟을 리

彖曰 訟은 上剛下險하여 險而健이 訟이라

〈彖傳〉에 말하였다. "訟卦는 위는 강하고 아래는 험하여 험하면서 강건함이 訟이다.

【傳】訟之爲卦 上剛下險하니 險而又健也라 又爲險健相接하여 內險外健하니 皆所以爲

3 卦變 : 어떤 한 卦의 由來를 또 다른 卦에서 찾을 때 쓰는 말이다. 일반적으로 卦變은 〈說卦傳〉에 근거하여 乾卦와 坤卦에서 나온다고 보고 있으며, 이는 후대의 程頤 주장이기도 하다. 그러나 漢代의 虞翻은 乾坤뿐만 아니라 다른 괘로부터도 나온다고 하였는데, 朱熹는 이런 주장에 합류하여 卦變圖를 《本義》에 수록하였다. 宋時烈(朝鮮)은 《易說》에서 "어떤 괘가 어떤 괘로부터 왔다는 주장은 매우 번거로워 이해하기 어려울 뿐만 아니라 보는 이들의 눈을 어지럽게 한다."고 부정적인 입장을 표하였다.

訟也라 若健而不險이면 不生訟也요 險而不健이면 不能訟也어늘 險而又健이라 是以訟也라

訟卦의 괘됨이 위는 강하고 아래는 험하니, 험하고 또 강건한 것이다. 또 험한 것과 강건한 것이 서로 연결되어 있고, 안은 험하고 바깥은 강건하니, 모두 소송을 하게 되는 이유이다. 만약 강건하여도 험하지 않다면 소송이 생기지 않을 것이고, 험해도 강건하지 않으면 소송을 할 수 없을 것이다. 험하고도 강건하기 때문에 소송하는 것이다.

【本義】 以卦德으로 釋卦名義[4]라

卦德으로 卦名의 뜻을 해석하였다.

訟有孚窒惕中吉은 剛來而得中也[5]요

'訟은 믿음이 있으나 막혀서 두려우니, 중도를 지킴이 길함'은 剛이 와서 中을 얻었기 때문이고,

【傳】 訟之道固如是요 又據卦才而言하면 九二以剛으로 自外來而成訟하니 則二乃訟之主也라 以剛處中은 中實之象이라 故爲有孚라 處訟之時하여 雖有孚信이나 亦必艱阻窒塞而有惕懼하리니 不窒則不成訟矣라 又居險陷之中하니 亦爲窒塞惕懼之義라 二以陽剛으로 自外來而得中하니 爲以剛來訟而不過之義니 是以吉也라 卦有更取成卦之由爲義者하니 此是也니 卦義不取成卦之由면 則更不言所變之爻也라 據卦辭하면 二乃善也로되 而爻中엔 不見其善하니 蓋卦辭는 取其有孚得中而言하니 乃善也요 爻則以自下訟上爲義하니 所取不同也일새라

訟의 도가 본래 이와 같고, 또 卦의 재질에 의거해 말하면 九二가 剛으로서 밖에서 와서 訟卦를 이루었으니, 九二가 곧 訟卦의 주체이다. 剛으로서 中에 처함은 中이 채워져 있는 象이

4 以卦德 釋卦名義 : 金相岳(朝鮮)은 《山天易說》에서 "위에서는 강건함으로 아래를 제어하려 하고, 아래에서는 험함으로 위를 제어하려 한다. 또 안이 험하면 소송을 일으킬 수 있고, 밖이 강건하면 소송을 이룰 수 있으니 이것이 모두 '訟'이 되는 이유이다." 하였다.

5 剛來而得中也 : 金箕澧(朝鮮)는 《默泉別集》 〈易要選義綱目〉에서 "卦變은 遯卦䷠로부터 왔으니, 遯卦의 九三이 와서 두 번째 자리에 머물며 소송의 주인이 되었기 때문에 강건한 陽이 와서 알맞음을 얻었다." 하였다.

므로 '믿음이 있다.'라 한 것이다. 訟의 때에 처하여 비록 믿음이 있더라도 또한 어렵고 막혀서 두려움이 있을 것이니, 막히지 않으면 소송을 하지 않을 것이다. 또 험하고 빠지는 가운데 있으니 또한 막히고 두렵다는 의미가 된다. 九二가 강건한 陽으로서 밖에서 와서 中을 얻었으니, 剛으로서 왔기 때문에 소송을 해도 지나치지 않다는 의미가 된다. 이 때문에 길하다. 괘 중에 다시 괘가 이루어진 까닭을 취해서 뜻을 삼은 경우가 있으니, 訟卦가 이런 것이다. 괘의 뜻에 괘가 이루어진 까닭을 취하지 않았으면 다시 변한 효를 말하지 않는다. 괘사에 의거하면 九二는 착한 것인데 爻辭에서는 착함을 볼 수 없다. 이는 卦辭에서는 '믿음이 있고 중도를 지킴'을 취해서 말했으니 이것이 바로 착한 것이고, 爻辭에서는 아랫사람이 윗사람과 소송하는 것으로 뜻을 삼았으니, 취한 것이 같지 않다.

終凶은 訟不可成也요

'끝까지 함이 흉함'은 소송을 끝까지 다 해서는 안 되기 때문이며,

【傳】訟은 非善事요 不得已也니 安可終極其事리오 極意於其事則凶矣라 故로 曰不可成也라하니 成은 謂窮盡其事也라

訴訟은 좋은 일이 아니고 어쩔 수 없이 하는 것이니, 어찌 그 일을 끝까지 하겠는가. 소송에 끝까지 마음을 쓰면 흉하기 때문에 "이루어서는 안 된다."고 한 것이다. '이룬다는 것'은 그 일을 끝까지 다함을 말한다.

利見大人은 尙中正也[6]요

'대인을 만남이 이로움'은 숭상하는 것이 中正이기 때문이고,

【傳】訟者는 求辯其是非也니 辯之當이 乃中正也라 故利見大人이니 以所尙者中正也라 聽者非[7]其人이면 則或不得其中正也리라 中正大人은 九五是也라

6 利見大人 尙中正也 : 徐有臣(朝鮮)은 《易義擬言》에서 "九五는 대인으로 소송을 판결하는 주인이다. 소송하는 자들은 中正한 대인을 만나야 소송이 없을 수 있다." 하였다.

7 非 : 《大全》의 간주에 "어떤 판본에는 앞에 '或'자가 있다." 하였다.

소송은 옳고 그름을 분별해 주기를 구하는 것이다. 분별함을 마땅히 하는 것이 곧 中正이므로, 대인을 만남이 이로우니, 숭상하는 것이 중정이기 때문이다. 소송을 판결하는 사람이 대인이 아니면 혹 중정을 얻지 못할 것이다. 중정한 대인은 九五가 이에 해당한다.

不利涉大川은 入于淵也라

'큰 내를 건넘이 이롭지 않음'은 깊은 못으로 들어가기 때문이다."

【傳】與人訟者는 必處其身於安平之地니 若蹈危險이면 則陷其身矣니 乃入于深淵也라 卦中에 有中正險陷之象이라

남과 소송하는 사람은 반드시 자기의 몸을 평안한 곳에 두어야 한다. 만약 위험한 곳을 밟으면 그 몸이 빠질 것이니, 이것이 바로 '깊은 못으로 들어가는 것'이다. 괘 안에 中正하고도 험하고 빠지는 상이 있다.

【本義】以卦變卦體卦象으로 釋卦辭라

卦變·卦體·卦象으로 卦辭를 풀이하였다.

象曰 天與水違行이 訟이니 君子以하여 作事謀始하나니라

〈象傳〉에 말하였다. "하늘과 물이 어긋나게 가는 것이 訟이니, 군자가 이것을 본받아 일을 할 때에 시작을 잘 도모한다."

【傳】天上水下하여 相違而行하여 二體違戾하니 訟之由也라 若上下相順이면 訟何由興이리오 君子觀象하여 知人情有爭訟之道라 故凡所作事에 必謀其始하여 絶訟端於事之始하면 則訟无由生矣라 謀始之義廣矣니 若愼交結, 明契劵之類 是也라

하늘은 위로 올라가고 물은 아래로 흘러가 서로 어긋나게 가서 두 몸체가 어긋나니, 소송이 생기는 까닭이다. 만약 위와 아래가 서로 화순하면 소송이 어디로부터 일어나겠는가. 군자가 상을 관찰하여, 사람의 정에 소송하는 길이 있음을 알기 때문에, 무릇 일을 할 때에 반드시 그 시작을 잘 도모하여 일의 시작에 쟁송의 단서를 끊어버리니 그러면 소송이 생겨날 수 없

다. 시작을 도모하는 뜻이 넓으니, 사귐을 신중하게 하고 계약을 명확하게 하는 류가 여기에 해당한다.

【本義】天上水下하여 其行相違하니 作事謀始면 訟端이 絶矣라

하늘은 위로 올라가고 물은 아래로 흘러가서 가는 것이 서로 어긋나니, 일을 할 때에 처음을 잘 계획하면 쟁송의 발단이 끊어질 것이다.

字義 戾 : 어그러질 려 契 : 맺을 계 券 : 문서 권

初六은 不永所事면 小有言하나 終吉이리라

【本義】不永所事니

初六은 소송하는 일을 길게 끌지 않으면 다소 말이 있으나 끝내 길할 것이다.

【본의】소송하는 일을 길게 끌지 않으니

【傳】六以柔弱居下하여 不能終極其訟者也라 故로 於訟之初에 因六之才하여 爲之戒曰若不長永其事면 則雖小有言이나 終得吉也라하니라 蓋訟非可長之事니 以陰柔之才而訟於下면 難以吉矣로되 以上有應援而能不永其事라 故로 雖小有言이나 終得吉也니 有言은 災之小者也라 不永其事而不至於凶은 乃訟之吉也다

'六'은 유약함으로서 맨 아래에 있어서 소송을 끝까지 하지 못하는 자이다. 그러므로 '訟'의 초기에 '六'의 재질로 인하여 경계하기를 "만약 소송하는 일을 길게 끌지 않으면 다소 말이 있으나 끝내 길함을 얻을 것이다." 하였다. 소송은 길게 끌 만한 일이 아니니, 유약한 陰의 재질로서 아래에서 소송하면 길하기가 어려우나 위에 應援이 있어 소송하는 일을 길게 끌지 않을 수 있기 때문에 비록 다소 말이 있으나 끝내 길함을 얻는 것이다. 말이 있음은 재앙 중에 작은 것이다. 소송하는 일을 길게 끌지 아니하여 흉함에 이르지 않는 것이 바로 소송의 吉함이다.

【本義】陰柔居下하여 不能終訟이라 故其象占如此하니라

유약한 陰으로 맨 아래에 있어서 소송을 끝까지 하지 못하기 때문에 象과 占이 이와 같다.

象曰 不永所事는 訟不可長也니

〈象傳〉에 말하였다. "'소송하는 일을 길게 끌지 않음'은 소송은 길게 끌어서는 안 되기 때문이니,

【傳】六以柔弱而訟於下하니 其義固不可長永也니 永其訟이면 則不勝而禍難及矣라 又於訟之初에 卽戒訟非可長之事也라

'六'이 유약함으로 아래에서 소송하니, 그 뜻이 진실로 길게 끌어서는 안 된다. 소송을 길게 끈다면 이기지 못하여 재앙과 어려움이 닥치게 될 것이다. 또 訟의 초기에 있어서 소송은 길게 끌 만한 일이 아님을 경계하였다.

雖小有言이나 其辯이 明也라

비록 다소 말이 있으나 분별함이 밝다."

【傳】柔弱居下하여 才不能訟하니 雖不永所事나 旣訟矣면 必有小災라 故小有言也요 旣不永其事하고 又上有剛陽之正應하여 辯理之明이라 故終得其吉也라 不然이면 其能免乎아 在訟之義하여는 同位而相應이면 相與者也라 故初於四엔 爲獲其辯明이요 同位而不相得이면 相訟者也라 故로 二與五는 爲對敵也라

유약함으로 맨 아래에 있어서 재질이 소송할 수 없으니, 비록 소송하는 일을 길게 끌지 않으나 이미 소송을 하였다면 반드시 작은 재앙이 있기 때문에 다소 말이 있는 것이요, 이미 소송을 길게 하지 않고 또 위에 剛陽의 正應이 있어서 분별하고 다스려주기를 밝게 하기 때문에 끝내 그 길함을 얻은 것이다. 그렇지 않다면 흉함을 면할 수 있겠는가. 訟의 의미에 있어서는 자리가 같으면서 서로 호응하면 서로 돕는 자이기 때문에 初六이 九四에 대해서 밝게 분별해 줌을 얻고, 자리가 같으나 서로를 얻지 못하면 서로 소송하는 자이기 때문에 九二와 九五는 대적하는 것이다.

字義 敵 : 대적할 적

九二는 不克訟이니 歸而逋하여 其邑人이 三百戶면 无眚[8]하리라

【本義】不克訟하여 歸而逋니

九二는 소송하지 못함이니, 돌아가 도망하여 읍의 사람이 삼백호이면 허물이 없을 것이다.

【본의】소송하지 못하여 돌아가 도망함이니

【傳】二五는 相應之地로되 而兩剛不相與하여 相訟者也라 九二는 自外來하여 以剛處險하여 爲訟之主하여 乃與五爲敵이나 五以中正으로 處君位하니 其可敵乎아 是爲訟而義不克也라 若能知其義之不可하고 退歸而逋避하여 以寡約自處면 則得无過眚也라 必逋者는 避爲敵之地也라 三百戶는 邑之至小者니 若處强大면 是猶競也니 能无眚乎아 眚은 過也니 處不當也니 與知惡而爲로 有分也라

九二와 九五는 서로 호응하는 자리인데 두 剛이 서로 친하지 못해서 서로 소송하는 자이다. 九二는 밖에서 와서 剛이 험함에 처하여 訟의 주체가 되어 곧 九五와 대적하지만, 九五는 中正으로서 임금의 자리에 있으니 어찌 대적할 수 있겠는가. 이것은 소송을 하더라도 의리상 잘 해낼 수 없다는 말이다. 만약 의리상 옳지 않다는 것을 알고서 물러나 숨어서 작고 검약함으로 자처한다면 허물이 없을 수 있다. 반드시 피한다는 것은 적이 되는 상황을 피하는 것이다. 삼백호는 읍 가운데 매우 작은 것이다. 만약 강하고 큰 곳에 있게 되면 이것은 오히려 다투는 것이니 허물이 없을 수 있겠는가. '眚'은 허물이다. 처함이 마땅하지 않은 것이니 악인 줄 알면서 하는 것과는 분별이 있다.

【本義】九二는 陽剛으로 爲險之主하여 本欲訟者也나 然以剛居柔하고 得下之中而上應九五하니 陽剛居尊하여 勢不可敵이라 故其象占如此하니라 邑人三百戶는 邑之小者니 言自處卑約하여 以免災患이니 占者如是則无眚矣리라

---

8 不克訟……无眚 : 《大全》의 소주에서 蔡淵(南宋)은 "'克'은 잘함이다. 자리가 유약하기 때문에 잘하지 못한다. '逋'는 도망하는 것이니 두 유약함 가운데에 숨어 있는 상이 있다. 읍은 奧地이니 물러간 곳이 낮고 작다. 그러므로 허물이 없다." 하였고, 宋時烈은 《易說》에서 "九二가 만약 九五와 소송하면 반드시 이기지 못한다. 坎卦☵는 숨고 달아나는 상이기 때문에 '돌아가 숨는다.' 라고 했다. 上卦인 乾卦☰가 음양이 바뀌어 坤卦☷가 되면 坤은 읍이 되고 문을 닫는 상이 된다. 하괘인 坎卦☵와 음양이 반대인 離卦☲가 三이라는 수가 되므로 '그 읍의 사람이 삼백 호'라 했다. 坎卦☵는 본래 재앙이 많으나 돌아가 피하기 때문에 '재앙이 없다.' 했다." 하였다.

九二는 강건한 陽으로 험함의 주체가 되어 본래 소송하려는 자이다. 그러나 剛이 柔의 자리에 있고 下卦의 中을 얻어서 위로 九五와 호응하니, 강건한 陽이 존귀한 자리에 있어서 대적할 수 없는 형세이다. 그러므로 그 상과 점이 이와 같다. '읍의 사람이 삼백호'라 함은 읍중에 작은 읍이니, 스스로 낮추고 검약하게 처신해서 재앙과 근심을 면할 수 있다는 말이다. 점치는 자가 이와 같이 한다면 허물이 없을 것이다.

字義 逋 : 달아날 포 眚 : 허물 생 約 : 검소할 약

象曰 不克訟[9]하여 歸逋竄也니

〈象傳〉에 말하였다. "소송하지 못하여 돌아가 도망하여 숨은 것이니,

【傳】 義旣不敵이라 故不能訟하고 歸而逋竄하여 避去其所也라

의리상 이미 대적할 수 없기 때문에 소송하지 못하고 돌아가 숨어서 그 자리를 피하여 떠나가는 것이다.

字義 竄 : 숨을 찬

自下訟上이 患至掇也[10]리라

【本義】 患至掇也리라

아랫사람으로서 윗사람과 소송하면 禍患이 이르는 것이 주워 담는 것과 같을 것이다.

【본의】 禍患이 이르는 것을 스스로 취할 것이다.

【傳】 自下而訟其上이면 義乖勢屈하여 禍患之至 猶拾掇而取之리니 言易得也라

---

9 不克訟 : 朴文鎬(朝鮮)는 《楓山記聞錄》〈經說-周易〉에서 "이 괘에서 '不克訟'이라고 말한 것이 모두 두 번인데, '克'자는 모두 능하다[能]의 뜻이지 '勝'의 뜻이 아님을 《程傳》을 통해 살펴볼 수 있다." 하였다. 즉, '克'자는 동사 '이기다'로 쓰인 것이 아니라, 형용사로 쓰였다는 말이다. 형용사 '능하다'는 '어떤 일에 뛰어나다'의 뜻이다.

10 自下訟上 患至掇也 : 朴文健(朝鮮)은 《周易衍義》에서 "'上'은 九五를 말한다. '掇'은 '줍는다[拾]'는 것이니, 근심이 연달아 주워 담듯이 일어난다는 말이다." 하였다.

아랫사람으로서 윗사람과 소송하면 의리에 어긋나고 형세가 꿇려서 禍患이 이르는 것이 마치 주워 담는 것과 같을 것이니, 얻기 쉬움을 말한 것이다.

【本義】掇은 自取也라

'掇'은 스스로 취하는 것이다.

字義 掇 : 주울 철 拾 : 주울 습

六三은 食舊德하여 貞하면 厲하나 終吉[11]이리니

六三은 〈덕에 걸맞게〉 옛 덕을 녹봉으로 받아서 곧게 하면 위태로우나 마침내 길할 것이니,

【傳】三雖居剛而應上이나 然質本陰柔로 處險而介二剛之間하여 危懼하니 非爲訟者也라 祿者는 稱德而受하나니 食舊德은 謂處其素分이라 貞은 謂堅固自守요 厲終吉은 謂雖處危地나 能知危懼면 則終必獲吉也라 守素分而无求면 則不訟矣라 處危는 謂在險而承乘皆剛이요 與居訟之時也라

六三은 비록 剛한 자리에 있고 上九와 호응하나 재질이 본래 유약한 陰으로 험함에 있으면서 두 剛의 사이에 끼어 위태롭고 두려워하니 소송을 하는 자가 아니다. '祿'이란 德에 걸맞게 받는 것이니, '食舊德'은 본래의 분수에 처함을 이른다. '貞'은 견고하게 자기를 지키는 것이다. '厲終吉'은 험한 곳에 처하더라도 위태롭게 여기고 두려워할 줄 알면 마침내는 반드시 길함을 얻게 된다는 것이다. 본래의 분수를 지키고 구하는 것이 없으면 소송하지 않을 것이다. 위태로운 자리에 처한다는 것은 험함에 있으면서 위로 받들고 있는 것과 아래로 올라타고 있는 것이 모두 剛이며 訟의 때에 거함을 이른다.

字義 介 : 낄 개

---

11 食舊德……終吉 : 金箕澧(朝鮮)는《默泉別集》〈易要選義綱目〉에서 "六三은 大夫의 자리이기 때문에 '食〔녹봉〕'이라 하였으니, 예전의 녹봉을 누리면서 분수를 지킨다는 말이다. 대개 六三은 음의 재질이라 소송할 수 없기 때문에 '貞'이라고 하였고, 上九가 소송을 끝까지 하는 것과 호응하기 때문에 '위태롭다.'라고 하였다. 그러나 上九와 호응하더라도 스스로 지키고 스스로 곧게 하기 때문에 마침내 길하다." 하였다.

或從王事하여 无成[12]이로다

【本義】或從王事라도 无成이리라

혹 王事에 종사하여 이룸이 없다.

【본의】 혹 王事에 종사하더라도 이룸이 없을 것이다.

【傳】柔는 從剛者也요 下는 從上者也니 三은 不爲訟而從上九所爲라 故曰或從王事无成이라하니 謂從上而成不在己也라 訟者는 剛健之事라 故初則不永하고 三則從上하니 皆非能訟者也라 二爻는 皆以陰[13]柔不終而得吉하고 四亦以不克而渝로 得吉하니 訟은 以能止爲善也라

柔는 剛을 따르는 자이고, 아래는 위를 따르는 자이니, 六三은 소송하지 않고 上九가 하는 것을 따른다. 그러므로 "혹 王事에 종사하더라도 이룸이 없다."라고 했으니, 위를 따르지만 이룸이 자기에게 있지 않음을 말한다. 소송은 강건한 일이다. 그러므로 初六은 오래하지 못하고 六三은 위를 따르니, 모두 소송할 수 있는 자들이 아니다. 두 효는 모두 유약한 陰으로서 소송을 끝까지 하지 않아 길함을 얻고, 九四도 잘 하지 못해 소송하려는 마음을 바꾸어서 길함을 얻었으니, 소송은 멈추는 것을 최선으로 여긴다.

【本義】食은 猶食邑之食이니 言所享也라 六三은 陰柔니 非能訟者라 故守舊居正이면 則雖危而終吉이라 然或出而從上之事라도 則亦必无成功이니 占者守常而不出則善也라

'食'은 '食邑'의 '食'과 같으니, 향유한다는 말이다. 六三은 유약한 陰이니 소송할 수 있는 자가 아니기 때문에 옛 덕을 지키고 바른 데에 있으면 위태롭더라도 마침내 길하다. 그러나 혹 나와서 윗사람의 일에 종사하더라도 또한 반드시 이룸이 없을 것이니, 점치는 자가 떳떳함을 지키고 나아가지 않으면 좋다.

字義 渝 : 변할 투

---

12 或從王事 无成 : 徐幾(南宋)는 "'王事'는 곧 소송이고, '无成'은 곧 〈彖傳〉에서 말한 '소송을 끝까지 이루어서는 안 된다.'는 것이다." 하였다.

13 陰 : 《大全》의 간주에 "어떤 판본에는 '處'자로 되어 있다." 하였다.

象曰 食舊德하니 從上[14]이라도 吉也리라

【本義】食舊德은 從上이면

〈象傳〉에 말하였다. "옛 덕을 녹봉으로 받으니 윗사람을 따르더라도 길할 것이다."

【본의】옛 덕을 녹봉으로 받음은 윗사람을 따르면

【傳】守其素分하니 雖[15]從上之[16]所爲라도 非由己也라 故无成而終得其吉也라

본래의 분수를 지키니 윗사람이 하는 것을 따르더라도 자신에게서 연유된 것이 아니기 때문에 이룸은 없으나 마침내 길함을 얻는 것이다.

【本義】從上吉은 謂隨人則吉이니 明自主事則无成功也라

'從上吉'은 남을 따르면 길함을 이르니, 스스로 일을 주관하면 성공함이 없을 것임을 밝혔다.

九四는 不克訟이라 復(복)卽命하여 渝하여 安貞하면 吉[17]하리라

【本義】安貞이니

九四는 소송을 잘 하지 못하니 돌아와 명에 나아가 마음을 바꾸어서 편안하고 바르게 하면 길할 것이다.

【본의】바른 곳에 편안히 처하니

---

14 從上 : '上'이 가리키는 것에 대해 異說이 있다. 朴文健(朝鮮)은 《周易衍義》에서 "'上'은 上九를 말한다." 하였고, 李止淵(朝鮮)은 《希谷遺稿別編》〈周易箚疑〉에서 "'上'은 正應인 上九가 아니다. 上卦에는 돌아와 명에 나아가는 九四와 크게 길한 九五가 있다.' 하였으니, 前者는 《程傳》의 설명과 같고, 後者는 《本義》의 설명과 같다.

15 雖 : 《大全》의 간주에 "어떤 판본에는 '雖'자가 없다." 하였다.

16 之 : 《大全》의 간주에 "어떤 판본에는 '之'가 없다." 하였다.

17 復(복)卽命……吉 : 李瀷(朝鮮)은 《易經疾書》에서 "復이라고 한 것은 처음에 소송이 없을 수 없어서이고, 卽命은 위의 명령에 따르는 것이며, 渝는 처음에는 소송하다가 되돌아오는 것을 가리킨다." 하였고, 柳正源(朝鮮)은 《易解參攷》에서 "소송하고 싶은 마음을 멈추고 강한 분노의 기운을 바꿀 수 있는 것도 이치의 바름이다. 처음에 소송했으나 그만드고 돌아와서 바른 이치에 나아간다면, 어디를 간들 길하지 않겠는가." 하였다.

【傳】 四以陽剛而居健體하여 不得中正하니 本爲訟者也나 承五履三而應初[18]하니 五는 君也니 義不克訟이요 三은 居下而柔하여 不與之訟이요 初는 正應而順從하니 非與訟者也라 四雖剛健欲訟이나 无與對敵하니 其訟이 无由而興이라 故不克訟也요 又居柔以應柔하니 亦爲能止之義라 旣義不克訟이니 若能克其剛忿欲訟之心하여 復卽就於命하여 革其心, 平其氣하여 變而爲安貞則吉矣라 命은 謂正理니 失正理면 爲方命이라 故로 以卽命爲復也라 方은 不順也니 書云 方命圮族이라하고 孟子云 方命虐民이라하니라 夫剛健而不中正則躁動이라 故不安이요 處非中正이라 故不貞이니 不安貞은 所以好訟也라 若義不克訟而不訟하고 反就正理하여 變其不安貞하여 爲安貞이면 則吉矣리라

九四는 강건한 陽으로 강건한 卦體에 있어 中正을 얻지 못하였으니, 본래 소송하려는 자이다. 그러나 九五를 받들고 六三을 밟고서 初六과 호응하고 있으니, 九五는 임금이므로 의리상 소송할 수 없고, 六三은 아래에 있고 유순하여 그와 소송하지 못하며, 初六은 바르게 상응하여 순종하므로 그와 소송하는 자가 아니다. 九四가 강건해서 소송하려고 하더라도 대적할 자가 없으니 소송이 일어나지 않는다. 그러므로 "소송을 잘 하지 못한다. 하였다. 또 柔의 자리에 있으면서 柔와 상응하고 있는 것도 소송을 그칠 수 있다는 뜻이 된다. 이미 의리상 소송을 잘할 수 없으니, 만약 九四가 강해서 성을 잘 내 소송하려는 마음을 극복하여 돌아와서 명에 나아가 그 마음을 바꾸고 그 기운을 편안하게 하여 바꾸어 편하고 바르게 한다면 길할 것이다. 명은 바른 이치를 말하니, 바른 이치를 상실하는 것은 명을 어기는 것이기 때문에 명에 나아가는 것을 '돌아가는 것[復]'으로 여겼다. '方'은 순종하지 않음이니, 《書經》 〈堯典〉에 "王命을 거역하고 宗族을 무너뜨린다." 하였고, 《孟子》 〈梁惠王 下〉에 "왕명을 거역하고 백성을 학대한다." 하였다. 강건하기만 하고 中正하지 못하면 조급하게 움직이기 때문에 편안하지 않고, 중정하지 않은 곳에 있기 때문에 편안히 곧지 못하니, 곧게 하지 못함이 소송을 좋아하는 까닭이다. 만약 의리상 소송을 잘 하지 못하여 소송하지 않고 돌아와 바른 이치에 나아가서 '편안하고 바르지 않은 것'을 바꾸어 '편안하고 바르게' 하면 길할 것이다.

【本義】 卽은 就也요 命은 正理也라 渝는 變也라 九四는 剛而不中이라 故有訟象이요 以其居柔라 故又爲不克而復就正理하여 渝變其心하여 安處於正之象이니 占者如是則吉也라

'卽'은 나아감이고, '命'은 바른 이치이다. '渝'는 변함이다. 九四가 剛하면서 中에 있지 않기

18 初 : 《大全》의 간주에 "어떤 판본에는 앞에 '於'자가 있다." 하였다.

때문에 소송하는 상이 있고, 유순한 자리에 있기 때문에 또 소송하지 못하고 돌아와 바른 이치에 나아가 마음을 바꾸어서 바른 곳에 편안히 처하는 상이 된다. 점치는 자가 이와 같이 하면 길할 것이다.

字義 克 : 능할 극 復 : 돌아올 복 方 : 거스를 방 圮 : 무너질 비

象曰 復卽命渝安貞은 不失也[19]라

〈象傳〉에 말하였다. "'돌아와 명에 나아가 마음을 바꾸어서 편안하고 바르게 함'은 잘못이 없는 것이다."

【傳】能如是則爲无失矣니 所以吉也라

이와 같이 한다면 잘못이 없는 것이니, 이 때문에 길한 것이다.

九五는 訟에 元吉[20]이라

【本義】元吉이리라

九五는 소송함에 크게 善하고 길하다.

【본의】 크게 길할 것이다.

【傳】以中正居尊位하니 治訟者也라 治訟에 得其中正하니 所以元吉也라 元吉은 大吉而

---

19 不失也 : 金相岳(朝鮮)은 《山天易說》에서 "'不失'은 바른 이치를 잃지 않음을 이른다." 하였고, 朴文健(朝鮮)은 《周易衍義》에서 "'不失'은 윗사람을 돕는 도리를 잃지 않는다는 말이다." 하였다.

20 訟 元吉 : 九五의 '訟'은 《程傳》과 《本義》에 모두 '소송을 다스림'으로 설명하였다. 胡炳文(元)은 "九五는 강건하고 중정하여 소송을 다스림에 반드시 공평하지 할 수 있지만 옛사람들은 소송을 다스리는 것을 귀하게 여기지 않고 소송이 없는 것을 귀하게 여겼다. 初六은 소송을 길게 하지 않고, 六三은 소송하지 않으며, 九四와 九二는 소송을 할 수 없어 아래에서 모두 소송하지 않으니, 이것이 九五가 소송을 다스림에 크게 길한 까닭이다." 하였고, 朴文鎬(朝鮮)는 《楓山記聞錄》〈經說-周易〉에서 "만약 '大吉'이라고만 말하면 '元'의 뜻이 없어져서 극진한 善에는 부족하다. 元은 善 가운데서도 최고이기 때문에 元은 大를 겸할 수 있으나 大는 元을 겸하기에 부족하다." 하였다.

盡善也니 吉大而不盡善者有矣니라

中正으로 존귀한 자리에 있으니 소송을 다스리는 사람이다. 소송을 다스림에 中正을 얻었으니, 이 때문에 크게 善하고 길하다. '元吉'은 크게 吉하고 다 善한 것이니, 크게 吉하나 다 善하지 않은 경우가 있다.

【本義】 陽剛中正으로 以居尊位하여 聽訟而得其平者也라 占者遇之면 訟而有理하여 必獲伸矣리라

강건한 陽이 中正함으로 존귀한 자리에 있으면서 소송을 다스려 공평함을 얻은 자이다. 점치는 자가 이런 이를 만나면 소송을 해도 이치가 있어서 반드시 억울함을 펼 수 있을 것이다.

字義 伸 : 펼 신

象曰 訟元吉은 以中正也라

〈象傳〉에 말하였다. "'소송함에 크게 善하고 길함'은 中正으로 하기 때문이다.

【傳】 中正之道 何施而不元吉이리오

中正한 道는 어디에 행한들 크게 善하고 길하지 않겠는가.

【本義】 中則聽不偏하고 正則斷合理라

中道에 맞으면 聽訟이 편벽되지 않고, 바르면 결단함이 이치에 합한다.

字義 偏 : 치우칠 편

上九는 或錫之鞶帶[21]라도 終朝[22]三褫[23]之리라

---

21 鞶帶 : 가죽으로 만든 큰 혁대로 관복을 상징한다.

22 終朝 : 날이 샐 때부터 아침밥을 먹을 때까지를 이르는 말로 짧을 시간을 뜻한다.

23 褫 : '벗겨 빼앗다〔褫奪〕'는 뜻이다. 褫는 《大全》의 간주에 勅紙의 반절음이라고 하였으므로 勅의 성모와 紙의 운모를 취하여 '치'로 읽는데, 언해에는 '체'라 하였다.

上九는 혹 관복을 하사받더라도 하루아침에 세 번 빼앗길 것이다.

【傳】九以陽居上하니 剛健之極이요 又處訟之終하니 極其訟者也라 人之肆其剛强하여 窮極於訟이면 取禍喪身이 固其理也라 設或使之善訟能勝하여 窮極不已하여 至於受服命之賞이라도 是亦與人仇爭所獲이니 其能安保之乎아 故終一朝而三見褫奪也라

九가 양으로서 맨 위에 있으니 강건함의 궁극이고, 또 송괘의 끝에 처하였으니 소송을 끝까지 하는 자이다. 사람이 剛强함을 마음대로 휘둘러서 소송을 끝까지 하면 화를 취하고 몸을 상하게 되는 것이 당연한 이치이다. 설령 그 사람이 소송을 잘하여 이겨서 끝까지 하고 그치지 않아 服命의 상을 받는 데 이르더라도, 이 또한 남과 원수가 되고 다투어서 얻은 것이니, 어찌 편안히 보존할 수 있겠는가. 그러므로 하루아침에 세 번 빼앗김을 당하는 것이다.

【本義】鞶帶는 命服[24]之飾이요 褫는 奪也라 以剛居訟極하여 終訟而能勝之라 故有錫命受服之象이나 然以訟得之하니 豈能安久리오 故又有終朝三褫之象이라 其占이 爲終訟无理而或取勝이나 然其所得을 終必失之니 聖人爲戒之意 深矣라

'鞶帶'는 命服의 장식이다. '褫'는 빼앗김이다. 강건한 陽이 訟卦의 궁극에 있어 소송을 끝까지 하여 이길 수 있기 때문에 임금의 命으로 관복을 하사받는 상이 있다. 그러나 소송으로 얻은 것이니 어찌 편안히 오래도록 가질 수 있겠는가. 그러므로 아침나절에 세 번 빼앗기는 상이 있다. 이 占은 소송을 끝까지 무리하게 하여 혹시 이길지라도 그 얻은 것을 마침내 반드시 잃게 된다는 것이니, 성인의 경계하는 뜻이 깊다.

字義 錫 : 줄 석 鞶 : 큰띠 반 帶 : 띠 대 褫 : 빼앗을 체(치)

象曰 以訟受服이 亦不足敬也[25]라

〈象傳〉에 말하였다. "소송으로 관복을 받은 것은 또한 공경할 만한 것이 못된다."

---

24 命服 : 관원이 신분에 따라 입는 공식 복장으로 천자가 내려주는 官服을 말한다. 옛날 중국에서 관원의 신분을 1命에서 9命까지 나누고, 그 명에 따라 빛깔·모양 등을 달리하였기 때문에 命服이라 하였다.

25 亦不足敬也 : 金相岳(朝鮮)은 《山天易說》에서 "'亦'은 효사의 '或'에 상대해서 말하였다. 소송으로 인해 옷을 받아 마침내 반드시 잃게 되니, 또한 어찌 공경할 만하겠는가." 하였다.

【傳】窮極訟事하여 設使受服命之寵이라도 亦且不足敬而可賤惡(오)어든 況又禍患隨至乎아

소송을 끝까지 하여 설령 章服과 命數를 내려주는 총애를 받더라도 공경하기에 不足하여 천대하고 미워하는데, 하물며 화와 근심이 따라서 옴이겠는가.

字義 設 : 가령 설 使 : 가령 사

周易傳義 卷第四

7. 師

☷☵ 坎下坤上

下卦는 坎卦☵이고 上卦는 坤卦☷이다.

【傳】師는 序卦에 訟必有衆起[1]라 故受之以師라하니라 師之興은 由有爭也니 所以次訟也라 爲卦 坤上坎下하니 以二體言之하면 地中有水하니 爲衆聚之象이요 以二卦之義言之하면 內險外順하여 險道而以順하니 行師之義也요 以爻言之하면 一陽而爲衆陰之主[2]하니 統衆之象也라 比는 以一陽으로 爲衆陰之主而在上하니 君之象也요 師는 以一陽으로 爲衆陰之主而在下하니 將帥之象也라

師卦는 〈序卦傳〉에 "訟事는 반드시 무리로 일어나기 때문에 師卦로 받았다." 하였다. 군대가 일어남은 분쟁이 있는 데서 연유하니, 師卦가 訟卦 다음에 온 까닭이다. 卦의 구성이 坤卦☷가 上卦이고 坎卦☵가 下卦이다. 두 卦體로 말하면 땅 가운데에 물이 있는 것이니 무리가 모이는 상이 되고, 두 卦의 의미로 말하면 안은 험하고 밖은 순하여 험한 道이지만 순함으로써 하니 군대를 움직이는 뜻이다. 爻로 말하면 한 陽으로서 여러 陰들의 주체가 되니, 무리를 통섭하는 상이다. 比卦는 한 陽으로서 여러 陰들의 주체가 되어 위에 있으니 임금의 상이고, 師卦는 한 陽으로서 여러 陰들의 주체가 되어 아래에 있으니 장수의 상이다.

字義 師 : 군대 사 帥 : 장수 수

---

1 師序卦 訟必有衆起 : '師'는 帀부수에 𠂤를 합한 글자로서 사면이 두루 치밀하게 쌓여 언덕을 이루고 있는 모양이니 곧 '많다.'는 뜻이다. 여기에서 '군대'의 의미가 파생되었는데 〈序卦傳〉에서는 이를 취하여 설명한 것이다.

2 以爻言之 一陽而爲衆陰之主爻 : 유일한 陽爻인 九二가 강건한 힘과 중용의 덕을 겸비한 장수를 상징하고, 나머지 陰爻들은 장수의 지휘에 순종하는 병사의 무리를 상징한다.

師[3]는 貞이니 丈人이라야 吉하고 无咎[4]하리라

【本義】 貞하고

師는 바르니 丈人이라야 길하고 허물이 없을 것이다.

【본의】 바르고

【傳】 師之道는 以正爲本이라 興師動衆하여 以毒天下而不以正이면 民弗從也니 强驅之耳라 故로 師以貞爲主라 其動雖正也나 帥(솔)之者必丈人이라야 則吉而无咎也라 蓋有吉而有咎者하고 有无咎而不吉者하나니 吉且无咎라야 乃盡善也라 丈人者는 尊嚴之稱이라 帥師總衆은 非衆所尊信畏服이면 則安能得人心之從이리오 故로 司馬穰苴擢自微賤하여 授之以衆한대 乃以衆心未服이라하여 請莊賈爲將也[5]하니 所謂丈人은 不必素居崇貴요 但其才謀德業이 衆所畏服[6]이면 則是也라 如穰苴旣誅莊賈則衆心畏服하니 乃丈人矣라 又如淮陰侯[7]는 起於微賤하여 遂爲大將하니 蓋其謀爲가 有以使人尊畏也라

군대(師)의 도는 바른 것을 근본으로 한다. 군대를 일으키고 군사를 동원하여 천하에 해독을 끼치는데 바름으로 하지 않는다면 백성이 따르지 않을 것이니 억지로 몰고 가는 것일 뿐이다. 그러므로 군대는 바른 것(貞)을 위주로 한다. 그 군대를 움직임이 비록 바르더라도 거느리는 자가 반드시 丈人이라야 길하고 허물이 없다. 대체로 길하지만 허물이 있는 경우가 있고, 허물은 없지만 길하지 않은 경우가 있으니, 길하고 또 허물이 없어야 이에 지극히 善한 것이다.

---

3 師 : 빌헬름 영문판 주역인 《The I Ching》에서는 師卦를 "Shih / The Army"라고 하였다. 사괘는 내괘는 위험으로 전쟁터의 위험을 말하고 외괘는 복종으로 군사훈련과 군율의 복종을 말하며, 군대의 성격을 지녀 '군대'라고 정의하였다.

4 師……无咎 : 朴萬瓊은 《壺隱遺稿》 〈心易〉에서 "師卦는 한 陽이 여러 陰의 주인이 되지만 아래에 있으니 장수의 상이다. 뜻을 세우는 것이 높아야 하니, 이익과 욕심에 뜻을 두면 주인에게 창을 거꾸로 드는 반역도가 되고, 仁義에 뜻을 두면 나라를 지키는 출중한 장수가 된다." 하였다.

5 司馬穰苴擢自微賤……請莊賈爲將也 : 司馬穰苴는 춘추시대 齊 景公의 장수로 姓은 田氏인데 司馬 벼슬을 하였으므로 司馬穰苴라고 한다. 그는 晉나라와 燕나라가 침입했을 때 景公의 명을 받아 출정하면서 監軍인 莊賈가 會期를 어기자 독단으로 참수하여 군령을 엄하게 했다는 일화가 있다.(《史記》 〈司馬穰苴列傳〉)

6 畏服 : 《大全》의 간주에 "어떤 판본에는 '嚴畏'로 되어 있다." 하였다.

7 淮陰侯 : 韓信을 가리킨다. 어려서 매우 가난하여 끼니조차 제대로 잇기 어려운 형편이어서 수모를 받았으나, 漢 高祖 劉邦의 수하가 되어 대장군이 되고 회음후에 봉해졌다.(《史記》 〈淮陰侯列傳〉)

'丈人'은 존엄한 이의 칭호이다. 군대를 거느리고 무리를 통섭하는 데에 있어서 사람들이 높이고 믿으며 두려워서 복종하는 사람이 아니면 어떻게 인심이 따름을 얻을 수 있겠는가. 그러므로 司馬穰苴는 미천한 신분에서 발탁되어 군사를 맡겨 주자, 군사들의 마음이 복종하지 않을 것이라 여겨 莊賈를 청하여 장수로 삼았으니, 이른바 '丈人'은 평소에 높고 귀한 자리에 있는 자일 필요는 없고, 다만 그 재주와 智謀, 德業이 사람들에게 두려움과 복종을 받을 만하면 된다. 司馬穰苴가 이미 莊賈를 베어 죽임에 군사들의 마음이 두려워하여 복종한 것과 같으니, 바로 丈人인 것이다. 또 淮陰侯가 미천한 신분에서 출세하여 마침내 대장군이 된 것과 같으니, 그 지모와 행동이 사람들로 하여금 존경하고 두려워하게 함이 있었다.

【本義】師는 兵衆也라 下坎上坤하니 坎險坤順이요 坎水坤地라 古者에 寓兵於農하니 伏至險於大順이요 藏不測於至靜之中이라 又卦惟九二一陽이 居下卦之中하니 爲將之象이요 上下五陰이 順而從之하니 爲衆之象이며 九二는 以剛居下而用事하고 六五는 以柔居上而任之하니 爲人君命將出師之象이라 故로 其卦之名曰師라 丈人은 長老之稱[8]이라 用師之道는 利於得正이요 而任老成之人이라야 乃得吉而无咎니 戒占者亦必如是也라

'師'는 병사의 무리이다. 上卦는 坎卦이고 下卦는 坤卦이니, 坎卦는 험하고 坤卦는 순하며, 坎卦는 물이고 坤卦는 땅이다. 옛날에 병사를 농사짓으며 살게 하였으니, 지극히 험한 것을 크게 순한 데에 숨겨두고, 예측할 수 없는 것을 지극히 고요한 가운데에 감춰둔 셈이다. 또 師卦는 오직 한 陽인 九二가 下卦의 가운데에 있으므로 장수의 상이 되고, 위아래의 다섯 陰이 유순하여 따르니 무리의 상이 된다. 九二는 剛으로 아래에 거하여 일을 하고 六五는 陰으로 위에 거하여 九二에게 맡기니, 임금이 장수에게 명하여 군대를 출동시키는 상이 된다. 그러므로 이 괘의 이름을 '師卦'라고 하였다. 장인은 '長老'의 호칭이다. 군대를 쓰는 도는 바름을 얻는 것이 이롭고, 노성한 사람에게 맡겨야 길하고 허물이 없을 수 있으니, 점치는 자도 반드시 이와 같아야 한다고 경계하였다.

字義 帥 : 거느릴 솔　穰 : 풍성할 양　苴 : 쌀 저　擢 : 뽑을 탁　賈 : 장사할 가　淮 : 물이름 회

---

8 長老之稱 : 權近은《周易淺見錄》에서 "丈人은 노성한 이의 호칭이니 九二를 가리킨다. 九二의 剛陽은 마땅히 '大人'이라고 일컬어야 하는데 '大'를 '丈'으로 바꿔 말한 것은 군대를 행하는 道는 노성한 이를 더욱 귀하게 여기기 때문이다. 늙은 사람이 반드시 덕이 있는 것은 아니나, 지나치게 잔인하고 사나운데 이르지는 않기 때문이다." 하였다. '丈人'에 대한 권근의 견해는《本義》와 같다.

彖曰 師는 衆也요 貞은 正也니 能以[9]衆正하면 可以王矣리라

【本義】能以衆正하면

〈彖傳〉에 말하였다. "'師'는 무리이고 '貞'은 바름이니, 무리로 하여금 바르게 할 수 있으면 왕 노릇 할 수 있을 것이다.

【본의】무리를 좌지우지하여 바르게 할 수 있으면

【傳】能使衆人皆正이면 可以王天下矣라 得衆心服從而歸正이면 王道止於是也니라

여러 사람들을 모두 바르게 할 수 있으면 천하에 왕 노릇 할 수 있을 것이다. 여러 사람들의 마음이 복종하여 바름으로 돌아올 수 있으면 王道는 이에 더할 나위 없다.

【本義】此는 以卦體로 釋師貞之義라 以는 謂能左右之也라 一陽이 在下之中하여 而五陰이 皆爲所以也니 能以衆正이면 則王者之師矣라

이것은 卦體로 '師貞'의 뜻을 풀이하였다. '能以衆正'의 '以'는 좌지우지함을 이른다. 한 陽이 下卦의 가운데에 있어서 다섯 陰이 모두 그에게 좌지우지된다. 무리를 좌지우지하여 바르게 할 수 있으면 王者의 군대이다.

剛中而應하고 行險而順[10]하니

【本義】順하니

剛이 中에 있어 호응하고, 험함을 행하나 순함으로 하니,

【본의】〈人心에〉 순응하니

9 以 : "能以衆正"의 '以'를 《程傳》에서는 '하여금〔使〕'으로 설명하였고, 《本義》에서는 '左之右之'로 설명하였다.

10 行險而順 : 《大全》의 소주에서 徐幾(南宋)는 "'兵'은 흉기이고 '戰'은 위급한 일이니, 부득이하여 군대를 일으키고 무리를 움직이지만 사납게 구는 것을 금하고 어지러움을 제거하니, 이것이 군대가 '험한 일을 행하지만 순응함'을 귀하게 여기는 까닭이다." 하였다.

【傳】言二也라 以剛處中하니 剛而得中道也요 六五之君이 爲正應하니 信任之專也요 雖行險道而以順動하니 所謂義兵이니 王者之師也라 上順下險하니 行險而順也라

九二를 말한 것이다. 剛으로 中에 처하였으니 剛이면서 中道를 얻은 것이고, 六五의 君主가 正應이 되니 신임이 전일한 것이며, 비록 험한 道를 행하나 순함으로 움직이니 이른바 '義兵'이라는 것으로 王者의 군대이다. 위가 순하고 아래가 험하니, 험함을 행하나 순함으로 하는 것이다.

以此毒天下而民從之하니 吉하고 又何咎矣리오

이것으로 천하에 해독을 끼치지만 백성들이 따르니, 길하고 또 무슨 허물이 있겠는가."

【傳】師旅之興에 不无傷財害人하여 毒害天下나 然而民心從之者는 以其義動也일새라 古者에 東征西怨[11]은 民心이 從也니 如是故로 吉而无咎과 吉은 謂必克이요 无咎는 謂合義라 又何咎矣는 其義故[12]无咎也라

군대를 일으킴에 재물을 허비하고 人命을 해쳐서 天下에 해독을 끼침이 없지 않다. 그런데도 民心이 따르는 것은 義에 따라 움직이기 때문이다. 옛날에 동쪽 나라를 정벌하면 서쪽 나라가 원망함은 民心이 따른 것이니, 이렇기 때문에 吉하고 허물이 없는 것이다. '吉'은 반드시 승리함을 이르고, '无咎'는 반드시 義에 합함을 이른다. '又何咎矣'는 의롭기 때문에 허물이 없는 것이다.

【本義】又以卦體卦德으로 釋丈人吉无咎之義라 剛中은 謂九二요 應은 謂六五應之요 行險은 謂行危道요 順은 謂順人心이니 此非有老成之德者면 不能也라 毒은 害也라 師旅之興에 不无害於天下나 然以其有是才德이라 是以로 民悅而從之也라

또 卦體와 卦德으로 '丈人이라야 길하고 허물이 없다.'의 뜻을 풀이하였다. '剛中'은 九二를 이르고, '應'은 六五가 九二에 應함을 이른다. '行險'은 위험한 길을 행함을 이른다. '順'은 인심에 순응함을 이르니 이것은 노성한 덕이 있는 자가 아니면 할 수 없다. '毒'은 해로움이다.

---

11 東征西怨 : 殷나라 湯王의 故事에서 나온 말이다. 《書經》〈商書·仲虺之誥〉에 "동쪽나라를 정벌하면 서쪽 오랑캐가 원망하고, 남쪽나라를 정벌하면 북쪽 오랑캐가 원망하여 '어찌하여 우리나라를 뒤에 정벌하는가?' 하였다.〔東征西夷怨 南征北狄怨 曰奚獨後予〕" 하였다.

12 故 : 《大全》의 간주에 "어떤 판본에는 '固'자로 되어 있다." 하였다.

군대가 일어남은 천하에 해로움이 없을 수 없다. 그러나 이러한 재주와 덕이 있기 때문에 백성들이 기뻐하여 따른다.

象曰 地中有水師니 君子以하여 容民畜(축)衆[13]하나니라

【本義】容民畜(휵)衆하나니라

〈象傳〉에 말하였다. "땅 가운데 물이 있는 것이 師이니, 君子가 이것을 본받아 백성을 포용하고 무리를 모은다."

【본의】백성을 포용하여 무리를 기른다.

【傳】地中有水는 水聚於地中이니 爲衆聚之象이라 故爲師也라 君子觀地中有水之象하여 以容保其民하고 畜聚其衆也라

땅 가운데 물이 있다는 것은 물이 땅 가운데 모인 것이니, 무리가 모이는 象이 된다. 그러므로 '師'라 한 것이다. 君子가 땅 가운데 물이 있는 象을 보고서 백성들을 포용하여 보호하고 무리들을 모은다.

【本義】水不外於地하고 兵不外於民이라 故能養民則可以得衆矣라

물은 땅에서 벗어나지 않고 병사는 백성에게서 벗어나지 않는다. 그러므로 백성을 기르면 무리를 얻을 수 있는 것이다.

字義 畜 : 모을 축, 기를 휵

初六은 師出以律이니 否면 臧[14]이라도 凶하니라

---

13 容民畜(축)衆 : 《大全》의 소주에서 劉彌劭(南宋)는 "옛날에는 군대일과 농사일이 합하여 하나였으니 마을에 살 때에는 比·閭·族·黨의 백성이 되었고, 賦役할 때에는 卒·伍·軍·旅의 무리가 되었다. 일〔戰爭〕이 없을 때에 그들을 포용하고 길러서 일이 있는 날에 쓰니, 이 무리가 바로 이 백성인 것이다." 하였다.

14 否臧 : 《程傳》에서는 '그렇게 하지 않으면 이기더라도'로 해석하였고, 《本義》에서는 '善하지 않으면〔不善〕'으로 해석하였다. 宋時烈(朝鮮)은 《易說》에서 "'착하지 않다〔否臧〕'는 것은 軍律을 잃은 것을

【本義】否臧이면 凶하리라

初六은 군대를 출동하면서 軍律에 맞게 함이니, 그렇게 하지 않으면 이기더라도 흉하다.
【본의】善하지 않으면 흉할 것이다.

【傳】初는 師之始也라 故言出師之義와 及行師之道라 在邦國興師[15]而言하면 合義理則是以律法也니 謂以禁亂誅暴而動이라 苟動不以義면 則雖善이나 亦凶道也니 善은 謂克勝이요 凶은 謂殃民害義也라 在行師而言하면 律은 謂號令節制니 行師之道는 以號令節制爲本이니 所以統制於衆이라 不以律이면 則雖善이나 亦凶이니 雖使勝捷이라도 猶凶道也라 制師无法이로되 幸而不敗且勝者 時有之矣니 聖人之所戒也라

初六은 師卦의 처음이므로 군대를 출동하는 義와 군대를 運用하는 道를 말하였다. 나라가 군대를 일으키는 입장에서 말한다면 의리에 합하면 이는 율법에 맞는 것이니, 亂을 금하고 포악한 자를 주벌하기 위하여 출동함을 이른다. 만일 출동하기를 의리로써 하지 않는다면 비록 善하더라도 또한 凶한 道이니, '善'은 승리함을 이르고, '凶'은 백성에게 재앙을 끼치고 의리를 해치는 것을 말한다. 군대를 運用하는 입장에서 말한다면 '軍律'은 호령과 절제를 말하니, 군대를 운용하는 도는 호령과 절제를 근본으로 한다. 이 때문에 무리를 통제하는데 軍律로써 하지 않으면 비록 善하더라도 또한 흉한 것이니, 비록 싸움에 이기더라도 오히려 흉한 도이다. 군대를 통제함에 법도가 없는데도 요행히 패하지 않고 또 이기는 경우가 때로 있으니, 聖人이 경계한 것이다.

【本義】律은 法也요 否臧은 謂不善也라 晁氏曰 否字를 先儒多作不이라하니 是也라 在卦之初하여 爲師之始라 出師之道는 當謹其始니 以律則吉이요 不臧則凶이니 戒占者當謹始而守法也라

律은 법이고, 否臧은 善하지 않은 것을 이른다. 晁氏는 "'否'자를 先儒들이 〈'아니다'라는 의미의〉 '不'자로 많이 썼다." 하였으니, 그 말이 옳다. 初六은 이 괘의 처음에 있어서 군대의 시작이 되는데, 군대를 출동시키는 道는 마땅히 그 시작을 삼가야 하니, 軍律에 맞으면 길하고

말한다. 《程傳》에서 '그렇게 하지 않으면[否]'으로 풀이한 것은 비록 착하더라도 흉하다는 것이니, 잘 모르겠지만 풀이한 것이 너무 지나치지 않은가." 하였다.

15 興師 : 《大全》의 간주에 "어떤 판본에서는 '動衆'으로 되어 있다." 하였다.

軍律을 잃으면 흉하다. 점치는 자가 마땅히 시작을 삼가고 법을 지켜야 함을 경계한 것이다.

字義 臧 : 착할 장, 성공할 장 捷 : 이길 첩 鼂 : 아침 조

象曰 師出以律이니 失律하면 凶也리라

〈象傳〉에 말하였다. "'군대를 출동하면서 軍律에 맞게 함'이니 軍律을 잃으면 흉할 것이다."

【傳】師出은 當以律이니 失律則凶矣라 雖幸而勝이라도 亦凶道也라

군대를 출동함은 마땅히 軍律에 맞아야 하니, 軍律을 잃으면 흉하다. 비록 요행히 이기더라도 또한 흉한 道이다.

九二는 在師하여 中할새 吉하고 无咎하니 王三錫命[16]이로다

【本義】在師中하여

九二는 군대에 있어서 中道에 맞으므로 吉하고 허물이 없으니, 王이 세 번 명령을 내려준다.

【본의】군대의 가운데에 있어서

【傳】師卦는 唯九二一陽이 爲衆陰所歸하고 五居君位하여 是其正應이니 二乃師之主로 專制其事者也라 居下而專制其事는 唯在師則可라 自古命將에 閫外之事를 得專制之하니 在師에 專制而得中道라 故吉而无咎라 蓋恃專則失爲下之道요 不專則无成功之理라 故得中爲吉이니 凡師之道는 威和竝至則吉也라 旣處之盡其善이면 則能成功而安天下라 故王錫寵命하여 至于三也니 凡事至于三者는 極也라 六五在上하여 旣專倚任하고 復厚其寵數하니 蓋禮不稱이면 則威不重而下不信也라 他卦에도 九二爲六五所任者有矣나 唯師專主其事而爲衆陰所歸라 故其義最大라 人臣之道는 於事에 无所敢專이로되 唯閫外之

16 王三錫命 : 宋時烈(朝鮮)《易說》에서 '錫命'은 정벌을 전담하게 하는 명을 내려주는 것으로 보았다.

事則專制之니 雖制之在己나 然因師之力而能致者는 皆君所與而職當爲也라 世儒有論魯祀周公以天子禮樂하여 以爲周公能爲人臣不能爲之功하시니 則可用人臣不得用之禮樂이라하니 是는 不知人臣之道也라 夫居周公之位면 則爲[17]周公之事니 由其位而能爲者는 皆所當爲也니 周公은 乃盡其職耳라 子道亦然하니 唯孟子爲知此義라 故曰 事親을 若曾子者可也라하사 未嘗以曾子之孝로 爲有餘也[18]니 蓋子之身에 所能爲者는 皆所當爲也라

師卦는 오직 九二 한 陽이 여러 陰들에게 귀의함을 받고 六五가 임금 자리에 있어서 正應이니, 九二는 바로 師卦의 주체로 일을 전적으로 제어하는 자이다. 아래에 있으면서 일을 전적으로 제어함은 오직 군대에 있어서만 괜찮다. 예로부터 將帥에게 명령함에 도성 밖의 일을 전적으로 제어하게 하였으니, 군대에 있어서는 전적으로 제어하더라도 中道를 얻었으므로 吉하고 허물이 없는 것이다.

대체로 신임을 믿고 전적으로 제어하면 아랫사람 된 도리를 잃게 되고, 전적으로 제어하지 못하면 성공할 리가 없다. 그러므로 中道를 얻음이 吉한 것이니, 무릇 군대의 道는 위엄과 온화함이 아울러 지극하면 吉하다. 이미 처함에 그 善을 극진히 했으면 능히 성공하여 천하를 편안히 할 수 있다. 그러므로 왕이 총애하는 명령을 내려서 세 번에 이른 것이니, 무릇 일이 세 번에 이름은 지극한 것이다. 六五가 위에 있어서 이미 의지하고 맡기기를 전일하게 하고, 다시 그 총애와 禮數를 두터이 하니, 대체로 禮가 걸맞지 않으면 위엄이 무겁지 못하여 아랫사람들이 믿지 않는다.

다른 卦에도 九二가 六五의 신임을 받는 경우가 있으나, 오직 師卦는 군대의 일을 전적으로 주관하고 여러 陰들에게 귀의함을 받기 때문에 그 義가 가장 큰 것이다. 신하의 도리는 일에 있어서 감히 전적으로 제어할 것이 없으나 오직 도성 밖의 일은 전적으로 제어하니, 비록 통제함은 자신에게 달려 있으나 군대의 힘으로 인하여 이룰 수 있는 것은 모두 君主가 준 것으로서 직분상 마땅히 해야 하는 것이다.

세상 선비들은 魯나라에서 天子의 禮樂으로써 周公을 제사 지낸 일에 대해 논하여, "周公

---

17 爲 : 《大全》의 간주에 "어떤 판본에는 앞에 '能'자가 있다." 하였다.

18 唯孟子爲知此義……爲有餘也 : 《孟子》 〈離婁 上〉에 "曾子는 부친인 曾晳을 봉양할 때에 밥상에 언제나 술과 고기를 장만하였고 밥상을 치울 때에 반드시 '남은 음식을 누구에게 주시겠습니까?'라고 여쭈었으며, 혹 부친이 '남은 음식이 있느냐?'고 물으면 반드시 '있습니다.' 라고 대답하였으니 曾子같이 한다면 어버이의 뜻을 봉양하였다고 이를 만하다. 그러므로 어버이 섬기기를 曾子같이 하는 것이 可하다." 하였다. 원래 '可'는 '겨우 괜찮다.'는 뜻으로, 효성은 자식이라면 당연히 해야 할 일이므로 曾子같이 하더라도 극진하다거나 충분하다고 말하지 않는다.

은 신하가 세울 수 없는 공을 세웠으니 신하가 쓸 수 없는 禮樂을 쓸 만하다."고 여겼으니, 이것은 신하된 도리를 알지 못하는 것이다. 周公의 지위에 있으면 周公의 일을 해야 하니, 그 자리로 말미암아 할 수 있는 것은 모두 당연히 해야 할 일이다. 周公은 바로 그 직분을 다했을 뿐이니 자식의 도리도 그러하다. 孟子만이 그러한 의리를 알았으므로 "어버이 섬기기를 曾子처럼 하는 것이 괜찮다."라고 하여, 曾子의 효를 충분하고도 남는다고는 여기지 않았으니, 자식의 몸으로 할 수 있는 일은 모두 당연히 해야 할 일인 것이다.

【本義】九二在下하여 爲衆陰所歸하고 而有剛中之德하며 上應於五而爲所寵任이라 故其象占如此하니라

九二가 아래에 있어서 여러 음들이 귀의하는 바가 되고 剛中의 덕이 있으며, 위로 六五와 호응하여 총애하는 신임을 받으므로 그 象과 占이 이와 같다.

字義 錫 : 줄 석 寵 : 총애할 총 閫 : 성문 곤

象曰 在師中吉은 承天寵也요 王三錫命은 懷萬邦也라

〈象傳〉에 말하였다. "'군대에 있어서 中道에 맞으므로 길함'은 王의 총애를 받드는 것이고, '王이 세 번 명령을 내려줌'은 만방을 회유하는 것이다."

【傳】在師中吉者는 以其承天之寵任也라 天은 謂王也라 人臣非君寵任之면 則安得專征之權而有成功之吉이리오 象은 以二專主其事라 故發此義하니 與前所云世儒之見으로 異矣라 王三錫以恩命하여 褒其成功하니 所以懷[19]萬邦也라

'在師中吉'은 하늘의 총애와 신임을 받들기 때문이다. '天'은 王을 이른다. 신하로서 君主가 총애하고 신임하지 않으면 어찌 마음대로 정벌할 수 있는 권한을 얻어 성공하는 길함이 있겠는가. 〈象傳〉에서는 九二가 군대의 일을 전적으로 주장하므로 이런 뜻을 발명하였으니, 앞에서 말한 세상 선비들의 견해와는 다르다. 王이 세 번이나 은혜로운 명령을 내려주어 그 성공을 표창하였으니, 이 때문에 萬邦을 회유하는 것이다.

字義 褒 : 기릴 포

19 懷 : 《大全》의 간주에 "어떤 판본에는 앞에 '威'자가 있다." 하였다.

六三은 師或輿尸[20]면 凶하리라

【本義】師或輿尸니 凶하니라

六三은 군대를 혹 여러 사람이 주장하면 흉할 것이다.

【본의】군대가 혹 시체를 수레에 싣고 옴이니, 흉하다.

【傳】三은 居下卦之上하니 居位當任者也로되 不唯其才陰柔不中正이라 師旅之事는 任當專一이니 二旣以剛中之才로 爲上信倚하니 必專其事라야 乃有成功이어늘 若或更使衆人主之면 凶之道也라 輿尸는 衆主也니 蓋指三也라 以三居下之上이라 故發此義라 軍旅之事는 任不專一이면 覆敗必矣라

六三은 下卦의 위에 있으니 높은 자리에 있으면서 책임을 맡은 사람이나, 다만 재질이 유약한 陰이고 中正하지 못하다. 군대의 일은 맡기기를 專一하게 해야 한다. 九二가 이미 剛中의 재질로서 윗사람의 신임하고 의지하는 바가 되었으니 반드시 그 일을 전적으로 제어해야 이에 공을 이룰 수 있을 것인데, 만약 다시 여러 사람으로 하여금 주관하게 하면 흉한 도이다. '輿尸'는 여럿이 주장하는 것이니 六三을 가리킨다. 六三이 下卦의 맨 위에 있기 때문에 이런 뜻을 밝혔다. 군대의 일은 專一하게 맡기지 않으면 전복되고 패망할 것이 틀림없다.

【本義】輿尸는 謂師徒撓敗하여 輿尸而歸也라 以陰居陽하니 才弱志剛하고 不中不正而犯非其分이라 故其象占如此하니라

'輿尸'는 군대의 무리가 꺾이고 패하여 수레에 시체를 싣고서 돌아오는 것을 이른다. 陰으로서 陽의 자리에 있으니 재질은 약하고 뜻은 剛하며, 中正하지 못하여 그 분수가 아닌 것을 범하므로 그 象과 占이 이와 같다.

字義 旅 : 군대 려　覆 : 뒤집힐 복　撓 : 휠 뇨(요)

---

20 師或輿尸 : 金長生(朝鮮)은 《經書辨疑》〈周易〉에서 "'輿尸'에 대한 설명은 《程傳》이 좋은 듯하다." 고 하였고, 宋時烈(朝鮮)은 《易說》에서 "《本義》에서 '군대가 혹 수레에 시체를 싣고 온다〔師或輿尸〕'고 한 것에 대해 '或'은 의심하는 것이고, '輿'는 坤卦가 수레가 되며, '尸'는 죽은 사람이다. 군대가 혹 패하여 수레에 죽은 자를 싣고 돌아오는 것이다. 《春秋左氏傳》에 그런 내용이 많으니, 그 흉함을 알 수 있다. 《程傳》에서는 '여러 사람이 주장한다.로 풀이하였는데, 어떤지 모르겠다." 하였다.

象曰 師或輿尸면 大无功也리라

【本義】師或輿尸는 大无功也라

〈象傳〉에 말하였다. "군대를 혹 여러 사람이 주장하면 크게 功이 없을 것이다."

【본의】군대가 혹 시체를 수레에 싣고 돌아옴은 크게 공이 없는 것이다.

【傳】倚付二三이면 安能成功이리오 豈唯无功이리오 所以致凶也라

〈專一하게 하지 않고〉 두세 사람에게 맡기면 어찌 성공하겠는가. 어찌 다만 功이 없을 뿐이겠는가. 이 때문에 흉하게 되는 것이다.

字義 倚 : 기댈 의

六四는 師左次[21]니 无咎로다

六四는 군대가 후퇴하여 머무니, 허물이 없다.

【傳】師之進은 以强勇也라 四以柔居陰하여 非能進而克捷者也니 知不能進而退라 故左次니 左次는 退舍也라 量宜進退 乃所當也라 故无咎니 見可而進하고 知難而退가 師之常也라 唯取其退之得宜요 不論其才之能否也라 度(탁)不能勝[22]而完師以退면 愈於覆敗遠矣나 可進而退는 乃爲咎也라 易之發此義하여 以示後世하니 其仁深矣라

군대의 나아감은 강함과 용맹으로써 한다. 六四는 유약한 陰으로 陰의 자리에 있어서 능히 전진하여 승리할 수 있는 자가 아니니, 전진할 수 없음을 알고 후퇴한다. 그러므로 左次하는 것이니, '左次'란 후퇴하여 머무는 것이다. 마땅함을 헤아려 전진하고 후퇴함은 바로 마땅한 것이므로 허물이 없는 것이니, 가능함을 보고 전진하고 어려움을 알고 후퇴하는 것이 군대의

---

21 師左次 : 金相岳(朝鮮)은 《山天易說》에서 "兵家는 오른쪽을 높이기에 오른쪽이 앞이 되고 왼쪽이 뒤가 되니 六四에서 '후퇴하여 머무니 허물이 없다.'는 것은 陰으로써 바름을 얻었기 때문이다. 《周易》에서 '左'를 말한 것은 모두 陰爻에 있다. 明夷卦䷣ 六二에서 '왼쪽 다리〔左股〕'라고 하였고 六四에서 '왼쪽 배〔左腹〕'라고 한 것이 그러하다. 豐卦䷶에서는 上六이 陰이고 지위가 없기 때문에 九三에서 '그 오른쪽 팔이 부러졌다.'라고 했다." 하였다.

22 勝 : 《大全》의 간주에 "어떤 판본에는 '進'자로 되어 있다." 하였다.

떳떳한 도리이다. 오직 물러남에 마땅함을 얻기를 취했을 뿐, 그 재질의 할 수 있고 할 수 없음에 대해서는 논하지 않았다. 이길 수 없음을 헤아려서 군대를 온전히 하여 후퇴함은 전진했다가 전복하여 패망하는 것보다 훨씬 낫지만 전진할 수 있는데도 후퇴하는 것은 바로 허물이 된다. 《周易》에서 이런 의미를 밝혀 후세에 보였으니 그 어짊이 깊다.

【本義】 左次는 謂退舍也라 陰柔不中而居陰得正이라 故其象如此라 全師以退는 賢於六三이 遠矣라 故其占如此하니라

左次는 후퇴하여 머무는 것을 이른다. 유약한 陰으로 中의 자리에 있지 못하나, 陰의 자리에 있어서 바름을 얻었으므로 그 象이 이와 같다. 군대를 온전히 하여 후퇴함은 六三보다 훨씬 현명하기 때문에 그 占이 이와 같다.

字義 度 : 헤아릴 탁

象曰 左次无咎는 未失常也라

【本義】 未失常也라

〈象傳〉에 말하였다. "'후퇴하여 머무름이니 허물이 없음'은 常道를 잃은 것은 아니다."

【본의】 常道를 잃지 않음이다.

【傳】 行師之道는 因時施宜 乃其常也라 故左次未必[23]爲失也니 如[24]四退次라야 乃得其宜라 是以无咎라

군대를 운용하는 道는 때에 따라 마땅하게 하는 것이 바로 떳떳한 도이다. 그러므로 후퇴하여 머무름이 반드시 잘못함이 되지는 않으니, 후퇴하여 머물러야 곧 그 마땅함을 얻는다. 이 때문에 허물이 없는 것이다.

【本義】 知難而退는 師之常也라

어려움을 알고 후퇴함은 군대의 떳떳한 道이다.

---

23 必 : 《大全》의 간주에 "어떤 판본에는 '必'자가 없다." 하였다.

24 如 : 金長生(朝鮮)은 《經書辨疑》〈周易〉에서 "'如'는 발어사이다." 하였다.

字義 次 : 머무를 차

六五는 田有禽이어든 利執言[25]하니 无咎리라 長子帥(솔)師니 弟子輿尸하면 貞이라도 凶하리라

【本義】田有禽이라 利執言이니 无咎리라 長子로 帥師요 弟子로 輿尸면

六五는 밭에 짐승이 있으면 말을 받들어 토벌함이 이로우니, 허물이 없을 것이다. 맏아들이 군사를 거느렸으니, 자제들이 여럿이 주장하면 바르더라도 흉할 것이다.

【본의】밭에 짐승이 있다. 잡는 것이 이로우니, 허물이 없을 것이다. 맏아들에게 군대를 거느리게 하고 자제들에게 시체를 수레에 싣고 돌아오게 하면

【傳】五는 君位니 興師之主也라 故言興師任將之道라 師之興은 必以蠻[26]夷猾夏하고 寇賊姦宄하여 爲生民之害하여 不可懷來然後에 奉辭以誅之니 若禽獸入于田中하여 侵害稼穡하여 於義宜獵取則獵取之니 如此而動이라야 乃得无咎라 若輕動以毒天下면 其咎大矣리라 執言은 奉辭也니 明其罪而討之也라 若秦皇漢武는 皆窮山林以索禽獸者也요 非田有禽也라 任將授師之道는 當以長子帥師니 二在下而爲師之主하니 長子也라 若以弟子衆主之면 則所爲雖正이나 亦凶也라 弟子는 凡非長[27]者也라 自古로 任將不專하여 而致覆敗者는 如晉荀林父(보)邲之戰[28]과 唐郭子儀相州之敗[29]是也라

---

25 田有禽 利執言 : 李瀷(朝鮮)은 《易經疾書》에서 "'田有禽'의 '田'을 '田獵'의 '田'으로 설명하였고, '利執言'의 '言'을 '之(어조사)'로 보았다." 하였다.

26 蠻 : 《大全》의 간주에 "어떤 판본에는 '戎'자로 되어 있다." 하였다.

27 長 : 《大全》의 간주에 "어떤 판본에는 뒤에 '子'자가 있다." 하였다.

28 晉荀林父(보)邲之戰 : 春秋時代 晉나라 장수 荀林父는 中軍大將이 되어 楚나라 침략을 받은 鄭나라를 구원하고자 출정했는데, 晉軍이 黃河에 이르렀을 때 鄭나라가 이미 楚나라와 和平했다는 말을 듣게 된다. 그는 還軍하고자 하였으나 副將인 先縠이 "大軍을 이끌고 왔다가 敵이 强하다는 말을 듣고 물러가는 것은 大丈夫의 일이 아니다.〔聞敵彊而退 非夫也〕"라 하고 반대하며 제멋대로 중군을 이끌고 하수를 건너버렸다. 荀林父는 어쩔 수 없이 楚나라와 싸우기로 결정하고 邲에 주둔했다가 楚나라 군대에게 참패했다. 荀林父는 돌아와 죽음을 청했으나, 士渥濁의 변호로 죽음을 면할 수 있었다.(《春秋左氏傳》 宣公 22년)

29 唐郭子儀相州之敗 : 郭子儀(697~781)는 唐나라 사람으로 安史의 亂에 큰 공을 세웠다. 安祿山이 아들 安慶緖에게 살해되었을 때, 肅宗이 郭子儀를 兵部尙書 同中書門下平章事로 삼아 난을 진압

六五는 임금의 자리이니 군대를 일으키는 주체이므로 군대를 일으키고 장수를 임명하는 도리를 말하였다. 군대를 일으킴은 반드시 오랑캐가 중국을 어지럽히고 도적들이 간사한 짓을 하여 백성의 폐해가 되어서 회유하여 오게 할 수 없는 뒤라야 말을 받들어 토벌하는 것이다. 마치 짐승이 밭 가운데 들어와 농사를 침해하여 의리에 마땅히 사냥하여 잡아야 하면 사냥하여 잡는 것과 같으니, 이렇게 군대를 움직여야 비로소 허물이 없을 수 있다. 만약 가볍게 움직여 천하 사람에게 해독을 끼치면 허물이 클 것이다. '執言'은 말을 받드는 것이니, 그 죄를 밝혀 토벌하는 것이다. 秦 始皇이나 漢 武帝 같은 경우는 모두 산림을 뒤져서 금수를 찾아 잡은 것이지, 밭에 짐승이 있어 잡은 경우가 아니다.

장수를 임명하여 군대를 맡기는 도는 마땅히 맏아들로 군대를 거느리게 하여야 한다. 九二가 아래에 있으면서 師卦의 주체가 되니, 맏아들이다. 만약 자제들로 하여금 여럿이 주장하게 하면 하는 바가 비록 바르더라도 흉하다. '자제〔弟子〕'는 맏아들이 아닌 모든 사람이다. 예로부터 장수를 임명함에 전담시키지 않아 전복되어 패망에 이른 경우가 있으니, 晉나라의 荀林父가 邲에서 싸운 것과 唐나라의 郭子儀가 相州에서 패한 것과 같은 일이 여기에 해당한다.

【本義】六五는 用師之主로되 柔順而中하여 不爲兵端者也요 敵加於己어 不得已而應之라 故爲田有禽之象이요 而其占은 利以搏執而无咎也라 言은 語辭也라 長子는 九二也요 弟子는 三四也라 又戒占者專於委任이니 若使君子任事하고 而又使小人參之면 則是使之輿尸而歸라 故雖貞而亦不免於凶也라

六五는 군대를 쓰는 주체이지만 유순하면서 中道를 지켜 전쟁을 초래하는 단서를 만들지 않는 사람이고, 적이 자기〔六五〕를 침범함에 부득이 대응하므로 밭에 짐승이 있는 象이 되며, 그 占은 잡는 것이 이롭고 허물이 없다. '利執言'의 '言'은 어조사이다. '長子'는 九二이고 '弟子'는 六三과 六四이다. 또 점치는 자가 전적으로 위임해야 하는데, 만약 君子에게 일을 맡기고 다시 小人에게 참여하게 하면 이것은 수레에 시체를 싣고 돌아오게 하는 것이므로 비록 바르더라도 흉함을 면치 못한다고 경계한 것이다.

하게 하자 그는 칙서를 받들고 長安을 수복하고 相州로 돌아왔다. 당시 史思明은 范陽으로 군사를 거느리고 安慶緖를 구원하러 왔고 兩軍은 安陽河 북쪽에서 진을 치고 접전했다. 이때 唐軍을 지휘한 것은 환관 魚朝恩이었는데 그는 60만에 달하는 군대를 잃고 나서 패전책임을 모두 곽자의에게 돌리니 곽자의는 장안으로 불려가 병권을 박탈당하고 한직에 머물러야 했던 일이 있다.(《資治通鑑》〈唐紀〉 37)

字義 帥 : 거느릴 솔 尸 : 시체 시, 주장할 시 蠻 : 남쪽오랑캐 만 猾 : 어지러울 활
宄 : 간사할 궤(귀) 稼 : 심을 가 穡 : 거둘 색 父 : 경칭 보 邲 : 땅이름 필 搏 : 잡을 박

象曰 長子帥師는 以中行也요 弟子輿尸는 使不當也라

〈象傳〉에 말하였다. "'맏아들이 군대를 거느림'은 中道로 행하는 것이고, '자제들이 여럿이 주장함'은 부림이 마땅하지 않은 것이다."

【傳】 長子는 謂二니 以中正之德으로 合於上而受任以行이어늘 若復使其餘者로 衆尸其事면 是는 任使之不當也니 其凶宜矣라

'長子'는 九二를 이르니, 中正한 德으로 윗사람과 합하여 임무를 받고 떠났는데, 만일 다시 남은 자들로 하여금 여럿이 군대의 일을 주장하게 하면 이는 맡기고 부림이 마땅하지 않은 것이니, 그 흉함이 당연하다.

上六은 大君이 有命이니 開國承家[30]에 小人勿用이니라

【本義】 大君有命하여 開國承家니

上六은 大君이 命을 둠이니, 제후를 봉하고 경대부를 삼을 적에 小人은 쓰지 말아야 한다.

【본의】 大君이 命을 두어 제후를 봉하고 경대부를 삼음이니

【傳】 上은 師之終也요 功之成也니 大君이 以爵命賞有功也라 開國은 封之爲諸侯也요 承家는 以爲卿大夫也니 承은 受也라 小人者는 雖有功이나 不可用也라 故戒使勿用이라 師旅之興에 成功非一道니 不必皆君子也라 故戒以小人有功이라도 不可用也니 賞之以

30 開國承家 : 李瀷(朝鮮)은 《易經疾書》에서 "上六은 임금 자리의 밖에 있어 땅을 나누어 제후를 봉하고 나라를 세우는 상이 있다. '나라를 연다.'는 뜻의 '開國'은 封地를 받는 것이고, '가문을 잇는다.'는 뜻의 '承家'는 자식에게 전하는 것이다. 비록 전쟁에서 공이 있지만, 진실로 그에 합당한 사람이 아니면 해를 끼침이 무궁하니, 마땅히 大君이 誥命하는 처음에 깊이 살펴야 한다." 하였다.

金帛祿位는 可也어니와 不可使有國家而爲政也라 小人은 平時에 易致驕盈이어든 況挾其功乎아 漢之英彭[31]이 所以亡也니 聖人之深慮遠戒也라 此는 專言師終之義요 不取爻義하니 蓋以其大者라 若以爻言이면 則六以柔居順之極하니 師旣終而在无位之地하여 善處而无咎者也라

上六은 師卦의 끝이고 功이 이루어진 것이니, 大君이 벼슬로써 명하여 공이 있는 사람에게 상을 주는 것이다. '開國'은 봉하여 제후를 삼는 것이고, '承家'는 卿大夫를 삼는 것이니 '承'은 받음이다. '小人'은 功이 있더라도 등용해서는 안 되기 때문에 쓰지 말라고 경계한 것이다. 군대를 일으킴에 공을 이루는 방법은 한 가지 뿐만이 아니니, 반드시 모두 君子인 것은 아니다. 그러므로 小人은 功이 있더라도 쓰지 말라고 경계하였으니, 금이나 비단, 녹봉이나 지위로써 賞을 주는 것은 괜찮지만, 국가를 소유하고 정사를 다스리게 해서는 안 된다. 小人은 평소에도 교만하고 넘치기 쉬운데, 하물며 그 공을 끼고 있음이겠는가! 漢나라의 英布와 彭越이 이 때문에 망했으니, 聖人이 깊이 생각하고 멀리 경계하신 것이다. 이는 오로지 師卦가 끝나는 뜻으로 말하였고 爻의 뜻을 취하지 않았으니, 큰 것으로써 말한 것이다. 爻로써 말한다면 上六은 유약한 陰으로서 순함의 끝에 있으니, 군대의 일이 이미 끝남에 지위가 없는 곳에 있어서 잘 대처하여 허물이 없는 사람이다.

【本義】師之終이요 順之極이니 論功行賞之時也라 坤爲土라 故有開國承家之象이라 然小人則雖有功이라도 亦不可使之得有爵土요 但優以金帛이 可也라 戒行賞之人은 於小人則不可用此占이요 而小人遇之라도 亦不得用此爻也라

師卦의 끝이고 순함의 지극함이니, 功을 논하고 賞을 시행하는 때이다. 坤卦는 땅이 되므로 나라를 열고 가문을 잇는 상이 있다. 그러나 小人은 비록 공이 있더라도 작위와 封地를 갖게 해서는 안 되고, 단지 금이나 비단으로 우대하는 것이 옳다. 賞을 시행하는 사람은 小人에게는 이 점괘를 써서는 안 되고, 小人이 이 점을 만나더라도 이 효를 쓸 수 없음을 경계한 것이다.

字義 挾 : 낄 협 彭 : 성 팽

---

31 漢之英彭 : 漢나라의 英布와 彭越을 이른다. 英布는 墨刑을 받았기에 黥布라고도 불리운다. 이들은 漢 高祖 劉邦이 천하를 통일하는 데 큰 공을 세워 각각 九江王과 魏王에 봉해졌다. 그러나 漢 高祖가 반란군들을 정벌할 때에 救援兵을 이끌고 가지 않아 高祖의 노여움을 사자, 반란을 도모했다가 모두 죽임을 당하였다.(《史記》〈魏豹彭越列傳〉·〈黥布列傳〉)

象曰 大君有命은 以正功也요 小人勿用은 必亂邦也일새라

〈象傳〉에 말하였다. "'大君이 명을 둠'은 공을 바르게 하는 것이고, '소인을 쓰지 말라'는 것은 반드시 나라를 어지럽히기 때문이다."

【傳】大君은 持恩賞之柄하여 以正軍旅之功이라 師之終也에 雖賞其功이나 小人則不可以有功而任用之니 用之면 必亂邦이라 小人恃功而亂邦者 古有之矣라

大君은 은혜로 상을 내리는 권한을 잡고서 군대의 功을 바르게 한다. 군대의 일이 끝났을 때에 비록 功이 있는 자에게 상을 내려야 하나 小人은 功이 있더라도 임용해서는 안 되니, 小人을 임용하면 반드시 나라를 어지럽히기 때문이다. 小人이 功을 믿고서 나라를 어지럽힌 경우가 예로부터 있었다.

【本義】聖人之戒深矣라

聖人의 경계가 깊다.

8. 比

䷇ 坤下坎上

下卦는 坤卦☷이고 上卦는 坎卦☵이다.

【傳】比는 序卦에 衆必有所比라 故受之以比라하니라 比는 親輔也[1]니 人之類는 必相親輔然後能安이라 故既有衆則必有所比하니 比所以次師也라 爲卦 上坎下坤[2]하니 以二體言之하면 水在地上이라 物之相切比无間이 莫如水之在地上이라 故爲比也요 又衆爻皆陰이요 獨五以陽剛으로 居君位하여 衆所親附하고 而上亦親下라 故爲比也라

比卦는 〈序卦傳〉에 "무리는 반드시 친애하고 돕는 것이 있기 때문에 比卦로 받았다." 하였다. 比는 친애하고 돕는 것이니, 사람의 무리는 반드시 서로 친애하여 도운 뒤에 편안할 수 있다. 그러므로 이미 무리가 있으면 반드시 친애하여 돕는 바가 있으니, 比卦가 師卦 다음에 온 까닭이다. 괘의 구성이 위는 坎卦☵이고 아래는 坤卦☷이니, 두 卦體로 말하면 물이 땅 위에 있다. 물건이 서로 지극히 가까워 틈이 없는 것은 물이 땅 위에 있는 것만한 것이 없으므로 비괘가 되었고, 또 여러 효가 다 陰이고 九五만이 강건한 陽으로서 임금의 자리에 있어 무리가 친하게 따르고, 위에서도 아래와 친애하므로 比卦가 된 것이다.

字義 比 : 친할 비, 가까울 비　輔 : 도울 보　附 : 따를 부

比[3]는 吉하니 原筮[4]하되 元永貞[5]이면 无咎리라

---

1 比 親輔也 : 《大全》의 간주에 "어떤 판본에는 '比輔比也'로 되어 있고, 어떤 판본에는 '比輔也'로 되어 있다." 하였다.

2 爲卦 上坎下坤 : 郭雍(南宋)은 "陽이 하나인 괘로 자리를 얻은 것은 師卦䷆와 比卦䷇일 뿐인데, 임금의 자리를 얻은 것은 比卦가 되고 신하의 자리를 얻은 것은 師卦가 된다." 하였다.

3 比 : 빌헬름 영문판 주역인 《The I Ching》에서는 比卦를 'Pi / Holding Together 〔Union〕'라고 하였

【本義】比는 吉하나 原筮하여 元永貞이라야 无咎리라

比는 길하니 근원하여 점치되 元·永·貞이면 허물이 없을 것이다.

【본의】比는 길하나 또다시 점쳐 元·永·貞하여야 허물이 없을 것이다.

【傳】比는 吉道也라 人相親比는 自爲吉道라 故雜卦云 比樂師憂라하니라 人相親比는 必有其道하니 苟非其道면 則有悔咎라 故必推原占決其可比者而比之라 筮는 謂占決卜度(탁)이요 非謂以蓍龜也라 所比 得元永貞則无咎리니 元은 謂有君長之道요 永은 謂可以常久요 貞은 謂得正道라 上之比下에 必有此三者하고 下之從上에 必求此三者면 則无咎也라

比는 길한 도이다. 사람이 서로 친애함은 저절로 길한 도가 된다. 그러므로 〈雜卦傳〉에 "比卦는 즐겁고 師卦는 근심스럽다." 하였다. 사람이 서로 친애함은 반드시 올바른 도가 있으니, 만일 올바른 도로써 하지 않으면 후회와 허물이 있을 것이다. 그러므로 반드시 친애할 만한 자를 미루어 근원하고 점쳐 결단해서 친애하는 것이다. '筮'는 점쳐서 결단하고 헤아리는 것을 말하지 시초점과 거북점으로 말한 것이 아니다. 돕는 바가 元·永·貞을 얻으면 허물이 없을 것이니, '元'은 君長의 도가 있음을 이르고, '永'은 항상 하고 오래할 수 있음을 이르며, '貞'은 바른 도를 얻음을 이른다. 윗사람이 아랫사람을 친애하여 돕는 것에 반드시 이 세 가지가 있고, 아랫사람이 윗사람을 따르는 것에도 반드시 이 세 가지를 구한다면 허물이 없다.

字義 筮 : 점칠 서 度 : 헤아릴 탁 蓍 : 시초 시

不寧이어야 方來니 後면 夫[6]라도 凶이리라

다. 비괘는 땅위의 물이 흘러서 바다에서 함께 만나는 상으로 '집합(단결)'이라고 정의하였다.

4 原筮 : 《程傳》에서는 '근원하여 점치다.'로 보았고, 《本義》에서는 '또다시 점치다.'로 보았다. 柳正源(朝鮮)은 《易解參攷》에서 "'原筮'는 상대와 나를 겸하여 말함이니, 나의 입장에서 말하면 내게 세 가지 덕(元·永·貞)이 있음을 살핀 뒤라야 남의 도움을 감당할 수 있으며, 상대를 가지고 말하면 그에게 세 가지 덕이 있음을 살핀 뒤라야 가서 다른 이를 도울 수 있다." 하였다.

5 元永貞 : 《程傳》에서는 "'元'은 君長의 도가 있음을 이르고, '永'은 항상하고 오래할 수 있음을 이르며, '貞'은 바른 도를 얻음을 이른다." 하였고, 《本義》에서는 각각 '元善·長永·正固'로 보았다.

6 後夫 : 《大全》의 소주에서 徐幾(南宋)는 "'後夫'는 장부보다 뒤가 되니, 上六이다. 上六은 괘의 끝에 있으면서 九五와 친애하지만, 홀로 뒤에 있다. 친애하는 도는 먼저 하는 것을 귀하게 여기는데, 친

【本義】不寧이 方來니 後夫는 凶하리라

편안하지 못하여야 바야흐로 올 것이니, 뒤늦으면 장부라도 흉할 것이다.

【본의】편안하지 못한 이가 바야흐로 올 것이니, 뒤늦게 오는 사람은 흉할 것이다.

【傳】人之不能自保其安寧이라야 方且來求親比하나니 得所比면 則能保其安이라 當其不寧之時하여는 固宜汲汲以求比라 若獨立自恃하여 求比之志 不速而後면 則雖夫라도 亦凶矣라 夫猶凶이어든 況柔弱者乎아 夫는 剛立之稱이니 傳曰 子南은 夫也[7]라하고 又曰 是謂我非夫[8]라하니라 凡生天地之間者는 未有不相親比而能自存者也니 雖剛强之至라도 未有能獨立者也라 比之道는 由兩志相求하니 兩志不相求면 則暌矣라 君懷撫其下하고 下親輔[9]於上하니 親戚朋友鄕黨이 皆然이라 故當上下合志以相從이니 苟无相求之意면 則離而凶矣라 大抵人情은 相求則合하고 相持則暌하나니 相持는 相待莫先也라 人之相親이 固有道나 然而欲比之志를 不可緩也라

사람이 스스로 안녕함을 보존할 수 없어야 비로소 와서 친애하기를 구하니, 친애할 사람을 얻으면 편안함을 보존할 수 있다. 편안하지 못할 때를 당해서는 진실로 마땅히 급하게 친애할 사람을 구해야 한다. 만약 홀로 서서 자신만을 믿어 친애하기를 구하는 뜻이 서두르지 않아 뒤늦으면 비록 장부라도 흉하다. 〈장부라도〉 오히려 흉한데 하물며 유약한 자에 있어서이겠는가. '夫'는 강건하게 서 있는 자의 칭호니, 《春秋左氏傳》에 "子南은 장부답다." 하였고, 또 "이 사람이 나를 丈夫가 아니라고 여기는구나." 하였다.

무릇 천지 사이에 사는 것 가운데 서로 친애하지 않고 스스로 보존할 수 있는 자는 없으니, 비록 굳세고 강함이 지극하더라도 홀로 설 수 있는 것은 없다. 比卦의 도는 둘의 뜻이 서로 구해야 하니, 둘의 뜻이 서로 구하지 않으면 반목한다. 군주는 아랫사람을 품어주고 어루만

애하지만 홀로 뒤에 있으니 마땅히 도와야 할 바를 잃어서 흉하다." 하였다. 《周易正義》에서는 '夫'를 어조사로 보았다.

7 子南 夫也 : 鄭나라 대부 徐吾犯에게 아름다운 누이동생이 있었는데 公孫인 子晳과 子南이 서로 그녀를 취하고자 하니, 徐吾犯이 누이동생에게 직접 선택하게 하였다. 그녀는 "子晳도 잘 생겼지만, 子南이 丈夫답습니다. 丈夫는 丈夫답고 婦女는 婦女다운 것이 이른바 順理입니다.〔子晳信美矣 抑子南夫也 夫夫婦婦 所謂順也〕" 하니, 徐吾犯은 누이동생을 子南에게 시집보냈다.(《春秋左氏傳》 昭公 元年)

8 是謂我非夫 : 齊나라와 魯나라의 전쟁에서 魯나라 대부인 武叔이 한 말이다.(《春秋左氏傳》 哀公 11년)

9 輔 : 《大全》의 간주에 "어떤 판본에는 '附'자로 되어 있다." 하였다.

지며, 아랫사람은 윗사람을 친하여 도우니, 친척과 친구, 마을사람이 다 그러하다. 그러므로 마땅히 위와 아래가 뜻을 합하여 서로 따라야 하니, 만일 서로 구하는 뜻이 없으면 떠나서 흉하다. 대개 인정이 서로 구하면 합하고 서로 버티면 헤어지니, 서로 버팀은 서로 기다리고 먼저 하지 않는 것이다. 사람이 서로 친함이 진실로 도가 있으나 친애하고자 하는 뜻을 늦춰서는 안 된다.

【本義】比는 親輔也라 九五以陽剛으로 居上之中而得其正하고 上下五陰이 比而從之하니 以一人而撫萬邦하고 以四海而仰一人之象이라 故筮者得之면 則當爲人所親輔라 然必再筮以自審하여 有元善長永正固之德然後에 可以當衆之歸而无咎요 其未比而有所不安者도 亦將皆來歸之라 若又遲而後至면 則此交已固하고 彼來已晩[10]하여 而得凶矣라 若欲比人이면 則亦以是而反觀之耳니라

比는 '친애하여 돕는 것〔親輔〕'이다. 九五가 강건한 陽으로서 上卦의 가운데에 있어 그 바른 자리를 얻었고, 위아래의 다섯 음이 친하여 돕고 따르니, 한 사람이 만방을 어루만지고 四海의 백성이 한 사람을 우러러보는 상이다. 그러므로 점친 자가 이 괘를 얻으면 마땅히 사람들에게 친애하여 도움을 받는 바가 된다. 그러나 반드시 또 다시 점쳐 스스로 살펴서 크게 착하고 길이 영원하며 바르고 굳은 덕이 있은 뒤에야 무리가 귀의함을 감당할 수 있어 허물이 없을 것이고, 아직 친애하지 않아 불안한 바가 있는 사람도 장차 다 와서 귀의할 것이다. 만일 또 지체하여 뒤늦게 오면 이 사람과 사귐은 이미 견고하고 저 사람이 온 것은 이미 늦어서 흉함을 얻게 된다. 만일 남과 친애하고자 한다면 또한 이것으로써 돌이켜 볼 뿐이다.

字義 汲 : 힘쓰는모양 급 睽 : 어그러질 규

彖曰 比는 吉也며

〈彖傳〉에 말하였다. "比는 吉하며

【本義】此三字는 疑衍文[11]이라

---

10 此交已固 彼來已晩 : 이미 다른 사람과 친애하여 사귐이 견고하므로, 늦게 오면 친애할 기회가 적음을 이른다.

11 衍文 : 傳寫 과정에서 잘못 들어간 字句라고 판단될 때 이르는 말이다. 이 字句가 없어야 문맥이

'比吉也' 석 자는 衍文인 듯하다.

字義 衍 : 넘칠 연

比는 輔也니 下順從也라

比는 돕는 것이니, 아래가 순히 따르는 것이다.

【傳】比吉也는 比者는 吉之道也니 物相親比는 乃吉道也라 比輔也는 釋比之義니 比者相親輔也라 下順從也는 解卦所以爲比也라 五以陽居尊位하고 群下順從以親輔之하니 所以爲比也라

'比吉也'는 比卦는 吉한 道라는 것이니 물건이 서로 친애함은 바로 吉한 道이다. '比輔也'는 比의 뜻을 해석한 것이니 比는 서로 친애하고 돕는 것이다. '下順從也'는 卦가 比가 된 이유를 해석한 것이다. 九五가 陽으로서 존귀한 자리에 있고 여러 아랫사람들이 순종하여 친애하여 도우니, 이 때문에 比卦가 된 것이다.

【本義】此는 以卦體로 釋卦名義라

이는 卦體로 卦名의 뜻을 해석하였다.

原筮元永貞无咎는 以剛中也요

'근원하여 점치되 元·永·貞이면 허물이 없을 것임'은 剛中이기 때문이고,

【傳】推原筮[12]決相比之道하여 得元永貞而後에 可以无咎니 所謂元永貞은 如五是也라 以陽剛居中正하여 盡比道之善者也니 以陽剛當尊位하여 爲君德은 元也요 居中得正은 能永而貞也라 卦辭는 本泛言比道요 彖言元永貞者는 九五以剛處中正이 是也라

서로 친애하는 道를 미루어 근원하고 점쳐 결단해서 '元·永·貞'인 뒤에야 허물이 없을 수

통한다고 보는 것이다.

12 筮 : 《大全》의 간주에 "어떤 판본에는 '占'자로 되어 있다." 하였다.

있으니, 이른바 '元·永·貞'은 九五와 같은 것이 이것이다. 〈九五는〉 강건한 陽으로서 中正한 데에 있어 친애하는 道의 최선을 다한 자이다. 강건한 陽으로서 존귀한 자리를 감당하여 君主의 德이 됨은 '元'이고, 가운데 자리에 거하고 바름을 얻음은 '永·貞'한 것이다. 卦辭에서는 본래 친애하는 道를 범범히 말하였고, 〈彖傳〉에서는 '元·永·貞'은 九五가 강건한 陽으로서 中正에 처함이 이것임을 말하였다.

不寧方來는 上下應也[13]요

'편안하지 못하여야 바야흐로 올 것임'은 위아래가 응함이요

【傳】人之生이 不能保其安寧이라야 方且來求附比하나니 民不能自保라 故戴君以求寧이요 君不能獨立이라 故保民以爲安이라 不寧而來比者는 上下相應也니 以聖人之公言之하면 固至誠求天下之比하여 以安民也요 以後王之私言之하면 不求下民之附則危亡至矣라 故上下之志 必相應也라 在卦言之하면 上下群陰이 比於五하고 五比其衆하니 乃上下應也라

사람의 삶이 안녕함을 보존할 수 없어야 비로소 와서 따르고 친애하기를 구하니, 백성들은 스스로 보존할 수 없기 때문에 군주를 추대하여 편안하기를 구하고, 군주는 홀로 설 수 없기 때문에 백성을 보존하여 편안함으로 삼는 것이다. 편안하지 못하여 와서 친애하는 것은 위와 아래가 서로 응함이니, 공변되게 다스리는 성인으로 말하면 진실로 천하 사람들의 친애함을 지극정성으로 구하여 백성을 편안히 하는 것이고, 사사롭게 다스리는 후대의 왕으로 말하면 백성이 의지하기를 구하지 않으면 위태하여 망하는 지경에 이른다. 그러므로 위아래의 뜻이 반드시 서로 호응해야 한다. 괘에 있어서 말하면 위와 아래의 여러 음이 九五와 친애하고 九五가 그 무리를 친애하니, 이것이 바로 위와 아래가 호응하는 것이다.

後夫凶은 其道窮也라

'뒤늦으면 장부라도 흉할 것임'은 그 道가 곤궁한 것이다."

---

13 上下應也 : 《程傳》과 《本義》에서 모두 九五와 다섯 陰과의 관계로 설명하였다.

【傳】衆必相比而後에 能遂其生이니 天地之間에 未有不相親比而能遂者也라 若相從之志 不疾而後면 則不能成比하니 雖夫라도 亦凶矣라 无所親比하여 困屈以致凶은 窮之道也라

무리는 반드시 서로 친애한 뒤에 그 삶을 이룰 수 있으니 天地 사이에 서로 친애하지 않고서 이룰 수 있는 자는 없다. 만일 서로 따르는 뜻이 빠르지 못하여 뒤늦으면 친애함을 이루지 못하니, 비록 장부라도 흉할 것이다. 친애하는 바가 없어서 곤궁하고 굽혀 흉함을 이룸은 곤궁하게 되는 길이다.

【本義】亦以卦體로 釋卦辭라 剛中은 謂五요 上下는 謂五陰이라

또한 卦體로 卦辭를 풀이하였다. 剛中은 九五를 이르고, 上下는 다섯 陰을 이른다.

象曰 地上有水比니 先王이 以하여 建萬國하고 親諸侯하니라

〈象傳〉에 말하였다. "땅 위에 물이 있는 것이 比이니, 先王이 이것을 본받아 萬國을 세우고 諸侯를 친애한다."

【傳】夫物相親比而无間者는 莫如水在地上하니 所以爲比也라 先王이 觀比之象하여 以建萬國, 親諸侯하시니 建立萬國은 所以比民也요 親撫諸侯는 所以比天下也라

물건이 서로 친애하여 틈이 없는 것 중에 물이 땅 위에 있는 것보다 더한 것은 없으니, 이 때문에 比卦가 된 것이다. 先王이 比卦의 象을 관찰하여 萬國을 세우고 諸侯를 친애하였으니, 萬國을 세움은 백성을 친애하는 것이고, 諸侯를 친애하고 어루만짐은 천하를 친애하는 것이다.

【本義】地上有水하니 水比於地하여 不容有間하니 建國親侯는 亦先王所以比於天下而無間者也라 彖意는 人來比我요 此는 取我往比人이라

땅 위에 물이 있으니, 물이 땅과 가까워서 틈이 있을 수 없다. 나라를 세우고 諸侯를 친애함도 先王이 천하를 친애하여 도와 틈이 없게 한 것이다. 〈彖傳〉의 뜻은 남이 와서 나를 친애하여 돕는 것이고, 여기서는 내가 가서 남을 친애하여 돕는 뜻을 취한 것이다.

初六은 有孚比之라야 无咎리니

【本義】有孚比之라

初六은 믿음을 두어 친애하여야 허물이 없을 것이니,

【본의】 믿음을 두어 친애하여 도움이다.

【傳】初六은 比之始也라 相比之道는 以誠信爲本이니 中心不信而親人이면 人誰與之리오 故比之始에 必有孚誠이라야 乃无咎也라 孚는 信之在中也라

初六은 친애함의 초기이다. 서로 친애하는 道는 성실함을 근본으로 삼으니, 마음속이 성실하지 못하면서 남을 친애하려 하면 사람 중에 누가 그와 함께하겠는가. 그러므로 친애함의 초기에 반드시 믿음이 있어야 허물이 없는 것이다. 孚는 信이 마음속에 있는 것이다.

字義 孚 : 믿음 부

有孚盈缶면 終에 來有他吉[14]하리라

【本義】終來有他吉하리라

성실함을 둠이 질그릇에 가득하듯 하면 끝에 사람이 와서 다른 길함이 있을 것이다.

【본의】 종말〔終來〕에 다른 길함이 있을 것이다.

【傳】誠信이 充實於內하여 若物之盈滿於缶中也라 缶는 質素之器니 言若缶之盈實其中하여 外不加文飾이면 則終能來有他吉也라 他는 非此也요 外也라 若誠實充於內하면 物无不信하니 豈用飾外以求比乎아 誠信中實하면 雖他外라도 皆當感而來從이니 孚信은 比之本也라

성실함이 안에 가득차서 물건이 질그릇 안에 가득한 것과 같다. '缶'는 질박한 그릇이니, 질

14 有孚盈缶 終 來有他吉 : 宋時烈(朝鮮)은 《易說》에서 "'질그릇〔缶〕'은 진흙으로 빚은 그릇이니, 坤卦인 흙 속이 텅 빈 상이다. 이 때문에 물을 담을 수 있다. 坎卦는 물〔水〕이 되어 坤卦인 흙에 담긴다. '종말에 다른 길함이 있다.'는 것은 初六이 비록 正應은 없지만, 결국에는 저 九五의 친애함이 있을 것이므로 그렇게 말한 것이다." 하였다.

그릇의 속이 차고 실속이 있어서 밖에 꾸밈을 더하지 않은 것과 같이 하면 끝에 와서 다른 길함이 있음을 말한 것이다. '他'는 여기 내면이 아니고 외면에 있는 것이다. 만약 성실함이 내면에 차면 남이 믿지 않음이 없을 것이니, 어찌 외면을 꾸며서 도움을 구하겠는가. 성실함이 속마음에 가득차면 비록 외면의 다른 사람이라도 모두 감동하여 와서 따를 것이니, 성실함은 친애하는 근본이다.

【本義】比之初엔 貴乎有信하니 則可以无咎矣라 若其充實이면 則又有他吉也라

比卦의 초기에는 믿음이 있음을 귀하게 여기니, 〈믿음이 있으면〉 허물이 없을 것이다. 만일 믿음이 충실하면 또 다른 길함이 있을 것이다.

字義 缶 : 질장구 부 飾 : 꾸밀 식

象曰 比之初六은 有他吉也니라

〈象傳〉에 말하였다. "比卦의 初六은 다른 吉함이 있는 것이다."

【傳】言比之初六者는 比之道在乎始也니 始能有孚면 則終致有他之吉이라 其始不誠이면 終焉得吉이리오 上六之凶은 由无首也라

'比卦의 初六'이라고 말한 것은 친애하는 道가 처음에 달려 있기 때문이니, 처음에 믿음이 있으면 종말에 와서 다른 길함을 이룰 것이다. 처음에 성실하지 않으면 종말에 와서 어찌 길함을 얻겠는가. 上六의 흉함은 첫머리가 없기 때문이다.

六二는 比之自內[15]니 貞하여 吉하도다

【本義】貞이라 吉하리라

六二는 친애하기를 안으로부터 하니, 바루어서 吉하다.

---

15 比之自內 : 比之自內의 自內를 《程傳》에서 '나로부터〔自己〕'로 설명하였으며, 《本義》도 같은 의미로 풀었다.

【본의】 바르므로 길할 것이다.

【傳】 二與五爲正應이요 皆得中正하니 以中正之道로 相比者也라 二處於內하니 自內는 謂由己也라 擇才而用은 雖在乎上이나 而以身許國은 必由於己니 己以得君하여 道合而進일새 乃得正而吉也라 以中正之道로 應上之求는 乃自內也니 不自失也요 汲汲以求比者는 非君子自重之道니 乃自失也라

六二는 九五와 正應이 되고 모두 中正을 얻었으니, 中正한 道로 서로 친애하는 자이다. 六二는 안에 처하였으니, 안으로부터 한다는 것은 자기로 말미암음을 이른다. 인재를 가려 등용함은 비록 윗사람에게 달려 있지만 몸을 나라에 허락함은 반드시 자신에게 달려 있으니, 자기가 군주를 만나 道가 합하여 나아가므로 마침내 바름을 얻어 吉한 것이다. 中正한 道로써 윗사람의 구함에 應함은 바로 안으로부터(자기로부터) 하는 것이니 곧 자신의 지조를 잃지 않는 것이고, 급급히 친애하기를 구하는 것은 君子가 자중하는 도리가 아니니 곧 자신의 지조를 잃는 것이다.

【本義】 柔順中正으로 上應九五하여 自內比外而得其貞하니 吉之道也라 占者如是면 則正而吉矣리라

유순함과 중정함으로 위로 九五와 호응하여 안으로부터 밖을 도와 그 바름을 얻었으니, 길한 도이다. 점치는 자가 이와 같이 하면 바르고 길할 것이다.

象曰 比之自內는 不自失也라

〈象傳〉에 말하였다. "'친애하기를 안으로부터 함'은 자신의 지조를 잃지 않는 것이다."

【傳】 守己中正之道하여 以待上之求하니 乃不自失也라 易之爲戒嚴密하니 二雖中正이나 質柔體順이라 故有貞吉自失之戒라 戒之自守以待上之求하니 无乃涉後凶乎아 曰 士之修己는 乃求上之道니 降志辱身은 非自重之道也라 故伊尹武侯 救天下之心이 非不切이나 必待禮至然後出也라

자기의 中正한 도를 지켜서 윗사람이 구하기를 기다리니, 바로 자신의 지조를 잃지 않는 것이다. 역의 경계함이 엄밀하니, 六二가 비록 중정하지만 바탕이 유순하고 몸체가 순하므로

'바루어서 길하다', '자신의 지조를 잃는다'는 경계가 있는 것이다. 자신을 지켜 윗사람이 구하기를 기다리라고 경계하였으니, 이는 뒤늦으면 흉함에 해당되지 않겠는가. 선비가 자기를 수양하는 것은 바로 윗사람이 자신을 써주기를 구하는 길이니, 뜻을 낮추고 몸을 욕되게 함은 自重하는 도리가 아니다. 그러므로 伊尹과 諸葛武侯가 천하를 구제하려는 마음이 간절하지 않은 것이 아니었으나, 반드시 임금의 禮가 지극하기를 기다린 뒤에야 나갔던 것이다.

【本義】得正則不自失矣라

바른 道를 얻으면 자신의 지조를 잃지 않는 것이다.

六三은 比之匪人[16]이라

【本義】比之匪人이로다

六三은 바르지 못한 자와 친애하는 것이다.

【본의】 친애하는 자가 적임자가 아니다.

【傳】三不中正而所比皆不中正이라 四는 陰柔而不中하고 二는 存應而比初하여 皆不中正하니 匪人也라 比於匪人이면 其失可知니 悔吝[17]을 不假言也라 故可傷이라 二之中正而謂之匪人은 隨時取義 各不同也일새라

六三은 中正하지 못하고 친애하는 자도 모두 중정하지 못하다. 六四는 유약한 陰으로 가운데에 있지 못하고, 九二는 應이 있으나 初六과 친애하여, 모두 中正하지 못하니 '바르지 못한 자'이다. 바르지 못한 자를 친애하면 그 잘못되었음을 알 수 있으니, 후회와 부끄러움을 굳이 말할 것이 없다. 그러므로 해로울 만한 것이다. 九二가 中正한데도 바르지 못한 자라고 말한 것은 때에 따라 뜻을 취함이 각각 같지 않기 때문이다.

---

16 比之匪人 : 比之匪人의 '匪人'을 《程傳》에서는 '中正하지 못한 자'로 해석하였고, 《本義》에서는 "적임자가 아니다.〔非其人〕"라고 하여 차이를 보이나, 이는 모두 六三과 관련된 初六·六四·上六의 陰爻를 겨냥하여 경계한 말이다. 金奎五(朝鮮)는 《最窩集》〈讀易記疑〉에서 "六三에서 '比之匪人'이라고 한 것은 비록 세 陰을 통틀어서 말한 것이지만 실상 주체는 上六이다. 九五의 中正한 임금을 버리고 위로 머리가 없는 것을 도우니, 그 미혹됨이 진실로 애처롭다." 하였다.

17 吝 : 《大全》의 간주에 "어떤 판본에는 '咎'자로 되어 있다." 하였다.

【本義】陰柔不中正하고 承乘應이 皆陰이니 所比皆非其人之象이라 其占大凶을 不言可知라

유약한 陰으로 中正하지 못하고, '받들고' '타며' '호응하는 것'이 모두 陰이니, 친애하는 자가 모두 적임자가 아닌 象이다. 그 점이 크게 흉함을 말하지 않아도 알 수 있다.

字義 匪 : 아닐 비

象曰 比之匪人이 不亦傷乎아

〈象傳〉에 말하였다. "'바르지 못한 자를 친애함'이 해롭지 않겠는가."

【傳】人之相比는 求安吉也어늘 乃比於匪人이면 必將[18]反得悔吝이니 其亦可傷矣라 深戒失所比也라

사람이 서로 친애함은 편안함과 吉함을 구하기 위해서인데 이에 바르지 못한 자를 친애한다면 반드시 장차 도리어 후회와 부끄러움을 얻을 것이니, 이 또한 해로울 만한 것이다. 이는 친애할 바를 잃음을 깊이 경계한 것이다.

六四는 外比之[19]하니 貞하여 吉하도다

【本義】外比之니 貞이라 吉하리라

六四는 밖으로 친애하니, 바루어서 길하다.

【본의】밖으로 친애함이니, 바르므로 길할 것이다.

【傳】四與初不相應而五比之하니 外比於五 乃得貞正而吉也라 君臣相比는 正也니 相比相與 宜也라 五剛陽中正하니 賢也요 居尊位하니 在上也니 親賢從上은 比之正也라 故爲貞吉이요 以六居四하니 亦爲得正之義라 又陰柔不中之人이 能比於剛明中正之賢은

---

18 必將 : 《大全》의 간주에 "어떤 판본에는 '必將'이 없다." 하였다.

19 外比之 : 宋時烈(朝鮮)은 《易說》에서 "六四는 外卦의 효로써 九五를 도우니 '밖으로 친애한다.'는 것이다. 六二는 안으로부터 친애하는데, 六四는 밖에서 서로 친애하니 그 도가 모두 곧고 바르게 되어서 길하다." 하였다.

乃得正而吉也요 又比賢從上은 必以正道則吉也니 數說相須라야 其義始備니라

六四는 初六과 서로 호응하지 않고 九五가 가까이 있으니, 밖으로 九五와 친애함이 바로 바름을 얻어 길한 것이다. 君臣이 서로 친애함은 바른 道이니, 서로 친애하고 서로 함께하는 것이 마땅하다. 九五는 강건한 陽으로 中正하니 賢者이며, 존귀한 자리에 있으니 위에 있는 자이다. 賢者를 친애하고 윗사람을 따르는 것은 比卦의 바름이므로 바루어서 길한 것이 된다. 六四는 음으로서 네 번째 자리에 있으니, 이것 또한 바름을 얻은 뜻이 된다. 또 유약한 陰으로 가운데 있지 못하는 사람이 강건하고 밝으며 중정한 어진 이를 친애함은 바름을 얻어 길한 것이고, 또 어진 이를 친애하고 윗사람을 따름은 반드시 바른 도로써 하면 길할 것이니, 이러한 여러 해설이 서로 있어야 그 의미가 비로소 갖추어진다.

【本義】以柔居柔하고 外比九五하니 爲得其正이니 吉之道也라 占者如是則正而吉矣리라

유약한 陰으로서 陰位에 있고 밖으로 九五를 친애하여 바름을 얻은 것이 되니, 길한 도이다. 점치는 자가 이와 같이 하면 바르고 길할 것이다.

象曰 外比於賢은 以從上也라

〈象傳〉에 말하였다. "밖으로 賢者를 친애함은 윗사람을 따르는 것이다."

【傳】外比는 謂從五也라 五는 剛明中正之賢이요 又居君位어늘 四比之하니 是는 比賢이요 且從上이니 所以吉也라

'外比'는 九五를 따름을 이른다. 九五는 강건하고 밝으며 중정한 賢者이고, 또 임금의 자리에 있는데 六四가 가까이 있으니, 이는 賢者를 친애하는 것이고 또 윗사람을 따르는 것이다. 이 때문에 길하다.

九五는 顯比니 王用三驅[20]에 失前禽하며 邑人不誡니 吉[21]하도다

20 三驅 : 옛날 王者는 사냥할 때 한쪽을 개방해 놓고 三面에서 짐승을 몰아 사냥하였다. 이는 차마 사방을 완전 포위하여 다 잡지 않은 것으로, 살리기를 좋아하는 어진 마음의 표현이다.

21 邑人不誡 吉 : 吳致箕(朝鮮)는 《周易經傳增解》에서 "邑人도 따라서 감화되어 윗사람이 타일러 훈

【本義】失前禽하고 邑人도 不誡니 吉하리라

九五는 친애함을 드러냄이니, 王이 三面에서 몰이함에 앞에 있는 짐승을 잃으며 邑人을 경계하지 않으니, 吉하다.

【본의】앞에 있는 짐승을 잃고 邑人도 경계하지 않으니, 길할 것이다.

【傳】五居君位하고 處中得正하니 盡比道之善者也라 人君比天下之道는 當顯明其比道而已니 如誠意以待物하고 恕己以及人하며 發政施仁하여 使天下蒙其惠澤은 是人君親比天下之道也라 如是면 天下孰不親比於上이리오 若乃暴(폭)其小仁하고 違道干譽하여 欲以求下之比면 其道亦狹矣니 其能得天下之比乎아 故聖人以九五盡比道之正이라하여 取三驅爲喩曰 王用三驅에 失前禽邑人不誡吉이라하니 先王이 以四時之畋을 不可廢也라 故推其仁心하여 爲三驅之禮하니 乃禮所謂天子不合圍也[22]요 成湯祝網[23]이 是其義也라 天子之畋에 圍合其三面하고 前開一路하여 使之可去하여 不忍盡物하니 好生之仁也라 只取其不用命者하니 不出而反入者也요 禽獸前去者는 皆免矣라 故曰 失前禽也라 王者顯明其比道면 天下自然來比하나니 來者撫之호되 固不煦煦[24]然求比於物하니 若田之三驅에 禽之去者를 從而不追하고 來者則取之也니 此王道之大니 所以其民皡皡而莫知爲之者也라 邑人不誡吉은 言其至公不私하여 无遠邇親疎之別也라 邑者는 居邑이니 易中所言邑이 皆同하니 王者所都와 諸侯國中也라 誡는 期約也니 待物之一하여 不期誡於居邑이니 如是則吉也라 聖人以大公无私로 治天下를 於顯比見之矣니 非唯人君比天下之道如此라 大率人之相比莫不然하니 以臣於君言之하면 竭其忠誠하고 致其才力이 乃顯

계하는 것을 기다리지 않으니 이것이 다 길한 도이기 때문에 그 말이 이와 같다." 하였다.

22 乃禮所謂天子不合圍也 : 《禮記》〈王制〉에 "전쟁이나 喪凶의 일이 없는데도 사냥하지 않는 것을 '不敬'이라 하고, 사냥을 하되 禮로써 하지 않는 것을 '하늘이 낸 생물을 함부로 한다.'고 하니, 천자는 四面을 완전히 포위하여 짐승을 잡지 않으며 제후는 짐승의 떼를 덮치지 않는다.〔無事而不田曰不敬 田不以禮曰暴天物 天子不合圍 諸侯不掩群〕" 하였다.

23 成湯祝網 : 成湯이 짐승을 잡기 위해 그물을 치고 축원하였다는 말이다. 成湯이 교외로 나갔다가 四面에 그물을 치고 "천하의 모든 짐승이 내 그물로 들어오게 하소서."라고 축원하는 사람을 만났는데, 成湯은 三面의 그물을 거두게 하고 "왼쪽으로 가고 싶으면 왼쪽으로 가고, 오른쪽으로 가고 싶으면 오른쪽으로 가게 하고, 명령을 따르지 않는 것만 내 그물로 들어오게 하소서."라고 축원하였다. 제후들이 그 소식을 듣고 "湯王의 덕이 지극하도다. 그 덕이 금수에까지 미쳤네."라고 감탄하였다. 《史記》〈殷本紀〉에 보인다.

24 煦煦 : 《大全》의 간주에 "어떤 판본에는 '呴呴'로 되어 있다." 하였다.

其比[25]君之道也라 用之與否는 在君而已니 不可阿諛逢迎하여 求其比己也라 在朋友에도 亦然하니 修身誠意以待之요 親己與否는 在人而已니 不可巧言令色하고 曲從苟合하여 以求人之比己也라 於鄕黨親戚과 於衆人에 莫不皆然하니 三驅失前禽之義也라

九五는 임금의 자리에 있고 가운데에 있으면서 바름을 얻었으니, 친애하는 도의 최선을 다한 자이다. 군주가 천하를 친애하는 도는 마땅히 친애하는 도를 드러내어 밝힐 뿐이니, 예컨대 성의로써 남을 대하고 자기를 미루어 남에게 미치며 정사를 일으키고 어진 것을 베풀어 천하 사람으로 하여금 그 혜택을 입게 함은 군주된 이가 천하를 친애하는 도이다. 이와 같이 하면 천하에 그 누가 윗사람을 친애하지 않겠는가.

만약 작은 仁을 드러내며 도를 어기고 명예를 구하여 아랫사람이 친애해 주기를 구하려 한다면 그 도가 또한 협소할 것이니, 어찌 천하의 친애함을 얻을 수 있겠는가. 그러므로 聖人은 九五가 친애하는 道의 바름을 극진히 했다 하여, '三驅'를 취하여 비유하기를 "王이 三面에서 몰이함에 앞에 있는 짐승을 잃으며 邑人을 경계하지 않으니, 吉하다." 한 것이다. 先王이 四時의 사냥을 폐할 수 없으므로 어진 마음을 미루어 '三驅의 禮'를 만들었으니, 《禮記》에 이른바 "天子의 사냥은 四面을 완전히 포위하여 짐승을 모두 잡지 않는다."는 것이고, 成湯이 그물을 치고 축원한 것이 바로 그 뜻이다.

天子는 사냥할 때 三面만을 포위하고 앞의 한 길은 열어주어 짐승들로 하여금 도망가게 하여, 차마 짐승을 모두 잡지 않으니, 이는 살려주기를 좋아하는 어짊이다. 다만 명령을 따르지 않는 것을 잡으니 이는 나가지 않고 도로 들어오는 자이고, 앞으로 도망가는 짐승들은 모두 죽음을 면하기 때문에 "앞에 있는 짐승을 잃는다." 고 말한 것이다. 왕자가 친애하는 道를 드러내어 밝히면 天下가 자연히 와서 친애할 것이니, 오는 자를 위무하되 진실로 작은 은혜를 베풀어 남이 자기에게 친애하기를 구하지 않는 것이 마치 사냥할 때 三面에서 몰이하여 도망가는 짐승은 좇아가서 잡지 않고 그물로 들어오는 짐승만 잡는 것과 같다. 이는 王道의 큰 것이기 때문에 백성들이 매우 만족하여 어떻게 하는지를 알지 못하는 것이다

"邑人을 경계하지 않으니, 吉하다."는 지극히 공변되고 사사로움이 없어서 멀고 가까우며 친하고 소원한 구별이 없음을 말한다. '邑'이란 거주하는 마을인데, 《周易》에서 말한 '邑'은 다 마찬가지로 왕이 도읍한 곳이나 제후의 首都이다. '誡'는 기약함이니, 남을 대하기를 한결같이 하여 거주하는 邑에만 약속하고 경계하지 않는 것이니, 이와 같이 하면 길하다. 성인이 크게 공평하고 사사로움이 없는 것으로 천하를 다스림은 친애함을 드러내는 데서 볼 수 있으

---

25 其比 : 《大全》의 간주에 "어떤 판본에는 '比其'로 되어 있다." 하였다.

니, 임금이 천하를 돕는 도만 이와 같은 것이 아니라, 대체로 사람이 서로 친애하는 것이 그렇지 않은 것이 없다.

신하가 군주에게 있어서의 경우로 말하면 충성을 다하고 재주와 힘을 다하는 것이 바로 임금을 친애하는 도를 드러내는 것이고, 등용의 여부는 군주에게 달려 있을 뿐이니, 아첨하고 영합하여 자기를 친애해주기를 구해서는 안 된다. 朋友에 있어서도 그러하니, 몸을 닦고 뜻을 성실히 하여 朋友를 대할 것이요, 자기를 친애하는지의 여부는 상대에게 달려 있을 뿐이니, 말을 꾸미고 얼굴빛을 좋게 하며 자기의 뜻을 굽혀 따르고 구차히 영합하여 상대가 자기를 친애하기를 구해서는 안 된다. 마을사람과 친척 및 일반 사람에 있어서도 다 그렇지 않음이 없으니, 이는 三面에서 몰이함에 앞에 달아나는 짐승은 잡지 않는 의리이다.

【本義】一陽居尊하여 剛健中正하고 卦之群陰이 皆來比己하여 顯其比而无私하니 如天子不合圍하고 開一面之網하여 來者不拒하고 去者不追라 故爲用三驅失前禽而邑人不誡之象이라 蓋雖私屬이나 亦喩上意하여 不相警備以求必得也니 凡此皆吉之道라 占者如是則吉也라

九五는 한 陽이 존귀한 자리에 있어 강건하고 중정하며, 卦의 여러 陰이 다 와서 자기에게 친애하여, 그 친애함을 드러내 사사로움이 없으니, 이는 마치 天子가 四面을 완전히 포위하지 않고 그물의 一面을 열어주어 오는 자를 막지 않고 가는 자를 쫓지 않는 것과 같다. 그러므로 '三驅의 禮'를 써서 앞에 있는 짐승을 잃고 邑人도 경계하지 않는 象이 된다. 비록 私屬〔하인〕이라 하더라도 또한 윗사람의 뜻을 깨달아서 서로 경계하고 대비하여 반드시 얻기를 구하지 않는 것이니, 이것은 모두 吉한 道이다. 점치는 자가 이와 같이 하면 吉할 것이다.

字義 顯 : 드러날 현 驅 : 몰 구 誡 : 경계할 계 暴 : 드러낼 폭 干 : 구할 간 喩 : 비유할 유
畋 : 사냥할 전 網 : 그물 망 煦 : 은혜 후 皞 : 화락할 호 邇 : 가까울 이 疎 : 소원할 소
諛 : 아첨할 유

象曰 顯比之吉은 位正中也[26]일새라

〈象傳〉에 말하였다. "'친애함을 드러냄의 吉함'은 자리가 正中하기 때문이고,

---

26 位正中也 : 《周易諺解》에서 "正히 中홈이오"라고 하였는데, 이에 대해 金長生(朝鮮)은 《經書辨疑》〈周易〉에서 "'正하고 中하다〔正而中〕'로 해석해야 하니, 《諺解》의 해석이 틀렸다." 하였다.

【傳】顯比所以吉者는 以其所居之位得正中也니 處正中之地는 乃由正中之道也라 比以不偏爲善일새 故云正中이라 凡言正中者는 其處正得中也니 比與隨是也요 言中正者는 得中與正也니 訟與需是也[27]라

친애함을 드러냄이 吉한 까닭은 처한 바의 자리가 正中을 얻었기 때문이니, 正中한 자리에 처함은 바로 正中한 道를 행하는 것이다. '친애함'은 편벽되지 않음을 善으로 여기기 때문에 '正中'이라 말하였다. 무릇 正中이라 말한 것은 正에 처하고 中을 얻은 것이니 比卦와 隨卦가 여기에 해당하고, 中正이라 말한 것은 中과 正을 얻은 것이니 訟卦와 需卦가 여기에 해당한다.

舍逆取順이 失前禽也요

거역하는 자를 버리고 순종하는 자를 취하는 것이 앞의 짐승을 잃는 것이며,

【傳】禮에 取不用命者하니 乃是舍順取逆也니 順命而去者는 皆免矣라 比는 以向背而言하니 謂去者爲逆이요 來者爲順也라 故로 所失者는 前去之禽也라 言來者撫之하고 去者不追也라

禮에 "명령을 따르지 않는 자를 취한다." 하였으니, 이것이 바로 순종하는 자를 놔주고 거역하는 자를 잡는 것이니, 命에 순종하여 달아난 자는 모두 잡힘을 면하는 것이다. 比卦는 향하는 것과 등지는 것으로 말하였으니, 달아난 자를 '逆'이라 하고 오는 자를 '順'이라 하였다. 그러므로 잃는 대상은 앞에 달아나는 짐승이다. 이는 오는 자는 위무하고 가는 자는 쫓지 않는다는 말이다.

邑人不誡는 上使가 中也일새라

【本義】上使中也일새라

'邑人을 경계하지 않음'은 윗사람의 부림이 中道에 맞기 때문이다."

---

27 凡言正中者……訟與需是也 : 比卦와 隨卦의 九五는 正應이면서 中을 얻었고, 訟卦와 需卦의 九五는 正中을 얻었을 뿐이다.

【본의】 윗사람이 그로 하여금 中道에 맞게 하기 때문이다.

【傳】 不期誠於親近하니 上之使下에 中平不偏하여 遠近如一也라

친근한 이에게만 기약하고 경계하지 않는 것이니, 윗사람이 아랫사람을 부림에 중도로써 하고 공평하여 치우치지 않아서 遠近을 한결같이 대하는 것이다.

【本義】 由上之德이 使不偏也라

윗사람의 덕이 치우치지 않게 하기 때문이다.

上六은 比之无首니 凶[28]하니라

上六은 친애함에 시작이 없는 것이니, 凶하다.

【傳】 六居上하니 比之終也라 首는 謂始也라 凡比之道는 其始善則其終善矣니 有其始而无其終者는 或有矣어니와 未有无其始而有終者也라 故로 比之无首는 至終則凶也라 此는 據比終而言이나 然上六이 陰柔不中하여 處險之極하니 固非克終者也라 始比에 不以道하여 隙於終者 天下多矣라

陰이 맨 위에 있으니, 比卦의 끝이다. '首'는 시작을 말하니, 친애함의 도는 그 시작이 좋으면 끝도 좋다. 시작은 있으나 끝이 없는 경우는 혹 있지만, 시작이 없으면서 끝이 있는 경우는 있지 않다. 그러므로 '친애함에 시작이 없다.'는 것은 끝에 이르면 흉한 것이다. 이는 比卦의 끝을 근거하여 말하였으나 上六이 유약한 陰으로 中하지 못하면서 險의 극에 처하였으니, 능히 끝을 잘 마치는 자가 아니다. 처음 친애할 때에 道로써 하지 않아 끝에 틈이 벌어지는 자가 천하에 많다.

【本義】 陰柔居上하여 无以比下하니 凶之道也라 故爲无首之象이요 而其占則凶也라

---

28 比之无首 凶 : 金長生(朝鮮)은 《經書辨疑》〈周易〉에서 "'无首'는 《程傳》과 《本義》가 차이가 있다. '首'를 《程傳》에서는 初六을 가리켜 말했고, 《本義》에서는 上六을 가리켜 말했다." 하였고, 金相岳(朝鮮)은 《山天易說》에서 "陰으로 맨 위에 있고 아래를 돕는 까닭이 없어 머리가 없는 상이 된다. 비록 九五와 比의 관계가 되지만, 이미 스스로 머리가 될 수 없고 돕는데 뒤쳐지기 때문에 도가 궁핍하여 흉하다." 하였다.

유약한 陰으로 맨 위에 있어 아랫사람을 도움이 없으니, 흉한 도이다. 그러므로 '시작이 없는' 상이 되고 그 점괘가 흉하다.

字義 隙 : 틈 극

象曰 比之无首 无所終也니라

〈象傳〉에 말하였다. "친애함에 시작이 없음은 끝마칠 바가 없는 것이다."

【傳】比旣无首하니 何所終乎아 相比有首라도 猶或終違어든 始不以道면 終復何保리오 故曰无所終也라하니라

친애함에 이미 시작이 없었으니, 어찌 끝마침이 있겠는가 서로 친애함은 시작이 있더라도 오히려 혹 끝에 어그러지는데, 시작을 道로써 하지 않았다면 끝을 어찌 다시 보존하겠는가. 그러므로 끝마칠 바가 없다고 한 것이다.

【本義】以上下之象言之면 則爲无首요 以終始之象言之면 則爲无終이니 无首則无終矣라

위아래의 象으로 말하면 시작이 없음이 되고, 終始의 象으로 말하면 끝이 없음이 되니, 시작이 없으면 끝이 없는 것이다.

字義 違 : 어길 위

9. 小畜

䷈ 乾下巽上

下卦는 乾卦☰이고 上卦는 巽卦☴이다.

【傳】小畜은 序卦에 比必有所畜이라 故受之以小畜이라하니라 物相比附則爲聚니 聚는 畜也요 又相親比則志相畜하니 小畜所以次比也라 畜은 止也니 止則聚矣라 爲卦 巽上乾下하니 乾은 在上之物이어늘 乃居巽下하니 夫畜止剛健은 莫如巽順이니 爲巽所畜이라 故爲畜也라 然巽은 陰也라 其體柔順하니 唯能以巽順으로 柔其剛健이요 非能力止之也니 畜道之小者也라 又四以一陰得位하여 爲五陽所說하니 得位는 得柔巽之道也니 能畜群陽之志라 是以爲畜也라 小畜은 謂以小畜大하여 所畜聚者小니 所畜之事小는 以陰故也라 彖은 專以六四畜諸陽으로 爲成卦之義하고 不言二體하니 蓋擧其重者라

小畜卦는 〈序卦傳〉에 "친애하면 반드시 모이는 바가 있기 때문에 小畜卦로 받았다." 하였다. 물건이 서로 친애하여 따르면 모이게 되니 모임은 畜이고, 또 서로 친애하면 뜻이 서로 모이니 小畜卦가 比卦 다음에 온 까닭이다. 畜은 그침이니, 그치면 모인다. 괘의 구성이 巽卦가 위에 있고 乾卦가 아래에 있으니, 乾卦는 위에 있는 물건인데 곧 巽卦의 아래에 있다. 강건한 것을 그치게 함은 巽順만한 것이 없으니, 巽卦에 의해 그치게 되므로 畜이 된 것이다. 그러나 巽卦는 음이라서 그 괘체가 유순하니 오직 巽順함으로 乾의 강건함을 유순하게 할 수 있고 힘으로 그치게 할 수 있는 것이 아니니, 畜止의 道에 있어서 작은 것이다. 또 六四는 한 음으로 제자리를 얻어 다섯 陽의 기뻐하는 바가 되니, 제자리를 얻음은 유순하고 공손한 도를 얻은 것이므로 여러 양의 뜻을 저지할 수 있다. 이 때문에 畜이 된 것이다. 小畜은 작은 것으로 큰 것을 저지하여 모인 것이 작으니, 모인 일이 작음은 陰이기 때문이다. 〈彖傳〉은 오로지 六四가 여러 陽을 저지하는 것으로 괘를 이룬 뜻을 삼고 두 卦體에 대하여는 말하지 않았으니, 이는 그 중요한 것만을 든 것이다.

字義 畜 : 모을 축, 그칠 축

小畜[1]은 亨하니 密雲不雨는 自我西郊[2]일새니라

【本義】 小畜은 亨하나 密雲不雨 自我西郊로다

小畜은 형통하니 구름이 잔뜩 끼었지만 비가 내리지 않음은 내가 서쪽 교외로부터 하기 때문이다.

【본의】 小畜은 형통하나 구름이 잔뜩 끼고 비가 내리지 않음이 우리 서쪽교외로부터 함이다.

【傳】 雲은 陰陽之氣니 二氣交而和면 則相畜固而成雨라 陽倡而陰和는 順也라 故和어니와 若陰先陽倡이면 不順也라 故不和니 不和則不能成雨라 雲之畜聚雖密이나 而不[3]成雨者는 自西郊故也라 東北은 陽方이요 西南은 陰方이니 自陰倡이라 故不和而不能成雨라 以人觀之하면 雲氣之興이 皆自四遠이라 故云郊요 據四而言이라 故云自我라 畜陽者는 四니 畜之主也라

구름은 陰陽의 기운이니, 두 기운이 사귀어 화합하면 서로 쌓이고 굳어져 비를 이룬다. 陽이 선창하면 陰이 화답함은 순리이기 때문에 화합하는 것이지만, 만일 陰이 陽보다 먼저 선창하면 순리가 아니기 때문에 화합하지 못하는 것이니, 화합하지 못하면 비를 이루지 못한다. 구름이 모인 것이 비록 빽빽하지만 비를 이루지 못함은 서쪽 교외로부터 하기 때문이다. 東北은 陽의 방향이고 西南은 陰의 방향이니, 陰으로부터 선창하였으므로 화답하지 못하여 비를 이루지 못한 것이다. 사람의 입장에서 보면 구름 기운이 모두 사방의 먼 곳으로부터 일어나므로 교외라 한 것이고, 六四에 근거하여 말하였으므로 自我라고 한 것이다. 陽을 저지하는 것은 六四이니, 〈六四가〉 小畜卦의 주체이다.

---

1 小畜 : 빌헬름 영문판 주역인 《The I Ching》에서는 小畜卦를 "Hsiao Ch'u / The Taming Power of the Small"이라고 하였다. 소축괘는 양을 저지하고 길들이는 음의 힘을 상징하기 때문에 '음의 길들이는 힘'이라고 정의하였다.

2 密雲不雨 自我西郊 : 柳正源(朝鮮)은 《易解參攷》에서 小畜卦를 은나라와 주나라의 교체기로서 설명하였다. 그는 "이때에는 문왕의 덕으로도 천하에 혜택을 베풀 수 없었으니, 이것이 진실로 구름이 잔뜩 끼고 비가 오지 않는 상이다. 그러나 문왕의 밝게 빛나는 한결같은 신념은 다만 紂의 악을 저지하는 데에 있었지만 마침내 이룰 수 없었으니, 《주역》에서 이른바 '내가 서쪽 교외로부터 하기 때문이다.'라는 것이 이것을 이르는 것이 아니겠는가." 하였다.

3 不 : 《大全》의 간주에 "어떤 판본에는 뒤에 '能'자가 있다." 하였다.

【本義】巽亦三畫卦之名이라 一陰이 伏於二陽之下라 故로 其德이 爲巽爲入이요 其象이 爲風爲木이라 小는 陰也요 畜은 止之之義也라 上巽下乾하여 以陰畜陽하고 又卦唯六四一陰에 上下五陽이 皆爲所畜이라 故爲小畜이라 又以陰畜陽하여 能係而不能固하니 亦爲所畜者小之象이요 內健外巽하며 二五皆陽으로 各居一卦之中而用事하니 有剛而能中하여 其志得行之象이라 故其占이 當得亨通이라 然畜未極而施未行이라 故有密雲不雨自我西郊之象이라 蓋密雲은 陰物이요 西郊은 陰方이요 我者는 文王自我也라 文王이 演易於羑里에 視岐周爲西方이니 正小畜之時也라 筮者得之면 則占亦如其象云이라

巽卦도 3획괘의 이름이다. 한 陰이 두 陽의 아래에 엎드려 있기 때문에 그 덕은 공손함이 되고 들어감이 되며, 그 상은 바람이 되고 나무가 된다. 小는 음이고 畜은 그치게 하는 뜻이다. 위는 巽卦이고 아래는 乾卦여서 음으로서 양을 저지하고, 또 괘가 오직 六四 한 음에게 위아래의 다섯 양이 다 저지당하므로 '小畜'이라 하였다. 또 음으로서 양을 저지하여, 매어 둘 수는 있으나 견고하지는 못하니 또한 저지하는 바가 작은 상이 되며, 안은 강건하고 밖은 공손하며 九二와 九五가 다 양으로 각각 한 괘의 가운데에 있어서 일을 하니 강건하면서도 중도에 맞게 할 수 있어 그 뜻이 행해지는 상이 있다. 그러므로 그 점이 마땅히 형통함을 얻는다. 그러나 모임이 지극하지 못하여 베풂이 시행되지 못하므로 '구름이 잔뜩 끼고 비가 내리지 않음이 우리 서쪽교외에 있다〔密雲不雨自我西郊〕'는 象이 있다. '密雲'은 음의 물건이고 '西郊'는 음의 방향이며 '我'는 문왕 자신이다. 문왕이 羑里에서 《周易》을 지을 때에 岐周를 바라보면 서쪽 방향이 되니, 바로 小畜의 때였다. 점치는 자가 이 괘를 얻으면 점도 그 象과 같을 것이다.

字義 倡 : 부를 창　據 : 의거할 거　伏 : 엎드릴 복　巽 : 공손할 손　演 : 부연할 연　羑 : 유리 유
岐 : 갈림길 기

彖曰 小畜은 柔得位而上下應之할새 曰小畜이라

〈彖傳〉에 말하였다. "小畜은 유순한 음이 자리를 얻고 위아래가 호응하기 때문에 小畜이라 한 것이다.

【傳】言成卦之義也라 以陰居四하고 又處上位하니 柔得位也요 上下五陽이 皆應之하니 爲所畜也라 以一陰而畜五陽하여 能係而不能固라 是以爲小畜也라 彖解成卦之義

而加曰字者는 皆重卦名이니 文勢當然이라 單名卦[4]엔 惟革에 有曰字하니 亦文勢然也라

괘가 이루어진 뜻을 말하였다. 六四가 음으로서 네 번째 자리에 있고, 또 윗자리에 있으니 유약한 陰이 자리를 얻은 것이고, 위아래 다섯 양이 다 호응하니 저지하는 바가 된다. 한 음으로 다섯 양을 저지하여 매어 둘 수는 있으나 견고하지 못하다. 이러므로 小畜이 된다. 〈彖傳〉에 괘가 이루어진 의의를 풀이하면서 '曰'자를 붙인 경우는 모두 卦의 이름이 두 글자이니, 글의 형세로 볼 때 당연하다. 卦 이름이 한 글자인 괘는 오직 革卦에만 '曰'자가 있으니, 또한 글의 형세가 그러해서이다.

【本義】以卦體로 釋卦名義라 柔得位는 指六居四요 上下는 謂五陽이라

卦體로 卦名의 뜻을 해석하였다. 柔得位는 陰이 네 번째 자리에 있음을 가리킨다. 上下는 다섯 양을 이른다.

健而巽하며 剛中而志行하여 乃亨하니라

【本義】剛中而志行이라 乃亨하리라

강건하고 공손하며 剛이 中에 있고 행함에 뜻을 두어 다침내 형통한 것이다.

【본의】剛이 中에 맞고 뜻이 행해지므로 마침내 형통할 것이다.

【傳】以卦才言也라 內健而外巽하니 健而能巽也요 二五居中하니 剛中也요 陽性上進하고 下復乾體니 志在於行也라 剛居中은 爲剛而得中이요 又爲中剛이라 言畜陽則以柔巽이요 言能亨則由剛中이며 以成卦之義言하면 則爲陰畜陽이요 以卦才言하면 則陽爲剛中이니 才如是라 故畜雖小而能亨也라

괘의 재질로 말하였다. 안은 강건하고 밖은 공손하니, 강건하면서 공손할 수 있는 것이고, 九二와 九五가 가운데 자리에 거하니 剛이 가운데 자리에 있는 것이며, 양의 성질은 위로 올라

4 重卦名·單名卦 : 重卦名은 卦名을 두 글자로 함을 이른다. 일반적으로 八卦가 중첩되어 이루어진 64괘를 重卦라 하는데, 여기에서는 '小畜卦'처럼 괘 이름이 두 글자인 괘를 설명하는 말이다. 괘 이름이 한 글자로 된 괘를 '單名卦'라고 한다.

가고 아래는 다시 乾의 卦體니 뜻이 행하는 데 있는 것이다. 剛이 中에 거함은 강건하면서 알맞음〔中〕을 얻음이 되고, 또 가운데가 剛함이 된다. 양을 저지함으로 말하자면 유순하고 공손하기 때문이고, 형통할 수 있는 것으로 말하자면 剛이 가운데 있기 때문이며, 괘가 이루어진 뜻으로 말하자면 陰이 陽을 저지한 것이고, 괘의 재질로 말하면 양이 剛中이 된다. 재질이 이와 같기 때문에 그쳐서 모이게 함이 비록 작으나 형통할 수 있다.

【本義】以卦德卦體而言陽猶可亨也라

卦德과 卦體로 陽이 오히려 형통할 수 있음을 말한 것이다.

密雲不雨는 尙往也[5]요 自我西郊는 施未行也라

【本義】尙往也요

'구름이 잔뜩 끼었지만 비가 내리지 않음'은 오히려 가기 때문이고, '내가 서쪽 교외로부터 하기 때문'은 베풂이 행해지지 못하기 때문이다."

【본의】위로 올라감이고

【傳】畜道不能成大하니 如密雲而不成雨라 陰陽交而和하면 則相固而成雨하나니 二氣不和어늘 陽尙往而上이라 故不成雨라 蓋自我陰方之氣先倡이라 故不和而不能成雨하니 其功施未行也라 小畜之不能成大는 猶西郊之雲이 不能成雨也라

畜의 道가 큼을 이루지 못하였으니, 이는 마치 구름이 잔뜩 끼었으나 비를 이루지 못함과 같다. 陰陽이 사귀어 화합하면 서로 견고해져서 비를 이루는데, 陰과 陽 두 기운이 화합하지 못하였는데도 陽이 오히려〔尙〕 가서 올라가므로 비를 이루지 못한 것이다. 내가 있는 陰方의 氣로부터 선창하였기 때문에 화합하지 못하여 비를 이루지 못하였으니, 이는 그 공을 베풂이 행해지지 못한 것이다. 小畜이 큼을 이루지 못함은 서쪽 교외의 구름이 비를 이루지 못함과

---

5 尙往也 : 尙往의 尙을 《程傳》에서는 '오히려〔猶〕'로 설명하였고, 《本義》에서는 '위〔上〕'로 설명하였다. 《朱子語類》에 "乾卦가 위로 나아감에 한 陰이 乾卦를 저지하지 못하니 이 때문에 '올라간다.'고 말한 것이다."라 하였고, 또 "이는 乾卦가 위로 올라가려는 象을 가리키며, 陰이 乾卦를 감싸 머무르게 할 수 없어 陽의 기운이 다시 흩어져 비를 만들지 못하니, 그래서 위로 올라간다는 것이다." 하였다.

같은 것이다.

【本義】尙往은 言畜之未極하여 其氣猶上進也라

'尙往'은 저지함이 지극하지 못하여 그 기운이 오히려 위로〔尙〕 올라감을 말한 것이다.

字義 尙 : 오히려 상

象曰 風行天上이 小畜이니 君子以하여 懿文德하나니라

〈象傳〉에 말하였다. "바람이 하늘 위에서 행하는 것이 小畜이니, 君子가 이것을 본받아 文德을 아름답게 한다."

【傳】乾之剛健而爲巽所畜하니 夫剛健之性은 惟柔順爲能畜止之라 雖可以畜止之나 然非能固制其剛健也요 但柔順以擾係之耳라 故爲小畜也라 君子觀小畜之義하여 以懿美其文德이라 畜은 聚니 爲蘊畜之義라 君子所蘊畜者는 大則道德經綸之業이요 小則文章才藝니 君子觀小畜之象하여 以懿美其文德이라 文德을 方之道義하면 爲小也라

乾卦가 강건한데 巽卦에게 저지당하니, 이는 강건한 성질은 유순함만이 저지할 수 있어서이다. 비록 저지할 수는 있으나 그 강건함을 견고하게 제어한 것은 아니고, 다만 유순함으로써 길들이고 매어 놓을 뿐이다. 그러므로 小畜이라고 한 것이다. 군자가 小畜의 뜻을 살펴서 그 문덕을 아름답게 한다. 畜은 모으는 것이니, 간직하여 모으는 뜻이 된다. 군자가 간직하여 모으는 것 중에 큰 것은 도덕과 경륜의 사업이고, 작은 것은 문장과 재예이니, 군자가 小畜卦의 象을 살펴 그 문덕을 아름답게 한다. 문덕은 도의에 비교하면 작은 것이 된다.

【本義】風은 有氣而无質하니 能畜而不能久라 故爲小畜之象이라 懿文德은 言未能厚積而遠施也라

바람은 기운은 있으나 형질이 없으니, 쌓을 수는 있으나 오래할 수는 없으므로 小畜의 상이 된다. '文德을 아름답게 함'은 두텁게 쌓아서 멀리 베풀지 못함을 말한다.

字義 懿 : 아름다울 의 擾 : 길들일 요 係 : 맬 계 蘊 : 쌓을 온

初九는 復이 自道어니 何其咎[6]리오 吉하니라

初九는 회복함이 道로 말미암으니, 어찌 허물이 있겠는가. 吉하다.

【傳】初九는 陽爻而乾體라 陽은 在上之物이요 又剛健之才니 足以上進이요 而復與在上同志하니 其進復於上이 乃其道也라 故云復自道라 復旣自道어니 何過咎之有리오 无咎而又有吉也라 諸爻에 言无咎者는 如是則无咎矣라 故云无咎者善補過也라하니라 雖使爻義本善이나 亦不害於不如是則有咎之義라 初九乃由其道而行하니 无有過咎라 故云何其咎리오하니 无咎之甚明也라

初九는 陽爻이면서 乾의 卦體이다. 陽은 위에 있는 물건이고 또 강건한 재질이니, 위로 나아가기에 충분하고 돌아와 위에 있는 자와 뜻을 함께한다. 위로 나아가 회복함이 바로 그 道이므로 "復自道"라고 하였다. 회복함이 이미 道로 말미암았으니, 무슨 허물이 있겠는가. 허물이 없고 또 吉함이 있다. 〈다른 괘의〉 여러 爻에서 无咎라고 말한 것은 이와 같이 하면 허물이 없다는 것이다. 그러므로 "无咎란 허물을 잘 바로잡는 것이다."라고 말하였다. 설령 爻의 뜻이 본래 좋다 하더라도 이와 같이 하지 않으면 허물이 있다는 뜻으로 보아도 무방하다. 初九는 바로 道로 말미암아 행하였으니 허물이 없다. 그러므로 "어찌 그 허물이 있겠는가."라고 하였으니, 허물이 없음이 매우 분명하다.

【本義】下卦乾體라 本皆在上之物이니 志欲上進而爲陰所畜이라 然初九體乾이요 居下得正하고 前遠於陰하여 雖與四爲正應이나 而能自守以正하여 不爲所畜이라 故로 有進復自道之象이라 占者如是면 則无咎而吉也라

下卦는 乾의 卦體이므로 본래 모두 위에 있는 물건이니, 뜻이 위로 나아가고자 하나 陰에게 저지당한다. 그러나 初九는 乾의 몸체이고 맨 아래에 거하여 바름을 얻었으며, 앞에 陰과도 멀리 떨어져 있어서 비록 六四와 正應이 되나 스스로 바른 도를 지켜 저지당하지 않는다. 그러므로 위로 나아가 회복함이 道로 말미암는 象이 있는 것이다. 점치는 자가 이와 같이 하면 허물이 없고 吉할 것이다.

---

6 復自道 何其咎 : 李震相(朝鮮)은 《寒洲集》〈易學管窺〉에서 "六四의 한 음은 자기에게 가까운 양은 저지할 수 있지만 멀리 있는 것은 저지할 수 없고, 또 그 正應은 뜻이 서로 합하는 데 있어서 初九가 나아가 회복하는 것을 탓하지 않는다. 初九는 강건한 양으로 바름을 얻었고, 또 스스로 지킬 수 있어서 陰에게 저지되지 않고 편안하게 행하니 어찌 허물이 있겠는가." 하였다.

象曰 復自道는 其義[7]吉也라

〈象傳〉에 말하였다. "'회복함이 道로 말미암음'은 義가 길한 것이다."

【傳】陽剛之才 由其道而復하니 其義吉也라 初與四爲正應이로되 在畜時엔 乃相畜者也라

강건한 陽의 재질이 道로 말미암아 회복하니, 그 義가 길하다. 初九는 六四와 正應이 되지만 저지하는 때에 있어서는 서로 저지하는 사람이 된다.

九二는 牽復[8]이니 吉하니라

九二는 이끌어 회복함이니, 길하다.

【傳】二以陽居下體之中하고 五以陽居上體之中하여 皆以陽剛居中이나 爲陰所畜하여 俱欲上復이라 五雖在四上이나 而爲其所畜則同하니 是同志者也라 夫同患相憂하나니 二五同志라 故相牽連而復이라 二陽竝進則陰不能勝하여 得遂其復矣라 故吉也라 曰 遂其復則離畜矣乎아 曰 凡爻之辭는 皆謂如是則可以如是라 若已然則時已變矣니 尙何敎誡乎아 五爲巽體니 巽畜於乾而反與二相牽은 何也오 曰 擧二體而言이면 則巽畜乎乾이요 全卦而言이면 則一陰畜五陽也니 在易에 隨時取義 皆如此也라

九二는 陽으로서 下體의 가운데에 있고 九五는 陽으로서 上體의 가운데에 있어 모두 강건한 陽으로서 가운데 자리에 있으나 陰에게 저지당해서 함께 위로 올라가 회복하고자 한다. 九五가 비록 六四의 위에 있으나 저지당함은 똑같으니, 九二와 뜻을 같이하는 자이다. 근심이 같아 서로 걱정해주니 九二와 九五는 뜻을 같이 하므로 서로 이끌고 연합하여 회복한다. 두 陽이 함께 나아가면 음이 이길 수 없어서 회복함을 이루게 될 것이다. 그러므로 길하다.

묻기를 "그 회복함을 이루면 小畜을 떠날 수 있습니까?" 하니, 다음과 같이 대답하였다.

---

7 義 : 徐有臣(朝鮮)은 《易義擬言》에서 "初九가 六四에게 호응하지 않음이 '義'가 되니, 〈象傳〉에서 '義'라고 일컬은 것은 뒤에 나오는 것도 대부분 이와 같다." 하였다.

8 牽復 : 宋時烈(朝鮮)은 《易說》에서 "九二는 六四와 서로 짝이 되는 자리가 아니기 때문에 六四의 음과 이끌어 연합하여 가서 회복하는 도가 된다. 내게 이미 굳센 양으로서 알맞은 덕이 있어서 음효를 이끌어 합하니, 또한 스스로 그 도를 잃는 것이 아니다. 그 짝이 아닌데 억지로 잡아당기기 때문에 '이끈다〔牽〕'고 했다." 하였다.

“爻의 말은 다 이와 같이 하면 이렇게 할 수 있다고 말하는 것입니다. 만약 이미 이렇다면 때가 이미 변한 것이니, 오히려 무엇을 가르치고 경계하겠습니까?” 묻기를 “九五는 巽卦의 몸이 되니, 巽卦가 乾卦를 저지하는 것인데, 도리어 九二와 서로 이끄는 것은 어째서입니까?” 하니, 다음과 같이 대답하였다. “두 몸을 들어 말하면 巽卦가 乾卦를 저지하는 것이고, 괘 전체로 말하면 한 음이 다섯 양을 저지하는 것이니, 《周易》에 있어 때에 따라 의리를 취함이 다 이와 같습니다.”

【本義】三陽志同而九二漸近於陰이로되 以其剛中이라 故能與初九로 牽連而復하니 亦吉道也라 占者如是則吉矣라

세 陽은 뜻이 같고, 九二는 점차 음에 가까우나 강건한 陽으로 中에 있기 때문에 初九와 함께 이끌고 연합하여 회복할 수 있으니, 또한 길한 도이다. 점치는 자가 이와 같이 하면 길하다.

字義 牽 : 끌 견

象曰 牽復은 在中이라 亦不自失也[9]라

〈象傳〉에 말하였다. “‘이끌어 회복함’은 中에 있으므로 또한 스스로 잃지 않기 때문이다.”

【傳】二는 居中得正者也니 剛柔進退를 不失乎中道也라 陽之復에 其勢必强이나 二以處中이라 故雖强於進이나 亦不至於過剛이니 過剛은 乃自失也라 爻는 止言牽復而吉之義하고 象은 復(부)發明其在中之美하니라

九二는 가운데 자리에 있고 바름을 얻은 자이니, 剛柔와 進退에 있어서 中道를 잃지 않는 것이다. 陽이 회복함에 그 형세가 반드시 강할 것이나, 九二는 中道에 있기 때문에 비록 나아감에 강하더라도 또한 지나치게 강함에는 이르지 않으니, 지나치게 강함은 곧 스스로 잃는 것이다. 爻에서는 이끌어 회복하니 길하다는 뜻만 말하였고, 〈象傳〉에서는 다시 中에 있는 아름다움을 밝혔다.

---

9 亦不自失也 : 朴胤源(朝鮮) 《經義》에서 “‘亦’자를 보면 초구가 스스로 잃지 않음을 알 수 있다.” 하였으니, 초구처럼 구이도 정도를 잃지 않았다는 말이다.

【本義】亦者는 承上爻義라

亦은 앞에 있는 爻〔初九〕의 뜻을 이어서 말한 것이다.

九三은 輿說(탈)輻[10]이며 夫妻反目이로다

九三은 수레에 바퀴살이 빠지며 부부간에 반목함이로다.

【傳】三以陽爻로 居不得中하고 而密比於四하니 陰陽之情은 相求也요 又暱比而不中하니 爲陰畜制者也라 故不能前進이 猶車輿說去輪輻이니 言不能行也라 夫妻反目은 陰은 制於陽者也어늘 今反制陽하니 如夫妻之反目也라 反目은 謂怒目相視니 不順其夫而反制之也라 婦人이 爲夫寵惑이면 旣而遂反制其夫하나니 未有夫不失道而妻能制之者也라 故說輻反目은 三自爲也니라

九三은 陽爻로서 거처함에 中을 얻지 못하였고 六四와 매우 가깝다. 陰陽의 情이 서로 구하고, 또 가깝지만 중도를 지키지 못하니, 陰에게 저지당해 제재 받는 자이다. 그러므로 앞으로 나아갈 수 없음이 수레에 바퀴살이 빠진 것과 같으니, 갈 수 없음을 말한다. '夫妻反目'은, 陰은 陽에게 제재를 받는 것인데 이제 도리어 양을 제재하니, 부부가 반목하는 것과 같다. 反目은 성난 눈으로 서로 봄을 이르니, 〈부인이〉 남편에게 순종하지 않고 도리어 남편을 제재하는 것이다. 부인이 남편의 사랑에 미혹되면 마침내 도리어 그 남편을 제재하니, 남편이 도를 잃지 않았는데 아내가 남편을 제재할 수 있는 경우는 없다. 그러므로 수레에 바퀴살이 빠지고 부부간에 반목함은 九三이 제 스스로 한 것이다.

【本義】九三이 亦欲上進이나 然剛而不中하고 迫近於陰而又非正應이니 但以陰陽相說而爲所係畜하여 不能自進이라 故有輿說輻之象이라 然以志剛이라 故又不能平而與之爭이라 故又爲夫妻反目之象이니 戒占者如是면 則不得進而有所爭也라

九三도 위로 나아가려 하나 剛하고 中에 있지 않으며, 또 陰과 매우 가깝지만 正應이 아니니,

---

10 輿說(탈)輻 : 沈潮(朝鮮)는 《靜坐窩集》〈易象箚論〉에서 "乾卦에 수레바퀴의 상이 있으므로 '수레의 바큇살'이라고 말하였다. '脫'자가 '兌'자를 따른 것은 互卦가 兌卦이기 때문이다. '反目'의 目은 互卦가 離卦이기 때문이다." 하였다.

다만 陰과 陽이 서로 좋아하여 매이고 저지당해 스스로 나아가지 못한다. 그러므로 수레에 바퀴살이 빠진 象이 있다. 그러나 뜻이 강건하기 때문에 또 화평하지 못하여 다툰다. 그러므로 또 부부가 반목하는 상이 되니, 점치는 자가 이와 같으면 나아가지 못하고 다투는 바가 있게 됨을 경계한 것이다.

字義 說 : 벗을 탈(脫) 輻 : 수레바퀴살 복 暱 : 친할 닐

象曰 夫妻反目은 不能正室也라

〈象傳〉에 말하였다. "'부부가 반목함'은 집안을 바르게 다스리지 못하기 때문이다."

【傳】 夫妻反目은 蓋由不能正其室家也라 三이 自處를 不以道라 故四得制之하여 不使進하니 猶夫不能正其室家라 故致反目也라

'부부가 반목함'은 집안을 바르게 다스리지 못하기 때문이다. 九三이 스스로 처신하기를 正道로 하지 못했기 때문에 六四가 제재하여 나아가지 못하게 하니, 남편이 집안을 바르게 다스리지 못하기 때문에 반목하게 됨과 같다.

【本義】 程子曰 說輻反目은 三自爲也라하시니라

程子가 "수레에 바퀴살이 빠지며 부부가 반목함은 九三이 제 스스로 한 것이다."라고 하였다.

六四는 有孚면 血去[11]하고 惕出하여 无咎리라

【本義】 有孚하여 血去하고 惕出이니

六四는 믿음이 있으면 피(해)가 없어지고 두려움에서 벗어나 허물이 없을 것이다.

---

11 有孚 血去 : 金相岳(朝鮮)은 《山天易說》에서 "'孚'는 六四의 가운데가 비어 있음을 이른다. 巽卦와 互卦인 兌卦의 몸채는 中孚卦의 상이므로 六四와 九五에서 모두 '孚'를 말하였다. '피'는 六인 음이다. '두려움'은 六四가 두려워하는 것이다. 小畜卦의 네 번째 한 효가 움직여서 乾卦로 가면 乾의 卦體는 강건하기 때문에 '血去'라 했다." 하였다.

【본의】 믿음이 있어서 피가 없어지고 두려움에서 벗어나니,

【傳】 四於畜時에 處近君之位하여 畜君者也니 若內有孚誠이면 則五志信之하여 從其畜也라 卦獨一陰이 畜衆陽者也라 諸陽之志 係于四하니 四苟欲以力畜之면 則一柔敵衆剛하니 必見傷害요 惟盡其孚誠以應之면 則可以感之矣라 故로 其傷害遠하고 其危懼免也라 如此則可以无咎나 不然則不免乎害矣니 此는 以柔畜剛之道也라 以人君之威嚴으로 而微細之臣이 有能畜止其欲者는 蓋有孚信以感之也일새라

六四는 저지하는 때에 군주와 가까운 자리에 있어서 군주의 욕망을 저지하는 자이니, 만약 六四의 내심에 믿음이 있다면 九五의 뜻이 六四를 믿어서 그의 저지를 따를 것이다. 괘에 오직 한 陰만이 여러 陽을 저지하는 자이다. 여러 양의 뜻이 六四에게 매였으나, 六四가 진실로 힘으로 저지하려 한다면 유순한 음 하나로 여러 강건한 陽을 대적하니 반드시 상해를 당할 것이고, 오직 그 정성을 다하여 호응하면 감동시킬 수 있다. 그러므로 상해가 멀어지고 위태로움과 두려움을 면하게 된다. 이와 같이 하면 허물이 없을 수 있을 것이나, 그렇지 않으면 상해를 면치 못할 것이니, 이것이 柔로써 剛을 저지하는 도이다. 군주의 위엄 앞에서도 미천한 신하가 군주의 욕망을 저지함이 있는 것은 믿음으로 감동시키기 때문이다.

【本義】 以一陰畜衆陽하여 本有傷害憂懼로되 以其柔順得正하고 虛中巽體로 二陽助之하니 是는 有孚而血去惕出之象也니 无咎宜矣라 故로 戒占者亦有其德則无咎也라

한 음으로써 여러 陽을 저지하여 본래 상해 및 근심과 두려움이 있을 것이나, 유순함으로써 바름을 얻고 마음을 비우고 몸을 공손히 하기 때문에 두 陽이 돕는다. 이것은 믿음이 있어서 피가 없어지고 두려움에서 벗어나는 象이니, 허물이 없음이 당연하다. 그러므로 점치는 자가 또한 이러한 德이 있으면 허물이 없다고 경계한 것이다.

字義 惕 : 두려울 척

象曰 有孚惕出은 上合志也라

〈象傳〉에 말하였다. "'믿음이 있으면 두려움에서 벗어남'은 위와 뜻이 합하기 때문이다."

【傳】 四旣有孚면 則五信任之하여 與之合志리니 所以得惕出而无咎也라 惕出則血去를

可知니 擧其輕者也라 五旣合志하면 衆陽皆從之矣리라

六四가 이미 믿음을 가지고 있다면 九五가 그를 신임하여 그와 더불어 뜻이 합할 것이니, 이 때문에 두려움에서 벗어나 허물이 없을 수 있게 된다. 두려움에서 벗어나면 피가 없어짐을 알 수 있으니, 그 가벼운 것을 든 것이다. 九五가 六四와 뜻이 합하였다면 여러 양이 모두 따를 것이다.

九五는 有孚라 攣如[12]하여 富以其隣이로다

【本義】有孚攣如하여 富以其隣이로다

九五는 믿음이 있으므로 이끌어서 부유함을 그 이웃과 함께한다.

【본의】믿음이 있어 이끌어서 부유함으로 그 이웃을 좌지우지 한다.

【傳】小畜은 衆陽이 爲陰所畜之時也라 五以中正으로 居尊位而有孚信하니 則其類皆應之矣라 故曰攣如라하니 謂牽連相從也라 五必援挽하여 與之相濟리니 是富以其隣也라 五以居尊位之勢하니 如富者推其財力하여 與隣比共之也라 君子爲小人所困하고 正人爲群邪所厄이면 則在下者必攀挽於上하여 期於同進하고 在上者必援引於下하여 與之戮力이니 非獨推己力以及人也라 固資在下之助하여 以成其力耳니라

小畜卦는 여러 陽이 〈하나의〉 陰에게 저지당하는 때이다. 九五는 中正함으로써 높은 자리에 있고 믿음이 있으니, 그 동류들이 모두 호응한다. 그러므로 '攣如'라 하였으니, 이끌고 연합하여 서로 따르는 것을 말한다. 九五가 반드시 끌어당겨 함께 구제할 것이니, 이것이 "부유함을 그 이웃과 함께한다."이다. 九五가 尊位의 권세에 있으니, 부유한 자가 그 財力을 미루어 이웃과 함께하는 것과 같다. 君子가 小人에게 곤궁함을 당하고, 올곧은 사람이 간사한 무리에게 곤액을 당하면, 아래에 있는 자는 반드시 윗사람을 끌어당겨 함께 나아가기를 기약해야 하고, 위에 있는 자는 반드시 아랫사람을 끌어당겨 함께 힘을 다해야 하니, 다만 자신의

---

12 攣如 : 《大全》의 소주에서 胡炳文(元)은 "'攣'자와 '牽'자는 모두 '서로 이어져있다.'는 뜻이 있다. 初九와 九二가 모두 乾의 卦體이므로 九二는 初九와 이어져 있어 모두 위로 나아가고자 하니, 이끄는〔牽〕 상이 있다. 六四와 九五는 모두 巽의 卦體이므로 九五는 六四·上六과 이어져 있어 함께 아래의 세 양을 저지하니, 이끄는〔攣〕 상이 있다. 그러나 九二·初九의 점사는 모두 길한데, 九五·六四·上九에는 모두 길하다는 점사가 없으니, 성인의 말 밖의 숨겨진 뜻을 알 수 있다." 하였다.

힘을 미루어 남에게 미치게 할 뿐만 아니라 진실로 아래에 있는 자의 도움에 의뢰하여 그 힘을 이루는 것이다.

【本義】巽體三爻 同力畜乾하니 隣之象也요 而九五居中處尊하여 勢能有爲하여 以兼乎上下라 故爲有孚攣固하여 用富厚之力而以其隣之象이다 以는 猶春秋以某師之以니 言能左右之也[13]라 占者有孚면 則能如是也라

巽體의 세 효가 힘을 합쳐 乾卦를 저지하니 이웃의 상이고, 九五가 가운데 있고 존귀한 자리에 처하여 권세가 일을 하여 위아래를 겸할 수 있다. 그러므로 믿음이 있어 이끎이 견고하여 풍부한 재력을 써서 그 이웃을 좌지우지하는 상이 된다. '以'는 《春秋》에서 '以某師'의 '以'와 같으니, 좌지우지함을 말한다. 점치는 자가 믿음이 있으면 이와 같을 것이다.

字義 攣 : 이어질 련 挽 : 당길 만 攀 : 더위잡을 반 戮 : 힘쓸 륙

象曰 有孚攣如는 不獨富也[14]라

〈象傳〉에 말하였다. "'믿음이 있으므로 이끎'은 혼자만 富有하지 않는 것이다."

【傳】有孚攣[15]如는 蓋其隣類 皆牽攣而[16]從之니 與衆同欲하고 不獨有其富也라 君子之處難厄에 惟其至誠이라 故得衆力之助하여 而能濟其衆也라

'믿음이 있으므로 이끎'은 그 이웃의 동류들이 모두 이끌려서 따르는 것이니, 무리와 하고자 하는 바를 함께 하여, 홀로 그 부유함을 소유하지 않는 것이다. 君子는 어려움과 곤액에 처함에

---

13 猶春秋以某師之以 言能左右之也 : 《춘추좌씨전》 환공 14년 경문 "宋人以齊人蔡人衛人陳人伐鄭(宋人이 齊人·蔡人·衛人·陳人을 거느리고 가서 鄭나라를 쳤다)"에 대한 杜預注에 "전쟁에 외국 군대를 마음대로 부릴 수 있는 것을 '以'라 한다. 그 例가 僖公 26년에 보인다."라고 하였는데, 僖公 26년의 경문은 "公以楚師伐齊取穀(公이 楚軍을 거느리고서 齊나라를 토벌하여 穀을 취하였다.)"이다. 胡安國(宋)은 "師를 말하면서 以를 언급하는 것은 좌지우지함을 이르니, 以는 자기의 의지대로 행하는 것이다." 하였다.

14 不獨富也 : 《大全》의 소주에서 吳澄(元)은 "九五가 六四를 이끌 수 있는 것은 홀로 부유함을 소유하지 않고, 六四와 함께하기 때문이다." 하였다.

15 攣 : 《大全》의 간주에 "어떤 판본에는 앞에 '而'자가 있다." 하였다.

16 而 : 《大全》의 간주에 "어떤 판본에는 '而'자가 없다." 하였다.

오직 지극한 정성으로 하기 때문에 사람들의 도움을 얻어 사람들을 구제할 수 있는 것이다.

上九는 既雨既處는 尙德하여 載니 婦貞[17]이면 厲하리라

【本義】婦貞이라도 厲하리니

上九는 이미 비오고 이미 그침은 덕을 숭상하여 가득 참이니, 아내가 고집을 부리면 위태로울 것이다.

【본의】아내가 바르더라도 위태로울 것이니

【傳】九以巽順之極으로 居卦之上하고 處畜之終하여 從畜而止者也니 爲四所止也라 既雨는 和也요 既處는 止也라 陰之畜陽에 不和則不能止하니 既和而止면 畜之道成矣[18]라 大畜은 畜之大라 故極而散하고 小畜은 畜之小라 故極而成이라 尙德載는 四用柔巽之德하여 積滿而至於成也라 陰柔之畜剛은 非一朝一夕能成이요 由積累而至니 可不戒乎아 載는 積滿也니 詩云 厥聲載路[19]라하니라 婦貞厲는 婦는 謂陰이니 以陰而畜陽하고 以柔而制剛은 婦若貞固守此면 危厲之道也라 安有婦制其夫, 臣制其君而能安者乎아

上九는 유순함과 공손함의 극진함으로 괘의 맨 위에 있고, 小畜卦의 끝에 처해서, 저지하는 대로 따라 멈춘 자이니, 六四에게 저지당한 것이다. '既雨'는 화합하는 것이고, '既處'는 그침이다. 음이 양을 저지할 적에 화합하지 못하면 그치게 할 수 없으니, 이미 화합하여 그치면 저지하는 도가 이루어진 것이다. 大畜卦는 쌓인 것이 크므로 다하는 데에 이르면 흩어지고, 小畜卦는 쌓인 것이 작으므로 다하는 데에 이르면 이루어진다. '尙德載'는 六四가 유순하고 공손한 덕을 써서 가득 채워 이루는 데까지 이른 것이다. 유약한 陰이 剛을 저지하는 것은 하루아침이나 하루저녁에 이룰 수 있는 것이 아니라 여러 번 쌓고 포개어 이루어진 것이니, 경계하지 않아서야 되겠는가. '載'는 가득 채움이니, 《詩經》에서 "그 소리가 길에 가득하네." 하였

17 婦貞 : 婦는 陰을 말한다. 陰으로서 陽을 저지하는 것이 小畜卦이다. 《程傳》에서는 소축괘의 끝인 上九에서도 저지하는 일을 지속하고자 하는 것을 '貞'이라고 가정하였으니, 貞을 貞固의 뜻으로 보았고, 《本義》에서는 貞을 貞正의 뜻으로 보았다.

18 畜之道成矣 : 《大全》의 간주에 "어떤 판본에는 '畜道之成也'로 되어 있다." 하였다.

19 詩云 厥聲載路 : 《詩經》〈生民〉에 "새가 떠나가자 后稷이 우렁차게 우니 울음소리가 실로 길고도 커서 그 소리 길에 가득하였도다[鳥乃去矣 后稷呱矣 實覃實訏 厥聲載路]"라고 하였다.

다. '婦貞厲'의 '婦(아내)'는 陰을 말하니, 陰으로서 陽을 저지하고 柔로서 剛을 제어함은 아내가 만약 貞固하게 이것을 지키면 위태로운 도이다. 어떻게 아내가 남편을 제재하고, 신하가 임금을 제재하고서 편안할 수 있는 경우가 있겠는가.

字義 厲 : 위태로울 려

月幾望이니 君子征이면 凶하리라

달이 보름에 가까우니, 군자가 가면 흉할 것이다.

【傳】月望則與日敵矣니 幾望은 言其盛將敵也라 陰이 已能畜陽이어늘 而云幾望은 何也오 此는 以柔巽畜其志也요 非力能制也일새라 然不已則將盛於陽而凶矣니 於幾望而爲之戒曰 婦將敵矣니 君子動則凶也라하니라 君子는 謂陽이요 征은 動也라 幾望은 將盈之時니 若已望이면 則陽已消矣리니 尙何戒乎아

달이 보름이 되면 해와 대등해지니, '보름에 가까움〔幾望〕'은 달이 왕성하여 대등해지려는 것을 말한다. 陰이 이미 陽을 저지하였는데 '幾望'이라고 말한 것은 무엇 때문인가? 이는 유순하고 공손함으로써 양의 뜻을 저지한 것이지 힘으로 제어한 것이 아니기 때문이다. 그러나 그치지 않으면 양보다 성해져서 흉하게 될 것이니, 幾望에서 이를 경계하여 "아내가 대등해질 것이니, 군자가 움직이면 흉하다."라고 하였다. 君子는 양을 말하고, 征은 움직이는 것이다. '幾望'은 장차 가득차게 될 때이다. 이미 보름이라면 陽은 이미 사라졌을 것이니, 오히려 무엇을 경계하겠는가.

【本義】畜極而成하여 陰陽和矣라 故로 爲旣雨旣處之象이니 蓋尊尙陰德하여 至於積滿而然也라 陰加於陽이라 故로 雖正亦厲라 然陰旣盛而抗陽하니 則君子亦不可以有行矣라 其占如此하니 爲戒深矣로다

쌓임이 지극하여 이루어져서 陰陽이 화합하였다. 그러므로 이미 비오고 이미 그치는 象이 되었으니, 陰의 德을 높이고 숭상하여 가득 쌓임에 이르러 그런 것이다. 陰이 陽보다 성하므로 비록 바르나 또한 위태롭다. 그러나 陰이 이미 왕성해져서 陽에 대항하니, 君子가 또한 감을 두어서는 안 된다. 그 占이 이와 같으니, 경계함이 깊다.

字義 幾 : 가까울 기 抗 : 막을 항

象曰 旣雨旣處는 德[20]이 積載也요 君子征凶은 有所疑也[21]니라

象傳에 말하였다. "'이미 비오고 이미 그침'은 덕이 쌓여 가득하기 때문이고, '군자가 가면 흉함'은 의심하는 바가 있기 때문이다."

【傳】旣雨旣處는 言畜道積滿而成也라 陰將[22]盛極하니 君子動則有凶也라 陰敵陽則必消陽하고 小人抗君子則必害君子하나니 安得不疑慮乎아 若前知疑慮而警懼하여 求所以制之면 則不至於凶矣리라

'旣雨旣處'라고 한 것은 畜의 도가 가득차서 이루어졌음을 말한다. 陰이 장차 왕성하여 극한에 이르니 君子가 움직이면 흉함이 있다. 음이 양에 대적하면 반드시 양을 사라지게 하고, 소인이 군자에게 항거하면 반드시 군자를 해치니, 어떻게 의심하고 염려하지 않을 수 있겠는가. 미리 의심하고 염려할 줄을 알아 경계하고 두려워해서 제재할 방법을 구한다면 흉한 데에까지는 이르지 않을 것이다.

---

20 德 : 柳正源(朝鮮)은 《易解參攷》에서 "德은 陰의 덕이다. 上九는 양효인데 陰의 덕이 차고 넘치는 것으로 말한 것은 무엇 때문인가? 小畜卦의 몸이 巽卦가 위이고 乾卦가 아래여서 유순한 陰으로 강건한 陽을 저지하며, 陰의 도가 차고 넘쳐 上九에 이르면 上九가 비록 陽爻이지만 음에게 제어되어 베푸는 바가 없으니, 차고 넘치는 德이 되는 것이 陰德이 아니면 무엇이겠는가. 그래도 오히려 陽이 있어서 저지함이 다하여 화합하므로 이미 비가 오고 이미 그치는 것이다." 하였다.

21 有所疑也 : 《大全》의 소주에서 蔡淵(南宋)은 "의심〔疑〕은 상대방과 대등하게 대적하는 것이다. 유순한 陰이 저지하여 이미 왕성해지면 반드시 강건한 陽에 대적한다." 하였다.

22 將 : 《大全》의 간주에 "어떤 판본에는 '旣'로 되어 있다." 하였다.

|책임번역|

崔英辰

忠南 大田 出生
成均館大學校 卒業
成均館大學校 大學院 東洋哲學科 卒業(哲學博士)
公州師範大 漢文教育科, 全北大 哲學科 助教授 歷任
成均館大 韓國哲學科 教授, 儒學大學院長, 儒教文化研究所長 歷任
韓國周易學會, 韓國東洋哲學會, 韓國思想史學會, 韓國朱子學會, 韓國東西哲學會 會長 歷任
成均館大 韓國哲學科 名譽教授(現)
주자학상 受賞

論文 〈易學思想의 哲學的 探究 :《周易》의 陰陽對待的 構造와 中正思想을 中心으로〉
〈朱子 人心道心의 概念과 分岐에 관한 分析的 探求〉 등 多數
著書 《유교사상의 본질과 현재성》
《조선조 유학사상사의 양상》
《퇴계 이황》
《한국성리학의 발전과 심학적 · 실학적 변용》
《韓國儒學思想研究》(中文)
共譯 《한국주역대전》
《한국유학 3대논쟁》

|공동번역|

金炳愛

京畿 驪州 出生
弘益大學校 師範大學 國語教育科 卒業
高麗大學校 大學院 古典飜譯協同科程(文學博士)
民族文化推進會 國譯研修院 常任研究員
傳統文化研究會 校務委員 및 講師
서울市立大, 檀國大, 弘益大, 韓國古典飜譯院 講師 歷任
成均館大學校 儒教文化研究所 首席研究員 歷任
韓國傳統文化大學校 哲學研究所 專任研究員(現)
교육부장관상 受賞
국사편찬위원회장상 受賞(現)

論文 〈蘇軾散文의 文藝美 研究〉
〈《律呂新書》의 번역 · 교감 · 주석 고찰〉
〈折中義例에 보이는 신후담 역학요소의 개념 분석과 성호문인의 周易折中 논변〉
〈화서 이항로의 斥邪衛正思想에 대한 이론적 근거와 실천〉
〈河濱 愼後聃《周易象辭新編》譯註〉
譯書 《마음 속의 대나무 - 蘇軾散文評說》
共譯 《한국주역대전》
《承政院日記》
《銀臺條例》 등 多數

崔廷準

忠南 大田 出生
成均館大學校 卒業
成均館大學校 大學院 東洋哲學科 卒業(哲學博士)
成均館大學校 儒教文化研究所 首席研究員, 京畿洪易學會 會長 歷任
東方文化大學院大學校 未來豫測學科 教授(現)
여헌학술상 受賞

論文 〈旅軒 張顯光 易學思想의 哲學的 探究〉
〈李炳憲의 卦變說과 策數論 분석〉
〈실용과 과학에 기초한 星湖 李瀷의 縫針六合理論〉
〈태극기에 관한 역학적 검토〉
〈程傳의 '八則陽生'에 관한 한국역학자들의 견해〉 등 多數
著書 《여헌 장현광의 사상과 한국역학》
《주역개설》
《고사성어 인문학》
譯書 《경씨역전》
共譯 《한국주역대전》

|현　토|

吳圭根

江原 平昌 大化 出生
南山 鄭鑽 先生, 祖父 鳳西 先生, 家親 硏靑 先生에게 受學
民族文化推進會 國譯研修院 卒業
民族文化推進會 國譯研修院 講師 歷任
傳統文化研究會 古典研修院 講師 歷任
傳統文化研究會 理事(現)

譯書 朝鮮王朝實錄《宣祖實錄》, 《光海君日記》, 《中宗實錄》
《白湖全書》, 《順庵集》, 《承政院日記》(高宗祖) 등 多數 國譯
《韓國文集叢刊》 標點, 校勘

오서오경독본
懸吐完譯 周易傳義 元

2021년 3월 01일 초판 인쇄
2021년 3월 15일 초판 발행

책임번역 최영진
공동번역 김병애 최정준

현　　토 오규근
윤문교정 박승주

출　　판 강운숙 백준철
관　　리 이화춘
보　　급 서원영

발 행 인 박홍식
발 행 처 (사)전통문화연구회
서울시 종로구 삼일대로 428 낙원빌딩 411호
전화 : (02)762-8401　전송 : (02)747-0083
홈페이지 : juntong.or.kr
등　　록 1989. 7. 3. 제1-936호

인 쇄 처 한국법령정보주식회사(02-462-3860)
총　　판 한국출판협동조합(070-7119-1750)

I S B N 979-11-5794-361-6 (04140)
979-11-5794-202-2 (세트)

정　　가 30,000원